O EVANGELHO POR
Emmanuel

COMENTÁRIOS AO
Evangelho Segundo Mateus

O EVANGELHO POR
Emmanuel

COMENTÁRIOS AO
Evangelho Segundo Mateus

Coordenação
Saulo Cesar Ribeiro da Silva

Copyright © 2013 by
FEDERAÇÃO ESPÍRITA BRASILEIRA – FEB

1ª edição – 13ª impressão – 1 mil exemplares – 6/2025

ISBN 978-85-7328-920-6

Todos os direitos reservados. Nenhuma parte desta publicação pode ser reproduzida, armazenada ou transmitida, total ou parcialmente, por quaisquer métodos ou processos, sem autorização do detentor do *copyright*.

FEDERAÇÃO ESPÍRITA BRASILEIRA – FEB
SGAN 603 – Conjunto F – Avenida L2 Norte
70830-106 – Brasília (DF) – Brasil
www.febeditora.com.br
editorial@febnet.org.br
+55 61 2101 6161

MISTO
Papel | Apoiando o manejo florestal responsável
FSC® C211232

Pedidos de livros à FEB
Comercial
Tel.: (61) 2101 6161 – comercial@febnet.org.br

Adquirindo esta obra, você está colaborando com as ações de assistência e promoção social da FEB e com o Movimento Espírita na divulgação do Evangelho de Jesus à luz do Espiritismo.

Dados Internacionais de Catalogação na Publicação (CIP)
(Federação Espírita Brasileira – Biblioteca de Obras Raras)

E54e   Emmanuel (Espírito)

O evangelho por Emmanuel: comentários ao evangelho segundo Mateus / coordenação de Saulo Cesar Ribeiro da Silva. – 1. ed. – 13. imp. – Brasília: FEB, 2025.

500 p.; 23 cm – (Coleção O Evangelho por Emmanuel; 1)

Compilação de textos de 138 obras e 441 artigos publicados em *Reformador* e *Brasil Espírita* ditados pelo Espírito Emmanuel e psicografados por Francisco Cândido Xavier.

Inclui tabela de correspondência de versículos, relação de comentários por ordem alfabética e índice geral

ISBN 978-85-7328-920-6

1. Jesus Cristo – Interpretações espíritas. 2. Bíblia e Espiritismo. 3. Espiritismo. 4. Obras psicografadas. I. Xavier, Francisco Cândido, 1910–2002. II. Silva, Saulo Cesar Ribeiro da, 1974-. III. Federação Espírita Brasileira. III. Título.

CDD 133.93
CDU 133.7
CDE 20.03.00

Sumário

Agradecimentos 9
Apresentação 11
Prefácio 13
Introdução ao *Evangelho segundo Mateus* *17*
Comentários ao *Evangelho Segundo Mateus* *21*
Mateus 1:20 .... **23**
   Mateus 1:21 24
Mateus 4:4 .... **25**
   Mateus 4:16 27
   Mateus 4:25 28
Mateus 5:1 .... **29**
   Mateus 5:2 31
   Mateus 5:3 32
   Mateus 5:4 37
   Mateus 5:5 47
   Mateus 5:7 50
   Mateus 5:8 54
   Mateus 5:9 56
   Mateus 5:10 64
   Mateus 5:13 65
   Mateus 5:14 67
   Mateus 5:15 70
   Mateus 5:16 74
   Mateus 5:17 82
   Mateus 5:18 86
   Mateus 5:20 88
   Mateus 5:22 91
   Mateus 5:25 92
   Mateus 5:37 97
   Mateus 5:39 101
   Mateus 5:40 104
   Mateus 5:41 106
   Mateus 5:42 107
   Mateus 5:44 109
   Mateus 5:46 130

Mateus 5:47 131
Mateus 5:48 132
Mateus 6:3 .... **138**
   Mateus 6:6 142
   Mateus 6:8 145
   Mateus 6:9 146
   Mateus 6:10 153
   Mateus 6:12 158
   Mateus 6:13 161
   Mateus 6:14 164
   Mateus 6:19 167
   Mateus 6:20 169
   Mateus 6:21 173
   Mateus 6:22 174
   Mateus 6:24 176
   Mateus 6:25 179
   Mateus 6:26 181
   Mateus 6:28 183
   Mateus 6:31 184
   Mateus 6:33 185
   Mateus 6:34 186
Mateus 7:1 .... **189**
   Mateus 7:2 191
   Mateus 7:3 195
   Mateus 7:6 199
   Mateus 7:7 201
   Mateus 7:8 210
   Mateus 7:9 213
   Mateus 7:12 214
   Mateus 7:13 219
   Mateus 7:14 221
   Mateus 7:16 223
   Mateus 7:17 225
   Mateus 7:20 226
   Mateus 7:21 231
   Mateus 7:24 234
Mateus 8:3 .... **236**

Mateus 8:17	238
Mateus 8:22	240
Mateus 9:9	**241**
Mateus 9:11	242
Mateus 9:12	243
Mateus 9:13	248
Mateus 9:16	249
Mateus 9:35	250
Mateus 9:37	253
Mateus 10:8	**255**
Mateus 10:14	257
Mateus 10:22	260
Mateus 10:25	261
Mateus 10:26	262
Mateus 10:32	263
Mateus 10:34	264
Mateus 10:42	270
Mateus 11:15	**272**
Mateus 11:25	273
Mateus 11:28	274
Mateus 11:29	280
Mateus 12:7	**282**
Mateus 12:20	284
Mateus 12:37	285
Mateus 12:48	286
Mateus 13:3	**287**
Mateus 13:8	292
Mateus 13:12	293
Mateus 13:16	295
Mateus 13:23	296
Mateus 13:30	297
Mateus 13:38	300
Mateus 14:19	**301**
Mateus 14:23	302
Mateus 15:8	**303**
Mateus 15:11	304
Mateus 15:18	306
Mateus 16:24	**308**
Mateus 16:26	311
Mateus 16:27	312
Mateus 17:9	**313**
Mateus 17:20	314
Mateus 18:7	**318**
Mateus 18:8	320
Mateus 18:10	321
Mateus 18:14	322
Mateus 18:15	323
Mateus 18:18	324
Mateus 18:19	325
Mateus 18:20	327
Mateus 18:21	329
Mateus 18:22	330
Mateus 18:33	338
Mateus 19:6	**339**
Mateus 19:12	341
Mateus 19:19	342
Mateus 19:22	345
Mateus 19:23	346
Mateus 19:26	347
Mateus 19:27	349
Mateus 19:29	350
Mateus 20:4	**351**
Mateus 20:16	353
Mateus 20:22	355
Mateus 20:27	356
Mateus 20:28	358
Mateus 21:22	**359**
Mateus 21:28	360
Mateus 21:31	362
Mateus 22:14	**363**
Mateus 22:21	366
Mateus 22:37	369
Mateus 22:39	370
Mateus 23:23	**373**
Mateus 24:4	**374**
Mateus 24:5	375
Mateus 24:13	376
Mateus 24:15	377
Mateus 24:16	378
Mateus 24:20	379

Mateus 24:28	380
Mateus 24:42	381
Mateus 24:46	382
Mateus 25:14	**383**
Mateus 25:15	388
Mateus 25:23	389
Mateus 25:25	390
Mateus 25:40	391
Mateus 26:22	**394**
Mateus 26:23	395
Mateus 26:27	396
Mateus 26:40	398
Mateus 26:41	399
Mateus 26:50	400
Mateus 26:56	401
Mateus 26:58	402
Mateus 27:4	**403**
Mateus 27:8	404
Mateus 27:22	405
Mateus 27:23	407
Mateus 27:33	409
Mateus 27:42	410
Mateus 28:9	**411**
Mateus 28:12	412
Mateus 28:19	413
Mateus 28:20	414
Tabela de correspondência de versículos	**421**
Índice geral	**425**
Relação de comentários por ordem alfabética*	**488**

Agradecimentos

Grandes e pequenas contribuições se somaram neste que é o resultado de muitas mãos e corações. Por isso queremos deixar grafados aqui nossos agradecimentos.

Em primeiro lugar, queremos registrar nossa gratidão à Federação Espírita Brasileira, particularmente à Diretoria da Instituição, pelo apoio e incentivo com que nos acolheram; às pessoas responsáveis pela biblioteca e arquivos, que literalmente abriram todas as portas para que tivéssemos acesso aos originais de livros, revistas e materiais de pesquisa e à equipe de editoração pelo carinho, zelo e competência demonstrados durante o projeto.

Aos nossos companheiros e companheiras da Federação Espírita do Distrito Federal, que nos ofereceram o ambiente propício ao desenvolvimento do estudo e reflexão sobre o Novo Testamento à luz da Doutrina Espírita. Muito do que consta das introduções aos livros e identificação dos comentários tiveram origem nas reuniões de estudo ali realizadas.

Aos nossos familiares, que souberam compreender-nos as ausências constantes, em especial ao João Vitor, 9 anos, e Ana Clara, 11 anos, que por mais de uma vez tiveram que acompanhar intermináveis reuniões de pesquisa, compilação e conferência de textos. Muito do nosso esforço teve origem no desejo sincero de que os ensinos aqui compilados representem uma oportunidade para que nos mantenhamos cada vez mais unidos em torno do Evangelho.

A Francisco Cândido Xavier, pela vida de abnegação e doação que serviu de estrada luminosa por meio da qual foram vertidas do Alto milhares de páginas de esclarecimento e conforto que permanecerão como luzes eternas a apontar-nos o caminho da redenção.

A Emmanuel, cujas palavras e ensinos representam o contributo de uma alma profundamente comprometida com a essência do Evangelho.

A Jesus que, na qualidade de Mestre e Irmão Maior, soube ajustar-se a nós, trazendo-nos o seu sublime exemplo de vida e fazendo reverberar em nosso íntimo a sinfonia imortal do amor. Que a semente plantada por esse excelso Semeador cresça e se converta na árvore frondosa da fraternidade, sob cujos galhos possa toda a Humanidade se reunir um dia.

A Deus, inteligência suprema, causa primeira de todas as coisas e Pai misericordioso e bom de todos nós.

Fac-símile do comentário mais antigo a integrar a coleção, referente a Jó, 10:30, publicado em novembro de 1940 na revista *Reformador*.[1]

Comungar com Deus

A fidelidade a Deus e a comunhão com o seu amor são virtudes que se completam, mas que se singularizam, no quadro de suas legitimas expressões.

Job foi fiel a Deus quando afirmou, no torvelinho do sofrimento: — "Ainda que me mate, n'Ele confiarei."

Jesus comungou de modo perfeito com o amor divino, quando acentuou: — "Eu e meu Pai somos um."

A fidelidade precede a comunhão verdadeira com a fonte de toda a sabedoria e misericordia.

As lutas do mundo representam a sagrada oportunidade oferecida ao homem para ser perfeitamente fiel ao Creador.

Aos que se mostram leais no "pouco", é concedido o "muito" das grandes tarefas. O Pai reparte os talentos preciosos de sua dedicação com todas as creaturas.

Fidelidade, pois, é compreensão do dever.

Comunhão com Deus é aquisição de direitos sagrados.

Não ha direitos sem deveres. Não ha comunhão sem fidelidade.

Eis a razão pela qual, para que o homem se integre no recebimento da herança divina, não pode dispensar as certidões de trabalho proprio.

Antes de tudo, é imprescindivel que o discipulo saiba organizar os seus esforços, operando no caminho do aperfeiçoamento individual, para a aquisição dos bens eternos.

Existiram muitos homens de vida interior iluminada, que podem ter sido mais ou menos fieis, porém, só Jesus pôde apresentar ao mundo o estado de perfeita comunhão com o Pai que está nos céus.

O Mestre veiu trazer-nos a imensa oportunidade de compreender e edificar. E, se confiamos em Jesus, é porque, apesar de todas as nossas quedas, nas existencias sucessivas, o Cristo espera dos homens e confia em seu porvir.

Sua exemplificação foi, em todas as circunstancias, a do Filho de Deus, na posse de todos os direitos divinos. E' justo reconhecermos que essa conquista foi a sagrada resultante de sua fidelidade real.

E o Cristo se nos apresentou no mundo, em toda a resplendencia de sua gloria espiritual, para que aprendessemos com Ele a comungar com o Pai. Sua palavra é a do convite ao banquete de luz eterna e de amor imortal.

Eis porque, em nosso proprio beneficio, conviria fossemos perfeitamente fieis a Deus, desde hoje.

EMMANUEL.

(Mensagem recebida em Pedro Leopoldo, pelo medium Francisco Candido Xavier, em outubro de 1940, e enviada exclusivamente para "Reformador".)

JESUS

Quanta vez, neste mundo, em rumo escuro e incerto,
O homem vive a tatear na treva em que se cria!
Em torno, tudo é vão, sobre a estrada sombria,
No pavor de esperar a angustia que vem perto!...

Entre as vascas da morte, o peito exangue e aberto,
Desgraçado viajor rebelado ao seu guia,
Desespera, soluça, anseia e balbucia
A suprema oração, na dor do seu deserto.

Nessa grande amargura, a alma pobre entre escombros.
Sente o mestre do amor que lhe mostra nos ombros
A grandeza da cruz que ilumina e socorre.

Do mundo é a escuridão que sepulta a quimera...
No negro turbilhão só Jesus persevera,
Como a luz imortal do amor que nunca morre.

ALBERTO DE OLIVEIRA.

(Recebido em Pedro Leopoldo, pelo medium Francisco Candido Xavier, em outubro de 1940, e enviado exclusivamente para "Reformador".)

---

[1] N.E.: Essa mensagem será publicada no 4º volume da coleção *O Evangelho por Emmanuel*, mas, considerando seu conteúdo e significação, optamos por incluí-la também no início de cada volume.

Apresentação[2]

O Novo Testamento constitui uma resposta sublime de Deus aos apelos aflitos das criaturas humanas.

Constituído por 27 livros, que são: os 4 evangelhos, 1 Atos dos apóstolos, 1 carta do apóstolo Paulo aos Romanos, 2 aos Coríntios, 1 aos Gálatas, 1 aos Efésios, 1 aos Filipenses, 1 aos Colossenses, 2 aos Tessalonicenses, 2 a Timóteo, 1 a Tito, 1 a Filemon, 1 aos Hebreus, 1 carta de Tiago, 2 de Pedro, 3 de João, 1 de Judas e o Apocalipse, de João.

A obra, inspirada pelo Senhor Jesus, que vem atravessando os dois primeiros milênios sob acirradas lutas históricas e teológicas, pode ser considerada como um escrínio de gemas preciosas que rutilam sempre quando observadas.

Negada a sua autenticidade por uns pesquisadores e confirmada por outros, certamente que muitas apresentam-se com lapidação muito especial defluente da época e das circunstâncias em que foram grafadas em definitivo, consideradas algumas como de natureza canônica e outras deuterocanônicas, são definidas como alguns dos mais lindos e profundos livros que jamais foram escritos. Entre esses, o evangelho de Lucas, portador de beleza incomum, sem qualquer demérito para os demais.

Por diversas décadas, o nobre Espírito Emmanuel, através do mediumato do abnegado discípulo de Jesus, Francisco Cândido Xavier, analisou incontáveis e preciosos versículos que constituem o Novo Testamento, dando-lhe a dimensão merecida e o seu significado na atualidade para o comportamento correto de todos aqueles que amam o Mestre ou o não conhecem, sensibilizando os leitores que se permitiram penetrar pelas luminosas considerações.

Sucederam-se centenas de estudos, de pesquisas preciosas e profundas, culminando em livros que foram sendo publicados à medida que eram concluídos.

Nos desdobramentos dos conteúdos de cada frase analisada, são oferecidos lições psicológicas modernas e psicoterapias extraordinárias, diretrizes de segurança para o comportamento feliz, exames e soluções para as questões sociológicas, econômicas, étnicas, referente aos homens e às mulheres, aos grupos humanos e às Nações, ao desenvolvimento tecnológico e científico, às

---

[2] N.E.: Página psicografada pelo médium Divaldo Pereira Franco, na Mansão do Caminho, em Salvador, Bahia.

conquistas gloriosas do conhecimento, tendo como foco essencial e transcendente o amor conforme Jesus ensinara e vivera.

Cada página reflete a claridade solar na escuridão do entendimento humano, contribuindo para que o indivíduo não mais retorne à caverna em sombras de onde veio.

Na condição de hermeneuta sábio, o nobre Mentor soube retirar a ganga que envolve o diamante estelar da revelação divina, apresentando-o em todo o seu esplendor e atualidade, porque os ensinamentos de Jesus estão dirigidos a todas as épocas da Humanidade.

Inegavelmente, é o mais precioso conjunto de estudos do evangelho de que se tem conhecimento através dos tempos, atualizado pelas sublimes informações dos Guias da sociedade, conforme a Revelação Espírita.

Dispondo dos originais que se encontram na Espiritualidade Superior, Emmanuel legou à posteridade este inimaginável contributo de luz e de sabedoria.

Agora enfeixados em novos livros, para uma síntese final, sob a denominação *O Evangelho por Emmanuel*, podem ser apresentados como o melhor roteiro de segurança para os viandantes terrestres que buscam a autoiluminação e a conquista do Reino dos Céus a expandir-se do próprio coração.

Que as claridades miríficas destas páginas que se encontram ao alcance de todos que as desejem ler, possam incendiar os sentimentos com as chamas do amor e da caridade, iluminando o pensamento para agir com discernimento e alegria na conquista da plenitude!

Salvador (BA), 15 de agosto de 2013.
Joanna de Ângelis

Prefácio

O Novo Testamento é a base de uma das maiores religiões de nosso tempo. Ele traz a vida e os ensinos de Jesus da forma como foram registrados por aqueles que, direta ou indiretamente, tiveram contato com o Mestre de Nazaré e sua mensagem de amor que reverbera pelos corredores da história.

Ao longo dos séculos, esses textos são estudados por indivíduos e comunidades, com o propósito de melhor compreender o seu conteúdo. Religiosos, cientistas, linguistas e devotos, de variados credos, lançaram e lançam mão de suas páginas, ressaltando aspectos diversos, que vão desde a história e confiabilidade das informações nelas contidas, até padrões desejáveis de conduta e crença.

Muitas foram as contribuições, que ao longo de quase dois mil anos, surgiram para o entendimento do Novo Testamento. Essa, que agora temos a alegria de entregar ao leitor amigo, é mais uma delas, que merece especial consideração. Isso porque representa o trabalho amoroso de dois benfeitores, que, durante mais de sessenta anos, se dedicaram ao trabalho iluminativo da senda da criatura humana. Emmanuel e Francisco Cândido Xavier foram responsáveis por uma monumental obra de inestimável valor para nossos dias, particularmente no que se refere ao estudo e interpretação da mensagem de Jesus.

Os comentários de Emmanuel sobre o Evangelho encontram-se espalhados em 138 livros e 441 artigos publicados ao longo de trinta e nove anos nos periódicos *Reformador* e *Brasil Espírita*. Por essa razão, talvez poucos tenham a exata noção da amplitude desse trabalho, que totaliza 1.616 mensagens sobre mais de mil versículos. Todo esse material foi agora compilado e organizado em uma coleção, cujo primeiro volume é o que ora apresentamos ao público.

Essa coletânea proporciona uma visão ampliada e nova do que representa a contribuição de Emmanuel, para o entendimento e resgate do Novo Testamento. Em primeiro lugar, porque possibilita uma abordagem diferente da que encontramos nos livros e artigos, que trazem, em sua maioria, um versículo e um comentário em cada capítulo. Neste trabalho, os comentários foram agrupados pelos versículos a que se referem, possibilitando o estudo e a reflexão sobre os diferentes aspectos abordados pelo autor. Encontraremos, por exemplo, 21 comentários sobre *Mateus*, 5:44; 11 comentários sobre *João*, 8:32 e 8; sobre *Lucas*, 17:21. Ao todo, 305 versículos receberam do autor mais de um comentário. Relembrando antigo ditado judaico, "a Torá tem setenta faces", Emmanuel nos mostra que o Evangelho tem muitas faces, que se aplicam às diversas situações da vida, restando-nos a tarefa de exercitar a nossa capacidade de apreensão e vivência das lições nele contidas. Em segundo lugar, porque a ordem dos comentários obedece a sequência dos 27 textos que compõem o Novo Testamento. Isso possibilitará ao leitor localizar mais facilmente os comentários sobre um determinado versículo. O projeto gráfico foi idealizado também com este fim.

A coleção é composta de sete volumes[3]:

Volume 1 – Comentários ao Evangelho segundo Mateus.
Volume 2 – Comentários ao Evangelho segundo Marcos.
Volume 3 – Comentários ao Evangelho segundo Lucas.
Volume 4 – Comentários ao Evangelho segundo João.
Volume 5 – Comentários ao Atos dos Apóstolos.
Volume 6 – Comentários às cartas de Paulo.
Volume 7 – Comentários às cartas universais e ao Apocalipse.

Em cada volume foram incluídas introduções específicas, com o objetivo de familiarizar o leitor com a natureza e características dos escritos do Novo Testamento, acrescentando, sempre que possível, a perspectiva espírita.

Metodologia

O conjunto das fontes pesquisadas envolveu toda a obra em livros de Francisco Cândido Xavier, publicada durante a sua vida; todos os fascículos de *Reformador*, de 1927 até 2002, e todas as edições da revista *Brasil Espírita*. Dos 412 livros de Chico Xavier, foram identificados 138 com comentários de Emmanuel sobre o Novo Testamento.

A equipe organizadora optou por atualizar os versículos comentados de acordo com as traduções mais recentes. Isso se justifica porque, a partir da década de 1960, os progressos, na área da crítica textual, possibilitaram um avanço significativo no estabelecimento de um texto grego do Novo Testamento, que estivesse o mais próximo possível do original. Esses avanços deram

---

[3] N. E.: Nesta publicação, foram adotadas as seguintes siglas: MT – *Mateus*; LC – *Lucas*; MC – *Marcos*; JO – *João*.

origem a novas traduções, como a *Bíblia de Jerusalém*, bem como correções e atualizações de outras já existentes, como a João Ferreira de Almeida. Todo esse esforço tem por objetivo resgatar o sentido original dos textos bíblicos. Os comentários de Emmanuel apontam na mesma direção, razão pela qual essa atualização foi considerada adequada. Nas poucas ocorrências em que essa opção pode suscitar questões mais complexas, as notas auxiliarão o entendimento. A tradução utilizada para os Evangelhos e Atos foi a de Haroldo Dutra Dias.

Foram incluídos todos os comentários que indicavam os versículos de maneira destacada ou que faziam referência a eles no título ou no corpo da mensagem.

Nos casos em que o mesmo versículo aparece em mais de uma parte do Novo Testamento e que o comentário não deixa explícito a qual delas ele se refere, optou-se por uma, evitando a repetição desnecessária do comentário em mais de uma parte do trabalho. A Tabela de correspondência de versículos traz a relação desses comentários, indicando a escolha feita pela equipe e as outras possíveis.

Os textos transcritos tiveram como fonte primária os livros e artigos publicados pela FEB. Nos casos em que um mesmo texto foi publicado em outros livros, a referência desses está indicada em nota.

A história do projeto *O Evangelho por Emmanuel*

Esse trabalho teve duas fases distintas. A primeira iniciou em 2010, quando surgiu a ideia de estudarmos o Novo Testamento nas reuniões do culto no lar. Com o propósito de facilitar a localização dos comentários de Emmanuel, foi elaborada uma primeira relação ainda parcial. Ao longo do tempo, essa relação foi ampliada e compartilhada com amigos e trabalhadores do movimento espírita.

No dia 2 de março de 2013, iniciou-se a segunda e mais importante fase. Terezinha de Jesus, que já conhecia a relação por meio de palestras e estudos que desenvolvemos no Grupo Espírita Operários da Espiritualidade em Brasília, comentou com o então e atual vice-presidente da FEB, Geraldo Campetti Sobrinho, que havia um trabalho sobre os comentários de Emmanuel que merecia ser conhecido. Geraldo nos procurou e marcamos uma reunião para o dia seguinte, na sede da FEB, às nove horas da manhã. Nessa reunião, o que era apenas uma relação de 29 páginas tornou-se um projeto de resgate, compilação e organização do que é um dos maiores acervos de comentários sobre o Evangelho. A realização dessa empreitada seria impensável para uma só pessoa, por isso uma equipe foi reunida e um intenso cronograma de atividades foi elaborado. As reuniões para acompanhamento, definições de padrões, escolhas de metodologias e análise de situações ocorreram praticamente todas as semanas desde o início do projeto até a sua conclusão.

O que surgiu inicialmente em uma reunião familiar composta por algumas pessoas em torno do Evangelho, hoje está colocado à disposição do grande público, com o desejo sincero de que a imensa família humana se congregue cada vez mais em torno desse que é e será o farol imortal a iluminar o caminho de nossas vidas. Relembrando o Mestre inesquecível em sua confortadora promessa:

Pois onde dois ou três estão reunidos em meu nome, aí estou no meio deles.
(*Mateus*, 17:20)

Brasília, 15 de agosto de 2013.
Saulo Cesar Ribeiro da Silva

Introdução ao *Evangelho segundo Mateus*

O Evangelho segundo Mateus é o primeiro dos 27 textos que compõem o Novo Testamento. Esses escritos não eram reunidos em um conjunto como os temos hoje em nossas bíblias.[4] Isso só ocorreu a partir de um processo relativamente longo e complexo denominado canonização. Entretanto, desde quando surgiram as primeiras listas e menções ao que deveria ser lido e estudado nas comunidades primitivas, Mateus aparece quase sempre em primeiro lugar.

Os originais desse evangelho, assim como de todo o Novo Testamento, não sobreviveram até os nossos dias. O que temos hoje de mais próximo dos primeiros escritos são cópias feitas principalmente em grego *koinè* (comum), que datam, salvo pequenos fragmentos de manuscritos, do século II em diante.

Acredita-se que a redação final do *Evangelho segundo Mateus* tenha ocorrido por volta do ano 70 e que o seu compilador tenha utilizado como fontes outros textos mais antigos que transitavam em sua época, como: o evangelho de Marcos ou uma versão primitiva dele; um conjunto de ditos de Jesus denominado na atualidade como fonte Q, da qual não temos nenhum manuscrito; e outras histórias e relatos transmitidos por escrito e pela tradição oral.

O autor

Embora as tradições antigas atribuam ao apóstolo Mateus a autoria desse evangelho, nenhuma indicação existe no texto que possa atestar essa afirmação de maneira direta. O nome Mateus aparece uma única vez nesse evangelho, referindo-se ao coletor de impostos que recebe o chamado de Jesus (9:9). Esse coletor de impostos nos evangelhos de *Marcos* (MC 2:14) e *Lucas* (LC 5:27) é chamado de Levi, razão pela qual acredita-se que Mateus e Levi sejam a mesma pessoa. Humberto de Campos, no livro *Boa nova*, relata que havia um grau de parentesco entre esse apóstolo e Jesus.[5] É possível considerar que Mateus, em decorrência da cultura e dos recursos que o cargo de coletor de impostos lhe conferia, tenha sido um dos mais habilitados a registrar os ensinos e fatos sobre a vida de Jesus.

---

[4] Nota do coordenador: A própria palavra bíblia deriva do vocábulo grego βιβλία (bíblia) que significa livros ou escritos.

[5] Nota do coordenador: *Boa nova*, cap. 5, "Os discípulos".

É interessante notar que Emmanuel, no livro *Paulo e Estêvão*, relata que quando Paulo de Tarso, após seu encontro com Jesus na estrada para Damasco, recebe a visita de Ananias, este trazia "alguns pergaminhos amarelentos, nos quais conseguira reunir alguns elementos da tradição apostólica".[6] Nesses pergaminhos, havia parte do que hoje conhecemos como o *Evangelho segundo Mateus*. Segundo o mesmo relato, "[...] somente na igreja do 'Caminho', em Jerusalém, poderíamos obter uma cópia integral das anotações de Levi".[7] Quanto dessas anotações compõem o que chegou até nossos dias como *Evangelho segundo Mateus* é uma questão em aberto.

O texto que temos hoje foi, quase certamente, compilado por alguém que conhecia as tradições e práticas judaicas e destinado a um grupo que também possuía tal conhecimento. Isso porque, o compilador, em passagens como 15:2, em que Jesus é questionado sobre a razão pela qual os discípulos violam a tradição dos antigos, não lavando as mãos quando comem, não se preocupa em explicar a que tradições e hábitos se refere. É provável que o texto de Mateus não inclua essa explicação por supor que seus leitores estivessem familiarizados com tais práticas. Em *Marcos* (MC 7:1 a 13), ao contrário, há uma explicação relativamente longa desses costumes. Outro ponto que apoia essa ideia é a presença de elementos específicos da linguagem semítica como, por exemplo, a expressão "Reino dos Céus", comumente utilizada para referir-se ao Altíssimo, cujo nome não deveria ser pronunciado. Ela aparece 27 vezes no Novo Testamento e todas elas nesse evangelho. Nas passagens paralelas dos evangelhos de *Lucas* e *Marcos*, essa expressão é substituída por "Reino de Deus".

Embora os manuscritos antigos não tenham divisões de capítulos e versículos e nem mesmo espaço entre as palavras, o texto que encontramos hoje está dividido em 28 capítulos. É o segundo texto mais longo dos quatro evangelhos, com 1.071 versículos, perdendo em tamanho apenas para o *Evangelho segundo Lucas*, com 1.151.

Características distintivas

Muito do que possuímos de relatos acerca da vida e ensinos de Jesus tem suas origens, exclusivamente, no evangelho de *Mateus*. Por exemplo: a narrativa

---

[6] Nota do coordenador: *Paulo e Estêvão*, segunda parte, cap. I, "Rumo ao deserto".
[7] Nota do coordenador: Id. Ibid.

da visita dos sábios do oriente por ocasião do nascimento de Jesus (2:1 a 12); a totalidade das bem-aventuranças e outras partes do Sermão do Monte (5:3 e ss); a parábola do joio e do trigo e sua explicação por Jesus (13:24 a 30; 36 a 43); o episódio em que Pedro caminha sobre as águas (14:28 a 32); a ressurreição de muitos santos quando da crucificação de Jesus (27:52 a 53); e o fim trágico de Judas (27:3 a 10), são narrativas encontradas somente nesse evangelho.

É nele que encontramos o maior número de menções e referências ao Velho Testamento. Talvez por isso também tenha sempre figurado em primeiro lugar, representando uma ponte entre a mensagem de Jesus e a da primeira aliança. Essa ponte é bem evidenciada em dois aspectos:

Em primeiro lugar, Mateus apresenta Jesus como alguém que valoriza os costumes e leis judaicas, chegando a afirmar que "Não penseis que vim destruir a Lei ou os Profetas, não vim destruir, mas cumprir" (5:17). Dessa forma, Jesus aparece como aquele que cumpre na sua integridade a fidelidade a Deus, sendo, portanto, o "filho do homem" modelo, que se mantém fiel onde outros falharam, demonstrando, ao mesmo tempo, a natureza dessa fidelidade e os resultados que dela decorrem.

Em segundo lugar, é nesse evangelho que vamos encontrar o maior número de citações do Velho Testamento, trazidas com o propósito de demonstrar que Jesus apresenta as qualidades daquele que era esperado como o Messias do povo judeu.[8]

Mateus também traz um duplo aspecto de particularismo e universalismo. Ao mesmo tempo em que ele reconhece as profundas vinculações da mensagem de Jesus para com o povo judeu (10:5 a 7), ele amplia seu alcance estendendo-a a todos os povos da Terra (28:19). O Cristo não é, portanto, somente o redentor do povo judeu, mas seus ensinos deverão ser ouvidos e praticados em todas as nações.

Por último, é possível reconhecer, nesse evangelho, traços marcantes de esperança e consolo para os pequenos e excluídos, para os que sofrem e choram. Jesus chega a se autoidentificar com um deles e o bem que se lhes fizer é também a Ele que se o faz (25:40). Há, assim, uma importante revisão das expectativas que buscam estabelecer relações entre as conquistas materiais e as vitórias espirituais. É na sua mensagem e exemplo que se encontra o caminho para o repouso das almas cansadas e sobrecarregadas (11:25 a 27).

---

[8] Nota do coordenador: Há certo consenso de que pelo menos dez citações de Mateus referem-se ao cumprimento de profecias existentes no Velho Testamento: 1:23; 2:15; 2:18; 2:23; 4:15-16; 8:17; 12:18 a 21; 13:55; 21:5 e 17:9 e 10.

O Cristo que nasce é a esperança que se renova para toda a Humanidade revelando o sentido profundo da profecia que diz: e ele se chamará Ἐμμανουήλ (Emmanuel), que traduzido significa Deus está conosco (1:23).

COMENTÁRIOS AO *EVANGELHO SEGUNDO MATEUS*

Após ter cogitado estas coisas, eis que em sonho apareceu-lhe um anjo do Senhor, dizendo: José, filho de Davi, não temas receber Maria [...].

Mateus
1:20

José da Galileia

(*Levantar e seguir*. Ed. GEEM. Cap. José da Galileia)[9]

---

[9] N.E.: A GEEM não autorizou a cessão de direito de uso para transcrição desta mensagem. Para facilitar o acesso à informação, a FEB Editora manteve a indicação da fonte referente àquela instituição.

[...] ele salvará o seu povo dos seus pecados.

Mateus
1:21

Plataforma do Mestre

Em verdade, há dois mil anos, o povo acreditava que Jesus seria um comandante revolucionário, como tantos outros, a desvelar-se por reivindicações políticas, à custa da morte, do suor e das lágrimas de muita gente.

Ainda hoje, vemos grupos compactos de homens indisciplinados que, administrando ou obedecendo, se reportam ao Cristo, interpretando-o qual se fora patrono de rebeliões individuais, sedento de guerra civil.

Entretanto, do Evangelho não transparece qualquer programa nesse sentido.

Que Jesus é o divino Governador do Planeta não podemos duvidar. O que fará Ele do mundo redimido ainda não sabemos, porque ao soldado humílimo são defesos os planos do General.

A Boa-Nova, todavia, é muito clara, quanto à primeira plataforma do Mestre dos mestres. Ele não apresentava títulos de reformador dos hábitos políticos, viciados pelas más inclinações de governadores e governados de todos os tempos.

Anunciou-nos a celeste revelação que Ele viria salvar-nos de nossos próprios pecados, libertar-nos da cadeia de nossos próprios erros, afastando-nos do egoísmo e do orgulho que ainda legislam para o nosso mundo consciencial.

Achamo-nos, até hoje, em simples fase de começo de apostolado evangélico — Cristo libertando o homem das chagas de si mesmo, para que o homem limpo consiga purificar o mundo.

O reino individual que puder aceitar o serviço liberatório do Salvador encontrará a vida nova.

(*Vinha de luz*. FEB Editora. Cap. 174)

[...] Não somente de pão viverá o homem, mas de toda palavra que sai da boca de Deus.

Mateus
4:4

Não somente

Não somente agasalho que proteja o corpo, mas também o refúgio de conhecimentos superiores que fortaleçam a alma.

Não só a beleza da máscara fisionômica, mas igualmente a formosura e nobreza dos sentimentos.

Não apenas a eugenia que aprimora os músculos, mas também a educação que aperfeiçoa as maneiras.

Não somente a cirurgia que extirpa o defeito orgânico, mas igualmente o esforço próprio que anula o defeito íntimo.

Não só o domicílio confortável para a vida física, mas também a casa invisível dos princípios edificantes em que o espírito se faça útil, estimado e respeitável.

Não apenas os títulos honrosos que ilustram a personalidade transitória, mas igualmente as virtudes comprovadas, na luta objetiva, que enriqueçam a consciência eterna.

Não somente claridade para os olhos mortais, mas também luz divina para o entendimento imperecível.

Não só aspecto agradável, mas igualmente utilidade viva.

Não apenas flores, mas também frutos.

Não somente ensino continuado, mas igualmente demonstração ativa.

Não só teoria excelente, mas também prática santificante.

Não apenas nós, mas igualmente os outros.

Disse o Mestre: "Nem só de pão vive o homem".

Apliquemos o sublime conceito ao imenso campo do mundo.

Bom gosto, harmonia e dignidade na vida exterior constituem dever, mas não nos esqueçamos da pureza, da elevação e dos recursos sublimes da vida interior, com que nos dirigimos para a Eternidade.

(Fonte viva. FEB Editora. Cap. 18)

Legendas do literato espírita

Optar, como deseje, por essa ou aquela escola literária respeitável, mas vincular a própria obra aos ensinamentos de Jesus.

Emitir com dignidade os conceitos que espose; no entanto, afeiçoar-se, quanto possível, ao hábito da prece, buscando a inspiração dos Planos superiores.

Exaltar o ideal, integrando-se, porém, com a realidade.

Cultivar os primores do estilo, considerando, em todo tempo, a responsabilidade da palavra.

Enunciar o que pense; entretanto, abster-se de segregação nos pontos de vista pessoais, em detrimento da verdade.

Aperfeiçoar os valores artísticos; todavia, evitar o hermetismo que obstrua os canais de comunicação com os outros.

Entesourar os recursos da inteligência, mas reconhecer que a cultura intelectual, só por si, nem sempre é fundamento absoluto na obra de sublimação do espírito.

Devotar-se à firmeza, na exposição dos princípios que abraça, sem fomentar a discórdia.

Valorizar os amigos, agradecendo-lhes o concurso; no entanto, nunca desprezar os adversários ou subestimar-lhes a importância.

Conservar a certeza do que ensina, mas estudar sempre, a fim de ouvir com equilíbrio, ver com segurança, analisar com proveito e servir mais.

(*Ceifa de luz*. FEB Editora. Cap. 7)

> *O povo que está sentado na treva viu uma grande luz, e aos que estão sentados na região da sombra e da morte uma luz raiou.*
>
> Mateus
4:16

Raiou a luz

(*Levantar e seguir*. Ed. GEEM. Cap. Raiou a luz)[10]

---

[10] N.E.: Vide nota 9.

E seguiram-no turbas numerosas da Galileia, de Decápole, de Jerusalém, da Judeia e do outro lado do Jordão.

Mateus
4:25

Ajudemos a vida mental

A multidão continua seguindo Jesus na ânsia de encontrá-lo, mobilizando todos os recursos ao seu alcance.

Procede de todos os lugares, sequiosa de conforto e revelação.

Inútil a interferência de quantos se interpõem entre ela e o Senhor, porque, de século a século, a busca e a esperança se intensificam.

Não nos esqueçamos, pois, de que abençoada será sempre toda colaboração que pudermos prestar ao povo, em nossa condição de aprendizes.

Ninguém precisa ser estadista ou administrador para ajudá-lo a engrandecer-se.

Boa vontade e cooperação representam as duas colunas mestras no edifício da fraternidade humana. E contribuir para que a coletividade aprenda a pensar na extensão do bem é colaborar para que se efetive a sintonia da mente terrestre com a Mente divina.

Descerra-se à nossa frente precioso programa nesse particular.

Alfabetização.

Leitura edificante.

Palestra educativa.

Exemplo contagiante na prática da bondade simples.

Divulgação de páginas consoladoras e instrutivas.

Exercício da meditação.

Seja a nossa tarefa primordial o despertamento dos valores íntimos e pessoais.

Auxiliemos o companheiro a produzir quanto possa dar de melhor ao progresso comum, no plano, no ideal e na atividade em que se encontra.

Orientar o pensamento, esclarecê-lo e sublimá-lo é garantir a redenção do mundo, descortinando novos e ricos horizontes para nós mesmos.

Ajudemos a vida mental da multidão e o povo conosco encontrará Jesus, mais facilmente, para a vitória da Vida eterna.

(*Fonte viva.* FEB Editora. Cap. 144)

Vendo as turbas, subiu ao monte. [...]

Mateus
5:1

Diante da multidão

O procedimento dos homens cultos para com o povo experimentará elevação crescente à medida que o Evangelho se estenda nos corações.

Infelizmente, até agora, raramente a multidão tem encontrado, por parte das grandes personalidades humanas, o tratamento a que faz jus.

Muitos sobem ao monte da autoridade e da fortuna, da inteligência e do poder, mas simplesmente para humilhá-la ou esquecê-la depois.

Sacerdotes inúmeros enriquecem-se de saber e buscam subjugá-la a seu talante.

Políticos astuciosos exploram-lhe as paixões em proveito próprio.

Tiranos disfarçados em condutores envenenam-lhe a alma e arrojam-na ao despenhadeiro da destruição, à maneira dos algozes de rebanho que apartam as reses para o matadouro.

Juízes menos preparados para a dignidade das funções que exercem, confundem-lhe o raciocínio.

Administradores menos escrupulosos arregimentam-lhe as expressões numéricas para a criação de efeitos contrários ao progresso.

Em todos os tempos, vemos o trabalho dos legítimos missionários do bem prejudicado pela ignorância que estabelece perturbações e espantalhos para a massa popular.

Entretanto, para a comunidade dos aprendizes do Evangelho, em qualquer clima da fé, o padrão de Jesus brilha soberano.

Vendo a multidão, o Mestre sobe a um monte e começa a ensinar...

É imprescindível empenhar as nossas energias, a serviço da educação.

Ajudemos o povo a pensar, a crescer e a aprimorar-se.

Auxiliar a todos para que todos se beneficiem e se elevem, tanto quanto nós desejamos melhoria e prosperidade para nós mesmos, constitui para nós a felicidade real e indiscutível.

Ao leste e ao oeste, ao norte e ao sul da nossa individualidade, movimentam-se milhares de criaturas, em posição inferior à nossa.

Estendamos os braços, alonguemos o coração e irradiemos entendimento, fraternidade e simpatia, ajudando-as sem condições.

Quando o cristão pronuncia as sagradas palavras "Pai Nosso", está reconhecendo não somente a Paternidade de Deus, mas aceitando também por sua família a Humanidade inteira.

(*Fonte viva.* FEB Editora. Cap. 104)

E, abrindo a sua boca, os ensinava [...].

Mateus
5:2

Auxílio eficiente

O homem que se distancia da multidão raramente assume posição digna à frente dela.

Em geral, quem recebe autoridade cogita de encastelar-se em zona superior.

Quem alcança patrimônio financeiro elevado costuma esquecer os que lhe foram companheiros do princípio e traça linhas divisórias humilhantes para que os necessitados não o aborreçam.

Quem aprimora a inteligência, quase sempre abusa das paixões populares facilmente exploráveis.

E a massa, na maioria das regiões do mundo, prossegue relegada a si própria.

A política inferior converte-a em joguete de manobra comum.

O comércio desleal nela procura o filão de lucros exorbitantes.

O intelectualismo vaidoso envolve-a nas expansões do pedantismo que lhe é peculiar.

De época em época, a multidão é sempre objeto de escárnio ou desprezo pelas necessidades espirituais que lhe caracterizam os movimentos e atitudes.

Raríssimos são os homens que a ajudam a escalar o monte iluminativo. Pouquíssimos mobilizam recursos no amparo social.

Jesus, porém, traçou o programa desejável, instituindo o auxílio eficiente. Observando que os filhos do povo se aproximavam dele, começou a ensinar-lhes o caminho reto, dando-nos a perceber que a obra educativa da multidão desafia os religiosos e cientistas de todos os tempos.

Quem se honra, pois, de servir a Jesus, imite-lhe o exemplo. Ajude o irmão mais próximo a dignificar a vida, a edificar-se pelo trabalho sadio e a sentir-se melhor.

(*Vinha de luz*. FEB Editora. Cap. 17)

Bem-aventurados os pobres em espírito, porque deles é o Reino dos Céus.

Mateus
5:3

Humildade de espírito[11]

A humildade é o ingrediente indefinível e oculto sem o qual o pão da vida amarga invariavelmente na boca.

Amealharás recursos amoedados a mancheias, entretanto, se te não dispões a usá-los, edificando o conforto e a alegria dos outros, na convicção de que todos os bens pertencem a Deus, em breve converter-te-ás em prisioneiro do ouro que amontoaste, erguido, assim, à feição de teu próprio cárcere.

Receberás precioso mandato de autoridade entre as criaturas terrestres, no entanto, se não procuras a inspiração do Senhor para distribuir os talentos da justa fraternidade, como quem está convencido de que todo o poder é de Deus, transformar-te-ás, pouco a pouco, no empreiteiro inconsciente do crime, por favoreceres a própria ilusão, buscando o incenso a ti mesmo na prática da injustiça.

Erguerás teu nome no pedestal da cultura, contudo, se te não inclinas à sabedoria da Eternidade, acendendo a luz em benefício de todos, como quem não ignora que toda inteligência é de Deus, depressa te rojas ao chavascal da mentira, angariando em teu prejuízo a embriaguez da vaidade e a introdução à loucura.

Lembra-te de que a Bondade celeste colocou a humildade por base de todo o equilíbrio da Natureza.

O sábio que honra a ciência ou o direito não prescinde da semente que lhe garante a bênção da mesa.

O campo mais belo não dispensa o fio d'água que lhe fecunda o seio em dádivas de verdura.

E o próprio Sol, com toda a pompa de seu magnificente esplendor, embora fulcro de criação, converteria o mundo em pavoroso deserto, não fosse a chuva singela que lhe ambienta no solo a força divina.

Não desdenhes, pois, servir, aprendendo com o Mestre sublime, que realizou o seu apostolado de amor entre a manjedoura desconhecida e a cruz da

---

[11] Nota da equipe organizadora: Texto publicado em: *Intervalos*. Ed. O Clarim. Cap. "Humildade de espírito"; *Plantão da paz*. Ed. GEEM. Cap. "Humildes de espírito", com pequenas alterações.

flagelação, e serás contado entre aqueles para os quais ele mesmo pronunciou as inesquecíveis palavras:

"Bem-aventurados os humildes de espírito, porque a eles mais facilmente se descerrarão as portas do Céu".

(*Reformador*, jun. 1959, p. 140)

Pergunta 313 do livro *O consolador*

Pergunta: Como entender a bem-aventurança conferida por Jesus aos "pobres de espírito"?

Resposta: O ensinamento do divino Mestre referia-se às almas simples e singelas, despidas do "espírito de ambição e de egoísmo", que costumam triunfar nas lutas do mundo.

Não costumais até hoje denominar os vitoriosos do século, nas questões puramente materiais, de "homens de espírito"? É por essa razão que, em se dirigindo à massa popular, aludia o Senhor aos corações despretensiosos e humildes, aptos a lhe seguirem os ensinamentos, sem determinadas preocupações rasteiras da existência material.

(*O consolador*. FEB Editora. Pergunta 313)

Sejamos ricos em Jesus

Quem julga pelas aparências, quase sempre esbarra na areia móvel das transformações repentinas a lhe solaparem o edifício das errôneas conclusões.

Existem criaturas altamente tituladas nas convenções do mundo, que trazem consigo uma fonte viva da humildade no coração, enquanto que há mendigos, de rosto desfigurado, que carreiam no íntimo a névoa espessa do orgulho a empanar-lhes o entendimento.

Há ricos que são maravilhosamente pobres de avareza e encontramos pobres lamentavelmente ricos de sovinice.

Somos defrontados, em toda a parte, por grandes almas que se fazem humildes, a serviço do Senhor, na pessoa do próximo, e frequentemente, surpreendemos Espíritos rasteiros envergando túnicas de vaidade e dominação.

Jesus, louvando os "pobres de espírito", não tecia encômios à ignorância, à incultura, à insipiência ou à nulidade, e sim exaltava os corações simples que descobrem na vida, em qualquer ângulo da existência, um tesouro de bênçãos, com o qual é possível o enriquecimento efetivo da alma para as alegrias da elevação.

"Pobres de espírito", na plataforma evangélica, significa tão somente "pobres de fatuidade, de pretensos destaques intelectuais, de supostos cabedais da inteligência." É necessário nos acautelemos contra a interpretação exagerada do texto, em suas expressões literais, para penetrarmos o verdadeiro sentido da lição.

A pobreza e a pequenez não existem na obra divina.

Constituem apenas posições transitórias criadas por nós mesmos, na jornada evolutiva em que aprenderemos, pouco a pouco, sob o patrocínio da luta e da experiência, que tudo é grande no Universo de Deus.

Todos os seres, todas as tarefas e todas as coisas são peças preciosas na estruturação da vida.

Onde estiveres, faze-te espontâneo para recolher a luz da compreensão.

Alijemos os farrapos dourados da ilusão, que nos obscurecem a alma, estabelecendo a necessária receptividade no coração, e entenderemos que todos somos infinitamente ricos de oportunidades de trabalhar e servir, de aprender e aperfeiçoar, infatigavelmente.

O ouro será, muitas vezes, difícil provação e os cimos sociais na Terra, quase sempre, são amargos purgatórios para a alma sensível, tanto quanto a carência de recursos materiais é bendita escola de sofrimento, mas a simplicidade e o amor fraterno, brilhando, por dentro de nosso espírito, em qualquer situação no caminho da vida, são invariavelmente o nosso manancial de alegrias sem fim.

(*Dinheiro*. Ed. IDE. Cap. "Sejamos ricos em Jesus")

Humildade do coração

"Bem-aventurados os pobres de espírito" — proclamou o Senhor.

Nesse passo, porém, não vemos Jesus contra os tesouros culturais da Humanidade, mas, sim, exaltando a humildade do coração.

O Mestre recordava-nos, no capítulo das bem-aventuranças, que é preciso trazer a mente descerrada à luz da vida para que a sabedoria e o amor encontrem seguro aconchego em nossa alma.

Hoje, como antigamente, somos defrontados, em toda parte, pelas criaturas encarceradas nos museus acadêmicos, cristalizadas nos preconceitos ruinosos, mumificadas em pontos de vista que lhes sombreiam a visão e algemadas a inutilidades do raciocínio ou do sentimento, engrossando as extensas fileiras da opressão.

Imprescindível clarear o pensamento, diante da Natureza, e aceitar a extrema insignificância em que ainda nos agitamos, perante o Universo.

Jesus induzia-nos a esquecer a paralisia mental, em que, muitas vezes, nos comprazemos, inclinando-nos à adoção da simplicidade por norma de ascensão espiritual.

Esvaziemos o coração de todos os detritos e de todos os fantasmas que experiências inferiores nos impuseram na peregrinação que nos trouxe ao presente.

Cada dia é nova revelação do Senhor para a existência.

Cada companheiro da estrada é campo vivo a que podemos arrojar as sementes abençoadas da renovação.

Cada dor é uma bênção para os que prosseguem acordados no conhecimento edificante.

Cada hora na marcha pode converter-se em plantação de beleza e alegria, se caminhamos obedecendo aos imperativos do trabalho constante no infinito Bem.

Toda ciência do mundo, confrontada à sabedoria que nos espera, é menos que o ribeiro singelo ante o corpo ciclópico do oceano.

Toda a riqueza dos homens perante a herança de luz que o Pai celestial nos reserva, é minúsculo grão de pó na química planetária.

Sejamos simples e espontâneos, na senda em que a atualidade nos situa, aprendendo com a vida e doando à vida o melhor que pudermos, para que, em nos candidatando à láurea dos bem-aventurados, possamos ser realmente discípulos felizes daquele Amigo eterno que nos recomendou — "Aprendei de mim que sou humilde de coração."

(*Refúgio*. Ed. IDEAL. Cap. "Humildade do coração")

Bem-aventurados os pobres de espírito

(*Vida e caminho*. Ed. GEEM. Cap. Bem-aventurados os pobres de espírito)[12]

---

[12] N.E.: Vide nota 9.

Ante a lição do Senhor

Louvando os "pobres de espírito", Jesus não exaltava a ignorância, a insuficiência, a boçalidade e a incultura.

Encarecia a bênção da simplicidade, que nos permite encontrar os mais preciosos tesouros da vida.

Abençoava a humildade, que nos conduz à fonte da paz.

Salientava a sobriedade que nos garante o equilíbrio.

Destacava a paciência que nos dilata a oportunidade de aprender e servir.

Se procuras o Mestre do Evangelho, não admitas que a tua fé se transforme em combustível ao fogo da ambição menos eficiente.

Vale-te da lição de Jesus, à maneira do lavrador vigilante que sabe selecionar as melhores sementes a fim de enriquecer a colheita próxima ou à maneira do viajor que guarda consigo a lâmpada acesa para a vitória sobre as trevas.

Muita gente se alinha nos santuários da Boa-Nova, procurando em Cristo um escravo suscetível de ser engajado a serviço de seus escusos desejos, buscando na proteção do céu, favorável clima à infeliz materialização de seus próprios caprichos, enquanto milhões de aprendizes da divina Revelação se aglomeram nos templos do Mestre em torneios verbalísticos nos quais entronizam a vaidade que lhes é própria, tentando posições de evidência nos conflitos e tricas da palavra, em que apenas efetuam a mal versão das riquezas do espírito.

Se a Doutrina redentora do Bem eterno é o caminho que te reclama a sublime aquisição da Vida superior, simplifica a própria existência.

Evitemos complicações e exigências que nada realizam em torno de nós senão amargura, desencanto e inutilidade.

Recebamos o dom das horas, como quem sabe que o tempo é o mais valioso empréstimo do Senhor à nossa estrada e, convertendo os minutos em ação construtiva e salutar, faremos a descoberta de nosso próprio mundo íntimo, em cuja maravilhosa extensão, a paz e o trabalho são os favores mais altos da vida.

Contentemo-nos em estruturar com bondade e beleza o instante que passa, cedendo-lhe o melhor de nós mesmos, a favor dos que nos cercam, e descerraremos o novo horizonte, em que a plenitude da simplicidade com Jesus nos fará contemplar, infinitamente, a eterna e divina alegria.

(*Construção do amor*. Ed. Cultura Espírita União. Cap. "Ante a lição do Senhor")

Bem-aventurados os aflitos, porque eles serão consolados.

Mateus
5:4

Aflição e tranquilidade

"Bem-aventurados os que choram" — disse-nos o Senhor —, contudo, é importante lembrar que, se existe aflição gerando tranquilidade, há muita tranquilidade gerando aflição.

No limiar do berço pede a alma dificuldades e chagas, amargores e cicatrizes, entretanto, recapitulando de novo as próprias experiências no plano físico, torna à concha obscura do egoísmo e da vaidade, enquistando-se na mentira e na delinquência.

Aprendiz recusando a lição ou doente abominando o remédio, em quase todas as circunstâncias, o homem persegue a fuga que lhe adiará indefinidamente as realizações planejadas.

É por isso que na escola da luta vulgar vemos tantas criaturas em trincheiras de ouro, cavando abismos de insânia e flagelação, nos quais se despenham, além do campo material, e tantas inteligências primorosas engodadas na auréola fugaz do poder humano, erguendo para si próprias masmorras de pranto e envilecimento, que as esperam, inflexíveis, transposto o limite traçado na morte.

E é ainda por essa razão que vemos tantos lares, fugindo à bênção do trabalho e do sacrifício, à feição de oásis sedutores de imaginária alegria para se converterem amanhã em cubículos de desespero e desilusão, aprisionando os descuidados companheiros que os povoam em teias de loucura e desequilíbrio, na Vida espiritual.

Valoriza a aflição de hoje, aprendendo com ela a crescer para o bem, que nos burila para a união com Deus, porque o Mestre que te propões a escutar e seguir, ao invés de facilidades no imediatismo da Terra, preferiu, para ensinar-nos a verdadeira ascensão, a humildade da Manjedoura, o imposto constante do serviço aos necessitados, a incompreensão dos contemporâneos, a indiferença dos corações mais queridos e o supremo testemunho do amor em plena cruz da morte.

(*Ceifa de luz.* FEB Editora. Cap. 27)

O remédio justo

Perguntas, muitas vezes, pela presença dos Espíritos guardiães, quando tudo indica que forças contrárias às tuas noções de segurança e conforto compareçam, terríveis, nos caminhos terrestres.

Desastres, provações, enfermidades e flagelos inesperados arrancam-te indagações aflitivas.

Onde os amigos desencarnados que protegem as criaturas?

Como não puderam prevenir certos transes que te parecem desoladoras calamidades?

Se aspiras, no entanto, a conhecer a atitude moral dos Espíritos benfeitores, diante dos padecimentos desse matiz, consulta os corações que amam verdadeiramente na Terra.

Ausculta o sentimento das mães devotadas que bendizem com lágrimas as grades do manicômio para os filhos que se desvairaram no vício, de modo a que não se transfiram da loucura à criminalidade confessa.

Ouve os gemidos de amargura suprema dos pais amorosos que entregam os rebentos do próprio sangue no hospital, para que lhes seja amputado esse ou aquele membro do corpo, a fim de que a moléstia corruptora, a que fizeram jus pelos erros do passado, não lhes abrevie a existência.

Escuta as esposas abnegadas, quando compelidas a concordarem chorando com os suplícios do cárcere para os companheiros queridos, evitando-se-lhes a queda em fossas mais profundas de delinquências.

Perquire o pensamento dos filhos afetuosos, ao carregarem, esmagados de dor, os pais endividados em doenças infectocontagiosas, na direção das casas de isolamento, a fim de que não se convertam em perigo para a comunidade.

Todos eles trocam as frases de carinho e os dedos veludosos pelas palavras e pelas mãos de guardas e enfermeiros, algumas vezes desapiedados e frios, embora continuem mentalmente jungidos aos seres que mais amam, orando e trabalhando para que lhes retornem ao seio.

Quando vejas alguém submetido aos mais duros entraves, não suponhas que esse alguém permaneça no olvido, por parte dos benfeitores espirituais que lhe seguem a marcha.

O amor brilha e paira sobre todas as dificuldades, à maneira do Sol que paira e brilha sobre todas as nuvens.

Ao invés de revolta e desalento, oferece paz e esperança ao companheiro que chora, para que, à frente de todo mal, todo o bem prevaleça.

Isso porque onde existem almas sinceras à procura do bem, o sofrimento é sempre o remédio justo da vida para que, junto delas, não suceda o pior.

(*Livro da esperança*. Ed. Comunhão Espírita Cristã. Cap. 9)

Os que não esperaram

Não é difícil encontrar, entre os nossos irmãos do mundo, aqueles que, embora sofredores, não se catalogam entre os bem-aventurados, aos quais Jesus se referiu.

São companheiros que se voltam contra os obstáculos suscetíveis de ofertar-lhes a precisa oportunidade de ascensão às mais altas experiências.

Muitos deles se acolhem à rebeldia sistemática, contraindo débitos que os afetam, de imediato.

No Plano Espiritual, vemo-los frequentemente. São amigos padecentes que, em verdade, passaram pelo crivo do sofrimento, entrando, porém, nas perturbações decorrentes da deserção dos deveres que lhes cabiam cumprir. São irmãos que conheciam o valor dos entraves que poderiam transpor, a benefício de si mesmos, e acabaram situados nas sombras da delinquência. São colaboradores das boas obras que as desfiguraram, estabelecendo dificuldades para si próprios pela intolerância para com os outros. São companheiros que articularam problemas e desafios para aqueles que lhes hipotecavam confiança e carinho e deles se afastaram deliberadamente, procurando escapar às responsabilidades que eles mesmos escolheram para observar e viver. São todos aqueles outros irmãos que preferiram o desespero diante das provações de que necessitavam para o próprio burilamento e se enveredaram, conscientemente, através dos resvaladouros da inconformação e da indisciplina, para as alucinações da angústia e do suicídio.

Realmente, afirmou-nos Jesus: "Bem-aventurados os que choram porque serão consolados..."

Entretanto que Ele mesmo, Jesus, nosso divino Mestre e Senhor, se compadeça de todos os nossos companheiros que conheciam semelhante promessa e não quiseram esperar.

Sabemos todos que a infinita bondade de Deus que nos sustentou ontem, nos sustentará igualmente hoje e, dentro de semelhante convicção, manteremos a certeza de que com Deus venceremos.

(*Convivência*. Ed. Cultura Espírita União. Cap. 3)

Desespero

Provocações e problemas, habitualmente, são testes de resistência necessários à evolução e aprimoramento da própria vida.

A paciência é a escora íntima que auxilia a criatura a atravessá-los com o proveito devido.

O desespero, entretanto, é a sobretaxa de sofrimento que a pessoa impõe a si mesma, complicando todos os processos de apoio que a conduziriam à tranquilidade e ao refazimento.

O desespero é comparável a certo tipo de alucinação, estabelecendo as maiores dificuldades para aqueles que o hospedam na própria alma.

Em conflitos domésticos, inspira as vítimas dela a pronunciar frases inoportunas, muitas vezes separando os entes amados, ao invés de uni-los. Nos eventos sociais que demandam prudência e serenidade, suscita a requisição de medidas que prejudicariam a vida comunitária se fossem postas em prática no imediatismo com que são exigidas. Nas reivindicações justas, costuma antecipar declarações e provocar acontecimentos que lhes caberiam atingir. Nas moléstias do corpo físico, por vezes, encoraja o desrespeito pela dosagem dos medicamentos, no doente que precisa da disciplina, em favor da própria cura.

Disse Jesus: "Bem-aventurados os aflitos porque serão consolados", mas urge reconhecer que os aflitos inconformados, sempre acomodados com o desespero, acima de tudo, são enfermos que se candidatam a socorro e medicação.

(*Hoje*. Ed. Cultura Espírita União. Cap. 12)

Examina a própria aflição[13]

Examina a própria aflição para que não se converta a tua inquietude em arrasadora tempestade emotiva.

Todas as aflições se caracterizam por tipos e nomes especiais.

A aflição do egoísmo chama-se egolatria.

A aflição do vício chama-se delinquência.

A aflição da agressividade chama-se cólera.

A aflição do crime chama-se remorso.

---

[13] Nota da equipe organizadora: Texto publicado em *Paz e libertação*. Ed. Cultura Espírita União. Cap. 13.

A aflição do fanatismo chama-se intolerância.
A aflição da fuga chama-se covardia.
A aflição da inveja chama-se despeito.
A aflição da leviandade chama-se insensatez.
A aflição da indisciplina chama-se desordem.
A aflição da brutalidade chama-se violência.
A aflição da preguiça chama-se rebeldia.
A aflição da vaidade chama-se loucura.
A aflição do relaxamento chama-se evasiva.
A aflição da indiferença chama-se desânimo.
A aflição da inutilidade chama-se queixa.
A aflição do ciúme chama-se desespero.
A aflição da impaciência chama-se intemperança.
A aflição da sovinice chama-se miséria.
A aflição da injustiça chama-se crueldade.
Cada criatura tem a aflição que lhe é própria.

A aflição do reino doméstico e da esfera profissional, do raciocínio e do sentimento...

Os corações unidos ao sumo Bem, contudo, sabem que suportar as aflições menores da estrada é evitar as aflições maiores da vida e, por isso, apenas eles, anônimos heróis da luta cotidiana, conseguem receber e acumular em si mesmos os talentos de amor e paz reservados por Jesus aos sofredores da Terra, quando pronunciou no monte a divina promessa: "Bem-aventurados os aflitos!"

(*Religião dos espíritos.* FEB Editora. Cap. "Examina a própria aflição")

Aflições excedentes

Diante da orientação espírita que te esclarece, não te afastes da lógica, a fim de que não te gastes sem proveito, embaraçando o orçamento das próprias forças com aborrecimentos inúteis.

Diariamente, batem às portas do Além aqueles que abreviaram a quota do tempo que poderiam desfrutar na Terra, adquirindo problemas da desencarnação prematura.

É que, por toda parte, transitam portadores de aflições excedentes. Não satisfeitos com as responsabilidades que a existência lhes impõe, amontoam cargas de sofrimentos imaginários.

Há os que percebem salário compensador e desregram-se na revolta, porque determinado companheiro lhes tomou a frente no destaque convencional, muitas vezes para sofrer o peso de compromissos que seriam incapazes de suportar.

Há os que dispõem de excelente saúde, com atividades leves nos deveres comuns, arrepelando-se, desgostosos, por verem adiado o período de férias, quando, com isso, estão sendo desviados de experiências impróprias a que seriam fatalmente impelidos pelo repouso inoportuno.

Há os que possuem recursos materiais suficientes ao próprio conforto e se lastimam, insones, por haverem perdido certo negócio que lhes conferiria maiores vantagens, dentro das quais talvez viessem a conhecer a criminalidade e a loucura.

Há os que colecionam gavetas superlotadas de adornos caros e caem no desespero com a perda de uma joia de uso pessoal, cujo desaparecimento é o meio de situá-los a cavaleiro de possíveis assaltos da cobiça e da violência.

E existem, ainda, aqueles outros que se abastecem no guarda-roupa recheado e gritam contra o costureiro que se desviou do modelo encomendado; os que são donos de casa sólida e adoecem por não conseguirem abatê-la, de pronto, a fim de reconstruí-la segundo novos caprichos; os que se aboletam em automóvel acolhedor, mas inquietam-se por não poderem trocá-lo, de imediato, pelo carro de último tipo; e os que se sentam à mesa provida de cinco pratos diferentes e encolerizam-se por não encontrarem o quitute predileto.

"Bem-aventurados os aflitos!" — disse Jesus.

Felizes, sim, de todos os que carregam seus fardos com diligência e serenidade, mas estejamos convictos de que toda aflição excedente complica o itinerário da vida e corre por nossa conta.

(*Aulas da vida.* Ed. IDEAL. Cap. 13)

Aflições[14]

(*Instrumentos do tempo.* Ed. GEEM. Cap. "Aflições")[15]

---

[14] Nota da equipe organizadora: Este comentário pode também ser vinculado a LC 6:21, uma vez que tanto MT 5:4 quanto LC 6:21 registram a bem-aventurança aos aflitos ou "que pranteiam", "que derramam lágrimas". A Tabela de correspondência de versículos, ao final deste volume, registra todos os comentários dessa natureza e as respectivas vinculações alternativas.

[15] N.E.: Vide nota 9.

Aflitos
(*Mais perto.* Ed. GEEM. Cap. Aflitos)[16]

Aflitos bem... aventurados
(*Nascer e renascer.* Ed. GEEM. Cap. "Aflitos bem... aventurados")[17]

Apressados

Em muitas ocasiões, o excesso de prudências pode parecer egoísmo disfarçado.

Entretanto, é justo refletir que a precipitação cria os aflitos sem bem-aventuranças, ou melhor, os amigos superapressados que suscitam complicações e tumultos, tais quais sejam:

os que se dão urgência na transmissão de boatos infelizes, estabelecendo a perturbação e o desequilíbrio;

os que atravessam à frente de veículos em movimento, alegando a necessidade de espaço;

os que surgem ávidos pelo aperitivo, ao qual se habituaram e penetram recintos escuros, acendendo fósforos junto de elementos inflamáveis;

os que improvisam discussões estéreis, com o objetivo de fazerem prevalecer os pontos de vista que lhes são próprios;

e aqueles outros que assumem decisões de importância, sem ouvir os companheiros que lhes compartilham das responsabilidades, abraçando compromissos que passam a prejudicar centenas de pessoas.

Em verdade, proclamou o Cristo:

— "Bem-aventurados os aflitos!..." mas não se detém em qualquer louvor aos companheiros inquietos e apressados demais.

Cultivando paciência, no cotidiano, transportarás contigo a força capaz de vencer todos os obstáculos que, porventura, te agridam a existência.

(*Joia.* Ed. Cultura Espírita União. Cap. 12)

---

[16] Idem.
[17] Idem.

Ouvindo o sermão do monte[18]

Bem-aventurados os aflitos, desde que não convertam a própria dor em azorrague de recriminações sobre a face alheia.

Bem-aventurados os que choram, desde que não transformem as próprias lágrimas em venenosa indução à preguiça.

Bem-aventurados os sedentos de justiça, desde que se abstenham de demandas domésticas ou de querelas nos tribunais, que apenas lhes agravariam os próprios débitos, ante a Lei.

Bem-aventurados os humildes de espírito, desde que não conduzam a própria modéstia ao caminho do orgulho em que se entregarão, desvairados, à crítica desairosa e à condenação sistemática dos companheiros que lhes partilham a senda.

Bem-aventurados os misericordiosos, desde que não façam da compaixão simples peça verbal, para discurso brilhante.

Aflição com revolta chama-se desespero.

Pranto com rebeldia é poço de fel.

Sede de justiça, com reivindicações apressadas, é destrutiva exigência.

Singeleza com reproches à conduta alheia é sistema de crueldade.

Misericórdia sem esforço de auxílio é simples ornamento na boca.

Cogitemos de assinalar as bem-aventuranças divinas, sem nos esquecermos, porém, de que todas elas traduzem atitudes da consciência e gestos do coração, porque só no coração e na consciência é que se fundamentam os alicerces do glorioso Reino de Deus.

(*Reformador*, dez. 1959, p. 284)

Não te aflijas[19]

Não te aflijas, diante do quadro de lutas que te arrebatam ao torvelinho das provas inevitáveis, porque a inquietação destrutiva nada constrói em benefício dos semelhantes.

---

[18] Nota da equipe organizadora: Texto publicado em *Refúgio*. Ed. IDEAL. Cap. "Ouvindo o sermão do monte", com alterações.

[19] Nota da equipe organizadora: Texto publicado em *Reconforto*. Ed. GEEM. Cap. 6, com pequenas alterações.

Por ocasião do incêndio, não é a precipitação que salva ou retifica e nem apagaremos o fogo crepitante, atirando-lhe combustível.

De qualquer modo, numa esfera de ação, qual a terrena, em que os bons sentimentos são luzes vacilantes e obras incompletas, seremos defrontados, diariamente, pelo raios mortíferos da desarmonia, da cólera, da intemperança e da crueldade; entretanto, a fim de que nos convertamos em recursos vivos de educação para os elementos que nos rodeiam, é imprescindível o aprendizado da serenidade e do silêncio, de modo a reajustarmos, com calma, as inseguras edificações humanas que a tempestade prejudicou.

Ante a convulsão do verbo desvairado, cala-te e espera.

Ante a violência arrasadora, emudece-te e aguarda a passagem das horas.

Ante o movimento inesperado das intenções menos dignas ou do ataque indébito, cala-te, ainda, e conta com o tempo.

Se aproveitas a dificuldade e a dor, a sombra e a deficiência, por sagradas oportunidades de auxiliar os teus irmãos, encontrarás no desdobramento de tua cooperação a resposta a todos os problemas que te atormentam a alma.

Quando Jesus proclamou a bem-aventurança aos aflitos, não se reportava aos espíritos insubordinados e impacientes, que elegem o desespero e a indisciplina por normas regulares de reação; referia-se, antes de tudo, aos que se acham aflitos por ajudarem o engrandecimento coletivo, por se converterem realmente à luz eterna, por se consagrarem à caridade e, acima de tudo, por se dominarem, transformando-se em veículos de manifestação da vontade do Senhor.

Assim, pois, se te inquietas pelas construções do Bem eterno, permaneces credenciado à bem-aventurança divina que, efetivamente, é muito difícil de alcançar.

(*Reformador*, jan. 1952, p. 14)

Nem todos os aflitos[20]

A aflição é um desafio que poucos suportam, lição que raros aprendem e tesouro que não se recebe facilmente.

Depois de regulares períodos de paz e ordem, a alma é visitada pela aflição que, em nome da Sabedoria divina, lhe afere os valores e conquistas.

---

[20] Nota da equipe organizadora: Texto publicado em *Reconforto*. Ed. GEEM. Cap. 7, com alterações.

Raros, porém, são aqueles que a recebem dignamente.

O impulsivo, quase sempre, converte-a em crime ou falta grave.

O impaciente faz dela a escura paisagem do desespero, onde perde as melhores oportunidades de servir.

O triste desvaloriza-lhe as sugestões e dorme sobre as probabilidades de autossuperação, em longas e pesadas horas de choro e desânimo.

O ingrato transforma-a em calhaus com que apedreja o nome e o serviço de companheiros e vizinhos.

O indiferente foge-lhe aos avisos como quem escapa impensadamente da orientadora que lhe renovaria os destinos.

O leviano esquece-lhe os ensinamentos e perde o ensejo de elevar-se, por sua influência, a planos mais altos.

O espírito prudente, contudo, recebe a aflição como o oleiro que encontra no fogo o único recurso para imprimir solidez e beleza ao vaso que o gênio idealiza.

Se a tempestade purifica e se o fel, por vezes, é o exclusivo medicamento da cura, a aflição é a porta de acesso ao engrandecimento espiritual.

Só aquele que a recebe por instrumento de perfeição consegue extrair-lhe as preciosidades divinas. É por isso que nem todos os aflitos podem ser bem-aventurados, de vez que, somente aproveitando a dor para a materialização consistente de nossos ideais e de nossos sonhos, é que podemos atingir a divina alegria da esperança vitoriosa, na criação sublime de aprimoramento eterno, a que todos somos chamados pela vida comum, nas lutas de cada dia.

(*Reformador*, jun. 1954, p. 143)

No estudo da aflição
(*Reconforto*. Ed. GEEM. Cap. 17)[21]

---

[21]   N.E.: Vide nota 9.

Bem-aventurados os mansos, porque eles herdarão a Terra.

Mateus
5:5

Amenidade

Surgem, sim, as ocasiões em que todas as forças da alma se fazem tensas, semelhando cargas de explosivos, prestes a serem detonadas pelo gatilho da boca... Momentos de reação, diante do mal, em que a fagulha da mágoa assoma do íntimo, aviventada pelo sopro do desespero.

Entretanto, mesmo que a indignação se te afigure justificada, reflete para falar.

A palavra não foi criada para converter-se em raio da morte.

Imagina-te no lugar do interlocutor.

Se houve deficiência no concurso de outrem, recorda os acontecimentos em que o erro impensado te marcou a presença; se algum companheiro falhou, involuntariamente, na obrigação, pensa nas horas difíceis, em que não pudeste guardar fidelidade ao dever.

Em qualquer obstáculo, pondera que a cólera é bomba de rastilho curto, comprometendo a estabilidade e a elevação da vida onde estoura.

Indiscutivelmente, o verbo foi estabelecido para que nos utilizemos dele. O silêncio é o guardião da serenidade, todavia, nem sempre consegue tomar-lhe as funções. Isso, porém, não nos induz a transfigurar a cabeça num vulcão em movimento, arremessando lavas de azedume e inquietação.

Conquanto se nos imponha dias de franqueza e esclarecimento, é possível equacionar, harmoniosamente, os mais intrincados problemas sem adicionar o fogo da violência às parcelas da lógica.

Dominemo-nos para que possamos controlar circunstâncias, chefiemos as nossas emoções, alinhando-as na estrada do equilíbrio e do discernimento, de modo a que nossa frase não resvale na intemperança.

Guardar o silêncio, quando preciso, mas falar sempre que necessário, a desfazer enganos e a limpar raciocínios, entendendo, porém, que Jesus não confiou a verdade para transformá-la numa pedra sobre o crânio alheio e sim num clarão que oriente aos outros e alumie a nós.

(*Livro da esperança.* Ed. Comunhão Espírita Cristã. Cap. 22)

Mansos de coração[22]

Quando Jesus proclamou a felicidade dos mansos de coração, não se propunha, de certo, exaltar a ociosidade, a hesitação e a fraqueza.

Muita gente, a pretexto de merecer o elogio evangélico, foge aos mais altos deveres da vida e abandona-se à preguiça ou à fé inoperante, acreditando cultivar a humildade.

O Mestre desejava destacar as almas equilibradas, os homens compreensivos e as criaturas de boa vontade que, alcançando o valor do tempo, sabem plantar o bem e esperar-lhe a colheita, sem desespero e sem violência.

A cortesia é o primeiro passo da caridade.

A gentileza é o princípio do amor.

Ninguém precisa, pois, aguardar o futuro, a fim de possuir a Terra. É possível orientá-la hoje mesmo, detendo-lhe os favores e talentos, entre os nossos semelhantes, cultuando a bondade fraternal.

As melhores oportunidades de cada dia no mundo pertencem àqueles que melhores se fazem para quantos lhes rodeiam os passos. E ninguém se faz melhor, arremessando pedras de irritação ou espinhos de amargura na senda dos companheiros.

A sabedoria é calma e operosa, humilde e confiante.

O espírito de quem ara a terra com Jesus compreende que o pântano pede socorro, que a planta frágil espera defesa, que o mato inculto reclama cuidado e que os detritos do temporal podem ser convertidos em valioso adubo, no silêncio do chão.

Se pretendes, pois, a subida evangélica, aprende a auxiliar sem distinção.

A pretexto de venerar a verdade, não aniquiles as promessas do amor. Abraça o teu roteiro, com a alegria de quem trabalha por fidelidade ao sumo Bem, estendendo a graça da esperança, a benefício de todos, e, um dia, todos os que te cercam e te acompanham entoarão o cântico da bem-aventurança que o teu coração escreveu e compôs nos teus atos, aparentemente pequeninos de fraternidade e sacrifício, em favor dos outros, em tua jornada de ascensão à divina Luz.

(*Reformador*, ago. 1953, p. 180)

---

[22] Nota da equipe organizadora: Texto publicado em *Escrínio de luz*. Ed. O Clarim. Cap. "Mansos de coração".

Possuir

"Bem-aventurados os brandos de espírito porque possuirão a Terra."

Com esta afirmação do Senhor, podemos reconhecer que há diferença fundamental entre "possuir" e "ser possuído".

Vemos conquistadores de nome célebre que julgam senhorear terras e haveres, acabando sob o domínio da perturbação e da morte.

Observamos caluniadores eminentes, presumindo-se detentores das maiores expressões de apreço público, caindo sob o império de amargosas desilusões.

Anotamos a presença de gozadores inveterados que, em se guindando ao ápice dos mais extravagantes prazeres, descem, apressados, aos precipícios da desesperação e do tédio.

Contemplamos usurários, aparentemente felizes, acreditando-se com direito exclusivo sobre cofres repletos, em que amontoam perigosos enganos, repentinamente despojados de todos os valores fictícios de que se supõem eternos depositários, arrojando-se, em desvario, às linhas abismais da loucura.

Convidou-nos o divino Mestre ao equilíbrio, à cordura e à humildade, para que aprendamos a possuir em nome do Pai excelso, a quem pertencem toda propriedade, todo poder e toda glória da vida.

Procuremos, desse modo, o clima de tolerância fraterna em que o Senhor exemplificou na Terra a sua lição sublime para que estejamos seguros nas construções imperecíveis da alma.

À frente da crueldade e da violência, da ignorância e da insensatez, mantenhamos acesa a chama do amor, à maneira da fonte límpida que, servindo e cantando, corrige os rigores da paisagem e fecunda o seio da Terra.

Não vale trocar golpe por golpe, injúria por injúria, mal por mal...

Convocados à edificação do Reino de Deus no mundo, a começar de nós mesmos, é imprescindível saibamos suportar para renovar, sofrer para soerguer, apoiar para levantar e renunciar para possuir.

(Taça de luz. Ed. LAKE. Cap. 40)

Bem-aventurados os misericordiosos, porque eles receberão misericórdia.

Mateus
5:7

Na luz da compaixão[23]

Deixa que a luz da compaixão te clareie a rota, para que a sombra te não envolva.

Sofres a presença dos que te pisam as esperanças? Compaixão para eles.

Ouves a palavra dos que te ironizam? Compaixão para eles.

Padeces o assalto moral dos que te perturbam? Compaixão para eles.

Recebes a farpa dos que te perseguem? Compaixão para eles.

A crueldade e o sarcasmo, a demência e a vileza são chagas que o tempo cura.

Rende graças a Deus, por lhes suportares o assédio sem que partam de ti.

No fundo são males que surgem da ignorância, como a cegueira nasce das trevas.

Não sanarás o desequilíbrio do louco, zurzindo-lhe a cabeça, nem expulsarás a criminalidade do malfeitor, cortando-lhe os braços.

Diante de todos os desajustamentos alheios, compadece-te e ampara sempre.

Perante todos os disparates do próximo, compadece-te e faze o melhor que possas.

Todos somos alunos do educandário da vida e todos somos suscetíveis de queda moral no erro.

Usa, pois, a misericórdia com os outros e acharás nos outros a misericórdia para contigo.

(*Reformador*, fev. 1960, p. 26)

---

[23] Nota da equipe organizadora: Texto publicado em *Palavras de vida eterna*. Ed. Comunhão Espírita Cristã. Cap. 69.

Donativo da alma

Reflete nas provações alheias e auxilia incessantemente.

Louvado para sempre o trabalho honesto com que te dispões a minorar as dificuldades dos semelhantes, ensinando-lhes a encontrar a felicidade, através do esforço digno.

Bendita a moeda que deixas escorregar nas mãos fatigadas que se constrangem a implorar o socorro público.

Inesquecível a operação da beneficência, com a qual te desfazes de recursos diversos para que não haja penúria na vizinhança.

Abençoado o dia de serviço gratuito que prestas no amparo aos companheiros menos felizes.

Enaltecido o devotamento que empregas na instrução aos viajores do mundo, que ainda se debatem nos labirintos da ignorância.

Glorificado o conselho fraterno com que te decides a mostrar o melhor caminho.

Santo o remédio com que alivias a dor.

Inolvidáveis todos os investimentos que realizes no instituto universal da Providência divina, quando entregas a benefício dos outros o concurso financeiro, a página educativa, a peça de roupa, o litro de leite, o cobertor aconchegante, o momento de consolo, o gesto de solidariedade, o prato de pão...

Não se pode esquecer que Jesus consignou por crédito sublime da alma, no Reino de Deus, o simples copo de água que se dê no mundo em seu nome.

Entretanto, mil vezes bem-aventurada seja cada hora de tua paciência diante daqueles que não te compreendam ou te esqueçam, te firam ou te achincalhem, porque a paciência, invariavelmente feita de bondade e silêncio, abnegação e esquecimento do mal, é donativo essencialmente da alma, bênção da fonte divina do amor, que jorra nas nascentes do sacrifício, seja formada no suor da humildade ou no pranto oculto do coração.

(*Livro da esperança*. Ed. Comunhão Espírita Cristã. Cap. 25)

Bem-aventurados os misericordiosos

(*Instrumentos do tempo*. Ed. GEEM. Cap. "Bem-aventurados os misericordiosos")[24]

---

[24] N.E.: Vide nota 9.

Compaixão e nós[25]

Comumente, referimo-nos à compaixão em termos que se reportem à semelhante bênção de nós para com os outros; entretanto, a fim de que o orgulho não se nos infiltre no coração sob o nome de virtude, vale recordar a compaixão que tantas vezes procede dos outros em socorro a nós.

De quando em quando, pelo menos, rememoremos as demonstrações de paciência e bondade dos irmãos que nos suportaram, sem queixa, a teimosia e a inconsequência nos dias de imaturidade ou irritação; o apoio das criaturas que prosseguiram trabalhando em nosso favor, cientes de que as combatíamos sem apreender-lhes os elevados intuitos; o amparo de benfeitores que continuaram a servir-nos, ainda mesmo depois de se certificarem quanto aos gestos de frieza ou ingratidão com que lhes ferimos o espírito; a tolerância dos companheiros que, mesmo em nos sabendo desequilibrados nos dias de erro, não nos sonegaram a bênção da amizade e da confiança, aguardando-nos os reajustes espirituais; e o auxílio dos irmãos que nos perdoaram ofensas e agravos, ajudando-nos, sem pausa, além das dificuldades e empeços com que lhes espancamos o carinho e a abnegação para conosco.

Reflitamos na imensidão da piedade que nos sustenta a vida até agora e observaremos que, sem isso, provavelmente a maioria de nós outros teria mergulhado indefinidamente nas correntes da prova criadas por nós mesmos, com a nossa própria negligência.

Meditemos nisso e saibamos exercer a compaixão para com todos, particularmente com aqueles que nos firam, e reconheceremos que unicamente assim conseguiremos resgatar os nossos débitos de amor para com o próximo, a perceber, por fim, que todos nós, para viver, conviver e sobreviver, precisamos, em qualquer parte e em qualquer circunstância, da bondade e da compaixão de Deus.

(*Reformador,* jan. 1973, p. 20)

No serviço da luz

Não olvides que todos os perseguidores da luz são habitualmente enfermos de espírito acomodados ao mal.

---

[25] Nota da equipe organizadora: Texto publicado em *Tocando o barco.* Ed. IDEAL. Cap. "Compaixão e nós", com pequenas alterações.

Muitos trazem no peito o vulcão do ódio, exalando os fluidos comburentes do fogo devorador que lhes consome a vida, a se enovelarem, pouco a pouco, nas teias da loucura, quando o crime não lhes colhe a existência; outros, transportam no coração a chaga da cobiça ou da inveja a verminar-lhes o seio e ainda outros se abismam nos labirintos da ambição desregrada, abrindo para si mesmos a cova de dor, a que descerão para a bênção expiatória...

Outros muitos sofrem, no imo d'alma, a infestação do vício que os transforma em presa fácil dos empreiteiros da sombra e quase todos padecem na própria mente o assalto da ignorância em que se fazem, desavisados, instrumentos soezes da miséria e da insânia em verdadeiro flagelo público.

Renteando com eles — pobres irmãos nossos que elegeram para si próprios a condição penosa de detratores — trata-os por doentes necessitados de socorro e medicamento.

Conhecendo-os, de perto, lembrou Jesus no monte a bem-aventurança reservada no mundo aos que exerçam o perdão e a misericórdia.

E, é ainda por esse motivo que, à última hora, circulado por eles, nos tormentos da cruz, o Senhor recomendou-os à Tolerância divina, e, ao invés de aceitar-lhes injúrias e desafios, preferiu segregá-los no hospital da oração.

(*Alvorada do reino*. Ed. IDEAL. Cap. 4)

Bem-aventurados os limpos de coração, porque eles verão a Deus.

Mateus
5:8

Quando a pureza estiver conosco[26]

Quando a pureza estiver em nossos olhos, fixaremos na cicatriz do próximo a desventura respeitável do nosso irmão.

Quando a pureza morar em nossos ouvidos, receberemos a calúnia e a maldade, nelas sentindo o incêndio e o infortúnio que ainda lavram no espírito daqueles que nos observam, sem o exato conhecimento de nossas intenções.

Quando a pureza demorar-se em nossa boca, a maledicência surgirá, junto de nós, por enfermidade lamentável do amigo que nos procura, veiculando-lhe o veneno, e saberemos fazer o silêncio bendito com que possamos impedir a extensão do mal.

Quando a pureza associar-se ao nosso raciocínio, identificaremos nos pensamentos infelizes a deplorável visitação da sombra, diante da qual acenderemos a luz de nossa fé para a justa resistência.

Quando a pureza respirar em nosso coração, o endurecimento espiritual jamais encontrará guarida em nossa alma, porque o calor de nosso carinho se irradiará em todas as direções, estimulando a alegria dos bons e reduzindo a infelicidade dos nossos irmãos que ainda se confiam à ignorância.

Quando a pureza brilhar em nossas mãos, a preguiça não nos congelará a boa vontade e aproveitaremos as mínimas oportunidades do caminho para o abençoado serviço do amor que o Mestre nos legou.

Bem-aventurados os puros de coração! — proclamou o divino Amigo.

Sim, bem-aventurados os que esposam o Bem para sempre, porque semelhantes trabalhadores da luz sabem converter a treva em claridade, os espinhos em flores, as pedras em pães e a própria derrota em vitória, criando invariavelmente o céu onde se encontram e apagando os variados infernos que a miséria e a crueldade inflamam na Terra para tormento da vida.

(*Reformador*, maio 1955, p. 104)

---

[26] Nota da equipe organizadora: Texto publicado em *Luz e vida*. Ed. GEEM. Cap. "Quando a compreensão estiver conosco", com alterações.

Pureza

"Bem-aventurados os puros, porque verão a Deus."

Estudando a palavra do Mestre divino, recordemos que no mundo, até hoje, não existiu ninguém quanto Ele, com tanta pureza na própria alma.

Cabe-nos, pois, lembrar como Jesus via no caminho da vida, para reconhecermos com segurança que, embora na Terra, sabia encontrar a Presença divina em todas as situações e em todas as criaturas.

Para muita gente, a manjedoura era lugar desprezível; entretanto, Ele via Deus na humildade com que a Natureza lhe oferecia materno colo e transformou a estrebaria num poema de excelsa beleza.

Para muita gente, Maria de Magdala era mulher sem qualquer valor, pela condição de obsidiada em que se mostrava na vida pública; no entanto, Ele via Deus naquele coração feminino ralado de sofrimento e converteu-a em mensageira da celeste ressurreição.

Para muita gente, Simão Pedro era homem rude e inconstante, indigno de maior consideração; contudo, Ele via Deus no espírito atribulado do pescador semianalfabeto que o povo menosprezava e transmutou-o em paradigma da fé cristã, para todos os séculos.

Para muita gente, Judas era negociante de expressão suspeita, capaz de astuciosos ardis em louvor de si mesmo; no entanto, Ele via Deus na alma inquieta do companheiro que os outros menoscabavam e estendeu-lhe braços amigos até ao fim da penosa deserção a que o discípulo distraído se entregou, invigilante.

Para muita gente, Saulo de Tarso era guardião intransigente da Lei antiga, vaidoso e perverso, na defesa dos próprios caprichos; contudo, Ele via Deus naquele Espírito atormentado, e procurou-o pessoalmente, para confiar-lhe embaixada importante.

Se purificares, assim, o coração, identificarás a presença de Deus em toda parte, compreendendo que a esperança do Criador não esmorece em criatura alguma, e perceberás que a maldade e o crime são apenas espinheiro e lama que envolvem o campo da alma — o brilhante divino que virá fatalmente à luz...

E aprendendo e servindo, ajudando e amando passarás, na Terra, por mensagem incessante de amor, ensinando os homens que te rodeiam a converter o charco em berço de pão e a entender que, mesmo nas profundezas do pântano, podem surgir lírios perfumados e puros para exaltar a glória de Deus.

(*Religião dos espíritos*. FEB Editora. Cap. Pureza)

Bem-aventurados os pacificadores, porque eles serão chamados filhos de Deus.

Mateus
5:9

Pacifica sempre[27]

Por muitas sejam as dores que te aflijam a alma, asserena-te na oração e pacifica os quadros da própria luta.

Se alguém te fere, pacifica desculpando.

Se alguém te calunia, pacifica servindo.

Se alguém te menospreza, pacifica entendendo.

Se alguém te irrita, pacifica silenciando.

O perdão e o trabalho, a compreensão e a humildade são as vozes inarticuladas de tua própria defesa.

Golpes e golpes são feridas e mais feridas.

Violência com violência somam loucura.

Não ergas o braço para bater, nem abras o verbo para humilhar.

Diante de toda perturbação, cala e espera, ajudando sempre.

O tempo sazona o fruto verde, altera a feição do charco, amolece o rochedo e cobre o ramo fanado de novas flores.

Censura é clima de fel.

Azedume é princípio de maldição.

Onde estiveres, pacifica.

Seja qual for a ofensa, pacifica.

E perceberás, por fim, que a paz do mundo é dom de Deus, começando de ti.

(*Reformador*, fev. 1960, p. 26)

Pacifiquemos[28]

Não adianta estender a guerra nervosa.

A contradita esperar-te-á em cada canto, porque a paz é fundamento da Lei de Deus.

Observa as catástrofes que vão passando...

---

[27] Nota da equipe organizadora: Texto publicado em *Palavras de vida eterna*. Ed. Comunhão Espírita Cristã. Cap. 70.

[28] Idem, ibidem. Cap. 79.

Vezes sem conta, o homem faz-se o lobo do próprio homem, destruindo o campo terrestre; mas Deus, em silêncio, determina que a erva cubra de novo o solo, colocando a flor na erva e formando o fruto no corpo da própria flor.

Vulcões arruínam extensas regiões, mas Deus restaura as paisagens dilaceradas.

Maremotos varrem cidades, mas Deus indica-lhes outro lugar e ressurgem mais belas.

Terremotos trazem calamidades, aqui e ali, mas Deus reajusta a fisionomia do Globo.

Moléstias estranhas devastam populações inteiras, mas Deus inspira a cabeça de cientistas abnegados e liquida as epidemias.

Tempestades, de quando em quando, sacodem largas faixas da Terra, mas Deus, pelas forças da Natureza, faz o reequilíbrio de tudo.

Não te entregues ao pessimismo em circunstância alguma.

Tudo pode ser, agora, diante de ti, aflição e convulsão; contudo, tranquiliza a vida em torno, quanto puderes, porque a paz chegará pelas mãos de Deus.

(*Reformador*, set. 1960, p. 199)

No erguimento da paz

Efetivamente, precisamos dos artífices da inteligência, habilitados a orientar o progresso das ciências no Planeta. Necessitamos, porém, e talvez mais ainda, dos obreiros do bem, capazes de assegurar a paz no mundo. Não somente daqueles que asseguram o equilíbrio coletivo na cúpula das nações, mas de quantos se consagram ao cultivo da paz no cotidiano:

Dos que saibam ouvir assuntos graves, substituindo-lhes os ingredientes vinagrosos pelo bálsamo do entendimento fraterno;

Dos que percebem a existência do erro e se dispõem a saná-lo, sem alargar-lhe a extensão com críticas destrutivas;

Dos que enxergam problemas, procurando solucioná-los, em silêncio, sem conturbar o ânimo alheio;

Dos que recolhem confidências afetivas, sem passá-las adiante;

Dos que identificam os conflitos dos outros, ajudando-os, sem referências amargas;

Dos que desculpam ofensas, lançando-as no esquecimento;

Dos que pronunciam palavras de consolo e esperança, edificando fortaleza e tranquilidade onde estejam;

Dos que apagam o fogo da rebeldia ou da crueldade, com exemplos de tolerância;

Dos que socorrem os vencidos da existência, sem acusar os chamados vencedores;

Dos que trabalham sem criar dificuldades para os irmãos do caminho;

Dos que servem sem queixa;

Dos que tomam sobre os próprios ombros toda a carga de trabalho que podem suportar no levantamento do bem de todos, sem exigir a cooperação do próximo para que o bem de todos prevaleça.

Paz no coração e paz no caminho.

Bem-aventurados os pacificadores — disse-nos Jesus —, de vez que todos eles agem na vida, reconhecendo-se na condição de fiéis e valorosos filhos de Deus.

(*Ceifa de luz*. FEB Editora. Cap. 19)

Na cultura da paz

Na cultura da paz, saibamos sempre:

Respeitar as opiniões alheias como desejamos seja mantido o respeito dos outros para com as nossas;

Colocar-nos na posição dos companheiros em dificuldades, a fim de que lhes saibamos ser úteis;

Calar referências impróprias ou destrutivas;

Reconhecer que as nossas dores e provações não são diferentes daquelas que visitam o coração do próximo;

Consagrar-nos ao cumprimento das próprias obrigações;

Fazer de cada ocasião a melhor oportunidade de cooperar a benefício dos semelhantes;

Melhorar-nos, através do trabalho e do estudo, seja onde for;

Cultivar o prazer de servir;

Semear o amor, por toda parte, entre amigos e inimigos;

Jamais duvidar da vitória do bem.

Buscando a consideração de pacificadores, guardemos a certeza de que a paz verdadeira não surge, espontânea, de vez que é e será sempre fruto do esforço de cada um.

(*Ceifa de luz*. FEB Editora. Cap. 54)

Pacificação

Escutaste interrogações condenatórias, em torno do amigo ausente.

Informaste algo, com discrição e bondade, salientando a parte boa que o distingue, e, sem colocar o assunto no prato da intriga, edificaste em silêncio, a harmonia possível.

Surpreendeste pequeninos deveres a cumprir, na esfera de obrigações que te não competem.

Sem qualquer impulso de reprimenda, atendeste a semelhantes tarefas, por ti mesmo, na certeza de que temos distrações lamentáveis.

Anotaste a falta do companheiro.

Esqueceste toda preocupação de censura, diligenciando substituí-lo em serviço, sem alardear, superioridade.

Assinalaste o erro do vizinho.

Foges de divulgar-lhe a infelicidade e dispões-te a auxiliá-lo no momento preciso, sem exibição de virtude.

Recebeste queixas amargas a te ferirem injustamente.

Sabes ouvi-las com paciência, abstendo-te de impelir os irmãos do caminho às teias da sombra, trabalhando sinceramente por desfazê-las.

Caluniaram-te abertamente, incendiando-te a vida.

Toleras serenamente todos os golpes sem animosidade ou revide e, respondendo com mais ampla abnegação, no exercício das boas obras, dissipas a conceituação infeliz dos teus detratores.

Descobriste a existência de companheiros iludidos ou obsidiados que se fazem motivos de perturbação ou de escândalo, no plantio do bem ou na seara da luz.

Decerto, não lhes aplaudes a inconsciência, mas não lhes agravas o desequilíbrio, através do sarcasmo, e oras por eles, amparando-lhes o reajuste, pelo pensamento renovador.

Se assim procedes, classificas-te, em verdade, entre os pacificadores abençoados pelo divino Mestre, compreendendo, afinal, que a criatura humana, isoladamente, não consegue garantir a paz no mundo, no entanto, cada um de nós pode e deve manter a paz dentro de si.

(*Livro da esperança*. Ed. Comunhão Espírita Cristã. Cap. 21)

Caridade da paz[29]

Um tipo de beneficência ao alcance de todos e que não se deve esquecer — ocultar os próprios aborrecimentos, a fim de auxiliar.

É provável hajas iniciado o dia, sob a intromissão de contratempos que te espancaram a alma. À vista disso, se exibes a figura da mágoa, na palavra ou na face, ei-la que se expande, à feição de tóxico mental, atacando a todos os que se deixem contagiar.

E qual acontece, quando a poeira grossa te invade o reduto doméstico, obrigando-te à recuperação e limpeza, após te desequilibrares em aspereza e irritação, reconheces-te no dever de reparar os danos havidos, despendendo força e diligência em solicitar desculpas e refazer os próprios brios, aqui e ali, como quem se empenha a suprimir os remanescentes de laboriosa faxina.

Se te alteias, no entanto, acima de desgostos e inquietações, mantendo tranquilidade e bom ânimo, para logo a tua mensagem de otimismo e renovação prossegue adiante, de modo a espalhar bênçãos e criar energias, angariando-te simpatia e cooperação.

Os estados negativos da mente, como sejam tristeza e azedume, angústia ou inconformidade, constituem sombras que o entendimento e a bondade são chamados a dissipar.

Recordemos o donativo da paz que a todos nos compete distribuir, a benefício dos outros, evitando solenizar obstáculos e conflitos, aflições ou desencantos, que nos surpreendem a marcha. E permaneçamos claramente informados de que a única fórmula para o exercício dessa beneficência da paz, em louvor de nossa própria segurança, será sempre esquecer o mal e fazer o bem, porquanto, em verdade, tão somente a criatura consagrada a trabalhar, servindo ao próximo, não dispõe de recursos para entediar-se nem encontra tempo para ser infeliz.

(*Reformador*, fev. 1972, p. 28)

Estudando a paz

(*Fé, paz e amor*. Ed. GEEM. Cap. "Estudando a paz")[30]

---

[29] Nota da equipe organizadora: Texto publicado em *Segue-me!...* Ed. O Clarim. Cap. "Caridade da paz", com alterações.
[30] N.E.: Vide nota 9.

Na grande transição[31]

Multiplicam-se conferências e examinam-se acordos que garantam a concórdia na belicosa família planetária.

Sangrando embora, não encontra o continente europeu suficiente recurso para adaptar-se aos impositivos da paz e, guardando ainda a hegemonia na técnica industrial do mundo, imprime graves perturbações ao ritmo político da comunidade internacional; não obstante o dilúvio de sangue que lhe cobriu o solo generoso, não é segredo o tremendo sacrifício dos orçamentos, em favor dos programas rearmamentistas. Existem ali multidões ameaçadas pelo inverno, faltam reservas no balanço econômico, invoca-se o socorro de países bem aquinhoados pela Natureza; no entanto, os generais desenrolam mapas minuciosos e extensos, sob as vistas de administradores, preocupados na ofensiva e na defensiva. Clarins de convocação aprestam-se à chamada de jovens subalimentados, que mal procedem de uma infância vazia de ideais reconstrutivos.

Lutava-se antigamente pela extensão de poder, nos desregramentos do feudalismo dominador, atritava-se, ainda ontem, pelo acesso às matérias primas a fim de que a força se sobrepusesse ao direito, no caminho dos séculos, e abeiramo-nos, agora, de conflitos ideológicos gigantescos, em que a civilização do Ocidente sofre indescritível ameaça aos seus mais preciosos patrimônios.

É o ataque sutil das forças das trevas, mascaradas de liberdade que mais equivale a desvario.

Embalde se alinham propostas de desarmamento, porquanto, segundo já enunciou eminente pensador, "não foram as armas que criaram os homens e, sim, os homens que criaram as armas". Um espírito envenenado pelo ódio, sem fuzil que lhe obedeça as determinações, ferirá com os próprios braços e, se estes lhe faltam, desferirá execráveis vibrações, dilacerantes e esmagadoras, como aguçados estiletes de morte.

---

[31] Nota da equipe organizadora: Este comentário foi escrito durante a Segunda Guerra Mundial e nos traz uma notável reflexão sobre aquele grave momento da história da Humanidade. Quando muitos cediam ao desespero e ao pessimismo, Emmanuel estabelece um vínculo entre aquelas circunstâncias e o Evangelho, demonstrando que em todas as épocas poderemos encontrar consolo e esperança nas palavras de Jesus; e que os desígnios de Deus, apontando sempre para o bem, o progresso e a paz, podem ser turvados momentaneamente pelas sombras passageiras, mas estas jamais serão capazes de obstá-los de maneira definitiva.

Infrutíferas todas as medidas restauradoras do mundo que não atinjam a personalidade humana, necessitada de dignificação.

A sociedade, constituída pelo organismo doméstico, pelo agrupamento, pelo partido ou pela nacionalidade, representa uma coleção de indivíduos e, por isso mesmo, sem a melhoria do homem, regendo os processos de trabalho, na intimidade do lar e do povo, é inútil a sistematização de reformas exteriores, impostas por revoluções e guerras destrutivas.

Advoga-se a "igualdade das oportunidades", como fórmula ideal de socialismo cristão para as democracias; entretanto, partindo a premissa de pensadores evangélicos, urge compreender que essa igualdade de recursos já foi estabelecida pelo Governo divino do Planeta. Admitido à experiência terrestre, o homem é bafejado por mil ensejos diferentes de aprender, evolver, iluminar-se e engrandecer-se. Tão grande "talento" é dor que aprimora quanto o dinheiro que favorece. E a criatura que se revolta no sofrimento edificante, convertendo bênçãos em crimes, é tão perniciosa à obra do Senhor como aquela que se vale das facilidades econômicas para estender o domínio das trevas.

Eis por que o problema da harmonia espiritual nunca será resolvido por ordenações exteriores.

O homem cristianizado é a coluna viva da democracia futura em que o reinado da Ordem, na estrutura do Estado, não colidirá com o Reino de Deus, em construção na individualidade humana.

Não bastam leis benignas.

Requisitam-se caracteres elevados que as respeitem e cumpram.

Não valem somente princípios enobrecedores.

São necessários corações valorosos que aceitem as condições imprescindíveis à santificação.

A simples denúncia da guerra não atende.

É imperioso suprimi-la da esfera de nós mesmos, ambientando o amor e a paz, na própria vida.

À face da superfície brilhante do oceano teórico, povoado de demonstrações negativas, Espíritos satânicos, encarnados e desencarnados, prosseguirão assoprando o mal nos círculos da evolução terrena, derribando, conspurcando, destruindo...

Enquanto não se capacitar o homem da grandeza da herança que o Universo lhe reserva à condição de filho de Deus, é impossível a sublimação da Humanidade.

Tanto se guerreava no tempo de Sargão I, no apogeu da foice, quanto se luta presentemente no fastígio da eletricidade.

No fundo, é a rebeldia da personalidade ajustada à indiferença pelos próprios destinos, quando não vinculada ao narcótico do vício, erigido em condutor do homem e das massas.

A sabedoria do Eterno, porém, transforma os males da criatura em amarga medicação para elas mesmas. De experiência em experiência, a Europa, crucificada na defecção dos próprios filhos, que conferiram um trono externo ao Cristo, imaginando-o cercado de representações políticas, mas exilado dos corações em que deveria viver e reinar, acerca-se, hoje, de cataclismos inomináveis...

Das angústias coletivas, entretanto, surgirão claridades renovadoras.

Exorando as bênçãos do Altíssimo para que nossos males sejam atenuados com a remoção das nuvens que se adensam sobre os povos mais poderosos da Terra, suplicamos a Jesus fortaleça a gloriosa esperança do Novo Mundo.

— Grande América! Herdeira da Europa, dadivosa e flagelada, não permitas que a chuva de sangue e lágrimas desabe em vão sobre as tuas sementeiras de Cristianismo!

Recebe as responsabilidades da civilização, de alma voltada para aquele que é o Fundamento dos Séculos...

Consagra o direito, aceitando o dever do bem, cristianiza os teus programas de governo a fim de que o sofrimento e a expiação não te imponham renovações dolorosas!

Se a força tiraniza o serviço libertador do Evangelho ou escarnece da razão para perverter a inteligência, não vejas em semelhante perturbação senão o eclipse efêmero da sombra humana procurando debalde toldar a luz divina!...

E quando as nuvens de aflição houverem passado, quando as tormentas lavarem os céus, possas tu ouvir nos recessos do espírito a divina palavra:

— Bem-aventurados os pacificadores porque serão chamados filhos de Deus!

Ser-te-á possível então responder, de consciência erguida para o Alto:

— Bendito seja o Príncipe das Nações!

(*Reformador,* jan. 1948, p.3)

Bem-aventurados os perseguidos por causa da justiça, porque deles é o Reino dos Céus.

Mateus
5:10

Na construção da virtude[32]

Toleras descabidas injúrias e calas a justificação que te pende da boca, esperando, a preço de lágrimas, que o tempo te mostre a isenção de culpa. Com isso, promoves o reconhecimento e a renovação dos teus próprios perseguidores.

Podes apropriar-te da felicidade alheia, através de pleno domínio no lar de outrem, à custa do infortúnio de alguém, mas, embora padecendo agoniada fome de afeto, ensinas a prática do dever a quem te pede convivência e carinho. Com semelhante procedimento, acendes na própria alma a chama do amor puro com que, um dia, aquecerás os entes queridos, nos planos da vida eterna.

Tens razão de sobejo para lançar a reprimenda esmagadora aos irmãos caídos em erro, pela ascendência moral que já conquistaste, mas pronuncias a frase de estímulo e indulgência, muitas vezes sob a crítica dos que te não compreendem os gestos. Consegues, assim, reerguer o ânimo dos companheiros decaídos, recuperando-lhes as energias para o levantamento das boas obras.

Guardas o direito de repousar, pelo merecimento obtido em longas tarefas nobremente cumpridas, mas prossegues em atividade laboriosa, no progresso e na paz de todos, quase sempre com o desgaste acelerado das próprias forças. Nesse abençoado serviço extra, lanças o seguro alicerce dos apostolados santificantes que te clarearão o grande futuro.

Sob assalto da calúnia, ora em favor dos que te ferem.

Quando vantagens humanas te sorrirem com prejuízo dos outros, prefere o sacrifício das mais belas aspirações.

Com autoridade suficiente para a censura, semeia a benevolência onde estiveres.

Retendo a possibilidade do descanso, abraça o maior esforço e trabalha sempre.

Quem suporta serenamente o mal que atraiu para si mesmo, trilha a estrada bendita da resignação; contudo, quem pratica o bem, quando pode fazer o mal, vive por antecipação no iluminado país da virtude.

(*Reformador*, set. 1962, p. 197)

---

[32] Nota da equipe organizadora: Texto publicado em *Livro da esperança*. Ed. Comunhão Espírita Cristã. Cap. 51, com pequenas alterações.

Vós sois o sal da terra. Se, porém, o sal tornar-se insosso, com que se salgará? [...]

Mateus
5:13

Perante o corpo

Frequentemente atribuis ao corpo as atitudes menos felizes que te induzem à queda moral e, por vezes, diligencias enfraquecê-lo ou flagelá-lo, a pretexto de evitar tentações.

Isso, porém, seria o mesmo que espancar o automóvel porque o motorista dementado se dispusesse a utilizá-lo num crime, culpando-se a máquina pelos desvios do condutor.

Muitos relacionam as doenças que infelicitam o corpo, — quase todas por desídia do próprio homem —, olvidando, contudo, que todos os patrimônios visíveis da Humanidade, na Terra, foram levantados através dele.

Sócrates legou-nos ensinamentos filosóficos de absoluta originalidade, mas não conseguiria articulá-los sem o auxílio da boca.

Miguel Ângelo plasmou obras-primas, imortalizando o próprio nome, entretanto, não lograria concretizá-las sem o uso dos braços.

Desde Colombo, arriscando-se ao grande oceano, para descortinar terras novas, aos astronautas dos tempos modernos, que se lançam arrojadamente no espaço cósmico, é com os implementos físicos que se dirigem os engenhos de condução.

Da prensa de Gutenberg às rotativas de hoje, ninguém compõe uma página sem que as mãos funcionem ativas.

Do alfinete ao transatlântico e do alfabeto à universidade, no planeta terrestre, tudo, efetivamente, é levado a efeito pelo espírito mas por intermédio do corpo. E, sem dúvida, que pensamentos e planos sublimes, ainda agora, fulguram em torno dos homens, com respeito à grandeza das civilizações do porvir, contudo, essas ideias gloriosas, estão para a realidade humana, assim como a sinfonia da pauta está para a música no instrumento. Do ponto de vista físico, é necessário que a inteligência lhes dê o curso necessário e a devida interpretação.

És um Espírito eterno, em serviço temporário no mundo. O corpo é teu refúgio e teu bastão, teu vaso e tua veste, tua pena e teu buril, tua harpa e tua enxada.

Abençoa, pois o teu corpo e ampara-lhe as energias para que ele te abençoe e te ampare, no desempenho de tua própria missão.

(*Livro da esperança*. Ed. Comunhão Espírita Cristã. Cap. 10)

Na seara mediúnica[33]

Todo médium, trazido à seara espírita cristã, para fins determinados, está obedecendo, de maneira indireta, aos desígnios dos Mensageiros de Jesus, que conferem recursos e oportunidades de trabalho a cada um, conforme as suas aptidões e necessidades.

Situado entre os irmãos encarnados que lhe pedem amparo e os benfeitores desencarnados que lhe esperam a colaboração, é razoável pergunte cada medianeiro a si próprio na esfera dos serviços consagrados ao bem:

um operário fiel ao dever ou um amigo desprevenido de responsabilidade que aparece na oficina, apenas de quando em quando, com evidente menosprezo dos compromissos assumidos?

uma fonte de paciência ou um espinheiro de irritação?

um engenho pronto para entrar em atividade ou um aparelho destrambelhado, habitualmente reclamando conserto?

um colaborador das boas obras ou um agente de pessimismo, congelando as energias do grupo?

um instrumento do bem ou um canal para as influências menos felizes?

um companheiro no auxílio aos outros ou um tarefeiro que somente busca as próprias obrigações, quando a enfermidade ou a provação lhe batem à porta?

um tronco para esteio firme dos irmãos que passam cansados e sofredores, nos caminhos da vida, ou uma sensitiva que se fecha em melindres, ao toque da primeira contrariedade?

uma alavanca de apoio ou uma escora sem qualquer resistência?

Pergunte o médium a si mesmo o que representa ele na equipe de ação, que foi chamado a integrar, e reconhecerá facilmente o que tem sido e o que pode ser, à frente do próximo, a fim de que os talentos mediúnicos, por empréstimos do Senhor, não lhe brilhem na vida em vão.

(*Reformador*, mar. 1969, p. 50)

---

[33] Nota da equipe organizadora: Texto publicado em *Segue-me!...* Ed. O Clarim. Cap. "Na seara mediúnica", com pequenas alterações.

Vós sois a luz do mundo. Não se pode ocultar uma cidade situada sobre um monte.

Mateus 5:14

Edificações

O Evangelho está repleto de amorosos convites para que os homens se edifiquem no exemplo do Senhor.

Nem sempre os seguidores do Cristo compreendem esse grande imperativo da iluminação própria, em favor da harmonia na obra a realizar.

Esmagadora percentagem de aprendizes, antes de tudo, permanece atenta à edificação dos outros, menosprezando o ensejo de alcançar os bens supremos para si.

Naturalmente, é muito difícil encontrar a oportunidade entre gratificações da existência humana, porquanto o recurso bendito de iluminação se esconde, muitas vezes, nos obstáculos, perplexidades e sombras do caminho.

O Mestre foi muito claro em sua exposição. Para que os discípulos sejam a luz do mundo, simbolizarão cidades edificadas sobre a montanha, onde nunca se ocultem. A fim de que o operário de Jesus funcione como expressão de claridade na vida, é indispensável que se eleve ao monte da exemplificação, apesar das dificuldades da subida angustiosa, apresentando-se a todos na categoria de construção cristã.

Tal cometimento é imperecível.

O vaivém das paixões não derruba a edificação dessa natureza, as pedradas deixam-na intacta e, se alguém a dilacera, seus fragmentos constituem a continuidade da luz, em sublime rastilho, por toda parte, porque foi assim que os primeiros mártires do Cristianismo semearam a fé.

(*Caminho, verdade e vida.* FEB Editora. Cap. 76)

Sois a luz

Quando o Cristo designou os seus discípulos, como sendo a luz do mundo, assinalou-lhes tremenda responsabilidade na Terra.

A missão da luz é clarear caminhos, varrer sombras e salvar vidas, missão essa que se desenvolve, invariavelmente, à custa do combustível que lhe serve de base.

A chama da candeia gasta o óleo do pavio.

A iluminação elétrica consome a força da usina.

E a claridade, seja do Sol ou do candelabro, é sempre mensagem de segurança e discernimento, reconforto e alegria, tranquilizando aqueles em torno dos quais resplandece.

Se nos compenetramos, pois, da lição do Cristo, interessados em acompanhá-lo, é indispensável a nossa disposição de doar as nossas forças na atividade incessante do bem, para que a Boa-Nova brilhe na senda de redenção para todos.

Cristão sem espírito de sacrifício é lâmpada morta no santuário do Evangelho.

Busquemos o Senhor, oferecendo aos outros o melhor de nós mesmos.

Sigamo-lo, auxiliando indistintamente.

Não nos detenhamos em conflitos ou perquirições sem proveito.

"Vós sois a luz do mundo" — exortou-nos o Mestre —, e a luz não argumenta, mas sim esclarece e socorre, ajuda e ilumina.

(*Fonte viva*. FEB Editora. Cap. 105)

Ilumina onde estejas

Observa em torno de ti:
A noite da culpa;
As trevas da delinquência;
As sombras da obsessão;
O labirinto das provas;
As furnas da indiferença;
Os cárceres do egoísmo;
As tocas da ignorância;
O nevoeiro da angústia;
As nuvens do sofrimento;
A neblina das lágrimas;

Relaciona os recintos da vida onde as necessidades da alma nos obscurecem os caminhos e estende auxílio e compreensão, paz e esperança onde estiveres.

Disse-nos o Cristo: "Sois a luz do mundo."

E toda criatura é uma fonte de luz por ser, em si, uma fonte de amor.

(*Ceifa de luz*. FEB Editora. Cap. 60)

Na hora da tristeza

Entraste na hora do desalento, como se te avizinhasses de um pesadelo.

Indefinível suplício moral te impele ao abatimento, mágoas antigas surgem à tona.

Sentes-te à feição do viajor, para cuja sede se esgotaram as derradeiras fontes do caminho.

Experimentas o coração no peito, qual pássaro fatigado, ao sacudir, em vão, as grades do cárcere.

Ainda assim, não permitas que a ansiedade te lance à tristeza inútil.

Se a incompreensão alheia te azedou o pensamento, recorda os companheiros enfermos ou mutilados, quando não conhecem a própria situação, qual seria de desejar e prossegue servindo, a esperar pelo tempo que lhes dará reajuste.

Se amigos te abandonaram em árduas tarefas, à caça de considerações que lhes incensem a personalidade, medita nas crianças afoitas, empenhadas a jogos e distrações, nos momentos do estudo, e prossegue servindo, a esperar pelo tempo, que a todos renovará na escola da experiência.

Se deixaste entes queridos ante a cinza do túmulo, convence-te de que todos eles continuam redivivos, no Plano Espiritual, dependendo, quase sempre, de tua conformação para que se refaçam e prossegue servindo, a esperar pelo tempo, que te propiciará, mais além, o intraduzível consolo do reencontro.

Se o fardo das próprias aflições te parece excessivamente pesado, reflete nos irmãos desfalecentes da retaguarda, para quem uma simples frase reconfortante de tua boca é comparável a facho estelar, nas trevas em que jornadeiam, e prossegue servindo, a esperar pelo tempo, que, no instante oportuno, a cada problema descortinará solução.

Lembra-te de que podes ser, ainda hoje, o raciocínio para os que se dementaram na invigilância, o apoio dos que tropeçam na sombra, o socorro aos peregrinos da estrada que a penúria recolhe nas pedreiras do sofrimento, o amparo dos que choram em desespero e a voz que se levante para a defesa de injustiçados e desvalidos.

Não te detenhas para relacionar dissabores...

Segue adiante, e se lágrimas te encharcam a ponto de sentires a noite dentro dos olhos, entrega as próprias mãos nas mãos de Jesus e prossegue servindo, na certeza de que a vida faz ressurgir o pão da terra lavrada e de que o sol de Deus, amanhã, nos trará novo dia.

(*Livro da esperança*. Ed. Comunhão Espírita Cristã. Cap. 13)

Nem se acende uma candeia colocando-a debaixo do módio, mas sobre o candeeiro, assim ilumina todos que estão na casa.

Mateus
5:15

A candeia viva

Muitos aprendizes interpretaram semelhantes palavras do Mestre como apelo à pregação sistemática, e desvairaram-se através de veementes discursos em toda parte. Outros admitiram que o Senhor lhes impunha a obrigação de violentar os vizinhos, através de propaganda compulsória da crença, segundo o ponto de vista que lhes é particular.

Em verdade o sermão edificante e o auxílio fraterno são indispensáveis na extensão dos benefícios divinos da fé.

Sem a palavra, é quase impossível a distribuição do conhecimento. Sem o amparo irmão, a fraternidade não se concretizará no mundo.

A assertiva de Jesus, todavia, atinge mais além.

Atentemos para o símbolo da candeia. A claridade na lâmpada consome força ou combustível.

Sem o sacrifício da energia ou do óleo não há luz.

Para nós, aqui, o material de manutenção é a possibilidade, o recurso, a vida.

Nossa existência é a candeia viva.

É um erro lamentável despender nossas forças, sem proveito para ninguém, sob a medida de nosso egoísmo, de nossa vaidade ou de nossa limitação pessoal.

Coloquemos nossas possibilidades ao dispor dos semelhantes.

Ninguém deve amealhar as vantagens da experiência terrestre somente para si. Cada espírito provisoriamente encarnado, no círculo humano, goza de imensas prerrogativas, quanto à difusão do bem, se persevera na observância do Amor universal.

Prega, pois, as revelações do Alto, fazendo-as mais formosas e brilhantes em teus lábios; insta com parentes e amigos para que aceitem as verdades imperecíveis; mas, não olvides que a candeia viva da iluminação espiritual é a perfeita imagem de ti mesmo.

Transforma as tuas energias em bondade e compreensão redentoras para toda gente, gastando, para isso, o óleo de tua boa vontade, na renúncia e no sacrifício, e a tua vida, em Cristo, passará realmente a brilhar.

(*Fonte viva*. FEB Editora. Cap. 81)

No combate à ignorância

(*Luz e vida*. Ed. GEEM. Cap. "No combate à ignorância")[34]

A candeia simbólica

(*Seguindo juntos*. Ed. GEEM. Cap. 24)[35]

Exposição espírita[36]

Quanto mais se aperfeiçoam no mundo as normas técnicas da civilização, mais imperiosas se fazem as necessidades do intercâmbio. À vista disso, nos mecanismos da propaganda, em toda parte, os mostruários do bem e do mal se misturam, estabelecendo facilitários para a aquisição de sombra e luz. Nesse concerto de forças que se entrechocam nas praias da divulgação, em maré crescente de novidades ideológicas, através das ondas de violentas transformações, a Doutrina Espírita é o cais seguro do raciocínio, garantindo a alfândega da lógica destinada à triagem correta dos produtos do cérebro humano, com vistas ao proveito comum.

Daí a necessidade da exposição constante dos valores espíritas evangélicos, sem o ruído da indiscrição, mas sem o torpor do comodismo.

Serviço de sustentação do progresso renovador.

Quando puderes, auxilia a essa iniciativa benemérita de preservação e salvamento.

Ajuda a página espírita esclarecedora a transitar no veículo das circunstâncias, a caminho dos corações desocupados de fé, à maneira da semente bendita que o vento instala no solo devoluto e que amanhã se transformará em árvore benfeitora.

Ampara o livro espírita, em sua função de mentor da alma, na cátedra do silêncio.

Prestigia o templo espírita com o respeito e a presença, com o entendimento e a cooperação, valorizando-lhe cada vez mais a missão de escola para a Vida superior.

---

[34] N.E.: Vide nota 9.
[35] Idem.
[36] Nota da equipe organizadora: Texto publicado em: *Perante Jesus*. Ed. IDEAL. Cap. 5, com alterações.; *Cura*. Ed. GEEM. Cap. "Divulgação espírita", com alterações.

Como possas e quando possas, relaciona as bênçãos que já recebeste da Nova Revelação, reanimando e orientando os irmãos do caminho.

Disse-nos Jesus: "Não coloques a lâmpada sob o alqueire".

Podes e deves, assim, expor a tua ideia espírita, através da vitrina do exemplo e da palavra, na loja de tua própria vida, para fazê-la brilhar.

(*Reformador*, ago. 1978, p. 271)

A candeia[37]

A candeia luminosa, acima do velador, não é somente um problema de verbalismo doutrinário.

Claro que as nossas convicções públicas revelam pensamento aberto e coração arejado, na sincera demonstração de nossas concepções mais íntimas. O ensinamento do Cristo, porém, lançava raízes mais profundas no solo do nosso entendimento.

A lâmpada acesa da lição divina é, antes de tudo, o símbolo de nosso exemplo seguro e positivo, nos variados ângulos da existência.

O discípulo do Evangelho é convidado a afirmar-se, no mundo, a cada instante...

Se foste ofendido, não conserves a luz do perdão nas dobras obscuras dos melindres enfermiços.

Se encontraste a dificuldade, não escondas a coragem nos resvaladouros da fuga.

Se foste surpreendido pela provação dolorosa e áspera, não enterres o talento de tua fé no pantanal do desânimo.

Se foste tocado pela dor, não arremesses a tua esperança ao despenhadeiro da indiferença.

Se sofres a perseguição e a calúnia, não arrojes a oração ao abismo da revolta e do desespero.

Se a luta te impôs a marcha entre espinheiros, oferecendo-te fel e vinagre, não ocultes o teu valor espiritual sob os detritos da inconformação ou do desalento.

Faze a tua viagem na Terra, em companhia do Amigo celestial, de coração elevado à Vontade divina, de cabeça erguida na fidelidade à religião do

---

[37] Nota da equipe organizadora: Texto publicado em *Nascer e renascer*. Ed. GEEM. Cap. "A candeia", com pequenas alterações.

dever bem cumprido, de consciência edificada no bem invariável e de braços ativos e diligentes na plantação das boas obras.

Não disfarces os teus conhecimentos de ordem superior e aprende a usá--los, a benefício dos semelhantes e em favor de ti mesmo, porque assim, ainda mesmo que o sacrifício supremo na cruz seja o teu prêmio, entre os homens, adquirirás na vida eterna a glória de haver buscado a divina ressurreição.

(*Reformador*, set. 1952, p. 207)

Da mesma forma, brilhe a vossa luz diante dos homens para que vejam as vossas boas obras e glorifiquem vosso Pai, que está nos Céus.

Mateus
5:16

Brilhe vossa luz

Meu amigo, no vasto caminho da Terra, cada criatura procura o alimento espiritual que lhe corresponde à posição evolutiva.

A abelha suga a flor, o abutre reclama despojos, o homem busca emoções. Mas ainda mesmo no terreno das emoções, cada Espírito exige tipos especiais.

Há sofredores inveterados que outra coisa não demandam além do sofrimento, pessimistas que se enclausuram em nuvens negras, atendendo a propósito deliberado, durante séculos. Suprem a mente de torturas contínuas e não pretendem construir senão a piedade alheia, sob a qual se comprazem.

Temos os ironistas e caçadores de gargalhadas que apenas solicitam motivos para o sarcasmo de que se alimentam.

Observamos os discutidores que devoram páginas respeitáveis, com o único objetivo de recolher contradições para sustentarem polêmicas infindáveis.

Reparamos os temperamentos enfermiços que sorvem tóxicos intelectuais, através de livros menos dignos, com a incompreensível alegria de quem traga envenenado licor.

Nos variados climas do mundo, há quem se nutra de tristeza, de insulamento, de prazer barato, de revolta, de conflitos, de cálculos, de aflições, de mentiras...

O discípulo de Jesus, porém — aquele homem que já se entediou das substâncias deterioradas da experiência transitória —, pede a luz da sabedoria, a fim de aprender a semear o amor em companhia do Mestre...

Para os companheiros que esperam a vida renovada em Cristo, famintos de claridade eterna, foram escritas as páginas deste livro despretensioso.

Dentro dele, não há palavras de revelação sibilina.

Traduz, simplesmente, um esforço para que nos integremos no Evangelho, celeiro divino do nosso pão de imortalidade.

Não é exortação, nem profecia.

É apenas convite.

Convite ao trabalho santificante, planificado no Código do Amor divino.

Se a candeia ilumina, queimando o próprio óleo, se a lâmpada resplende, consumindo a energia que a usina lhe fornece, ofereçamos a instrumentalidade de nossa vida aos imperativos da perfeição, para que o ensinamento do Senhor se revele, por nosso intermédio, aclarando a senda de nossos semelhantes.

O Evangelho é o Sol da Imortalidade que o Espiritismo reflete, com sabedoria, para a atualidade do mundo.

Brilhe vossa luz! — proclamou o Mestre.

Procuremos brilhar! — repetimos nós.

(*Vinha de luz*. FEB Editora. "Prefácio – Brilhe vossa luz")

Façamos nossa luz

Ante a glória dos mundos evolvidos, das esferas sublimes que povoam o Universo, o estreito campo em que nos agitamos na Crosta Planetária, é limitado círculo de ação.

Se o problema, no entanto, fosse apenas o de espaço, nada teríamos a lamentar.

A casa pequena e humilde, iluminada de Sol e alegria, é paraíso de felicidade.

A angústia de nosso plano procede da sombra.

A escuridão invade os caminhos em todas as direções. Trevas que nascem da ignorância, da maldade, da insensatez, envolvendo povos, instituições e pessoas. Nevoeiros que assaltam consciências, raciocínios e sentimentos.

Em meio da grande noite, é necessário acendamos nossa luz. Sem isso é impossível encontrar o caminho da libertação. Sem a irradiação brilhante de nosso próprio ser, não poderemos ser vistos com facilidade pelos mensageiros divinos, que ajudam em nome do Altíssimo, nem auxiliaremos efetivamente a quem quer que seja.

É indispensável organizar o santuário interior e iluminá-lo, a fim de que as trevas não nos dominem.

É possível marchar, valendo-nos de luzes alheias. Todavia, sem claridade que nos seja própria, padeceremos constante ameaça de queda. Os proprietários das lâmpadas acesas podem afastar-se de nós, convocados pelos montes de elevação que ainda não merecemos.

Vale-te, pois, dos luzeiros do caminho, aplica o pavio da boa vontade ao óleo do serviço e da humildade e acende o teu archote para a jornada. Agradece ao que te ilumina por uma hora, por alguns dias ou por muitos anos, mas não olvides tua candeia, se não desejas resvalar nos precipícios da estrada longa!...

O problema fundamental da redenção, meu amigo, não se resume a palavras faladas ou escritas. É muito fácil pronunciar belos discursos e prestar excelentes informações, guardando, embora, a cegueira nos próprios olhos.

Nossa necessidade básica é de luz própria, de esclarecimento íntimo, de autoeducação, de conversão substancial do "eu" ao Reino de Deus.

Podes falar maravilhosamente acerca da vida, argumentar com brilho sobre a fé, ensinar os valores da crença, comer o pão da consolação, exaltar a paz, recolher as flores do bem, aproveitar os frutos da generosidade alheia, conquistar a coroa efêmera do louvor fácil, amontoar títulos diversos que te exornem a personalidade em trânsito pelos vales do mundo...

Tudo isso, em verdade, pode fazer o Espírito que se demora, indefinidamente, em certos ângulos da estrada.

Todavia, avançar sem luz é impossível.

(*Caminho, verdade e vida.* FEB Editora. Cap. 180)

Boas obras[38]

"Brilhe vossa luz" — disse-nos o Mestre —, e muitas vezes julgamo-nos unicamente no dever de buscar as alturas mentais.

E suspiramos inquietos pela dominação do cérebro.

Contudo, o Cristo foi claro e simples no ensinamento.

"Brilhe também a vossa luz diante dos homens para que vejam as vossas boas obras e glorifiquem a vosso Pai que está nos Céus."

Não apenas pela cultura intelectual.

Não somente pela frase correta.

Nem só pelo verbo flamejante.

Não apenas pela interpretação eficiente das Leis Divinas.

Não somente pela prece labial, apurada e comovedora.

Nem só pelas palavras e pelos votos brilhantes.

---

[38] Nota da equipe organizadora: Texto publicado em *Palavras de vida eterna*. Ed. Comunhão Espírita Cristã. Cap. 13.

É indiscutível que não podemos menosprezar a educação da inteligência, mesmo porque a escola, em todos os planos, é obra sublime com que nos cabe honrar o Senhor, mas Jesus, com a referência, convidava-nos ao exercício constante das boas obras, seja onde for, pois somente o coração tem o poder de tocar o coração, e, somente aperfeiçoando os nossos sentimentos, conseguiremos nutrir a chama espiritual em nós, consoante o divino apelo.

Com o amor estimularemos o amor...
Com a humildade geraremos a humildade...
Com a paz em nós ajudaremos a construir a paz dos outros...
Com a nossa paciência edificaremos a paciência alheia.

Com a caridade em nosso passo, semearemos a caridade nos passos do próximo.

Com a nossa fé garantiremos a fé ao redor de nós mesmos.

Atendamos, pois, ao nosso próprio burilamento, porquanto apenas contemplando a luz das boas obras em nós é que os outros entrarão no caminho das boas obras, glorificando a Bondade e a Sabedoria de Deus.

(*Reformador*, jun. 1957, p. 138)

Nos domínios da paciência

Em muitos episódios constrangedores, admitimos que paciência é cruzar os braços e gemer passivamente em preguiçosa lamentação. Noutros lances da luta com que somos defrontados por manifestações de má-fé, a raiarem por dilapidações morais inomináveis, supomos que paciência é tudo deixar como está para ver como fica.

Isso, porém, constará das lições da vida ou da natureza?

Células orgânicas, quando ocorrem acidentes ao veículo físico, estabelecem processos de defesa, trabalhando mecanicamente na preservação da saúde corpórea, enquanto isso lhes é possível.

Vegetais humildes devastados no tronco não renunciam à capacidade de resistência e, enquanto dispõem das possibilidades necessárias, regeneram os próprios tecidos, preenchendo as finalidades a que se destinam.

Paciência não é conformismo; é reconhecimento da dificuldade existente, com a disposição de afastá-la sem atitude extremista. Nem deserção da esfera de luta nem choro improfícuo na hora do sofrimento.

Sejam como sejam os entraves e as provações, a paciência descobre o sistema de removê-los.

Em assim nos externando, não nos referimos à complacência culposa que deita um sorriso blandicioso para a leviandade, fingindo ignorá-la. Reportamo-nos à compreensão que identifica a situação infeliz e articula meios de solucionar-lhe os problemas sem alardear superioridade.

Paciência, no fundo, é resignação quando as injúrias sejam desferidas contra nós em particular, mas sempre que os ataques sejam dirigidos contra os interesses do bem de todos, paciência é perseverança tranquila no esclarecimento geral, conquanto semelhante atitude, às vezes, nos custe sacrifícios imensos.

Jesus foi a paciência sem lindes, no entanto, embora suportasse, sereno, todos os golpes que lhe foram endereçados, pessoalmente preferiu aceitar a morte na cruz a ter de aplaudir o erro ou acumpliciar-se com o mal.

(*Livro da esperança*. Ed. Comunhão Espírita Cristã. Cap. 23)

Brilhar

Admitem muitos aprendizes que brilhar será adquirir destacada posição em serviços de inteligência, no campo da fé.

Realmente, excluir a cultura espiritual, em seus diversos ângulos, da posição luminosa a que todos devemos aspirar, seria rematada insensatez.

Aprender sempre para melhor conhecer e servir é a destinação de quem se consagra fielmente ao Mestre divino.

Urge, no entanto, compreender, no imediatismo da experiência humana, que, se o Salvador recomendou aos discípulos brilhassem, à frente dos homens, não se esqueceu de acrescentar que essa claridade deveria resplandecer, de tal maneira, que eles nos vejam as boas obras, rendendo graças ao Pai, em forma de alegria com a nossa presença.

Ninguém se iluda com os fogos-fátuos do intelectualismo artificioso.

Ensinemos o caminho da redenção, tracemos programas salvadores onde estivermos; brilhe a luz do Evangelho em nossa boca ou em nossa frase escrita, mas permaneçamos convencidos de que se esses clarões não descortinam as nossas boas obras, seremos invariavelmente recebidos no ouvido alheio e no alheio entendimento, entre a expectação e a desconfiança, porque somente em fundido pensamento, verbo e ação, no ensinamento do Cristo Jesus, haverá em torno de nós glorificação construtiva ao nosso Pai que está nos Céus.

(*Vinha de luz*. FEB Editora. Cap. 159)

A resposta

(*Sinais de rumo*. Ed. GEEM. Cap. A resposta)[39]

Educação

Disse-nos o Cristo: "Brilhe vossa luz..."
E Ele mesmo, o Mestre divino, é a nossa divina luz na evolução planetária.

Admitia-se antigamente que a recomendação do Senhor fosse mero aviso de essência mística, conclamando profitentes do culto externo da escola religiosa a suposto relevo individual, depois da morte, na imaginária corte celeste.

Hoje, no entanto, reconhecemos que a lição de Jesus deve ser aplicada em todas as condições, todos os dias.

A própria ciência terrena atual reconhece a presença da luz em toda parte.

O corpo humano, devidamente estudado, revelou-se, não mais como matéria coesa, senão espécie de veículo energético, estruturado em partículas infinitesimais que se atraem e se repelem, reciprocamente, com o efeito de microscópicas explosões de luz.

A Química, a Física e a Astronomia demonstram que o homem terrestre mora num reino entrecortado de raios.

Na intimidade desse glorioso império da energia, temos os raios mentais condicionando os elementos em que a vida se expressa.

O pensamento é força criativa, a exteriorizar-se, da criatura que o gera, por intermédio de ondas sutis, em circuitos de ação e reação no tempo, sendo tão mensurável como o fotônio que, arrojado pelo fulcro luminescente que o produz, percorre o espaço com velocidade determinada, sustentando o hausto fulgurante da Criação.

A mente humana é um espelho de luz, emitindo raios e assimilando-os, repetimos.

Esse espelho, entretanto, jaz mais ou menos prisioneiro nas sombras espessas da ignorância, à maneira de pedra valiosa incrustada no cascalho da

---

[39] N.E.: Vide nota 9.

furna ou nas anfractuosidades do precipício. Para que retrate a irradiação celeste e lance de si mesmo o próprio brilho, é indispensável se desentrance das trevas, à custa do esmeril do trabalho.

Reparamos, assim, a necessidade imprescritível da educação para todos os seres.

Lembremo-nos de que o eterno Benfeitor, em sua lição verbal, fixou na forma imperativa a advertência a que nos referimos: "Brilhe vossa luz".

Isso quer dizer que o potencial de luz do nosso espírito deve fulgir em sua grandeza plena.

E semelhante feito somente poderá ser atingido pela educação que nos propicie o justo burilamento.

Mas a educação, com o cultivo da inteligência e com o aperfeiçoamento do campo íntimo, em exaltação de conhecimento e bondade, saber e virtude, não será conseguida tão só à força de instrução, que se imponha de fora para dentro, mas sim com a consciente adesão da vontade que, em se consagrando ao bem por si própria, sem constrangimento de qualquer natureza, pode libertar e polir o coração, nele plasmando a face cristalina da alma, capaz de refletir a vida gloriosa e transformar, consequentemente, o cérebro em preciosa usina de energia superior, projetando reflexos de beleza e sublimação.

(*Pensamento e vida*. FEB Editora. Cap. 5)

Luz e silêncio

O Mestre, que nos recomendou situar a lâmpada sobre o velador, também nos exortou, de modo incisivo: "Brilhe a vossa luz diante dos homens!".

Conhecimento evangélico é sol na alma.

Compreendendo a responsabilidade de que somos investidos, esposando a Boa-Nova por ninho de nossos sentimentos e pensamentos, busquemos exteriorizar a flama renovadora que nos clareia por dentro, a fim de que a fé não seja uma palavra inoperante em nossas manifestações.

Onde repontem espinheiros da incompreensão, sê a bênção do entendimento fraterno.

Onde esbraveje a ofensa, sê o perdão que asserena e edifica.

Onde a revolta incendeie corações, sê a humildade que restaura a serenidade e a alegria.

Onde a discórdia ensombre o caminho, sê a paz que se revela no auxílio eficiente e oportuno.

Não olvidemos que a luz brilha dentro de nós.

Não lhe ocultemos os raios vivificantes sob o espesso velador do comodismo, nas teias do interesse pessoal.

Entretanto, não nos esqueçamos igualmente de que Sol alimenta e equilibra o mundo inteiro sem ruído, amparando o verme e a flor, o delinquente e o santo, o idiota e o sábio em sublime silêncio.

Não suponhas que a lâmpada do Evangelho possa fulgurar através de acusações ou amarguras.

Enquanto a ventania compele o homem a ocultar-se, a claridade matinal, tépida e muda, o encoraja ao trabalho renovador.

Inflamando o coração no luzeiro do Cristo, saibamos entender e servir com Ele, sem azedume e sem crítica, sem reprovação e sem queixa, na certeza de que o amor é a garantia invulnerável da vitória imperecível.

(*Abrigo*. Ed. IDE. Cap. 7)

Não penseis que vim destruir a Lei ou os Profetas, não vim destruir mas cumprir.

Mateus
5:17

Lei e vida

"Não matarás", diz a Lei.

O texto não se refere, porém, unicamente, à vida dos semelhantes.

Não frustrarás a tarefa dos outros, porque a suponhas inadequada, de vez que toda tarefa promove quem a executa, sempre que nobremente cumprida.

Não dilapidarás a esperança de ninguém, porquanto a felicidade, no fundo, não é a mesma na experiência de cada um.

Não destruirás a coragem daqueles que sonham ou trabalham em teu caminho, considerando que, de criatura para criatura, difere a face do êxito.

Não aniquilarás com inutilidades o tempo de teus irmãos, porque toda hora é agente sagrado nos valores da Criação.

Não extinguirás a afeição na alma alheia, porquanto ignoramos, todos nós, com que instrumento de amor a Sabedoria divina pretende mover os corações que nos partilham a marcha.

Não exterminarás a fé no espírito dos companheiros que renteiam contigo, observando-se que as estradas para Deus obedecem a estruturas e direções que variam ao Infinito.

Reflitamos no bem do próximo, respeitando-lhe a forma e a vida. A Lei não traça especificações ou condições dentro do assunto; preceitua, simplesmente: "não matarás".

(*Ceifa de luz*. FEB Editora. Cap. 25)

Culto espírita

O culto espírita, expressando veneração aos princípios evangélicos que ele mesmo restaura, apela para o íntimo de cada um, a fim de patentear-se.

Ninguém precisa inquirir o modo de nobilitá-lo com mais grandeza, porque reverenciá-lo é conferir-lhe força e substância na própria vida.

Mãe, aceitarás os encargos e os sacrifícios do lar, amando e auxiliando a Humanidade, no esposo e nos filhos que a Sabedoria divina te confiou.

Dirigente, honrarás os dirigidos.

Legislador, não farás da autoridade instrumento de opressão.

Administrador, respeitarás a posse e o dinheiro, empregando-lhes os recursos no bem de todos, com o devido discernimento.

Mestre, ensinarás construindo.

Pensador, não torcerás as convicções que te enobrecem.

Cientista, descortinarás caminhos novos, sem degradar a inteligência.

Médico, viverás na dignidade da profissão sem negociar com as dores dos semelhantes.

Magistrado, sustentarás a justiça.

Advogado, preservarás o direito.

Escritor, não molharás a pena no lodo da viciação, nem no veneno da injúria.

Poeta, converterás a inspiração em fonte de luz.

Orador, cultivarás a verdade.

Artista, exaltarás o gênio e a sensibilidade sem corrompê-los.

Chefe, serás humano e generoso, sem fugir à imparcialidade e à razão.

Operário, não furtarás o tempo, envilecendo a tarefa.

Lavrador, protegerás a terra.

Comerciante, não incentivarás a fome ou o desconforto, a pretexto de lucro.

Exator, aplicarás os regulamentos com equidade.

Médium, serás sincero e leal aos compromissos que abraças, evitando perverter os talentos do Plano Espiritual no profissionalismo religioso.

O culto espírita possui um templo vivo em cada consciência na esfera de todos aqueles que lhe esposam as instruções, de conformidade com o ensino de Jesus: "O Reino de Deus está dentro de vós" e toda a sua teologia se resume na definição do Evangelho: "a cada um por suas obras".

À vista disso, prescindindo de convenção e pragmática, temos nele o caminho libertador da alma, educando-nos raciocínio e sentimento, para que possamos servir na construção do mundo melhor.

(*Livro da esperança*. Ed. Comunhão Espírita Cristã. Cap. 1)

Pergunta 353 do livro *O consolador*

Pergunta: O Espiritismo veio ao mundo para substituir as outras crenças?
Resposta: O Consolador, como Jesus, terá de afirmar igualmente: "Eu não vim destruir a Lei".

O Espiritismo não pode guardar a pretensão de exterminar as outras crenças, parcelas da verdade que a sua Doutrina representa, mas, sim, trabalhar por transformá-las, elevando-lhes as concepções antigas para o clarão da verdade imortalista.

A missão do Consolador tem que se verificar junto das almas e não ao lado das gloríolas efêmeras dos triunfos materiais. Esclarecendo o erro religioso, onde quer que se encontre, e revelando a verdadeira luz, pelos atos e pelos ensinamentos, o espírita sincero, enriquecendo os valores da fé, representa o operário da regeneração do templo do Senhor, onde os homens se agrupam em vários departamentos, ante altares diversos, mas onde existe um só Mestre, que é Jesus Cristo.

(*O consolador*. FEB Editora. Pergunta 353)

Na senda renovadora

(*Confia e segue*. Ed. GEEM . Cap. 19)[40]

Cumprimento da lei

"Não vim destruir a Lei, mas dar-lhe cumprimento".

Companheiros inúmeros, em rememorando semelhantes palavras do Cristo, decerto, guardarão a ideia fixada simplesmente na confirmação doutrinal do Mestre divino, ante o ensinamento de Moisés.

A lição, todavia, é mais profunda.

Sem dúvida, para consolidar a excelência da lei mosaica do ponto de vista da opinião, Jesus poderia invocar a ciência e a filosofia, a religião e a história, a política e a ética social, mobilizando a cultura de seu tempo para grafar novos tratados de revelação superior, empunhando o buril da razão ou o azorrague da crítica para chamar os contemporâneos ao cumprimento dos próprios deveres, mas, compreendendo que o amor rege a justiça na Criação universal, preferiu

---

[40] N.E.: Vide nota 9.

testemunhar a Lei vigente, plasmando-lhe a grandeza e a exatidão no próprio ser, através da ação renovadora com que marcou a própria rota, na expansão da própria luz.

É por isso que, da Manjedoura simples à Cruz da morte, vemo-lo no serviço infatigável do bem, empregando a compaixão genuína por ingrediente inalienável da própria mensagem transformadora, fosse subtraindo a Madalena à fúria dos preconceitos de sua época para soerguê-la à dignidade feminina, ou desculpando Simão Pedro, o amigo timorato que abdicava da lealdade à última hora, fosse esquecendo o gesto impensado de Judas, o discípulo enganado, ou buscando Saulo de Tarso, o adversário confesso, para induzir-lhe a sinceridade a mais amplo e seguro aproveitamento da vida.

E é ainda aí, fundamentado nesse programa de ação-predicação, com o serviço ao próximo valorizando-lhe o verbo revelador, que a Doutrina Espírita, sem molhar a palavra no fel do pessimismo ou da rebeldia, satisfará corretamente aos princípios estabelecidos, dando de si sem cogitar do próprio interesse, transformando a caridade em mera obrigação para que a justiça não se faça arrogância entre os homens e elegendo, no sacrifício individual pelo bem comum, a norma de felicidade legítima para solucionar na melhoria de cada um de nós, o problema de regeneração da Humanidade inteira.

(*Abrigo*. Ed. IDE. Cap. 16)

Pois amém vos digo: até que passem o céu e a terra, não passará um iota ou traço da Lei, até que tudo se realize.

Mateus
5:18

Na presença do Cristo[41]

A ciência dos homens vem liquidando todos os problemas alusivos ao reconforto da Humanidade.

Observou a escravidão do homem pelo próprio homem e dignificou o trabalho, através de leis compassivas e justas.

Reconheceu o martírio social da mulher que as civilizações mantinham em multimilenário regime de cativeiro e conferiu-lhe acesso às universidades e profissões.

Inventariou os desastres morais do analfabetismo e criou a grande imprensa.

Viu que a criatura humana tombava prematuramente na morte, esmagada em atividade excessiva pela própria sustentação, e deu-lhe a força motriz.

Examinou o insulamento dos cegos e administrou-lhes instrução adequada.

Catalogou os delinquentes por enfermos mentais e, tanto quanto possível, transformou as prisões em penitenciárias-escolas.

Comoveu-se, diante das moléstias contagiosas, e fabricou a vacina.

Emocionou-se, perante os feridos e doentes desesperados, e inventou a anestesia.

Anotou os prejuízos da solidão e construiu máquinas poderosas que interligassem os continentes.

Analisou o desentendimento sistemático que oprimia as nações e ofereceu-lhes o correio e o telégrafo, o rádio e a televisão que as aproximam na direção de um mundo só.

Entretanto, os vencidos da angústia aglomeram-se na Terra de hoje como enxameavam na Terra de ontem...

Articulam-se em todas as formas e despontam de todas as direções.

---

[41] Nota da equipe organizadora: Texto publicado em *Livro da esperança*. Ed. Comunhão Espírita Cristã. Cap. 2, com pequenas alterações.

Perderam o emprego que lhes garantia a estabilidade familiar e desorientam-se, abatidos, à procura de pão.

Foram despejados do teto, hipotecado à solução de constringentes necessidades, e vagueiam sem rumo.

Encontram-se despojados de esperança, pela deserção dos afetos mais caros, e abeiram-se do suicídio.

Caíram em perigosos conflitos da consciência e aguardam leve sorriso que os reconforte.

Envelheceram, sacrificados pelas exigências de filhos queridos que lhes renegaram a convivência nos dias da provação, e amargam doloroso abandono.

Adoeceram gravemente e viram-se transferidos da equipe doméstica para os azares da mendicância.

Transviaram-se no pretérito e renasceram, trazendo no próprio corpo os sinais aflitivos das culpas que resgatam, pedindo cooperação.

Despediram-se dos que mais amavam no frio portal do túmulo e carregam os últimos sonhos da existência cadaverizados no esquife do próprio peito.

Abraçaram tarefas de bondade e ternura e são mulheres supliciadas de fadiga e de pranto, conduzindo os filhinhos que alimentam à custa das próprias lágrimas.

Gemem, discretos, e surgem na forma de crianças desprezadas, à maneira de flores que a ventania quebrou, desapiedada, no instante do amanhecer.

Para eles, os que tombaram no sofrimento moral, a ciência dos homens não dispõe de recursos. É por isso que Jesus, ao reuni-los em multidão, no tope do monte, desfraldou a bandeira da caridade, e, proclamando as bem-aventuranças eternas, no-los entregou por filhos do coração...

Companheiro da Terra, quando estendas uma palavra consoladora ou um abraço fraterno, uma gota de bálsamo ou uma concha de sopa, aliviando os que choram, estás, diante deles, na presença do Cristo, com quem aprendemos que o único remédio capaz de curar as angústias da vida nasce do amor, que se derrama, sublime, da ciência de Deus.

(*Reformador*, jan. 1963, p. 21)

Por isso vos digo que, se a vossa justiça não exceder a dos escribas e fariseus, de modo nenhum entrareis no Reino dos Céus.

Mateus
5:20

Diante da Justiça[42]

Escribas e fariseus assumiam atitudes na pauta da Lei antiga.
Olho por olho, dente por dente.
Atacados, devolviam insulto.
Perseguidos, revidavam, cruéis.
Com Jesus, porém, a justiça fez-se a virtude de conferir a cada qual o que lhe compete, segundo a melhor consciência.
Ele mesmo começou por aplicá-la a si próprio.
Enredado nas trevas pela imprudência de Judas, não endossa condenação ou desforço.
Abençoa-o e segue adiante, na certeza de que o amigo inconstante já carregava, consigo mesmo, infortúnio suficiente para chorar.
Ainda assim, porque o Mestre nos haja ensinado o amor sem lindes, isso não significa que os discípulos do evangelho devam caminhar sem justiça, na esfera das próprias lutas.
Apenas é forçoso considerar que, no padrão de Jesus, a justiça não agrava os problemas do devedor, reconhecendo-lhe, ao invés disso, as necessidades que o recomendam à compaixão, sem furtar-lhe as possibilidades de reajuste.
Se ofensas, pois, caírem-te na alma, compadece-te do agressor e prossegue à frente, dando ao mundo e à vida o melhor que possas.
Aos que tombam na estrada, basta o ferimento da queda; e aos que fazem o mal, chega o fogo do remorso a comburir-lhes o coração.

(*Reformador,* maio 1962, p. 104)

Ante ofensas

A fim de atender à recomendação de Jesus — "amai-vos uns aos outros como eu vos amei"—, não te colocarás tão somente no lugar do irmão

---

[42] Nota da equipe organizadora: Texto publicado em *Palavras de vida eterna.* Ed. Comunhão Espírita Cristã. Cap. 112.

necessitado de socorro material para que lhe compreendas a indigência com segurança; situar-te-ás também na posição daquele que te ofende para que lhe percebas a penúria da alma, de modo a que lhe estendas o concurso possível.

Habitualmente aquele que te fere pode estar nos mais diversos graus de dificuldades e perturbação.

Talvez esteja:

No clima de enganos lastimáveis dos quais se retirará, mais tarde, em penosas condições de arrependimento;

Sofrendo a pressão de constrangedores processos obsessivos;

Carregando moléstias ocultas;

Evidenciando propósitos infelizes sob a hipnose da ambição desregrada, de que se afastará, um dia, sob os desencantos da culpa;

Agindo com a irresponsabilidade decorrente da ignorância;

Satisfazendo a compulsões da loucura ou procedendo sem autocrítica, em aflitivo momento de provação.

Por isso mesmo, exortou-nos Jesus a amar os inimigos e a orar pelos que nos perseguem e caluniam. Isso porque somos inconsequentes toda vez que passamos recibo a insultos e provocações com os quais nada temos que ver.

Se temos o espírito pacificado no dever cumprido, a que título deixar a estrada real do bem, a fim de ouvir as sugestões das trevas nos despenhadeiros do mal? Além disso, se estamos em paz, à frente de irmãos nossos, envolvidos em sombra ou desespero, não seria justo nem humano agravar-lhes o desequilíbrio com reações impensadas, quando os sãos, perante Jesus, são chamados a socorrer os doentes, com a sincera disposição de compreender e servir, aliviar e auxiliar.

(*Ceifa de luz*. FEB Editora. Cap. 49)

Cristãos

Os escribas e fariseus não eram criminosos, nem inimigos da Humanidade.
Cumpriam deveres públicos e privados.
Respeitavam as leis estabelecidas.
Reverenciavam a Revelação divina.
Atendiam aos preceitos da fé.
Jejuavam.
Pagavam impostos.

Não exploravam o povo.

Naturalmente, em casa, deviam ser excelentes mordomos do conforto familiar.

Entretanto, para o Emissário celeste, a justiça deles deixava a desejar. Adoravam o eterno Pai, mas não vacilavam em humilhar o irmão infeliz. Repetiam fórmulas verbais no culto à prece, todavia, não oravam expondo o coração. Eram corretos na posição exterior, contudo, não sabiam descer do pedestal de orgulho falso em que se erigiam, para ajudar o próximo e desculpá-lo até o próprio sacrifício. Raciocinavam perfeitamente no quadro de seus interesses pessoais, todavia, eram incapazes de sentir a verdadeira fraternidade, suscetível de conduzir os vizinhos ao regaço do supremo Senhor.

Eis por que Jesus traça aos aprendizes novo padrão de vida.

O cristão não surgiu na Terra para circunscrever-se à casinhola da personalidade; apareceu, com o Mestre da cruz, para transformar vidas e aperfeiçoá-las com a própria existência que, sob a inspiração do Mentor divino, será sempre um cântico de serviço aos semelhantes, exalçando o amor glorioso e sem-fim, na direção do Reino dos Céus que começa, invariavelmente, dentro de nós mesmos.

(*Vinha de luz*. FEB Editora. Cap. 161)

Eu, porém, vos digo que todo aquele que se encoleriza com seu irmão estará sujeito a julgamento; [...].

Mateus
5:22

Verbo nosso

Ainda as palavras.
Velho tema, dirás.
E sempre novo, repetiremos.
É que existem palavras e palavras.
Conhecemos aquelas que a filologia reúne, as que a gramática disciplina, as que a praxe entretece e as que a imprensa enfileira...
Referir-nos-emos, contudo, ao verbo arrojado de nós, temperado na boca com os ingredientes da emoção, junto ao paladar daqueles que nos rodeiam. Verbo que nos transporta o calor do sangue e a vibração dos nervos, o açúcar do entendimento e o sal do raciocínio. Indispensável articulá-lo, em moldes de firmeza e compreensão, a fim de que não resvale fora do objetivo.

No trabalho cotidiano, seja ele natural quanto o pão simples no serviço da mesa; no intercâmbio afetivo, usemo-lo à feição de água pura; nos instantes graves, façamo-lo igual ao bisturi do cirurgião que se limita, prudente, à incisão na zona enfermiça, sem golpes desnecessários; nos dias tristes, tomemo-lo por remédio eficiente, sem fugir à dosagem.

Palavras são agentes na construção de todos os edifícios da vida.

Lancemo-las, na direção dos outros, com o equilíbrio e a tolerância com que desejamos venham elas até nós.

Sobretudo, evitemos a desconsideração e a ironia.

Todo sarcasmo é tiro a esmo.

E sempre que a irritação nos visite, guardemo-nos em silêncio, de vez que a cólera é tempestade magnética, no mundo da alma, e qualquer palavra que arremessamos, no momento da cólera, é semelhante ao raio fulminatório que ninguém sabe onde vai cair.

(*Livro da esperança*. Ed. Comunhão Espírita Cristã. Cap. 24)

Sê benevolente depressa com teu adversário, enquanto estás no caminho com ele; para que o adversário não te entregue ao Juiz, e o Juiz te entregue ao Oficial, e sejas lançado na prisão.

Mateus
5:25

Perante os inimigos[43]

Diante dos inimigos, preservemos a própria serenidade.

Reconciliar-se alguém com os adversários, nos preceitos do Cristo, é reconhecer-lhes, acima de tudo, o direito de opinião.

Exigir a estima ou o entendimento dos outros e preocuparmo-nos em demasia com os apontamentos depreciativos que se façam em torno de nós, será perder tempo valioso, quando nos constitui sadio dever garantir a nós próprios tranquilidade de consciência.

Harmonizar-nos com todos aqueles que nos perseguem ou caluniam será, pois, anotar-lhes as qualidades nobres e desejar sinceramente que triunfem nas tarefas em cuja execução nos reprovam, aprendendo a aproveitar-lhes as advertências e as críticas naquilo que mostrem de útil e construtivo, prosseguindo ativamente no caminho e no trabalho em que a vida nos situou.

Renunciemos, assim, à presunção de viver sem adversários que, em verdade, funcionam sempre por fiscais e examinadores de nossos atos, mas saibamos continuar em serviço, aproveitando-lhes o concurso sob a paz em nós mesmos.

Nem o próprio Cristo escapou de semelhantes percalços.

Ninguém conseguiu furtar a paz do Mestre, em momento algum; entretanto, ele, que nos exortou a amar os inimigos, nasceu, cresceu, lutou, serviu e partiu da Terra, com eles e junto deles.

(*Reformador*, maio 1962, p. 104)

Adversários e delinquentes

Jesus nos solicitou a imediata reconciliação com os adversários, para que a nossa oração se dirija a Deus, escoimada de qualquer sentimento aviltante.

---

[43] Nota da equipe organizadora: Texto publicado em *Palavras de vida eterna*. Ed. Comunhão Espírita Cristã. Cap. 111.

Não ignoramos que os adversários são nossos opositores ou, mais propriamente, aqueles que alimentam pontos de vista contrários aos nossos. E muitos deles, indiscutivelmente, se encontram em condições muito superiores às nossas, em determinados ângulos de serviço e merecimento. Não nos cabe, assim, o direito de espezinhá-los e sim o dever de respeitá-los e cooperar com eles, no trabalho do bem comum, embora não lhes possamos abraçar o quadro integral das opiniões.

Há companheiros, porém, que, atreitos ao comodismo sistemático, a pretexto de humildade, se ausentam de qualquer assunto em que se procura coibir a dominação do mal, esquecidos de que os nossos irmãos delinquentes são enfermos necessitados de amparo e intervenção compatíveis com os perigos que apresentem para a comunidade.

Todos aqueles que exercem algum encargo de direção sabem perfeitamente que é preciso velar em defesa da obra que a vida lhes confiou.

Imperioso manter-nos em harmonia com todos os que não pensam por nossos princípios, entretanto, na posição de criaturas responsáveis, não podemos passar indiferentes diante de um irmão obsidiado, que esteja lançando veneno em depósitos de água destinada à sustentação coletiva.

Necessitamos acatar os condôminos do edifício que nos serve de residência, toda vez que não consigam ler os problemas do mundo pela cartilha de nossas ideias, todavia, não será justo desinteressar-nos da segurança geral, se vemos um deles ateando fogo no prédio.

Vivamos em paz, contudo, sem descurar das responsabilidades que o discernimento nos atribui. Com isso, não queremos dizer que se deva instalar a discórdia, em nome da corrigenda, mas sim que é obrigação preservar a ordem nas áreas de trabalho, sob nossa jurisdição, usando clareza e ponderação, caridade e prudência.

Cristo, em verdade, no versículo 25 do capítulo 5, do evangelho de *Mateus*, nos afirma: "reconcilia-te depressa com o teu adversário", mas no versículo 2 do capítulo 16, do evangelho de *Lucas*, não se esqueceu de acrescentar: "dá conta de tua mordomia".

(*Palavras de vida eterna*. Ed. Comunhão Espírita Cristã. Cap. 178)

Conciliação

Muitas almas enobrecidas, após receberem a exortação desta passagem, sofrem intimamente por esbarrarem com a dureza do adversário de ontem, inacessível a qualquer conciliação.

A advertência do Mestre, no entanto, é fundamentalmente consoladora para a consciência individual.

Assevera a palavra do Senhor — "concilia-te", o que equivale a dizer "faze de tua parte".

Corrige quanto for possível, relativamente aos erros do passado, movimenta-te no sentido de revelar a boa-vontade perseverante. Insiste na bondade e na compreensão.

Se o adversário é ignorante, medita na época em que também desconhecias as obrigações primordiais e observa se não agiste com piores características; se é perverso, categoriza-o à conta de doente e dementado em vias de cura.

Faze o bem que puderes, enquanto palmilhas os mesmos caminhos, porque se for o inimigo tão implacável que te busque entregar ao juiz, de qualquer modo, terás então igualmente provas e testemunhos a apresentar. Um julgamento legítimo inclui todas as peças e somente os Espíritos francamente impenetráveis ao bem, sofrerão o rigor da extrema justiça.

Trabalha, pois, quanto seja possível no capítulo da harmonização, mas se o adversário te desdenha os bons desejos, concilia-te com a própria consciência e espera confiante.

(*Pão nosso*. FEB Editora. Cap. 120)

Pergunta 337 do livro *O consolador*

Pergunta: "Concilia-te depressa com o teu adversário". Essa é a palavra do Evangelho, mas se o adversário não estiver de acordo com o bom desejo de fraternidade, como efetuar semelhante conciliação?

Resposta: Cumpra cada qual o seu dever evangélico, buscando o adversário para a reconciliação precisa, olvidando a ofensa recebida. Perseverando a atitude rancorosa daquele, seja a questão esquecida pela fraternidade sincera, porque o propósito de represália, em si mesmo, já constitui uma chaga viva para quantos o conservam no coração.

(*O consolador*. FEB Editora. Pergunta 337)

De imediato

Se alguém te ofendeu, perdoa sem delonga.

Se feriste a outrem, reconsidera o gesto impensado e solicita desculpas, de imediato.

Ressentimento e remorso são atitudes negativas, gerando azedume e abatimento, suscetíveis de arrasar-nos o máximo de forças.

Deixa que a luz da compreensão te guie as palavras e não admitas que o desequilíbrio se te instale no mundo íntimo.

De alma contundida pela manifestação infeliz de alguém esquece para logo o choque sofrido e se houveres, porventura, farpeado os sentimentos dessa ou daquela pessoa, pede-lhe perdão, com o reconhecimento da própria falta.

A desarmonia espiritual, quando não extinta no nascedouro, cria perturbações de resultados imprevisíveis, semelhante ao processo infeccioso que, não debelado com a urgência devida, acaba intoxicando todas as forças corpóreas, muitas vezes, carreando a morte prematura.

É por este motivo, certamente, que Jesus, o divino Mestre, não apenas nos recomendou: "reconcilia-te com o teu adversário," mas nos esclareceu, de modo convincente, afirmando: "reconcilia-te depressa com o teu adversário, enquanto estás a caminho com ele".

(*Pronto socorro*. Ed. Cultura Espírita União. Cap. De imediato)

Reconcilia-te

"Reconcilia-te com o adversário, enquanto permaneces a caminho com ele".

Em semelhante enunciado, revelou o divino Mestre a necessidade de nossa iniciativa no ato de ajudar àqueles que discordam de nossos pareceres ou que nos atiram espinhos à dignidade pessoal.

Recordemos que a sintonia é uma lei.

Quem se agasta muitas vezes é aquele que agasta os outros.

Quem se sente ferido é capaz de ferir.

Quem se observa contundido pelas pedras do mal encontra facilidade de arremessá-las.

O raio de luz na furna de trevas nunca se perturba, ante a sombra, porque a essência divina de sua estrutura lhe garante a imunidade.

Aquele que procura reconciliar-se, assumindo a responsabilidade do novo entendimento, é sempre um coração inspirado no verdadeiro amor.

O perdão não extingue o débito.

Cada qual receberá segundo as suas obras.

A vinha não produzirá veneno.

O espinheiro não dará uvas.

Aquele que atende ao conselho do Cristo, tentando a reconciliação, procura a paz na fonte onde essa tranquilidade pode fluir por água viva da verdadeira compreensão.

Cada vez que convertemos um inimigo num irmão, eliminamos um foco vibratório de energias desequilibradas contra nós, melhorando a nossa economia espiritual.

Desse modo, enquanto desfrutamos a oportunidade da presença ou da vizinhança de nossos adversários, façamos, se pudermos, a obra do reajustamento, de vez que, enriquecendo o nosso campo com plantações de ordem superior, elevaremos a produção dele, em nosso próprio favor.

(*Reformador*, ago. 1953, p. 187)

Seja, porém, a vossa palavra sim, sim; não, não; o que excede disso é do mal.

Mateus
5:37

Falar

Falando, construímos.

Não admitas em tua palavra o corrosivo da malícia ou o azinhavre da queixa. Fala na bondade de Deus, na sabedoria do tempo, na beleza das estações, nas reminiscências alegres, nas induções ao reconforto.

Nos lances difíceis, procura destacar os ângulos capazes de inspirar encorajamento e esperança.

Não te refiras a sucessos calamitosos, senão quando estritamente necessário e ora em silêncio por todos aqueles que lhes sofreram o impacto doloroso. Tanta vez acompanhas com reverente apreço os que tombam em desastre na rua!... Homenageia igualmente com a tua compaixão respeitosa os que resvalam em queda moral, acordando em escabroso infortúnio do coração!...

Se motivos surgem para admoestações, cumpre o dever que te assiste, mas lembra o estopim é suscetível de ser apagado antes da explosão e reprime os ímpetos de fúria, antes que estourem na cólera. Em várias circunstâncias, a indignação justa é chamada à reposição do equilíbrio, mas deve ser dosada como o fogo, quando trazido ao refúgio doméstico para a execução de limpeza, sem que, por isso, tenhamos necessidade de consumir a casa em labaredas de incêndio.

Larga à sombra de ontem os calhaus que te feriram... A noite já passou na estrada que percorreste e o sol do novo dia nos chama incessante transformação.

Conversa em trabalho renovador e louva a amizade santificante. Não te detenhas em demasia sobre mágoas, doenças, pesadelos, profecias temerárias e impressões infelizes; dá-lhes apenas breve espaço mental ou verbal, semelhante àquele de que nos utilizamos para afastar um espinho ou remover uma pedra.

Não comentes o mal, senão para exaltar o bem, quando seja possível extrair essa ou aquela lição que ampare a quem lê ou a quem ouve, enobrecendo a vida.

Junto do desespero, providencia o consolo, sem a pretensão de ensinar, e renteando com a penúria, menciona as riquezas que a Bondade divina espalha a mancheias, em benefício de todas as criaturas, sem desconsiderar a dor dos que choram.

Ilumina a palavra. Deixa que ela te mostre a compreensão e o amor onde passes, sem olvidar o esclarecimento e sem prejudicar a harmonia. O Cristo edificou o Evangelho, por luz inapagável, nas sombras do mundo, não somente agindo, mas conversando também.

(*Livro da esperança*. Ed. Comunhão Espírita Cristã. Cap. 26)

Criação verbal[44]

Toda frase, no mundo da alma, é semelhante a engenho de projeção, suscitando imagens, na câmara oculta do pensamento.

Temos, assim, frases e frases:
duras como aço;
violentas como fogo;
suaves como brisa;
reconfortantes como sol;
mordentes quais lâminas;
providenciais como bálsamos.

À vista disso, todos nós carregamos, no estoque verbalístico, palavras e palavras:
palavras — bênçãos;
palavras — armadilhas;
palavras — charcos;
palavras — luzes;
palavras — esperanças;
palavras — alegrias;
palavras — promessas;
palavras — realizações;
palavras — trevas;
palavras — consolos;
palavras — aflições;
palavras — problemas.

---

[44] Nota da equipe organizadora: Texto publicado em *Bênção de paz*. Ed. GEEM. Cap. 38, com pequenas alterações.

Sabendo nós que o Criador, ao criar a criatura, criou nessa mesma criatura o poder de criar, é forçoso reconhecer que toda frase cria imagens e toda imagem pode criar alguma coisa.

Saibamos, assim, compor as nossas frases com as nossas melhores palavras, nascidas de nossos melhores sentimentos, porque toda peça verbal rende luz ou sombra, felicidade ou sofrimento, bem ou mal para aquele que lhe faz o lançamento na Criação.

(*Reformador*, dez. 1967, p. 266)

O "não" e a luta

Ama, de acordo com as lições do Evangelho, mas não permitas que o teu amor se converta em grilhão, impedindo-te a marcha para a vida superior.

Ajuda a quantos necessitam de tua cooperação, entretanto, não deixes que o teu amparo possa criar perturbações e vícios para o caminho alheio.

Atende com alegria ao que te pede um favor, contudo não cedas à leviandade e à insensatez.

Abre portas de acesso ao bem-estar aos que te cercam, mas não olvides a educação dos companheiros para a felicidade real.

Cultiva a delicadeza e a cordialidade, no entanto, sê leal e sincero em tuas atitudes.

O "sim" pode ser muito agradável em todas as situações, todavia, o "não", em determinados setores da luta humana, é mais construtivo.

Satisfazer a todas as requisições do caminho é perder tempo e, por vezes, a própria vida.

Tanto quanto o "sim" deve ser pronunciado sem incenso bajulatório, o "não" deve ser dito sem aspereza.

Muita vez, é preciso contrariar para que o auxílio legítimo se não perca; urge reconhecer, porém, que a negativa salutar jamais perturba. O que dilacera é o tom contundente no qual é vazada.

As maneiras, na maior parte das ocasiões, dizem mais que as palavras.

"Seja o vosso falar: sim, sim; não, não", recomenda o Evangelho. Para concordar ou recusar, todavia, ninguém precisa ser de mel ou de fel. Bastará lembrarmos que Jesus é o Mestre e o Senhor não só pelo que faz, mas também pelo que deixa de fazer.

(*Pão nosso*. FEB Editora. Cap. 80)

Verbo e atitude

Disse um grande filósofo:
— "Fala para que eu te veja."
Muita gente acrescentará:
— "Escreve para que eu te veja melhor."
E ousaríamos aduzir:
— "Age para que eu te conheça."

Julgarás o amigo pela linguagem que use; entretanto, para além da apreciação vulgar, todos necessitamos do justo discernimento.

Marat falava com mestria, arrebatando o ânimo da multidão, mas instigava a matança dos compatriotas que não lhe esposassem as diretrizes.

Marco Aurélio, o imperador chamado magnânimo, escrevia máximas de significação imortal; no entanto, ao mesmo tempo determinava o martírio de cristãos indefesos, acreditando, com isso, homenagear a virtude.

O *Werther*, de Goethe, é um poema de magnífica expressão literária, mas não deixa de ser vigorosa indução ao suicídio.

As declarações de guerra são, de modo geral, documentos primorosamente lavrados; todavia, representam a miséria e a morte para milhões de pessoas.

Há jornalistas e escritores que figuram na galeria dos mais sábios filólogos, e, apesar disso, molham a pena em sangue e lama, para gravarem as ideias com que acentuam os sofrimentos da Humanidade.

Tanto quanto possível, escrevamos certo, sem a obsessão do dicionário.

A gramática é a lei que preside a esfera das palavras.

A instrução cerebral, porém, quando sem bases no sentimento, é semelhante à luz exterior.

Há luz na lâmpada disciplinada que auxilia e constrói e há luz no fogo descontrolado que incendeia e consome.

Identifica o mensageiro, encarnado ou desencarnado, pela mensagem que te dê, mas, se é justo lhe afiras a cultura, é imprescindível anotes a orientação que está dentro dela.

O navio pode ser muito importante, mas é preciso ver o rumo para o qual se encaminha o leme.

Se o verbo apresenta, a atitude dirige.

É por isso que Jesus nos advertiu: "Seja o vosso falar sim, sim; e não, não".

(*Seara dos médiuns*. FEB Editora. Cap. Verbo e atitude)

Eu, porém, vos digo para não se opor ao malvado. Pelo contrário, ao que te bater na face direita, vira-lhe também a outra.

Mateus
5:39

Resistência ao mal

Os expoentes da má-fé costumam interpretar falsamente as palavras do Mestre, com relação à resistência ao mal.

Não determinava Jesus que os aprendizes se entregassem, inermes, às correntes destruidoras.

Aconselhava a que nenhum discípulo retribuísse violência por violência.

Enfrentar a crueldade com armas semelhantes seria perpetuar o ódio e a desregrada ambição no mundo.

O bem é o único dissolvente do mal, em todos os setores, revelando forças diferentes.

Em razão disso, a atitude requisitada pelo crime jamais será a indiferença e, sim, a do bem ativo, enérgico, renovador, vigilante e operoso.

Em todas as épocas, os homens perpetraram erros graves, tentando reprimir a maldade, filha da ignorância, com a maldade, filha do cálculo. E as medidas infelizes, grande número de vezes, foram concretizadas em nome do próprio Cristo.

Guerras, revoluções, assassínios, perseguições foram movimentados pelo homem, que assim presume cooperar com o Céu. No entanto, os empreendimentos sombrios nada mais fizeram que acentuar a catástrofe da separação e da discórdia. Semelhantes revides sempre constituem pruridos de hegemonia indébita do sectarismo pernicioso nos partidos políticos, nas escolas filosóficas e nas seitas religiosas, mas nunca determinação de Jesus.

Reconhecendo, antecipadamente, que a miopia espiritual das criaturas lhe desfiguraria as palavras, o Mestre reforçou a conceituação, asseverando: "Eu, porém, vos digo...".

O plano inferior adota padrões de resistência, reclamando "olho por olho, dente por dente"...

Jesus, todavia, nos aconselha a defesa do perdão setenta vezes sete, em cada ofensa, com a bondade diligente, transformadora e sem-fim.

(*Vinha de luz*. FEB Editora. Cap. 62)

Atritos físicos

Alguns humoristas pretendem descobrir na advertência do Mestre uma exortação à covardia, sem noção de respeito próprio.

O parecer de Jesus, no entanto, não obedece apenas aos ditames do amor, essência fundamental de seu Evangelho. É igualmente uma peça de bom senso e lógica rigorosa.

Quando um homem investe contra outro, utilizando a força física, os recursos espirituais de qualquer espécie já foram momentaneamente obliterados no atacante.

O murro da cólera somente surge quando a razão foi afastada. E sobrevindo semelhante problema, somente a calma do adversário consegue atenuar os desequilíbrios, procedentes da ausência de controle.

O homem do campo sabe que o animal enfurecido não regressa à naturalidade se tratado com a ira que o possui.

A abelha não ferretoa o apicultor, amigo da brandura e da serenidade.

O único recurso para conter um homem desvairado, compelindo-o a reajustar-se dignamente, é conservar-se o contendor ou os circunstantes em posição normal, sem cair no mesmo nível de inferioridade.

A recomendação de Jesus abre-nos abençoado avanço ...

Oferecer a face esquerda, depois que a direita já se encontra dilacerada pelo agressor, é chamá-lo à razão enobrecida, reintegrando-o, de imediato, no reconhecimento da perversidade que lhe é própria.

Em qualquer conflito físico, a palavra reveste-se de reduzida função nos círculos do bem. O gesto é a força que se expressará convenientemente.

Segundo reconhecemos, portanto, no conselho do Cristo não há convite à fraqueza, mas apelo à superioridade que as pessoas vulgares ainda desconhecem.

(*Vinha de luz*. FEB Editora. Cap. 63)

Pergunta 345 do livro *O consolador*

Pergunta: O preceito evangélico "se alguém te bater numa face, apresenta-lhe a outra" deve ser observado pelo cristão, mesmo quando seja vítima de agressão corporal não provocada?

Resposta: O homem terrestre, com as suas taras seculares, tem inventado numerosos recursos humanos para justificar a chamada "legítima defesa", mas a realidade é que toda a defesa da criatura está em Deus.

Somos de parecer que, agindo o homem com a chave da fraternidade cristã, pode-se extinguir o fermento da agressão, com a luz do bem e da serenidade moral.

Acreditando, contudo, no fracasso de todas as tentativas pacíficas, o cristão sincero, na sua feição individual, nunca deverá cair ao nível do agressor, sabendo estabelecer, em todas as circunstâncias, a diferença entre os seus valores morais e os instintos animalizados da violência física.

(*O consolador*. FEB Editora. Pergunta 345)

E ao que deseja levar-te a juízo, para tomar-te a túnica, deixa-lhe também o manto.

Mateus
5:40

Na luz da indulgência

Anseias pela vitória do bem, contudo, acende a luz da indulgência para fazê-lo com segurança.

Todos nós, Espíritos imperfeitos, ainda arraigados à evolução da Terra, reclamamos concurso e compaixão uns dos outros, mas nem sempre sabemos por nós mesmos, quando surgirmos necessitados de semelhantes recursos.

Em muitas circunstâncias, estamos cegos da reflexão, surdos do entendimento, paralíticos da sensibilidade e anestesiados na memória sem perceber.

O irmão da luta de ontem mostra-se hoje em plena abastança material, delirando na ambição desenfreada. Certo, aspiras a vê-lo recambiado ao próprio equilíbrio, a fim de que o dinheiro lhe sirva de instrumento à felicidade, no entanto, para isso, não comeces por censurar-lhe o procedimento. Usa a indulgência e renova-lhe o modo de pensar e de ser.

O amigo escalou a evidência pública, fazendo-se verdugo em nome da autoridade. Queres garantir-lhe o reajuste para que o poder se lhe erija em caminho de paz, entretanto, não te dês a isso, exibindo atitude condenatória. Usa a indulgência, clareando-lhe o raciocínio.

A jovem do teu convívio embriagou-se na ilusão, caindo em sucessivos abusos, a pretexto de mocidade. Justo suspires por reintegrá-la no harmonioso desenvolvimento das próprias faculdades, situando-a no rumo das experiências de natureza superior, todavia, por ajudá-la, não lhes reproves os sonhos. Usa a indulgência e ampara-lhe a meninice.

O companheiro em provas amargas escorregou no desânimo e tombou em desespero. Claro que anelas para ele o retorno à tranquilidade, no entanto, não te entregues às críticas que lhe agravariam a irritação. Usa a indulgência e oferece-lhe apoio.

O próprio Criador espera as criaturas, no transcurso do tempo, tolerando--lhes as faltas e encorajando-lhes as esperanças, embora lhes corrija todos os erros, através de leis eficientes e claras.

Indiscutivelmente, ninguém constrói nada de bom, sem responsabilidade e disciplina, advertência e firmeza, mas é imperioso considerar que toda boa obra roga auxílio, a fim de aperfeiçoar-se.

Pensa no bem e faze o bem, contudo, é preciso recordar que o bem exigido pela força da violência gera males inúmeros em torno e desaparece da área luminosa do bem para converter-se no mal maior.

(*Livro da esperança*. Ed. Comunhão Espírita Cristã. Cap. 27)

> *E quem te compelir a caminhar uma milha, vai com ele duas.*

Mateus
5:41

A segunda milha

As milhas a que se reportam os ensinamentos do Mestre são aquelas de nossa jornada espiritual, no processo de elevação, cada dia.

Aprende a ceder para os outros, se desejas realmente ajudar.

Não regenerarás o criminoso atormentando-lhe o campo íntimo com chibatadas verbais, não corrigirás o transviado à força de imposições humilhantes nem conquistarás a confiança curativa do enfermo, aprofundando-lhes as próprias chagas.

Em qualquer problema que alcance as raízes da alma, é imprescindível penetrar o núcleo vivo de elaboração do pensamento e aí depositar a bendita semente da simpatia, a favor da solução necessária.

Vencer sem convencer é consolidar a discórdia.

Indispensável marchar em companhia dos outros, onde os outros lutam e choram, a fim de que possamos ampará-los com eficiência.

Quem poderia entender o Cristo se o Mestre, longe de descer à Terra, usasse uma tribuna de luz, dirigindo-se do Céu distante aos homens?

Para a renovação de sentimentos alheios, única medida suscetível de estabelecer o progresso espiritual e fundamentar a paz, é imprescindível aprendamos a caminhar com os semelhantes no terreno das concepções que esposam para que a discussão esterilizante não elimine os embriões de fraternidade e confiança que prometem a vitória do amor e da luz.

Não basta, porém, concordar secamente, como quem se desvencilha de um fardo desagradável. É preciso "caminhar com o próximo", confraternizando. Ainda mesmo quando estejamos em companhia de um delinquente, adotemos por guia a piedade edificante, que auxilia sem qualquer exteriorização de superioridade.

Deixa que teu irmão te confie os próprios amargores, sem mágoa, sem espanto e sem revolta. Estende as mãos seguras e bondosas aos que tombaram. Aprende a descer para ajudar. E então a tua voz será convenientemente ouvida, porque terás caminhado, em benefício do companheiro ignorante, fraco, perturbado ou sofredor, aquela "segunda milha" das eternas lições de luz.

(*Cartas do coração*. Ed. LAKE. Cap. "A segunda milha")

Dá ao que te pede e não dês as costas ao que deseja tomar-te um empréstimo.

Mateus
5:42

Concessões[45]

 Enquanto podes agir no corpo terrestre, medita, de quando em quando, naqueles que largaram, sob regime de compulsória, os talentos que o mundo lhes confiou.
 Para isso, não é necessário recorrer ao arquivo dos milênios, nem consultar a pompa dos museus.
 Alinha na memória os que viste partir nos últimos vinte anos!
 Líderes do povo, que detinham o poder de influenciar a multidão, abandonaram o leme das ideias que governavam, impelidos de chofre a varar a névoa do túmulo...
 Magnatas da fortuna, que retinham valiosas delegações de competência para resolver as necessidades do próximo, viram-se, de momento para outro, privados das propriedades que ajuntaram, coagidos a entregá-las ao arbítrio dos descendentes...
 Missionários de diferentes climas religiosos, que mantinham a possibilidade de consolar e instruir, desceram, precipitadamente, das galerias de autoridade, em que traçavam princípios para as estradas alheias...
 Criadores do pensamento, que sustinham a prerrogativa de impressionar pessoas, através do verbo falado ou escrito, tiveram, de súbito, a palavra cassada pela desencarnação ou pela afasia, muitas vezes no exato momento em que mais desejavam comandar a oratória ou o cérebro lúcido...
 Pensa neles, os beneficiários das concessões divinas que te precederam na morte, e faze hoje algo melhor que ontem, nos domínios do bem, para que o bem te favoreça.
 Não apenas os dons da inteligência, mas também o corpo físico, as vantagens diversas, os patrimônios afetivos e até mesmo as dores que te povoam as horas são recursos de que te apropriras na Terra, com permissão do Senhor, para investi-los na construção da própria felicidade.

---

[45] Nota da equipe organizadora: Texto publicado em *Livro da esperança*. Ed. Comunhão Espírita Cristã. Cap. 41.

As leis que vigem no plano físico são fundamentalmente as mesmas que orientam as criaturas no Plano Espiritual.

Um empréstimo fala sempre da generosidade do credor que o concede, mas revela igualmente, na contabilidade da vida, o bem ou o mal que se faz com ele.

(*Reformador*, jun. 1964, p. 146)

Autoauxílio

Saibamos improvisar bondade e apreço a benefício daqueles que nos cercam, ainda mesmo nas manifestações aparentemente insignificantes da vida.

Uma saudação afetuosa, a frase articulada com brandura, a ligeira informação doada com a alegria de ser útil ou diminuta parcela de solidariedade não constituem auxílio tão somente para aqueles que as recebem, mas também para aqueles que as formulam.

O impacto do agradecimento alheio se define por ondas confortativas e balsâmicas em nosso favor, tanto quanto o azedume ou o desconforto que tenhamos provocado em alguém retornarão para nós em forma de espinhos magnéticos, dilacerando-nos os tecidos da alma ou dilapidando-nos as forças.

Ninguém precisa recorrer à hipocrisia para assegurar o culto da gentileza. Bastar-nos-á praticar respeito e consideração para com a liberdade do próximo, no veículo da paciência, a fim de resguardarmos saúde e tranquilidade contra duelos e feridas mentais inúteis.

Auxiliemo-nos, auxiliando a harmonia dos outros!...

Ninguém vive construtivamente sem contato com os semelhantes, mas isso não é tudo. Precisamos igualmente de tato para servir e aprender, melhorar e conviver.

(*Reformador*, jul. 1968, p. 146)

Eu, porém, vos digo: Amai vossos inimigos e orai pelos que vos perseguem.

Mateus
5:44

Na senda do Cristo[46]

O caminho de Jesus é de vitória da luz sobre as trevas e, por isso mesmo, repleto de obstáculos a vencer.

Senda de espinhos gerando flores, calvário e cruz indicando ressurreição...

O próprio Mestre, desde o início do apostolado, desvenda às criaturas o roteiro da elevação pelo sacrifício.

Sofre, renunciando ao divino esplendor do Céu, para acomodar-se à sombra terrestre na estrebaria.

Experimenta a incompreensão de sua época.

Auxilia sem paga.

Serve sem recompensa.

Padece a desconfiança dos mais amados.

Depois de oferecer sublime espetáculo de abnegação e grandeza, é içado ao madeiro por malfeitor comum.

Ainda assim, perdoa aos verdugos, olvida as ofensas e volta do túmulo para ajudar.

Todos os seus companheiros de ministério, restaurados na confiança, testemunharam a Boa-Nova, atravessando dificuldade e luta, martírio e flagelação.

Inúteis, desse modo, nos círculos de nossa fé, os petitórios de protecionismo e vantagens inferiores.

Ressurgindo no Espiritismo, o Evangelho faz-nos sentir que tornamos à carne para regenerar e reaprender.

Com o corpo físico, retomamos nossos débitos, nossas deficiências, nossas fraquezas e nossas aversões...

E não superaremos os entraves da própria liberação, providenciando ajuste inadequado com os nossos desejos inconsequentes.

Acusar, reclamar, queixar-se, não são verbos conjugáveis no campo de nossos princípios.

---

[46] Nota da equipe organizadora: Texto publicado em *Palavras de vida eterna*. Ed. Comunhão Espírita Cristã. Cap. 16.

Disse-nos o Senhor — "Amai os vossos inimigos e orai pelos que vos perseguem."

Isso não quer dizer que devamos ajoelhar em pranto de penitência ao pé de nossos adversários, mas sim que nos compete viver de tal modo que eles se sintam auxiliados por nossa atitude e por nosso exemplo, renovando-se para o bem, de vez que, enquanto houver crime e sofrimento, ignorância e miséria no mundo, não podemos encontrar sobre a Terra a luz do Reino do Céu.

(*Reformador*, ago. 1957, p. 186)

Imunização espiritual

Temos, efetivamente, duas classes de adversários, aqueles que não concordam conosco e aqueles outros que suscitamos com a nossa própria cultura de intolerância.

Os primeiros são inevitáveis. Repontam da área de todas as existências, mormente quando a criatura se encaminha para diante nas trilhas de elevação.

Nem Jesus viveu ou vive sem eles.

Os segundos, porém, são aqueles cujo aparecimento podemos e devemos evitar. Para isso, enumeremos alguns dos prejuízos que angariaremos, na certa, criando aversões em nosso caminho:

Focos de vibrações contundentes;

Centros de oposição sistemática;

Ameaças silenciosas;

Portas fechadas ao concurso espontâneo;

Opiniões quase sempre tendenciosas, a nosso respeito;

Suspeitas injustificáveis;

Propósitos de desforço;

Antipatias gratuitas;

Prevenções e sarcasmos;

Aborrecimentos;

Sombras de espírito.

Qualquer das parcelas relacionadas nesta lista de desvantagens bastaria para amargurar larga faixa de nossa vida, aniquilando-nos possibilidades preciosas ou reduzindo-nos eficiência, tranquilidade, realização e alegria de viver.

Fácil inferir que apenas lesamos a nós mesmos, fazendo adversários, tanto quanto é muito importante saber tolerá-los e respeitá-los, sempre que surjam contra nós.

Compreendamos, assim, que quando Jesus nos recomendou amar os inimigos estava muito longe de induzir-nos à conivência com o mal, e sim nos entregava a fórmula ideal do equilíbrio com a paz da imunização.

(*Ceifa de luz*. FEB Editora. Cap. 48)

No plano dos inimigos[47]

O ofensor apareceu diante de ti, à maneira de um teste de aprimoramento moral.

Injuriou-te o nome.
Zombou-te dos brios.
Gritou-te ameaças.
Golpeou-te os sentimentos.
Desafiou-te a capacidade de tolerância.
Apedrejou-te os ideais.
Escarneceu-te dos propósitos.
Torturou-te o pensamento.

Disse Jesus: "Ama os teus inimigos", mas não recomendou que os tomássemos por modelos de serviço e conduta, quando os nossos opositores se afeiçoem ao mal.

Mentaliza um homem estirado no charco. É razoável lhe estendas a mão, no fito de socorrê-lo; entretanto, nada justifica te afundes, por isso, conscientemente no barro.

É preciso salvar as vítimas do incêndio, mas a vida não te pede o mergulho desamparado nas chamas.

O adversário é sempre alguém digno do auxílio ao nosso alcance, mas nem sempre, com desculpa de amor, devemos fazer aquilo que ele estima fazer.

(*Reformador*, fev. 1965, p. 26)

---

[47] Nota da equipe organizadora: Texto publicado em *Bênção de paz*. Ed. GEEM. Cap. 9.

Razões para o amor aos inimigos[48]

Os inimigos, queiramos ou não, são filhos de Deus como nós e, consequentemente, nossos irmãos, para quem Deus providenciará recursos e caminhos, dentro da mesma bondade com que age em nosso favor.

Temos muito a dever aos amigos pelos estímulos com que nos asseguram êxito na vida, mas não podemos esquecer que devemos bastante aos nossos inimigos pelas oportunidades que nos proporcionam, no sentido de retificarmos os próprios erros.

O adversário é mais propriamente aquele que sulca a nossa alma, à feição do lavrador que cava na terra, a fim de que produzamos na seara do bem.

O amor pelos inimigos dar-nos-á excelentes recursos contra o desajuste circulatório, a neurose, a loucura ou a úlcera gástrica, sempre que estejamos em tarefa no corpo físico.

Orando em benefício dos que nos ferem, evitamos maiores perturbações em torno de nós mesmos.

Uma atitude respeitosa para com os adversários nunca nos rouba tempo ao serviço.

Amando os inimigos e entregando-nos sinceramente ao juízo de Deus, com as melhores vibrações de fraternidade, eliminamos noventa por cento dos motivos de aflição e aborrecimento.

Abençoando em silêncio os que nos criticam ou golpeiam, protegemos com mais segurança os interesses do trabalho que a Providência divina nos concedeu.

A serenidade e o apreço para com os inimigos são os melhores antídotos para que as preocupações com eles não nos destruam.

O amor pelos inimigos não nos rouba a paz da consciência, na hipótese de serem malfeitores confessos, porque, quando Jesus nos diz "ide e reconciliai-vos com o adversário", ele nos ensina a fazer paz em nossas relações, como não é justo privar de tranquilidade uma criança ou um doente, mas, em trecho algum do Evangelho, Jesus nos recomenda cooperar com eles.

(*Reformador*, jun. 1966, p. 122)

---

[48] Nota da equipe organizadora: Texto publicado em *Bênção de paz*. Ed. GEEM. Cap. 27, com pequenas alterações.

Motivos para socorro aos maus[49]

Todos aqueles Espíritos interpretados como sendo maus, são irmãos nossos — criaturas do Criador, quanto nós mesmos — credores de auxílio e consideração.

A maldade, em muitos casos, provém da ignorância que compele o ser a comportamento infeliz, reclamando assistência educativa.

Às vezes, a crueldade não é senão doença catalogável na patologia da mente, agravada, em muitas ocasiões, por influência obsessiva, solicitando ajuda curativa ao invés de punição.

Muitos criminosos são companheiros que não resistiram às tentações trazidas de existências passadas, incursos em faltas das quais somos passíveis, em nossa atual posição de consciências endividadas perante a Lei.

O malfeitor, no cárcere ou em cumprimento da pena que lhe foi cominada, é semelhante ao enfermo no hospital ou em tratamento adequado, requerendo compreensão e apoio fraterno.

Ninguém experimenta alegria, ante as vítimas do mal, como ninguém sente prazer diante do vizinho que a moléstia perturba, mas, assim como o doente do corpo exige medicação, o doente da alma requisita socorro.

Tanto quanto não será possível prever a extensão do incêndio, sem medidas que o combatam, ninguém pode acautelar-se contra o alastramento do mal, sem a colaboração do bem que o elimine.

Quando a pessoa conhece as próprias responsabilidades e pratica o mal mesmo assim, entreguemo-la a si mesma, convencidos de que essa pessoa carregará no subconsciente a dor da culpa, até que se liberte, pelo sofrimento, da sombra em que se envolveu.

Situemo-nos em lugar dos nossos irmãos caídos e verificaremos que eles precisam muito mais de assistência que de censura.

Quando as circunstâncias nos impeçam o abraço fraternal imediato aos que nos feriram, não nos esqueçamos de que, ainda assim, ser-nos-á possível auxiliá-los sempre, através da oração.

(*Reformador*, jun. 1966, p. 122)

---

[49] Nota da equipe organizadora: Texto publicado em *Bênção de paz*. Ed. GEEM. Cap. 28, com pequenas alterações.

Oposições[50]

Imperioso modifiques a própria conceituação, em torno do adversário, a fim de que se te apague da mente, em definitivo, o fogo da aversão.

Isso porque o suposto ofensor pode ser alguém:

que age sob a compulsão de grave processo obsessivo;

que se encontra sob o guante da enfermidade e, por isso, inabilitado a comportar-se corretamente;

que experimenta deploráveis enganos e se acomoda na insensatez;

que não pode enxergar a vida no ângulo em que a observas.

E que nenhum de nós encontre motivos para lhe reprovar o desajuste, porquanto nós todos somos ainda suscetíveis de incorrer em falhas lamentáveis, como sejam:

cair sob a influência perturbadora de criaturas a quem dediquemos afeição sem o necessário equilíbrio;

iludir-nos a nosso próprio respeito quando, não praticamos o regime salutar da autocrítica;

entrar em calamitoso desequilíbrio por efeito de capricho momentâneo;

assumir atitudes menos felizes por deficiência de evolução, à frente de companheiros em posição mais elevadas que a nossa.

Em síntese, para sermos desculpados, é preciso desculpar.

Reflitamos na absoluta impropriedade de qualquer ressentimento e recordemos a advertência de Jesus, quando nos recomendou a oração pelos que nos perseguem. O Mestre, na essência, não nos impelia tão só a beneficiar os que nos firam, mas igualmente a proteger a sanidade mental do grupo, em que fomos chamados a atuar e servir, imunizando os companheiros, relativamente ao contágio da mágoa, e frustrando a epidemia da queixa, sustentando a tranquilidade e a confiança dos outros, tanto no amparo a eles quanto a nós.

(*Reformador*, set. 1969, p. 197)

---

[50] Nota da equipe organizadora: Texto publicado em Segue-me!... Ed. O Clarim. Cap. "Oposições", com pequenas alterações.

Credores diferentes

O problema do inimigo sempre merece estudos mais acurados.

Certo, ninguém poderá aderir, de pronto, à completa união com o adversário do dia de hoje, como Jesus não pôde rir-se com os perseguidores, no martírio do Calvário.

Entretanto, a advertência do Senhor, conclamando-nos a amar os inimigos, reveste-se de profunda significação em todas as facetas pelas quais a examinemos, mobilizando os instrumentos da análise comum.

Geralmente, somos devedores de altos benefícios a quantos nos perseguem e caluniam; constituem os instrumentos que nos trabalham a individualidade, compelindo-nos a renovações de elevado alcance que raramente compreendemos nos instantes mais graves da experiência. São eles que nos indicam as fraquezas, as deficiências e as necessidades a serem atendidas na tarefa que estamos executando.

Os amigos, em muitas ocasiões, são imprevidentes companheiros, porquanto contemporizam com o mal; os adversários, porém, situam-no com vigor.

Pela rudeza do inimigo, o homem comumente se faz rubro e indignado uma só vez, mas, pela complacência dos afeiçoados, torna-se pálido e acabrunhado, vezes sem conta.

Não queremos dizer com isto que a criatura deva cultivar inimizades; no entanto, somos daqueles que reconhecem por beneméritos credores quantos nos proclamam as faltas.

São médicos corajosos que nos facultam corretivo.

É difícil para muita gente, na Terra, a aceitação de semelhante verdade; todavia, chega sempre um instante em que entendemos o apelo do Cristo, em sua magna extensão.

(*Vinha de luz*. FEB Editora. Cap. 41)

Ante nossos adversários[51]

Interpretemos nossos adversários por irmãos, quando não nos seja possível recebê-los por instrutores.

Quando o Senhor nos aconselhou a paz com os inimigos do nosso modo de ser, recomendou-nos certamente o olvido de todo o mal.

Às vezes, fustigando aqueles que nos ofendem, a pretexto de servirmos à verdade, quase sempre faltamos ao nosso dever de amor.

Nem todos podem enxergar a vida por nossos olhos ou aceitar o mapa da jornada terrestre, através da cartilha dos nossos pontos de vista.

E, não raro, em zurzindo os outros com o látego de nossa crítica ou intoxicando-os com o vinagre de nosso azedume, procedemos à maneira do lavrador que enlouquecesse, repentinamente, espalhando cáusticos destruidores sobre a plantação nascente, necessitada de auxílio pela fragilidade natural.

Claro que o amor fraterno encontra mil modos diversos para fazer-se sentir, no reajuste das situações difíceis no caminho da vida, e é justamente para a verdadeira solidariedade que deveremos apelar em qualquer circunstância obscura do roteiro comum.

Se não apagamos o incêndio, atirando-lhe combustível, e se não podemos sanar feridas, alargando-lhe as bordas, a golpes de força, também não entraremos em harmonia com os nossos adversários por intermédio da violência.

Usemos o amor que o Mestre nos legou, se desejamos a paz na Vida maior.

Ajudemos aos que nos ofendem.

Oremos pelos que nos perseguem ou caluniam.

Amparemos os que nos perturbam.

Sejamos o apoio dos companheiros mais fracos.

E o divino Senhor da Vinha do Mundo, que nos aconselhou o livre crescimento do joio e do trigo, no campo da Terra, em momento oportuno se fará revelar, amparando-nos e selecionando os nossos sentimentos, através do seu justo julgamento.

(*Reformador*, jan. 1953, p. 13)

---

[51] Nota da equipe organizadora: Texto publicado em *Instrumentos do tempo*. Ed. GEEM. Cap. "Ante os adversários", com pequenas alterações.

Amando os inimigos[52]

Sem liberdade é impossível avançar nas trilhas da evolução, mas fora do entendimento que nasce do amor ninguém se emancipa nos caminhos da própria alma.

Seja onde seja e seja com quem for, deixa que a simpatia e a compreensão se te irradiem do ser.

Em qualquer parte onde palpite a vida, eis que a vida para crescer e aperfeiçoar-se roga o alimento do amor tanto quanto pede a presença da luz.

De muitos recebes o apoio da bondade e outros muitos aguardam de ti semelhante auxílio.

Da faixa dos benfeitores recolhes a bênção para transmiti-la na direção dos que te não aceitam ou desajudam.

Nessa diretriz os adversários, quaisquer que eles sejam, nunca te prenderão a desespero ou ressentimento.

Se surgem e atacam, abençoa-os com a justificativa fraterna ou com o pronto-socorro da oração. Entretanto, pensa, acima de tudo, na condição lastimável em que se colocam e compadece-te em silêncio.

Esse, por enquanto, não consegue desalojar-se do ergástulo da opinião individual; aquele acomoda-se no azedume sistemático; outro descambou para equívocos dos quais, por agora, não sabe afastar-se; aquele outro sofre sob a hipnose da obsessão; e aquele outro ainda está doente e exigirá tempo longo, a fim de recuperar-se.

Entregarmo-nos à mágoa diante dos que perseguem e caluniam, é o mesmo que nos ajustarmos voluntariamente à onda de perturbação a que encadeiam.

Sob o granizo da ignorância ou da incompreensão, segue trabalhando, a servir sempre.

Observa os inimigos do bem e os agressores da renovação, e, em lhes percebendo a sombra, condoer-te-ás de todos eles.

Faze isso e, sempre que te pretendam agrilhoar ao desequilíbrio, a compaixão te libertará.

(*Reformador*, set. 1973, p. 269)

---

[52] Nota da equipe organizadora: Texto publicado em *Mais perto*. Ed. GEEM. Cap. "Amando os inimigos", com pequenas alterações.

Motivos para desculpar

(*Mais perto*. Ed. GEEM. Cap. "Motivos para desculpar")[53]

Ante os adversários

É possível encontres alguns adversários nas melhores realizações a que te entregas.

Se isso acontece, habitualmente estás diante de uma pessoa desinformada ou doente que te recebe com evidentes demonstrações de desapreço.

E quando esse alguém não consegue asserenar-te o campo íntimo a certas reações negativas, por vezes, alteia a voz e se faz mais inconveniente nas provocações.

De qualquer modo, tolera o opositor com paciência e serenidade.

Ouve-lhe as frases ásperas em silêncio e reflete no desgosto ou na enfermidade em que provavelmente se encontre.

Quanto haverá sofrido a criatura, até que se obrigue a trazer o coração simbolicamente transformado num vaso de fel?

Anota por ti mesmo que todos aqueles que ferem estarão talvez feridos.

Age à frente dos inimigos de teus ideais ou de teus pontos de vista, com entendimento e tolerância.

Advertiu-nos o divino Mestre: "Ora por aqueles que te perseguem ou caluniam".

O Cristo nunca nos exortou ao revide ou à discussão sem proveito.

Induziu-nos a orar por todos os adversários ou acusadores gratuitos, dando-nos a entender que eles todos já carregam consigo sofrimento bastante, sem que necessitemos agravar-lhes as tribulações. E ainda mesmo que estejam semelhantes companheiros agindo de maneira insincera, saibamos confiá-los ao tempo, de vez que, para que se lhes reajuste os mais íntimos sentimentos, bastar-lhes-á viver.

(*Convivência*. Ed. Cultura Espírita União. Cap. 13)

---

[53] N.E.: Vide nota 9.

Traços do inimigo

Quando Jesus nos exortou ao amor pelos inimigos, indicou-nos valioso trabalho imunológico em favor de nós mesmos.

Se trazes a consciência tranquila, diante da criatura que, acaso, te injurie, estarás na mira de uma pessoa evidentemente necessitada de compreensão e de auxílio espiritual.

O adversário gratuito pode estar desinformado a teu respeito e, por isso, reclama esclarecimento e não represália.

Talvez esteja experimentando certa inveja dos recursos de que dispões e, em vista disso, necessitará de caridade e silêncio para que não seja induzido ao desespero.

Sofrerá provavelmente de miopia espiritual, diante dos objetivos superiores pelos quais te orientas e, por essa razão, aguarda tolerância, até que o entendimento se lhe amadureça.

Será possivelmente um candidato à luta competitiva com os teus esforços em realização determinada e, por isso, reclama respeito para que não caia em perdas de vulto.

Repontará do cotidiano por alguém intentando fazer a tarefa de que te incumbes e, por semelhante motivo, merece vibrações de paz, a fim de que encontre encargos idênticos aos teus.

Por fim, talvez surja na condição de doente da alma, sob a influência de obsessões ocultas e, em vista disso, precisará de compaixão.

Jesus conhecia esses lances de desequilíbrio da personalidade humana e, naturalmente, nos impulsiona ao perdão e à prece, em auxílio de quantos se nos façam agressores.

É que não adianta passar recibos ao mal, de vez que estaríamos ambientando em nós mesmos, as dificuldades e deficiências dos nossos perseguidores.

Amar aos inimigos será abençoá-los, desejando-lhes a tranquilidade de que carecem, livrando-nos, antecipadamente, de quaisquer entraves com que nos desejem marcar o caminho.

Abençoar aos que nos insultem ou maltratem é o melhor processo de entregá-los ao mundo deles próprios, sustentando-nos em paz, ante as bênçãos das Leis de Deus.

(*Amigo*. Ed. Cultura Espírita União. Cap. 17)

Tolerância e coerência

Compreender e desculpar sempre, porque todos necessitamos de compreensão e desculpa, nas horas do desacerto, mas observar a coerência para que os diques da tolerância não se esbarrondem, corroídos pela displicência sistemática, patrocinando a desordem.

Disse Jesus: "Amai os vossos inimigos".

E o Senhor ensinou-nos realmente a amá-los, através dos seus próprios exemplos de humildade sem servilismo e de lealdade sem arrogância.

Ele sabia que Judas, o discípulo incauto, bandeava-se, pouco a pouco, para a esfera dos adversários que lhe combatiam a mensagem renovadora...

A pretexto de amar os inimigos, ser-lhe-ia lícito afastá-lo da pequena comunidade, a fim de preservá-la, mas preferiu estender-lhe mãos fraternas, até a última crise de deserção, ensinando-nos o dever de auxiliar aos companheiros de tarefa, na prática do bem, enquanto isso se nos torne possível.

Não ignorava que os supervisores do Sinédrio lhe tramavam a perda...

A pretexto de amar os inimigos, poderia solicitar-lhes encontros cordiais para a discussão de política doméstica, promovendo recuos e concessões, de maneira a poupar complicações aos próprios amigos, mas preferiu suportar-lhes a perseguição gratuita, ensinando-nos que não se deve contender, em matéria de orientação espiritual, com pessoas cultas e conscientes, plenamente informadas, quanto às obrigações que a responsabilidade do conhecimento superior lhes preceitua.

Certificara-se de que Pilatos, o juiz dúbio, agia, inconsiderado...

A pretexto de amar os inimigos, não lhe seria difícil recorrer à justiça de instância mais elevada, mas preferiu aguentar-lhe a sentença iníqua, ensinando-nos que a atitude de todos aqueles que procuram sinceramente a verdade não comporta evasivas.

Percebia, no sacrifício supremo, que a multidão se desvairava...

A pretexto de amar os inimigos, era perfeitamente cabível que alegasse a extensão dos serviços prestados, pedindo a comiseração pública, a fim de que se lhe não golpeasse a obra nascente, mas preferiu silenciar e partir, invocando o perdão da Providência divina para os próprios verdugos, ensinando-nos que é preciso abençoar os que nos firam e orar por eles, sem, contudo, premiar-lhes a leviandade para que a leviandade não alegue crescimento com o nosso apoio.

Jesus entendeu a todos, beneficiou a todos, socorreu a todos e esclareceu a todos, demonstrando-nos que a caridade, expressando amor puro, é semelhante ao Sol que abraça a todos, mas não transigiu com o mal.

Isso quer dizer que fora da caridade não há tolerância e que não há tolerância sem coerência.

(*Opinião espírita*. Ed. Boa Nova. Cap. 32)

Necessitados difíceis

Em muitas circunstâncias na Terra, interpretamos as horas escuras como sendo unicamente aquelas em que a aflição nos atenaza a existência, em forma de tristeza, abandono, enfermidade, privação...

O espírita, porém, sabe que subsistem outras, piores talvez... Não ignora que aparecem dias mascarados de felicidade aparente, em que o sentimento anestesiado pela ilusão se rende à sombra.

Tempos em que os companheiros enganados se julgam certos...

Ocasiões em que os irmãos saciados de reconforto sentem fome de luz e não sabem disso...

Nem sempre estarão eles na berlinda, guindados, à evidência pública ou social, sob sentenças exprobratórias ou incenso louvaminheiro da multidão...

Às vezes, renteiam conosco em casa ou na vizinhança, no trabalho ou no estudo, no roteiro ou no ideal... O espírita consciente reconhece que são eles os necessitados difíceis das horas escuras. Em muitos lances da estrada, vê-se obrigado a comungar-lhes a presença, a partilhar-lhes a atividade, a ouvi-los e a obedecê-los, até o ponto em que o dever funcional ou o compromisso doméstico lhe preceituem determinadas obrigações.

Entretanto, observa que para lhes ser útil, não lhe será lícito efetivamente aplaudi-los, à maneira do caçador que finge ternura à frente da presa, a fim de esmagá-la com mais segurança.

Como, porém, exercer a solidariedade, diante deles? — perguntarás. — Como menosprezá-los se carecem de apoio?

Precisamos, no entanto, verificar que, em muitos requisitos do concurso real, socorrer não será sorrir.

Todos conseguimos doar cooperação fraternal aos necessitados difíceis das horas escuras, seja silenciando ou clareando situações, nas medidas do entendimento evangélico, sem destruir-lhes a possibilidade de aprender, crescer, melhorar e servir, aproveitando os talentos da vida, no encargo que desempenham e na tarefa que o Mestre lhes confiou. Mesmo quando se nos façam adversários gratuitos, podemos auxiliá-los...

Jesus não nos recomendou festejar os que nos apedrejem a consciência tranquila nem nos ensinou a arrasá-los. Mas, ciente de que não nos é possível concordar com eles e tampouco odiá-los, exortou-nos claramente: "amai os vossos inimigos, orai pelos que vos perseguem e caluniam!"...

É assim que a todos os necessitados difíceis das horas escuras, aos quais não nos é facultado estender os braços de pronto, podemos amar em espírito, amparando-lhes o caminho, através da oração.

(*Opinião espírita*. Ed. Boa Nova. Cap. 36)

Inimigos que não devemos acalentar

Defende o mundo íntimo contra aqueles adversários ocultos que não devemos acalentar.

Decerto, dói-te a ofensa do agressor que te não percebe as intenções elevadas, contudo, a intolerância, a asilar-se por escorpião venenoso, em teu pensamento, é o inimigo terrível que te induz às trevas abismais da vingança.

Indubitavelmente, a crítica impensada do irmão que te menoscaba os propósitos sadios dilacera-te a sensibilidade, espancando-te a alegria, entretanto, a vaidade, a enrodilhar-se no teu coração por víbora peçonhenta, é o inimigo lamentável que te inclina à inutilidade e ao desânimo.

Em verdade, a calúnia do amigo perturbado lança fogo ao santuário de teus ideais, subtraindo-te a confiança, todavia, a crueldade que se refugia em teu ser por tigre invisível de intemperança e discórdia é o inimigo perigoso que te sugere a adesão ao crime.

Efetivamente, o desprezo que te foi lançado em rosto pelo companheiro infeliz é golpe mortal abrindo-te chagas de aflição nos tecidos sutis da alma, no entanto, o egoísmo a ocultar-se em teu peito por chacal intangível de ignorância e ferocidade, é o inimigo temível que te arroja à frustração.

Não são os flagelos do mundo exterior os elementos que nos deprimem, mas sim os opositores ocultos, conhecidos pelos mais diversos nomes, quais sejam orgulho e maldade, tristeza e preguiça, desespero e ingratidão, que perseveram conosco.

Amemos aos inimigos externos que nos desafiam à prática do bem, ao exercício da renúncia, ao trabalho da paciência e à realização da caridade, mas tenhamos cautela contra os sicários escondidos em nós mesmos que, expressando sentimentos indignos de nosso conhecimento e de nossa evolução, nos escravizam à angústia, e nos algemam à dor, enclausurando-nos a vida em miséria e perturbação.

(*Através do tempo*. Ed. LAKE. Cap. 33)

Desafetos

Amar aos nossos adversários, desde o presente, ofertando-lhes o coração, em forma de tolerância e trabalho, devotamento e ternura, é a fórmula exata para a solução dos grandes problemas que tantas vezes, por invigilância e leviandade, endereçamos, lamentavelmente ao futuro.

Lembremo-nos de que ainda ontem, acalentávamos antipatias e desafetos, cultivando o ódio à feição de serpe no seio.

Recordemos que semelhantes laços de treva algemavam-nos o espírito às largas sendas inferiores, impondo-nos reencarnações difíceis e angustiosas, nos campos de purgação da experiência terrestre.

Enleados a eles, renascemos no mundo e porque se nos retarde o amor, nos testemunhos de paciência e compreensão, somos constrangidos pela Justiça perfeita, a recebê-los compulsoriamente nas teias da consanguinidade, convertendo-se-nos o templo familiar em triste reduto de sofrimento.

É assim que, reinternados, na Terra, quase sempre acolhemos na forma de entes amados velhos inimigos, que se origem, no santuário doméstico, em nossos credores intransigentes.

Surgem por filhos tiranizantes e ingratos, ou parentes invulneráveis ao nosso melhor carinho, obrigando-nos a mais doloroso acerto, porque estruturando em suor e pranto, quando o nosso perdão puro e simples conseguiria fundir a bruma aviltante da crueldade em brisa de esquecimento.

Para que não estejamos amanhã em lares metamorfoseados em pelourinhos, por força dos corações queridos que o resgate transforma em verdugos e inquisidores de nossos dias, saibamos amar, desde hoje, os que nos apedrejam ou firam, atormentem e caluniem, porque, em verdade, o mal é apenas mal para aqueles que o fazem, transmutando-se em bem naqueles que o recolhem entre a paz do silêncio e a prece da humildade, por saberem que a Vida é sempre a luz de Deus.

(*Através do tempo*. Ed. LAKE. Cap. 41)

Professores gratuitos[54]

Todas as aquisições guardam o preço que lhes corresponde.

Enquanto na Terra, permutamos sempre, por determinados valores, certas utilidades de que a nossa vida carece.

Compramos o livro que nos ensina, pagamos o ingresso ao parque de diversões, adquirimos o comprimido para a dor de cabeça.

Somos devedores, nas escolas, nos bancos, nos armazéns, nas farmácias.

Por toda parte os recursos ordinários da alimentação e do vestuário exigem nosso esforço na capacidade de alcançá-los.

Em todos os lugares, os instrutores competentes, nessa ou naquela matéria cultural em que iniciamos a inteligência, reclamam honorários justos.

Pagamos, cada dia, ensinamentos, suprimentos, dívidas e prestações.

E para isso compete-nos trabalhar infatigavelmente, usando o suor, a humildade, a diligência, a iniciativa, a coragem e a renunciação.

Entretanto há uma classe de orientadores que nos trazem os talentos da virtude, sem exigir pagamento. Lecionam paciência e bondade, tolerância e perdão.

Ajudam-nos a edificar o santuário da fé e induzem-nos à vigilância sobre nós mesmos.

Amparam-nos, à distância, com os raios de sua força, mantendo-nos em posição de alerta, no desempenho de nossos deveres.

Constrangem-nos a meditar em nossas próprias necessidades de melhoria íntima e conduzem-nos, sem perceberem, a valiosas experiências de renovação interior.

Esses professores gratuitos são os nossos adversários.

São realmente aqueles que ainda não nos podem compreender e guiam-nos, por isso mesmo, à perseverança no bem; ou são aqueles que ainda não conseguimos entender e, por isso mesmo, nos conduzem à desistência do mal.

"Amai aos vossos inimigos!" — disse o Mestre.

E repetiremos por nossa vez:

Amemos aqueles que nos contrariam, aproveitando a oportunidade que nos oferecem ao autoaperfeiçoamento e, sem o ônus do ouro e sem o sacrifício do suor, alcançaremos, por intermédio deles, sublimes talentos espirituais para a vida eterna.

(*Reformador*, set. 1953, p. 201)

---

[54] Nota da equipe organizadora: Texto publicado em *Marcas do caminho*. Ed. IDEAL. Cap. 25, com pequenas alterações.

Companheiros difíceis

Companheiros difíceis não são as criaturas que ainda não nos atingiram a intimidade e sim aquelas outras que se fizeram amar por nós e que, de um momento para outro, modificaram pensamento e conduta, impondo-nos estranheza e inquietação.

Erigiam-se-nos por esteios à fé, soçobrando em pesada corrente de tentações... Brilhavam por balizas de luz, à frente da marcha, e apagaram-se na noite das conveniências humanas, impelindo-nos à sombra e à desorientação...

Examinado, porém, o assunto com discernimento e serenidade, seria justo albergarmos pessimismo ou desencanto, simplesmente porque esse ou aquele companheiro haja evidenciado fraquezas humanas, peculiares também a nós? Atentos às realidades do campo evolutivo, em que nos achamos carregando fardos de culpas e débitos, deficiências e necessidades que se nos encravaram nos ombros, em existências passadas, como exigir dos entes amados, que respiram conosco o mesmo nível, a posição dos heróis ou o comportamento dos anjos?

Com isso, não queremos dizer que omissão ou deserção nas criaturas a quem empenhamos confiança e ternura sejam condições naturais para a ação espiritual que nos compete desenvolver, e sim, que, em lhes lastimando as resoluções menos felizes, é imperioso orar por elas na pauta da tolerância fraternal com que devemos abraçar todos aqueles que se nos associam às tarefas da jornada terrestre.

Se Jesus nos recomendou amar os inimigos, que diretriz adotar ante os companheiros que se fizeram difíceis, senão abençoá-los em mais alto grau de entendimento, carecedores como se encontram de mais ampla dedicação? Sem dúvida, eles não podem, em muitas ocasiões, compartilhar conosco, de imediato, as atividades cotidianas, à vista dos compromissos diferentes a que se entregam; entretanto, ser-nos-á possível, no clima do espírito, agradecer-lhes o bem que nos fizeram e o bem que nos possam fazer, endereçando-lhes a mensagem silenciosa de nosso respeito e afeto, encorajamento e gratidão.

Cumprindo semelhante dever, disporemos de suficiente paz interior para seguir adiante, na desincumbência dos encargos que a vida nos confiou. Compreenderemos que se o próprio Senhor nos aceita como somos, suportando-nos as imperfeições e aproveitando-nos em serviço, segundo a nossa capacidade de sermos úteis, é nossa obrigação aceitar os companheiros difíceis como são, esperando por eles, em matéria de elevação ou reajuste, tanto quanto o Senhor tem esperado por nós.

(*Alma e coração*. Ed. Pensamento. Cap. 27)

Ofensas e ofensores[55]

Tão logo apareçam diante de nós quaisquer problemas de injúria, prejuízo, discórdia ou incompreensão, é imperioso observar quão importante para o espírito o estudo das próprias reações a fim de que mágoa não entre em condomínio com as forças que nos habitam a mente.

Ressentir-nos é cortar nos tecidos da própria alma ou acomodar-nos com o veneno que se nos atira, acalentando sofrimento desnecessário ou atraindo a presença da morte. Isso porque, à face da lógica, todas as desvantagens no capítulo das ofensas pesam naqueles que tomam a iniciativa do mal.

O ofensor pode ser a criatura que está sob lastimáveis processos obsessivos, que carrega enfermidades ocultas, que age ao impulso de tremendos enganos, que atravessa a nuvem do chamado momento infeliz, e, quando assim não seja, é alguém que traz a visão espiritual enevoada pela poeira da ignorância, o que, no mundo, é uma infelicidade como qualquer outra. Cabem, ainda, ao ofensor o pesadelo do arrependimento, o desgosto íntimo, o anseio de reequilíbrio e a frustração agravada pela certeza de haver lesado espiritualmente a si próprio.

Aos corações ofendidos resta unicamente um perigo — o perigo do ressentimento, que, aliás, não tem a menor significação, quando trazemos a consciência pacificada no dever cumprido.

Entendendo isso, nunca respondas ao mal com o mal.

Considera que os ofensores são, quase sempre, companheiros obsessos ou desorientados, enfermos ou francamente infelizes, a quem não podemos atribuir responsabilidades maiores pelas condições difíceis em que se encontram.

Recomendou-nos Jesus: "Amai os vossos inimigos".

A nosso ver, semelhante instrução, além de impelir-nos à virtude da tolerância, nos faz sentir que os ofendidos devem acautelar-se, usando a armadura do amor e da paciência, a fim de que não sofram os golpes mortais do ressentimento, de vez que os ofensores já carregam consigo o fogo do remorso e o fel da reprovação.

(*Reformador*, jan. 1968, p. 8)

---

[55] Nota da equipe organizadora: Texto publicado em *Alma e coração*. Ed. Pensamento. Cap. 47, com pequenas alterações.

Orai pelos que vos perseguem[56]

O conselho de Jesus, no que se refere à oração pelos nossos perseguidores, não se baseia tão somente na lei universal da bondade para com os semelhantes.

Vai mais além. Fundamenta-se no princípio justo das correspondências.

O ódio, o crime, a calúnia segregam forças perniciosas e destrutivas. O perseguidor encarcera-se no abismo das inquietações; o criminoso, onde estiver, é prisioneiro da consciência, guardado pelo remorso, então transformado em sentinela vigilante; o caluniador envolve-se na peçonha dos próprios atos. Emitem pensamentos destruidores, como o pântano os elementos mortíferos.

Na lei das trocas, que rege todos os fenômenos da vida, os semelhantes atraem-se uns aos outros. Odiar aos que odeiam, retribuir o mal com o mal, seria abrir portas em nós mesmos à selvageria dos que nos convocam a suas furnas de trevas.

Alimentemos a chama benéfica que indique o caminho santo do bem, mas evitemos o incêndio devastador que aniquila as possibilidades da vida. Contra a labareda criminosa do mal, façamos chover os pensamentos calmantes do bem.

Toda vez que a onda escura da perseguição nos procure envolver na luta digna, oremos e vigiemos. Encontrando-nos a resistência fraternal, voltarão os fios negros aos seus próprios autores, encasulando-os em sua obra.

Orai pelos que vos perseguem e caluniam, acendei a luz dos pensamentos nobres no círculo de sombras dos que vos tentam confundir, certos de que a maldade é o inferno dos maus e que cada Espírito carrega na vida o abismo tenebroso ou a montanha de luz, dentro de si mesmo.

(*Reformador*, ago. 1944, p. 167)

Orai pelos que vos perseguem

Compadecei-vos de quantos se consagram a instilar a peçonha da crueldade nos corações alheios, porque toda perseguição nasce na alma desventurada que a invigilância entenebreceu.

---

[56] Nota da equipe organizadora: Texto publicado em *Coletânea do além*. Ed. LAKE. Cap. "Orai pelos que vos perseguem".

Monstro invisível, senhoreando ideias e sentimentos, é qual fera à solta, transpirando veneno, a partir das próximas vítimas que transforma em carrascos.

Quase sempre, surge naqueles que vascolejam o lixo da maledicência, buscando o lodo da calúnia para as telas do crime, quando não se levanta do charco ignominioso da inveja para depredar ou ferir.

De qualquer modo, gera alienação e infortúnio naqueles que lhe albergam as sugestões, escurecendo-lhes o raciocínio, para arrebatá-los com segurança ao cárcere da agonia moral no inferno do desespero.

Ventania de lama, espalha correntes miasmáticas com o seu hálito de morte, agregando elementos de corrosão em todos os que lhe ofertem guarida.

É por isso que, ante os nossos perseguidores, é preciso acender a flama da caridade, a fim de que se nos não desvairem os pensamentos, espancados de chofre.

Olhos e ouvidos empenhados à sombra dessa espécie é rendição ao desânimo e à delinquência, à deserção e à enfermidade.

Eis por que, Jesus, em seu amor e sabedoria, não nos inclinou a lutar contra semelhante fantasma, induzindo-nos à bênção da compaixão, qual se fôssemos defrontados pela peste contagiante.

Assim pois, perseguidos, no mundo, mantende-vos constantes no trabalho do bem a realizar, e, ao invés do gládio da reação ou do choro inútil da queixa, aprendei cada dia, entre o perdão e o silêncio, a orar e esperar.

(*Reformador*, out. 1958, p. 233)

Amigos e inimigos

O amigo é uma bênção.

O inimigo, entretanto, é também um auxílio, se nos dispomos a aproveitá-lo.

O companheiro enxerga os nossos acertos, estimulando-nos na construção do melhor de que sejamos capazes.

O adversário identifica os nossos erros, impelindo-nos a suprimir a parte menos desejável de nossa vida.

O amigo se rejubila conosco, diante de pequeninos trechos de tarefa executada.

O inimigo nos aponta a extensão da obra que nos compete realizar.

O companheiro nos dá força.

O adversário nos mede a resistência.

Quem nos estima, frequentemente categoriza nossos sonhos por serviços feitos, tão só para induzir-nos a trabalhar.

Quem nos hostiliza, porém, não nos nega valor, porquanto não nos ignora, e, combatendo-nos, reconhece-nos a presença em ação.

Na fase deficitária de evolução que ainda nos caracteriza, precisamos do amigo que nos encoraja e do inimigo que nos observa. Sem o companheiro, estaremos sem apoio, e, sem o adversário, ser-nos-á indispensável enorme elevação para não tombarmos em desequilíbrio. Isso porque o amigo traz a cooperação e o inimigo forma o teste.

Qualquer servidor de consciência tranquila se regozija com o amparo do companheiro, mas deve igualmente honrar-se com a crítica do adversário que o ajuda na solução dos problemas de reajuste.

Jesus foi peremptório em nos recomendando: "amai os vossos inimigos". Saibamos agradecer a quem nos corrige as falhas, guardando-nos o passo em caminho melhor.

(*Reformador*, maio 1968, p. 114)

[...] Não fazem o mesmo os publicanos?

Mateus
5:46

Além dos outros

Trabalhar no horário comum irrepreensivelmente, cuidar dos deveres domésticos, satisfazer exigências legais e exercitar a correção de proceder, fazendo o bastante na esfera das obrigações inadiáveis, são tarefas peculiares a crentes e descrentes na senda diária.

Jesus, contudo, espera algo mais do discípulo.

Correspondes aos impositivos do trabalho diuturno, criando coragem, alegria e estímulo, em derredor de ti?

Sabes improvisar o bem, onde outras pessoas se mostraram infrutíferas?

Aproveitas, com êxito, o material que outrem desprezou por imprestável? Aguardas, com paciência, onde outros desesperaram?

Na posição de crente, conservas o espírito de serviço, onde o descrente congelou o espírito de ação?

Partilhas a alegria de teus amigos, sem inveja e sem ciúme, e participas do sofrimento de teus adversários, sem falsa superioridade e sem alarde?

Que dás de ti mesmo no ministério da caridade?

Garantir o continuísmo da espécie, revelar utilidade geral e adaptar-se aos movimentos da vida são característicos dos próprios irracionais.

O homem vulgar, de muitos milênios para cá, vem comendo e bebendo, dormindo e agindo sem diferenças fundamentais, na ordem coletiva. De vinte séculos a esta parte, todavia, abençoada luz resplandece na Terra com os ensinamentos do Cristo, convidando-nos a escalar os cimos da Espiritualidade Superior. Nem todos a percebem, ainda, não obstante envolver a todos. Mas, para quantos se felicitam em suas bênçãos extraordinárias, surge o desafio do Mestre, indagando sobre o que de extraordinário estamos fazendo.

(*Fonte viva.* FEB Editora. Cap. 96)

[...] que fazeis de extraordinário? [...]

Mateus
5:47

Que fazeis de especial?

Iniciados na luz da Revelação nova, os espiritistas cristãos possuem patrimônios de entendimento muito acima da compreensão normal dos homens encarnados.

Em verdade, sabem que a vida prossegue vitoriosa, além da morte; que se encontram na escola temporária da Terra, em favor da iluminação espiritual que lhes é necessária; que o corpo carnal é simples vestimenta a desgastar-se cada dia; que os trabalhos e desgostos do mundo são recursos educativos; que a dor é o estímulo às mais altas realizações; que a nossa colheita futura se verificará, de acordo com a sementeira de agora; que a luz do Senhor clarear-nos-á os caminhos, sempre que estivermos a serviço do bem; que toda oportunidade de trabalho no presente é uma bênção dos Poderes divinos; que ninguém se acha na Crosta do Planeta em excursão de prazeres fáceis, mas, sim, em missão de aperfeiçoamento; que a justiça não é uma ilusão e que a verdade surpreenderá toda a gente; que a existência na esfera física é abençoada oficina de trabalho, resgate e redenção e que os atos, palavras e pensamentos da criatura produzirão sempre os frutos que lhes dizem respeito, no campo infinito da vida.

Efetivamente, sabemos tudo isto.

Em face, pois, de tantos conhecimentos e informações dos planos mais altos, a beneficiarem nossos círculos felizes de trabalho espiritual, é justo ouçamos a interrogação do divino Mestre:

— Que fazeis mais que os outros?

(*Vinha de luz*. FEB Editora. Cap. 60)

Portanto, sede vós perfeitos, como é perfeito vosso Pai celestial.

Mateus
5:48

Conceito do bem[57]

Toda vez que ouças alguém se referindo ao bem ou ao mal de alguém, procura discernir.

Conheces o amigo que escalou a eminência econômica.

À vista da facilidade com que maneja a moeda, há quem o veja muito bem situado, nas vantagens materiais; no entanto, via de regra, se lhe radiografasses os sentimentos, nele encontrarias um escravo da inquietação, detido em cadeias de ouro.

Assinalas o homem que alcançou a respeitabilidade política.

Tão logo surge no vértice da administração, há quem o veja muito bem colocado nos interesses do mundo, mas, frequentemente, se lhe fotografasses as telas do espírito, nele surpreenderias um mártir de cerimoniais e banquetes, constrangido entre as necessidades do povo e as exigências da lei.

Admiras o companheiro que venceu as próprias inibições, elevando-se à direção do trabalho comum.

À face da significativa remuneração que percebe, há quem o veja muito bem posto na esfera social; contudo, na maioria das vezes, se lhe observasses as mais íntimas reações, nele acharias um prisioneiro de sufocantes obrigações, sem tempo para comer o pão que assegura aos dirigidos de condição mais singela.

Elogias o cientista que fornece ideias de renovação e conforto.

Ao fitá-lo sob os lauréis da popularidade, há quem o veja muito bem classificado na galeria da fama; no entanto, quase sempre, se lhe tateasses a alma por dentro, nele surpreenderias um atormentado servidor do progresso, clamando ansiosamente por simplicidade e repouso.

Reajustemos, assim, o conceito do bem, diante da vida.

Em muitas circunstâncias, o dinheiro suprime aflições, a autoridade resolve problemas, a influência apara dificuldades e a cultura clareia o caminho...

---

[57] Nota da equipe organizadora: Texto publicado em *Livro da esperança*. Ed. Comunhão Espírita Cristã. Cap. 50, com pequenas alterações.

Por isso mesmo, toda pessoa que obtém qualquer parcela mais expressiva de responsabilidade e destaque, mostra-se realmente muito bem para combater o mal e liquidá-lo; entretanto, caso venha a utilizar-se dos bens com que a vida lhe enriquece as mãos, apenas para cuidar do bem de si mesma, sem qualquer preocupação na garantia do bem devido aos outros, seja onde seja, semelhante criatura estará simplesmente bem mal.

(*Reformador*, jan. 1963, p. 4)

Teus encargos[58]

Cada qual de nós, conforme as leis que nos regem, se encontra hoje, no lugar certo, com as criaturas adequadas e nas circunstâncias justas, necessárias ao trabalho que nos compete efetuar, na pauta de nosso próprio merecimento.

Observa os encargos que te honorificam a existência como sendo, desse modo, atividades de alta significação em teu benefício, porquanto se erigem todos eles em tope de realização a que, por enquanto, te podes consagrar.

Seja em casa ou na oficina, no grupo de serviço ou na tela social, és uma peça consciente na estrutura da vida, desfrutando a possibilidade de criar, agir, colaborar e fazer, na elevação da própria vida.

"Sede perfeitos como é perfeito nosso Pai celestial" — exortou-nos Jesus.

Pensemos nisso, melhorando-nos sempre.

Sem dúvida que outros conseguem substituir-te no trabalho a que te entrosas; no entanto, em se tratando de ti, é justo recordes que Deus nos fez a todos espíritos imortais com o dever de aprimorar-nos até que venhamos a identificar-nos inteiramente com o seu infinito Amor, conservando embora, em todo tempo e em qualquer parte, a prerrogativa de seres inconfundíveis da Criação.

Teus encargos — tuas possibilidades de acesso a planos superiores.

Realmente nós — os espíritos em evolução nas vias terrestres — estamos ainda muito distantes da angelitude; entretanto, cada um de nós, onde estiver, poderá, desde agora, começar a ser bom.

(*Reformador*, mar. 1970, p. 50)

---

[58] Nota da equipe organizadora: Texto publicado em *Segue-me!*... Ed. O Clarim. Cap. "Teus encargos", com pequenas alterações.

Ante o apelo do Cristo

"Sede perfeitos"! — conclamou o divino Mestre — entretanto, sabemos que estamos presentemente mais distantes da perfeição que o verme da estrela.

Ainda assim, Jesus não formularia semelhante apelo se estivesse ele enquadrado no labirinto inextricável do "impossível".

Podemos e devemos esposar a nossa iniciação no aprimoramento para a Vida superior, começando a ser bons.

Entretanto, é necessário distinguir bondade da displicência com que muita vez nos rendemos à falsa virtude, de vez que, em toda parte, existem criaturas boas, emaranhadas na negação da verdadeira bondade.

Vemos pessoas de boas intenções acendendo a fogueira da discórdia, entronizando a astúcia no culto devido à inteligência; para consolidar a maldade; para empreender a separatividade; para os objetivos da desordem; para a conservação da ignorância e da penúria que amortalham grande parte da Humanidade.

Busquemos o padrão do Cristo e sejamos bons, quanto o Mestre nos ensinou.

É natural não possas ser apresentado, de imediato, em carros de triunfo, à frente da multidão, categorizado à conta de santo ou de herói, mas podes ser o irmão do próximo, estendendo-lhe as mãos fraternas.

Observa, em torno da mesa farta ou ao redor da saúde que te garante a harmonia orgânica e considera as tuas possibilidades de auxiliar.

Podes ser o irmão do companheiro infeliz, através de alguma frase de bom ânimo, o benfeitor do coração materno infortunado, o salvador da criança que luta com a enfermidade e com a morte, pela gota de remédio restaurador.

Podes ser o amigo dos animais e das árvores, o preservador das fontes e o defensor das sementes que sustentarão o celeiro de amanhã.

Desperta e faze algo que te impulsione para a frente na estrada de elevação.

Não te detenhas.

A vida não te reclama atitudes sensacionais, gestos impraticáveis, espetáculos de súbita grandeza...

Pede simplesmente sejas sempre melhor para aqueles que te cruzem os passos.

Esqueçamos o mal e procuremos o bem que nos esclareça e melhore.

Ainda agora e aqui mesmo, enquanto relemos o convite do Senhor, podemos formular no coração uma prece por todos aqueles que ainda não nos possam compreender e, através da oração, começar a obra de nosso aperfeiçoamento para a Vida imortal.

(*Canais da vida*. Ed. Cultura Espírita União. Cap. 11)

Perfeição e aperfeiçoamento[59]

Todos estamos ainda muito longe da perfeição, contudo, ninguém vive fora do constante aperfeiçoamento.

Aceita, pois, em Jesus, o Mestre que te aprimora e aproveita a bênção do tempo mobilizando sentimento e raciocínio, atenção e boa vontade, para que te faças melhor cada dia.

Não podes hoje ostentar a coroa da santidade, mas conseguirás estender, sem entraves, em teu benefício, os recursos da gentileza.

Não podes, sem dúvida, revelar de improviso, a resistência do mártir, ante os sofrimentos que te assaltam a vida; no entanto, é justo te consagres, em favor de ti mesmo, ao culto da disciplina.

Não sustentarás, de inopino, a atitude superior e espontânea da caridade simples e pura diante daquele que te apunhala com a lâmina invisível da ofensa, mas podes sorrir, contendo os instintos de reação ao preço do esforço supremo de quem sabe que nada existe oculto para a verdadeira justiça.

Realmente, não te será possível a ascensão imediata ao reino da Luz eterna, onde a nossa presença decerto nublaria o semblante dos anjos; no entanto, podes ser o apoio firme do lar em que Deus te situa, exercendo aí a bondade e a renúncia, o carinho e o desvelo, o consolo e a paciência incessantes.

Não te creias capaz de trair o espírito de sequência que rege todas as forças e todas as tarefas da natureza.

A semente de agora será flor no porvir e a flor de hoje será fruto amanhã.

Disse Jesus: "Sede perfeitos como o Pai celestial."

Isso não quer dizer que já estejamos habilitados para a Glória divina, mas sim que em matéria de aperfeiçoamento é indispensável tenhamos todos a coragem de começar.

(*Reformador*, ago. 1958, p. 177)

---

[59] Nota da equipe organizadora: Texto publicado em *Irmão*. Ed. IDEAL. Cap. 8, com pequenas alterações.

Bondade[60]

Ao apelo do divino Mestre, recomendando-nos "sede perfeitos", evitemos a indesejável resposta da aflição.

Ninguém pode trair os princípios de sequência que governam a Natureza e o tempo será sempre o patrimônio divino, em cujas bênçãos alcançaremos as realizações que a vida espera de nós.

Antes de cogitar da colheita, atendamos à sementeira.

Antecipando a construção do teto de nossa casa espiritual, no aprimoramento que nos cabe atingir, edifiquemos os alicerces no chão de nossas possibilidades humildes, erguendo sobre eles as paredes de nossa renovação, a fim de não nos perdermos no movimento vazio.

Iniciemos a perfeição de amanhã com a bondade de hoje.

Ninguém é tão deserdado no mundo que não possa começar com o êxito necessário.

Não intentes curar o enfermo de momento para outro. Cede-lhe algumas gotas de remédio salutar.

Não busques regenerar o delinquente a rudes golpes verbais. Ajuda-o, de algum modo, oferecendo-lhe algumas frases de fraternidade e compreensão.

Não procures estabelecer a verdade num gesto impetuoso de esclarecimento espetacular, acreditando desfazer as ilusões de muitos anos, em um só dia. Enceta a obra do reajuste moral com os teus pequeninos gestos de sinceridade à frente de todos.

Não suponhas seja possível a milagrosa transformação de alguém, no caminho empedrado da crueldade ou da ignorância. Faze algo que possa servir de plantação inicial de luz no espírito que te propões reformar.

E ainda, em se tratando de nós, não julgues seja fácil converter nossa própria alma para Jesus, num instante rápido. Trazemos conosco vasto acervo de sombras e precisamos serenidade e diligência para desintegrá-las, pouco a pouco, ao preço de nossa própria submissão à Lei do Senhor que nos rege os destinos.

Se realmente nos dispomos à aceitação do ensinamento do divino Mestre, usemos a bondade, em todos os momentos da vida. Bondade para com o próximo, bondade para com os ausentes, bondade para com os nossos opositores, bondade para com todas as criaturas que nos cercam...

---

[60] Nota da equipe organizadora: Texto publicado em *Tocando o barco*. Ed. IDEAL. Cap. Bondade, com pequenas alterações.

A bondade é chave de simpatia e conhecimento com que descerraremos a passagem para as Esferas superiores.
Com ela, seremos mais humanos, mais amigos e mais irmãos.
Avancemos, assim, com a bondade por norma de ação, retificando em nossa estrada os aspectos e experiências que nos desagradam na estrada dos outros, e, desse modo, estejamos convictos de que o sonho sublime de nosso aperfeiçoamento encontrará, em breve futuro, plena concretização na Vida eterna.

(*Reformador*, mar. 1957, p. 69)

Diante da perfeição

(*Nascer e renascer.* Ed. GEEM. Cap. "Diante da perfeição")[61]

Assunto de perfeição

(*Hora certa.* Ed. GEEM. Cap. "Assunto de perfeição")[62]

---

[61] N.E.: Vide nota 9.
[62] Idem.

Tu, porém, quando deres dádiva, não saiba a tua esquerda o que faz a tua direita.

Mateus
6:3

Sombra e luz

(*Cura*. Ed. GEEM. Cap. "Sombra e luz")[63]

Estudando o bem e o mal

Para que sejamos intérpretes genuínos do bem, não basta desculpar o mal.

É imprescindível nos despreocupemos dele, em sentido absoluto, relegando-o à condição de efêmero acessório do triunfo real das Leis que nos regem.

Evitando comentários complexos em nosso culto à simplicidade, recorramos à Natureza.

Vejamos, por exemplo, o apelo vivo da fonte.

Quantas vezes terá sido injuriada a água que hoje nos serve à mesa?

Do manancial ao vaso limpo, difícil trajetória cumulou-a de vicissitudes e provações.

O leito duro de pedra e areia...

A baba venenosa dos répteis...

O insulto dos animais de grande porte...

O enxurro dos temporais...

Os detritos que lhe foram arrojados ao seio...

A fonte, entretanto, caminhou despretensiosa, sem demorar-se em qualquer consideração aos sarcasmos da senda, até surpreender-nos, diligente e pura, aceitando o filtro que lhe apura as condições, a fim de que nos assegure saciedade e conforto.

Segundo observamos, na lição aparentemente infantil, o ribeiro não somente olvidou as ofensas que lhe foram precipitadas à face.

Movimentou-se, avançou, humilhou-se para auxiliar e perdoou infinitamente, sem imobilizar-se um minuto, porque a imobilidade para ele

---

[63] N.E.: Vide nota 9.

constituiria adesão ao charco, no qual, ao invés de servir, converter-se-ia tão só em veículo de corrupção.

É por isso que o ensinamento cristão da caridade envolve o completo esquecimento de todo mal.

"Que a vossa mão esquerda ignore o bem praticado pela direita."

Semelhantes palavras do Senhor induzem-nos a jornadear na Terra, exaltando o bem, por todos os meios ao nosso alcance, com integral despreocupação de tudo o que represente vaidade nossa ou incompreensão dos outros, de vez que em qualquer boa dádiva somente a Deus se atribui a procedência.

Procurando a nossa posição de servidores fiéis da regeneração do mundo, a começar de nós mesmos, pela renovação dos nossos hábitos e impulsos, olvidemos a sombra e busquemos a luz, cada dia, conscientes de que qualquer pausa mais longa na apreciação dos quadros menos dignos que ainda nos cercam será nossa provável indução ao estacionamento indeterminado no cárcere do desequilíbrio e do sofrimento.

(*Mediunidade e sintonia*. Ed. Cultura Espírita União. Cap. 12)

Benefício oculto

"Não saiba vossa mão esquerda o que oferece a direita" é a lição de Jesus que constantemente nos sugere a sementeira do bem oculto.

Entretanto, é preciso lembrar que, se "nem só de pão vive o homem", não se alimenta a virtude tão somente de recursos materiais.

Acima do benefício que se esconde para ser mais seguro no campo físico, de modo a que se não firam corpos doentes e bocas famintas pelos acúleos da ostentação, prevalece o amparo mudo às necessidades do sentimento na esfera do Espírito, a fim de que os tóxicos da maldade e os desastres do escândalo não arrasem experiências preciosas com o fogo da imprevidência.

Se percebeste no companheiro as escamas do orgulho ou da rebeldia, envolve-o no clima da humildade, socorrendo-lhe a sede imanifesta de auxílio, e se presenciaste a queda de alguém, no caminho em que jornadeias, alonga-lhe os braços de irmão, para que se levante, sem exagerar-lhe os desajustes com a referência insensata.

Se um amigo aparece errado aos teus olhos, cala o verbo contundente da crítica, ajudando-o com a bênção da prece, e se o próximo surge desorientado e infeliz em teus passos, oferta-lhe o favor do silêncio, para que se reequilibre e restaure.

Não vale encarecer cicatrizes e imperfeições a pretexto de apagá-las no corpo das horas, porquanto leve chaga tratada com desamor é sempre ferida a cronicificar-se no tempo.

Distribui, desse modo, a beneficência do agasalho e do pão, evitando humilhar quem te recolhe os gestos de providência e carinho; contudo, não olvides estender a caridade do pensamento e da língua, para que o bálsamo do perdão anule o veneno do ódio e para que a força do esquecimento extinga as sombras de todo mal.

(*O espírito da verdade*. FEB Editora. Cap. 79)

No culto da caridade

Aprendamos a auxiliar para que a nossa dádiva não se transforme em espinho, envenenando as chagas alheias.

A caridade não surge apenas na doação de ordem material.

É serviço de cada instante e apoio de cada dia.

Não comentes o mal para que o mal não se estenda, não te refiras à sombra para que a sombra te não envolva o caminho.

Ao pé dos semelhantes cala o impulso da maldição que começa na leviandade e na crítica.

Se junto aos doentes, não te reportes à enfermidade, se respirando entre ignorantes não reproves aqueles que ainda se movimentam nas trevas.

Não insistas, destacando a perversidade e o infortúnio, embora a vida nos determine o dever de extinguir a penúria e sanar a dor.

Lembra-te de que é preciso esquecer a própria superioridade, para que a lição não se converta em orgulho e que é necessário ofuscar o nosso propósito de evidência para que o ensejo da luz favoreça os necessitados de confiança.

Não vale socorrer desesperando ou ferindo...

Quase sempre a carência do próximo prescindirá do teu ouro, desde que saibas soerguê-la ao teu próprio nível, a fim de que se dignifique para o trabalho e se restaure para o sol da esperança.

Ocultar a mão esquerda para que a mão direita não te conheça a beneficência não é simplesmente atitude de respeito e fraternidade na assistência comum, mas também apelo do Cristo à nossa humildade para que nos amparemos reciprocamente, sabendo que a fraqueza dos caídos de hoje pode ser a nossa fraqueza nos embates da alma que a vida nos oferecerá de futuro, e que apenas praticaremos o amor, em nos compreendendo e ajudando uns aos outros por verdadeiros irmãos.

(*Irmão*. Ed. IDEAL. Cap. 13)

Em louvor do silêncio[64]

"Não saiba a tua mão esquerda o que deu a direita."

Não se inteirem os teus adversários gratuitos daquilo que fazes, sob a inspiração da fraternidade e da justiça.

Não se informe o mal, acerca do bem que praticas.

Não invoques a leviandade ao círculo de teu dever que deve ser bem cumprido.

Não busques poeira para a água cristalina.

Não te associes à perturbação para a sementeira de harmonia.

Jesus não se reportava somente à humildade, no ensinamento a que nos referimos. Destacava também a prudência e a ponderação, assinalando a riqueza do silêncio, que nos compete usar, nas menores lutas da vida, em favor do êxito de nossas tarefas.

Lembra-te de que os problemas se estendem ao infinito...

Cada ser, cada criatura, cada consciência possui necessidades diferentes entre si.

A caridade para com o instrutor não é a mesma que devemos prestar ao aprendiz e a assistência ao homem enfermo não é igual a que nos cabe dispensar ao homem robusto. A essência do bem é uma em suas raízes fundamentais, mas os seus métodos de manifestação variam infinitamente.

Guardemos, pois, o ensinamento da mão direita que deve trabalhar sem a intromissão da esquerda e adotemos o silêncio por soberana medida de equilíbrio, na sementeira de felicidade, em nosso próprio benefício.

(*Reformador*, fev. 1953, p. 26)

---

[64] Nota da equipe organizadora: Texto publicado em *Intervalos*. Ed. O Clarim. Cap. "Em louvor do silêncio".

Tu, porém, quando orares, entra no teu quarto interno e, tendo fechado a porta, ora ao teu Pai em segredo e teu Pai, que vê no segredo, te recompensará.

Mateus
6:6

Oração e cooperação

Se a resposta que esperamos à oração parece tardia, habitualmente nos destemperamos em amargura.

Proclamamos haver hipotecado todas as forças de espírito à confiança na Providência divina e gritamos, ao mesmo tempo, que as tribulações ficaram maiores.

Dizemo-nos fiéis a Deus e afirmamo-nos esquecidos.

Convém observar, porém, que a provação não nos alcança de maneira exclusiva.

As nossas dificuldades são as dificuldades de nosso grupo.

Familiares e companheiros sofrem conosco o impacto das ocorrências desagradáveis, tanto quanto a fricção do cotidiano pela sustentação da harmonia comum.

Se para nós, que nos asseveramos alicerçados em conhecimento superior, as mortificações do caminho assumem a feição de suplícios lentos, que não serão elas para aqueles de nossos entes queridos, ainda inseguros da própria formação espiritual.

Compreendemos que, se na extinção dos nossos problemas pequeninos, requisitamos o máximo de proteção ao Senhor, é natural que o Senhor nos peça o mínimo de concurso na supressão dos grandes infortúnios que abatem o próximo.

Em quantos lances embaraçosos, somos, de fato, a pessoa indicada à paciência e à tolerância, ao entendimento e ao serviço?

Com semelhante raciocínio, reconhecemos que a pior atitude, em qualquer adversidade, será sempre aquela da dúvida ou da inquietação que venhamos a demonstrar.

Em supondo que a solução do Alto demora a caminho, depois de havermos rogado o favor da infinita Bondade, recordemos que se a hora de crise é o tempo de luta, é também a ocasião para os melhores testemunhos de fé; e que se exigimos o amparo do Senhor, em nosso benefício, é perfeitamente justo que o Senhor nos solicite algum amparo, em favor dos que se afligem, junto de nós.

(*Palavras de vida eterna*. Ed. Comunhão Espírita Cristã. Cap. 172)

Em louvor da prece

Pediste em oração a cura de doentes amados e a morte apagou-lhes as pupilas, regelando-te o coração; solicitaste o afastamento da prova e o acidente ocorreu, esmagando-te as esperanças; suplicaste a sustentação da moléstia e a doença chegou a infligir-te deformidade completa; imploraste suprimentos materiais e a carência te bate à porta.

Mas se não abandonares a prece, aliada ao exercício das boas obras, granjearás paciência e serenidade, entendendo, por fim, que a desencarnação foi socorro providencial, impedindo sofrimentos insuportáveis; que o desastre se constituiu em medida de emergência para evitar calamidades maiores; que a mutilação física é defesa da própria alma contra quedas morais de soerguimento difícil e que as dificuldades de penúria são lições da vida, a fim que a finança demasiada não se faça explosivo nas tuas mãos.

Da mesma forma, quando suplicamos perdão das próprias faltas à eterna Justiça, não bastam o pranto de compunção e a postura de reverência. Após o reconhecimento dos compromissos que nos são debitados no livro do espírito, continuamos tão aflitos e tão desditosos quanto antes. Contudo, se perseveramos na prece, com o serviço das boas ações que nos atestam a corrigenda, a breve trecho, perceberemos que a Lei nos restitui a tranquilidade e a libertação, com o ensejo de apagar as consequências de nossos erros, reintegrando-nos no respeito e na estima de todos aqueles que erigimos à condição de credores e adversários.

Se guardas esse ou aquele problema de consciência, depois de haver rogado perdão à divina Bondade, sob o pretexto de continuar no fogo invisível da inquietação, não te afastes da prece mesmo assim.

Prossegue orando, fiel ao bem que te revele o espírito renovado.

A prece forma o campo do pensamento puro e toda construção respeitável começa na ideia nobre.

Realmente, sem trabalho que o efetive, o mais belo plano é sempre um belo plano a perder-se.

Não vale prometer sem cumprir.

A oração, dentro da alma comprometida em lutas na sombra, assemelha-se à lâmpada que se acende numa casa desarranjada; a presença da luz não altera a situação do ambiente desajustado nem remove os detritos acumulados no recinto doméstico, entretanto mostra sem alarde o serviço que se deve fazer.

(*Livro da esperança*. Ed. Comunhão Espírita Cristã. Cap. 88)

[...] pois vosso Pai sabe do que tendes necessidade, antes de pedirdes a ele.

Mateus
6:8

Lembra-te, auxiliando[65]

Lembra-te dos mortos, auxiliando...

Indiscutivelmente, todos eles agradecem a flor de saudade que lhes atiras, mas, redivivos qual se encontram, se pudessem te rogariam diretamente mais decisiva cooperação, além do preito de superfície.

Supõe-te no lugar deles, de quando em quando, notadamente daqueles que se ausentaram da Terra carregando dívidas e aflições.

Imagina-te largando a convivência dos filhos recém-chegados ao berço crivados de privações e pensa na gratidão que te faria beijar os próprios pés dos amigos que se dispusessem a socorrer-lhes o estômago e a pele desprotegida.

Prefigura-te na condição dos que se despediram de pais desvalidos e enfermos, por decreto de inapelável separação, e pondera a felicidade que te tangeria todas as cordas do sentimento, diante dos irmãos que te substituíssem o carinho, ungindo-lhes a existência de esperança e consolo.

Julga-te no agoniado conflito dos que partiram violentamente, sob mágoas ferozes, legando à família atiçados braseiros de aversão, e reflete no alívio que te sossegaria a mente fatigada, perante os corações generosos que te ajudassem a perdoar e servir, apagando o fogo do sofrimento.

Considera-te na posição dos que se afastaram à força, deixando ao lar aflitivos problemas e medita no agradecimento que sentirias ante os companheiros abnegados que lhes patrocinassem a solução.

Presume-te no círculo obscuro dos que passaram na Terra, dementados por terríveis enganos, a suspirarem no Além por renovação e progresso, e mentaliza o teu débito de amor para com todos os irmãos que te desculpassem os erros, propiciando-te vida nova, em bases de esquecimento.

Podes, sim, trabalhar em favor dos supostos extintos, lenindo-lhes o espírito com a frase benevolente e com o bálsamo da prece, ou removendo as dificuldades e empeços que lhes marcam a retaguarda.

Lembra-te dos mortos, auxiliando...

Não apenas os vivos precisam de caridade, mas os mortos também.

(*Reformador*, nov. 1963, p. 247)

---

[65] Nota da equipe organizadora: Texto publicado em *Livro da esperança*. Ed. Comunhão Espírita Cristã. Cap. 89, com pequenas alterações.

Orai, portanto, assim: "Pai Nosso, [que estás] nos céus, santificado seja o teu nome.

Mateus
6:9

Pai-nosso[66]

A grandeza da prece dominical nunca será devidamente compreendida por nós que lhe recebemos as lições divinas.

Cada palavra, dentro dela, tem a fulguração de sublime luz.

De início, o Mestre divino lança-lhe os fundamentos em Deus, ensinando que o supremo Doador da Vida deve constituir, para nós todos, o princípio e a finalidade de nossas tarefas.

É necessário começar e continuar em Deus, associando nossos impulsos ao plano divino, a fim de que nosso trabalho não se perca no movimento ruinoso ou inútil.

O Espírito universal do Pai há de presidir-nos o mais humilde esforço, na ação de pensar e falar, ensinar e fazer.

Em seguida, com um simples pronome possessivo, o Mestre exalta a comunidade.

Depois de Deus, a Humanidade será o tema fundamental de nossas vidas.

Compreenderemos as necessidades e as aflições, os males e as lutas de todos os que nos cercam ou estaremos segregados no egoísmo primitivista.

Todos os triunfos e fracassos que iluminam e obscurecem a Terra pertencem-nos, de algum modo.

Os soluços de um hemisfério repercutem no outro.

A dor do vizinho é uma advertência para a nossa casa.

O erro de um irmão, examinado nos fundamentos, é igualmente nosso, porque somos componentes imperfeitos de uma sociedade menos perfeita, gerando causas perigosas e, por isso, tragédias e falhas dos outros afetam-nos por dentro.

Quando entendemos semelhante realidade, o "império do eu" passa a incorporar-se por célula bendita à vida santificante.

Sem amor a Deus e à Humanidade, não estamos suficientemente seguros na oração.

---

[66] Nota da equipe organizadora: Texto publicado em *À luz da oração*. Ed. O Clarim. 1ª meditação sobre a prece — Pai-nosso.

Pai nosso... — disse Jesus para começar.
Pai do Universo... Nosso mundo...
Sem nos associarmos aos propósitos do Pai, na pequenina tarefa que nos foi permitida executar, nossa prece será, muitas vezes, simples repetição do "eu quero", invariavelmente cheio de desejos, mas quase sempre vazio de sensatez e de amor.

(*Fonte viva*. FEB Editora. Cap. 77)

Diante de Deus

Para Jesus, a existência de Deus não oferece motivo para contendas e altercações.
Não indaga em torno da natureza do Eterno.
Não pergunta onde mora.
Nele não vê a causa obscura e impessoal do Universo.
Chama-lhe simplesmente "Nosso Pai".
Nos instantes de trabalho e de prece, de alegria e de sofrimento, dirige-se ao supremo Senhor, na posição de filho amoroso e confiante.
O Mestre padroniza para nós a atitude que nos cabe, perante Deus.
Nem pesquisa indébita.
Nem inquirição precipitada.
Nem exigência descabida.
Nem definição desrespeitosa.
Quando orares, procura a câmara secreta da consciência e confia-te a Deus, como nosso Pai celestial.
Sê sincero e fiel.
Na condição de filhos necessitados, a Ele nos rendamos lealmente.
Não perguntes se Deus é um foco gerador de mundos ou se é uma força irradiando vidas.
Não possuímos ainda a inteligência suscetível de refletir-lhe a grandeza, mas trazemos o coração capaz de sentir-lhe o amor.
Procuremos, assim, nosso Pai, acima de tudo, e Deus, nosso Pai, nos escutará.

(*Fonte viva*. FEB Editora. Cap. 164)

Pai

É natural que consideres teu problema qual espinho terrível.

É justo que reconheças tua prova por agonia do coração.

Ergues súplice olhar, no silêncio da prece, e relacionas mecanicamente aqueles que te feriram.

É como se conversasses intimamente com Deus, apresentando-lhe vasto balanço de amarguras e queixas...

E o supremo Senhor cuidará realmente de ti, alentando-te o passo... Entretanto, é preciso não esquecer que ele cuidará igualmente dos outros.

Lança mais profundo olhar naqueles que te ofenderam, conforme acreditas, e compara as tuas vantagens com as deles.

Quase sempre, embora se entremostrem adornados de ouro e renome, nas galerias da evidência e da autoridade, são almas credoras de compaixão e de auxílio... Traíram-te a confiança, contudo, tombaram nas malhas de pavorosos enganos; humilharam-te impunemente, mas adquiriram remorsos para imenso trecho da vida; dilaceraram-te os ideais, entretanto, caíram no descrédito de si próprios; abandonaram-te com inexprimível ingratidão, todavia, desceram à animalidade e à loucura...

Não é possível que a Luz do Universo apenas te ampare, desprezando-os a eles que se encontram à margem de sofrimento maior.

Unge-te, assim, de paciência e compreensão para ajudar na obra divina, ajudando a ti mesmo.

Em qualquer apreciação, ao redor de alguém, recorda que o teu Criador é também o Criador dos que estão sendo julgados.

É por isso que Jesus, em nos ensinando a orar, revelou Deus como sendo o amor de todo amor, afirmando, simples: "Pai nosso, que estás nos céus...".

(*Justiça divina*. FEB Editora. Cap. 21)

Penas depois da morte

Diante do antigo dogma das penas eternas, cuja criação a teologia terrestre atribui ao Criador, examinemos o comportamento do homem — criatura imperfeita — perante as criações estruturadas por ele mesmo.

Determinada companhia de armadores constrói um navio; contudo, não o arremessa ao mar sem a devida assistência. Comandantes, pilotos, maquinistas e marinheiros constituem-lhe a equipagem para que atenda dignamente aos seus fins. Quando alguma brecha surge na embarcação, ninguém se lembra de arrojá-la ao fundo. Ao revés, o socorro habitual envia o máximo esforço, de modo a recuperá-la. E se algum sinistro sobrevém, doloroso e inevitável, o assunto é motivo para vigorosos estudos, a fim de que novos barcos se levantem amanhã, em mais alto nível de segurança.

Na mesma diretriz, o avião conta com mecânicos adestrados, em cada estação de pouso; o automóvel dispõe, na estrada, dos postos de abastecimento; a locomotiva transita sobre trilhos certos e chaves condicionadas; a fábrica produz com supervisores e técnicos; o hospital funciona com médicos e enfermeiros; e a habitação recolhe o amparo de engenheiros e higienistas.

Em todas as formações humanas respeitáveis, tudo está previsto, de maneira que o trabalho seja protegido e os erros retificados, com aproveitamento de experiência e sucata, sempre que esse ou aquele edifício e essa ou aquela máquina entrem naturalmente em desuso.

Isso acontece entre os homens, cujas obras estão indicadas pelo tempo à incessante renovação.

Em matéria, pois, de castigos, depois da morte, reflitamos, sim, na justiça da Lei, que determina realmente seja dado a cada um conforme as próprias obras; entretanto, acima de tudo e em todas as circunstâncias, aceitemos Deus, na definição de Jesus, que no-lo revelou como sendo o "Pai nosso que está nos Céus".

(*Justiça divina*. FEB Editora. Cap. 45)

Ante a vida maior[67]

Quem encontra a Paternidade divina, no mundo, respeita as injunções da consanguinidade, mas não se agarra ao cativeiro da parentela.

Honra pai e mãe, realmente; todavia, sabe considerar que o amor pode ajudar, fazer, aprender e sublimar-se sem prender-se.

O Espírito que penetrou semelhante domínio da compreensão reconhece que sua família é a Humanidade inteira, encontrando o Lar em toda parte, as surpresas da vida em todos os ângulos do caminho, o interesse iluminativo em todas as facetas da jornada, o serviço em todas as linhas de atividade, o dever em todas as partículas do tempo, a bênção do Céu em todos os caminhos da Terra, o

---

[67] Nota da equipe organizadora: Texto publicado em *Perante Jesus*. Ed. IDEAL. Cap. 16, com alterações.

amor em todos os seres, a glória de ajudar em todos os instantes da luta e segue, existência afora, de alma aberta ao trabalho santificante, respirando a independência construtiva, livre, ainda mesmo quando escravo de pesadas obrigações, feliz, ainda mesmo quando o corpo se lhe cubra de chagas sanguinolentas, e sereno, ainda mesmo quando a tempestade o convoque ao terror e à perturbação...

É que, quando a alma descobre a Paternidade celeste, embora ligada aos impositivos da carne, sabe sofrer e agir, crescer e elevar-se, operando nas zonas inferiores do Planeta, mas de sentimento centralizado no Alto, a repetir invariavelmente com Jesus Cristo: "Pai Nosso que estás nos Céus..."

(*Reformador*, jun. 1954, p. 126)

Da oração dominical[68]

Nosso Pai, que estás em toda a parte,
Santificado seja o teu nome, no louvor de todas as criaturas;
Venha a nós o teu reino de amor e sabedoria;
Seja feita a tua vontade, acima dos nossos desejos,
Tanto na Terra, quanto nos círculos espirituais;
O pão nosso do corpo e da mente dá-nos hoje;
Perdoa as nossas dívidas, ensinando-nos a perdoar nossos devedores com esquecimento de todo mal;
Não permitas que venhamos a cair sob os golpes da tentação da nossa própria inferioridade;
Livra-nos do mal que ainda reside em nós mesmos;
Porque só em ti brilha a luz eterna do reino e do poder, da glória e da paz, da justiça e do amor para sempre!

(*Reformador*, mar. 1948, p. 68)

Oração e atenção[69]

Oraste, pediste. Desfaze-te, porém, de quaisquer inquietações e asserena-te para recolher as respostas da divina Providência.

---

[68] Nota da equipe organizadora: Texto publicado em *Nosso livro*. Ed. LAKE. Cap. "Da oração dominical", com pequenas alterações.
[69] Nota da equipe organizadora: Texto publicado em *Coragem*. Ed. Comunhão Espírita Cristão. Cap. 24.

Desnecessário aguardar demonstrações espetaculosas para que te certifiques quanto às indicações do Alto.

Qual ocorre ao Sol que não precisa descer ao campo para atender ao talo de erva que lhe roga calor, de vez que lhe basta, para isso, a mobilização dos próprios raios, Deus conta com milhões de mensageiros que lhe executam os excelsos Desígnios.

Ora e pede. Em seguida, presta atenção. Algo virá por alguém ou por intermédio de alguma coisa, doando-te, na essência, as informações ou os avisos que solicites.

Em muitas circunstâncias, a advertência ou o conselho, a frase orientadora ou a palavra de bênção te alcançarão a alma, no verbo de um amigo, na página de um livro, numa nota singela de imprensa e até mesmo num simples cartaz que te cruze o caminho. Mais que isso. As respostas do Senhor, às tuas necessidades e petições, muitas vezes te buscam através dos próprios sentimentos a te subirem do coração ao cérebro ou dos próprios raciocínios a te descerem do cérebro ao coração.

Deus responde sempre, seja pelas vozes da estrada, pela pregação ou pelo esclarecimento da tua casa de fé, no diálogo com a pessoa que se te afigura providencial para a troca de confidências, nas palavras escritas, nas mensagens inarticuladas da Natureza, nas emoções que te desabrocham da alma ou nas ideias imprevistas que te fulgem no pensamento, a te convidarem o espírito para a observância do Bem eterno.

O próprio Jesus, o Mensageiro Divino por excelência, guiou-nos à procura do Amor supremo, quando nos ensinou a suplicar: "Pai Nosso, que estás no Céu, santificado seja o teu nome, venha a nós o teu reino, seja feita a tua vontade, assim na Terra como nos Céus..." E, dando ênfase ao problema da atenção, recomendou-nos escolher um lugar íntimo para o serviço da prece, enquanto Ele mesmo demandava a solidão para comungar com a infinita Sabedoria.

Recordemos o divino Mestre e estejamos convencidos de que Deus nos atende constantemente; imprescindível, entretanto, fazer silêncio no mundo de nós mesmos, esquecendo exigências e desejos, não só para ouvirmos as respostas de Deus, mas também a fim de aceitá-las, reconhecendo que as respostas do Alto são sempre em nosso favor, conquanto, às vezes, de momento, pareçam contra nós.

(*Brasil espírita*, dez. 1967, p. 4)

Oração fraternal[70]

Irmão nosso, que estás na Terra,
Glorificada seja a tua boa-vontade, em favor do infinito bem.
Trabalha incessantemente pelo reino divino com a tua cooperação espontânea.
Seja atendida a tua aspiração elevada, com esquecimento de todos os caprichos inferiores
Tanto no lar da Carne, quanto no Templo do Universo.
O pão nosso de cada dia, que vem do celeste Celeiro, usa com respeito e divide santamente.
Desculpa nossas faltas para contigo, assim como o eterno Pai tem perdoado nossas dívidas em comum.
Não permitas que a tua existência se perca pela tentação dos pensamentos infelizes.
Livra-te dos males que procedem do próprio coração,
Porque te pertence, agora, a gloriosa oportunidade de elevação para o reino do poder, da justiça, da paz, da glória e do amor para sempre.

(*Correio fraterno*. FEB Editora. Cap. 54)

---

[70] Nota da equipe organizadora: Texto publicado em *Nosso livro*. Ed. LAKE. Cap. Oração fraternal, com pequenas alterações.

Venha o teu reino; seja feita a tua vontade, como no céu, também sobre a terra.

Mateus
6:10

Em nossas mãos

Convence-te de que as leis da divina Sabedoria não se enganariam.

Situando-te na Terra, por tempo determinado, com vistas ao próprio burilamento que te cabe realizar, trazes contigo as faculdades que o Senhor te concedeu por instrumentos de trabalho.

Encontras-te no lugar certo em que te habilitas a desempenhar os encargos próprios.

Tens contigo as criaturas mais adequadas a te impulsionarem nos caminhos à frente.

Passas pelas experiências de que não prescindes para a conquista da sublimação que demandas.

Recebes os parentes e afeições de que mais necessitas para resgatar as dívidas do passado ou renovar-te nos impulsos de elevação.

Vives na condição certa na qual te compete efetuar as melhores aquisições de espírito.

Sofres lutas compatíveis com as tuas necessidades de conhecimento superior.

Vários acontecimentos dos quais não se te faz possível a desejada liberação, a fim de que adquiras autocontrole.

Atravessas circunstâncias, por vezes difíceis, de modo a conheceres o sabor da vitória sobre ti mesmo.

E em qualquer posição, na qual te vejas, dispões sempre de certa faixa de tempo a fim de fazer o bem aos outros, tanto quanto queiras, como julgues melhor, da maneira que te pareça mais justa e na extensão que desejas, para que, auxiliando aos outros, recebas dos outros mais amplo auxílio, no instante oportuno.

Segundo é fácil de observar, estás na Terra, de alma condicionada às leis de espaço e tempo, conforme o impositivo de autoaperfeiçoamento, em que todos nos achamos, no mundo físico ou fora dele, mas sempre com vastas possibilidades de exercer o bem e estendê-lo aos semelhantes, porque melhorar-nos e elevar-nos, educar-nos e, sobretudo, servir, são sempre medidas preciosas, invariavelmente em nossas próprias mãos.

(*Ceifa de luz*. FEB Editora. Cap. 26)

Ora e segue

Nas lides do cotidiano, é imperioso recordes que a existência terrestre é a grande escola, em que a dor comparece por essência do aprendizado e o obstáculo por lição.

E, portas adentro do educandário, a prece, por flama viva, será sempre fio luminoso, possibilitando-te assimilar a inspiração do Mestre, a fim de que te não faltem discernimento e fortaleza, paz e luz.

Não transformes, porém, a tua rogativa em constrangimento para os outros. Ao invés disso, faze dela o meio de tua própria renovação.

Em muitas circunstâncias, solicitas a cooperação daqueles que mais amas, na solução dos problemas que te apoquentam a vida e recebes indiferença ou perturbação por resposta.

Não desfaleças, nem te magoes.

Ora e segue adiante, rogando ao Senhor te auxilie a compreender sem desesperar.

Às vezes, nas agressivas dificuldades em que te encontras, aguardas a vinda de alguém capaz de aliviar o fardo que te pesa nos ombros e apenas surge quem te proponha dissabores e experimentos amargos.

Não te aflijas, nem te perturbes.

Ora e segue adiante, rogando ao Senhor te auxilie a sofrer sem ferir.

Deste longo tempo de abnegação aos familiares queridos, na convicção de recolher carinho e repouso na época do cansaço, e ouves, a cada hora, novas intimações à luta e ao sacrifício.

Não te revoltes, nem desanimes.

Ora e segue adiante, rogando ao Senhor te auxilie a servir sem reclamar.

Assumiste atitudes para fixar a verdade, no respeito ao bem de todos, contando, por isso, com o entendimento daqueles que te rodeiam e viste a desconfiança sombreando a face de muitos dos melhores companheiros que te conhecem a marcha.

Não chores, nem esmoreças.

Ora e segue adiante, rogando ao Senhor te auxilie a esperar sem exigir.

Em todas as provações, ora e segue adiante, rogando ao Senhor te auxilie a sustentar a consciência tranquila, no desempenho dos deveres que te competem.

E, se pedradas e humilhações te constituem o prato descabido no momento que passa, ora e segue adiante, lembrando que a criança pode revolver hoje o pó da terra, em forma de fantasias e agitações de brinquedo, no entanto, de futuro, nos dias da madureza, há de tratá-lo com responsabilidade e suor, se quiser obter agasalho e pão, que lhe garantam a vida. Isso porque Deus é a força do tempo, tanto quanto o tempo é a força de Deus.

(*Livro da esperança.* Ed. Comunhão Espírita Cristã. Cap. 90)

Felicidade real

(*Luz e vida.* Ed. GEEM. Cap. Felicidade real)[71]

Seja feita a divina vontade

Não aflijas o próprio coração, pedindo ao Céu aquilo que realmente não constitui nossa necessidade essencial.

Recorda, em tuas orações, que a Vontade divina endereça-nos, cada dia, concessões que representam a provisão de recursos imprescindíveis ao nosso enriquecimento real.

Observa, na sucessividade das horas, as bênçãos do Todo-Misericordioso.

Aparecem, quase todas, em forma de trabalho nos pequenos sacrifícios que o mundo nos reclama.

Aqui, é a família exigindo compreensão.

Ali, é uma obrigação social que devemos cumprir.

Além, é o imposto do reconhecimento que não nos cabe sonegar.

Mais além, é o companheiro de caminho que nos pede auxílio e entendimento.

Guarda a boa vontade no coração e o serviço nas atitudes, à frente da Humanidade e da Natureza, e perceberás que não é preciso bater às Portas do Céu com demasiadas súplicas ou com excessivas aflições.

Repara os nossos irmãos menos felizes que procuram a fortuna amoedada ou que buscaram os títulos da autoridade terrestre.

Quase todos avançam atormentados, ao calor de braseiros invisíveis, suspirando pela paz que temporariamente perderam, em recebendo compromissos prematuros.

---

[71] N.E.: Vide nota 9.

É possível que sejas convocado à luta da direção ou à mordomia do ouro; é provável que amanhã sejas conduzido aos mais altos postos, na orientação do povo ou no esclarecimento das almas...

Se isso, porém, está nos Desígnios do Senhor, não precisas inquietar-te através de requisições e rogativas sem qualquer razão de ser.

Não intentes a aquisição de bens ou responsabilidades para os quais ainda não te habilitaste.

A árvore, sem angústia, cresce para a colheita e a fonte, sem violência, desliza no espaço e no tempo, acabando por encontrar a serenidade do grande oceano.

Cumpre o dever de hoje, com segurança e tranquilidade, sê, antes de tudo, correto e irrepreensível para com os outros e para contigo mesmo, e o Plano da eterna Sabedoria te alçará gradativamente a serviços sempre mais expressivos e sempre mais importantes, porque na confiança de tua fidelidade ao Bem, estarás repetindo com o Amor de Jesus: "Seja feita, Senhor, a tua Vontade, assim na Terra como nos Céus".

(*Sentinelas da luz*. Ed. Cultura Espírita União. Cap. "Seja feita a divina vontade")

Assistência espiritual

Qual sucede no plano dos companheiros, ainda jungidos à veste física, também nós, os desencarnados, sofremos o desafio de rudes problemas que nos são endereçados da Terra, ansiando vê-los definitivamente solucionados, entretanto, é preciso conformar as próprias deliberações aos impositivos da vida.

Entendimento não é construção que se levante de afogadilho e a morte do corpo denso não marmoriza as fibras da alma.

Muitas vezes, trememos diante dos perigos que se nos desdobram à frente de seres amados e outro recurso não identificamos para sossegar-nos a alma senão a prece que nos induz à aceitação da eterna Sabedoria.

Afligimo-nos, perante filhos queridos, engodados por terríveis enganos e tudo daríamos de nós, para que se harmonizassem com a realidade, sem perda de tempo, mas é forçoso respeitar-lhes o livre-arbítrio e contar com o benefício de desencanto, a fim de que a experiência se lhes amadureça, no âmago do ser, por fruto precioso de segurança.

Partilhamos a dor de enfermos estremecidos que nos envolvem o pensamento nas vibrações atormentadas dos rogos com que nos aguardam a intervenção e renunciaríamos de pronto, a tudo o que significasse nossa própria alegria para rearticular-lhes a saúde terrestre, entretanto, cabe-nos a obrigação de acalentar-lhes a coragem no sofrimento inevitável às vitórias morais deles mesmos.

Acompanhamos as provas de amigos inolvidáveis que se arrastam em asfixiantes peregrinações no mundo, e, jubilosos, tomar-lhes-íamos o lugar sob as cruzes que carregam, mas é necessário fortalecer-lhes o ânimo, para que não desfaleçam na luta, único meio que lhes garantirá o próprio resgate para a grande libertação.

Seguimos o curso de acontecimentos desagradáveis, entre irmãos que nos partilham ideais e tarefas, entendendo que qualquer sacrifício justo ser-nos-ia uma bênção para furtá-los aos conflitos que lhes ferem a sensibilidade, contudo, é imperioso, de nossa parte, sustentar-lhes as forças, na travessia das crises menores que lhes vergastam o coração no presente, para que se lhes ilumine o aprendizado e se lhes acorde mais vivamente o senso de responsabilidade no dever a cumprir, evitando-se calamidades maiores que cairiam, de futuro, por agentes arrasadores, nas construções espirituais deles próprios.

Todos somos de Deus e pertencemo-nos uns aos outros, no entanto, cada qual de nós estagia mentalmente em sítio diverso da evolução.

Por esse motivo, nas dificuldades e lutas que nos são próprias, suplicamos à infinita Bondade concessões disso ou daquilo, mas só a infinita Bondade conhece realmente o que necessitamos daquilo ou disso.

Condicionemos, assim, os próprios desejos à divina Orientação que dirige o Universo em divino silêncio, porque foi ao reconhecer-nos por enquanto incapazes de querer e saber, acertadamente, o que mais nos convenha à verdadeira felicidade, é que Jesus nos ensinou a sentir e dizer na oração, diante do Pai: "Seja feita a vossa vontade, tanto na Terra, quanto nos Céus..."

(*Mãos marcadas*. Ed. IDE. Cap. 36)

Na lição de Jesus

(*Os dois maiores amores*. Ed. GEEM. Cap. "Na lição de Jesus")[72]

---

[72] N.E.: Vide nota 9

Perdoa-nos nossas dívidas, como também perdoamos nossos devedores.

Mateus
6:12

Justiça e amor[73]

Enquanto alimentamos o mal em nossos pensamentos, palavras e ações, estamos sob os choques de retorno das nossas próprias criações, dentro da vida.

As dores que recebemos são a colheita dos espinhos que arremessamos.

Agora ou amanhã, recolheremos sempre o fruto vivo de nossa sementeira. Há plantas que nascem para o serviço de um dia, quais os legumes que aparecem para o serviço da mesa, enquanto que outras surgem para as obras importantes do tempo, quais as grandes árvores, nutridas pelos séculos, destinadas à solução dos nossos problemas de moradia. Assim também praticamos atos, cujos reflexos nos atingem, de imediato, e mobilizamos outros, cujos efeitos nos alcançarão, no campo de grande futuro.

Em razão disso, enquanto falhamos para com as Leis que nos regem, estamos sujeitos ao tacão da justiça.

Só o amor é bastante forte para libertar-nos do cativeiro de nossos delitos.

A justiça edifica a penitenciária.

O amor levanta a escola.

A justiça tece o grilhão.

O amor traz a bênção.

Quem fere a outrem encarcera-se nas consequências lamentáveis da própria atitude.

Quem ajuda adquire o tesouro da simpatia.

Quem perdoa, eleva-se.

Quem se vinga desce aos despenhadeiros da sombra.

Tudo é fácil para aquele que cultiva a verdadeira fraternidade, porque o amor pensa, fala e age, estabelecendo o caminho em que se arrojará, livre e feliz, à glória da vida eterna.

Quem deseje, pois, avançar para a Luz, aprenda a desculpar, infinitamente, porque o céu da liberdade ou o inferno da condenação residem na intimidade de nossa própria consciência. Por isso mesmo, o Mestre divino

---

[73] Nota da equipe organizadora: Texto publicado em *Indulgência*. Ed. IDE. Cap. 13, com pequenas alterações.

ensinou-nos a pedir na oração dominical: "Pai, perdoa as nossas dívidas, assim como devemos perdoar aos nossos devedores".

(*Reformador*, fev. 1956, p. 36)

Como perdoar

Na maioria dos casos, o impositivo do perdão surge entre nós e os companheiros de nossa intimidade, quando o suco adocicado da confiança se nos azeda no coração.

Isso acontece porque, geralmente, as mágoas mais profundas repontam entre os Espíritos vinculados uns aos outros na esteira da convivência.

Quando nossas relações adoecerem, no intercâmbio com determinados amigos que, segundo a nossa opinião pessoal, se transfiguram em nossos opositores, perguntemo-nos com sinceridade: "Como perdoar se perdoar não se resume à questão de lábios e sim a problema que afeta os mais íntimos mecanismos do sentimento?".

Feito isso, demo-nos pressa em reconhecer que as criaturas em desacerto pertencem a Deus e não a nós; que também temos erros a corrigir e reajustes em andamento; que não é justo retê-las em nossos pontos de vista, quando estão, qual nos acontece, sob os desígnios da divina sabedoria que mais convém a cada um, nas trilhas do burilamento e do progresso. Em seguida, recordemos as bênçãos de que semelhantes criaturas nos terão enriquecido no passado e conservemo-las em nosso culto de gratidão, conforme a vida nos preceitua.

Lembremo-nos também de que Deus já lhes terá concedido novas oportunidades de ação e elevação em outros setores de serviço e que será desarrazoado de nossa parte manter processos de queixa contra elas, no tribunal da vida, quando o próprio Deus não lhes sonega amor e confiança.

Quando te entregares realmente a Deus, a Deus entregando os teus adversários como autênticos irmãos teus tão necessitados do Amparo divino quanto nós mesmos, penetrarás a verdadeira significação das palavras de Cristo: "Pai, perdoa as nossas dívidas assim como perdoamos aos nossos devedores", reconciliando-te com a vida e com a tua própria alma. Então, saberás oscular de novo a face de quem te ofendeu, e quem te ofendeu encontrará Deus contigo e te dirá com a mais pura alegria do coração: "Bendito sejas!...".

(*Alma e coração*. Ed. Pensamento. Cap. 50)

Perdão e vida

Em verdade, o nosso tempo, na atualidade terrestre, é de muitos conflitos e manifestas perturbações.

Anotemos, no entanto, que a ausência do perdão reúne as parcelas de nossas reações negativas, e apresenta-nos a soma inquietante que se transforma em caminho para a guerra.

Os atritos do lar, as reclamações que se espalham, resultam da incompreensão, em que se especifica, entre os homens, a dureza dos corações de uns para com os outros.

Aqui, é a irritação que prepara ambiente à enfermidade, ali, é a falta de aceitação com que nos desligamos da humildade, é a prepotência pessoal favorecendo o orgulho de quantos intentam ser um fator de poder mais forte do que aqueles outros irmãos que lhes partilham a vida.

Lemos, sensibilizados, algo em torno das reuniões notáveis dos nossos homens de orientação ou de Estado, quando se congregam para discutirem os problemas da Paz.

É natural nos emocionemos com as primorosas declarações deles e com a grandeza de suas promessas e decisões.

Acontece, porém, que no desdobramento das horas, eles não são os personagens de nosso convívio... Longe deles, angariamos, com a bênção de Deus, o nosso pão de cada dia e sem eles é que nos vemos uns aos outros, nos modos diversos em que nos mantemos no cotidiano.

Admiramos as personalidades da televisão e das mostras de valores artísticos, entretanto, necessitamos aprender como tratar as nossas crianças e jovens na intimidade.

Muita gente gaba os feitos de grandes desportistas, como aconteceu à frente daqueles que venceram as distâncias e foram até a Lua. Sucede, contudo, que não vivemos com eles, conquanto mereçam a nossa melhor consideração.

Somos chamados a saber de que maneira minimizar as dificuldades de grandes incidências entre as paredes de nosso mundo doméstico.

Sejamos benevolentes para com todos aqueles que nos compartilham a vida.

Toleremo-nos, sabendo que hoje desculpamos a falta de alguém e talvez amanhã sejamos nós os necessitados de benevolência e tolerância.

Diz o texto desta noite: "Perdoemos para que Deus nos perdoe."

Coloquemos a nossa atenção nesta máxima e desculpemos uns aos outros, tantas vezes quantas se façam necessárias. E que o Pai misericordioso a todos nos releve em nossas falhas e, compadecidamente, nos abençoe.

(*Esperança e luz*. Ed. Cultura Espírita União. Cap. "Perdão e vida")

E não nos introduzas em tentação, mas livra-nos do mal.

Mateus
6:13

Questões do cotidiano[74]

Se fomos injustamente desconsiderados por alguém, não será mais razoável deixar esse alguém com a revisão do gesto irrefletido, ao invés de formularmos exigências, nas quais viremos talvez unicamente a perder a própria tranquilidade?

Se fomos ofendidos, por que não nos colocarmos, por suposição, no lugar daquele que nos fere, a fim de enumerar as nossas vantagens e observar, com silencioso respeito, os prejuízos que lhe dilapidam a existência?

Se incompreendidos, não será mais aconselhável empregar o tempo, trabalhando na execução dos deveres que esposamos, ao invés de fazer barulho para descerrar prematuramente a visão dos outros, às vezes com agravo de nossos problemas?

Se criticados, em razão de erros nos quais tenhamos incorrido, por que não nos resignarmos às próprias deficiências, retomando o caminho reto, sem reações e provocações que somente dificultariam a nossa caminhada para a frente?

Se abatidos na provação ou na enfermidade, por que insurgir-nos contra as circunstâncias temporariamente menos felizes a que nos encadeamos, desprezando as oportunidades de elevação, em nosso próprio favor?

Em quaisquer lances difíceis do cotidiano, adotemos serenidade e tolerância, as duas forças básicas da paciência, porquanto, se não prescindimos da fé raciocinada, para não cairmos na cegueira do fanatismo, precisamos da paciência, meditação e autoanálise, a fim de que não venhamos a tombar nos desvarios da inquietação.

(*Reformador*, jul. 1969, p. 148)

---

[74] Nota da equipe organizadora: Texto publicado em *Segue-me!...* Ed. O Clarim. Cap. "Questões do cotidiano".

Obsessões[75]

Nem sempre conseguimos perceber.
Os processos obsessivos, bastas vezes, porém, principiam de bagatelas:
O olhar de desconfiança...
Um grito de cólera...
Uma frase pejorativa...
A ponta de sarcasmo...
O momento de irritação...
A tristeza sem motivo...
O instante de impaciência...
A indisposição descontrolada...
Estabelecida a ligação com as sombras por semelhantes tomadas de invigilância, eis que surgem as grandes brechas na organização da vida ou na moradia da alma:
A desarmonia em casa...
A discórdia no grupo de ação...
O fogo da crítica...
O veneno da queixa...
A doença imaginária...
A rede da intriga...
A treva do ressentimento...
A discussão infeliz...
O afastamento de companheiros...
A rixa sem propósito...
As obsessões que envolvem individualidades e equipes quase sempre partem de inconveniências pequeninas que devem ser evitadas, qual se procede com o minúsculo foco de infecção. Para isso, dispomos todos de recursos infalíveis, quais sejam a dieta do silêncio, a vacina da tolerância, o detergente do trabalho e o antisséptico da oração.

(*Reformador*, set. 1969, p. 197)

---

[75] Nota da equipe organizadora: Texto publicado em *Segue-me!...* Ed. O Clarim. Cap. "Obsessões", com pequenas alterações.

Não te afastes

A superfície do mundo é, indiscutivelmente, a grande escola dos Espíritos encarnados.
Impossível recolher o ensinamento, fugindo à lição.
Ninguém sabe, sem aprender.
Grande número de discípulos do Evangelho, em descortinando alguns raios de luz espiritual, afirmam-se declarados inimigos da experiência terrestre. Furtam-se, desde então, aos mais nobres testemunhos. Defendem-se contra os homens, como se estes lhes não fossem irmãos no caminho evolutivo. Enxergam espinhos, onde a flor desabrocha, e feridas venenosas, onde há riso inocente. E, condenando a paisagem a que foram conduzidos pelo Senhor, para serviço metódico no bem, retraem-se, de olhos baixos, recuando do esforço de santificação.
Declaram-se, no entanto, desejosos de união com o Cristo, esquecendo-se de que o Mestre não desampara a Humanidade. Estimam, sobretudo, a oração, mas, repetindo as sublimes palavras da prece dominical, olvidam que Jesus rogou ao Senhor supremo nos liberte do mal, mas não pediu o afastamento da luta.
Aliás, a sabedoria do Cristianismo não consiste em insular o aprendiz na santidade artificialista, e, sim, em fazê-lo ao mar largo do concurso ativo de transformação do mal em bem, da treva em luz e da dor em bênção.
O Mestre não fugiu aos discípulos; estes é que fugiram dele no extremo testemunho. O divino Servidor não se afastou dos homens; estes é que o expulsaram pela crucificação dolorosa.
A fidelidade até o fim não significa adoração perpétua em sentido literal; traduz, igualmente, espírito de serviço até ao último dia de força utilizável no mecanismo fisiológico.
Se desejas, pois, servir com o Senhor Jesus, pede a Ele te liberte do mal, mas que não te afaste dos lugares de luta, a fim de que aprendas, em companhia dele, a cooperar na execução da Vontade celeste, quando, como e onde for necessário.

(*Vinha de luz*. FEB Editora. Cap. 57)

Pois, se perdoardes aos homens as suas transgressões, vosso Pai celestial também vos perdoará.

Mateus
6:14

Desculpa sempre

Por mais graves te pareçam as faltas do próximo, não te detenhas na reprovação.

Condenar é cristalizar as trevas, opondo barreiras ao serviço da luz.

Procura nas vítimas da maldade algum bem com que possas soerguê--las, assim como a vida opera o milagre do reverdecimento nas árvores aparentemente mortas.

Antes de tudo, lembra quão difícil é julgar as decisões de criaturas em experiências que divergem da nossa!

Como refletir, apropriando-nos da consciência alheia, e como sentir a realidade, usando um coração que não nos pertence?

Se o mundo, hoje, grita alarmado, em derredor de teus passos, faze silêncio e espera...

A observação justa é impraticável quando a neblina nos cerca.

Amanhã, quando o equilíbrio for restaurado, conseguirás suficiente clareza para que a sombra te não altere o entendimento.

Além disso, nos problemas de crítica, não te suponhas isento dela.

Através da nociva complacência para contigo mesmo, não percebes quantas vezes te mostras menos simpático aos semelhantes!

Se há quem nos ame as qualidades louváveis, há quem nos destaque as cicatrizes e os defeitos.

Se há quem ajude, exaltando-nos o porvir luminoso, há quem nos perturbe, constrangendo-nos à revisão do passado escuro.

Usa, pois, a bondade, e desculpa incessantemente.

Ensina-nos a Boa-Nova que o Amor cobre a multidão dos pecados.

Quem perdoa, esquecendo o mal e avivando o bem, recebe do Pai celestial, na simpatia e na cooperação do próximo, o alvará da libertação de si mesmo, habilitando-se a sublimes renovações.

(*Fonte viva.* FEB Editora. Cap. 135)

O melhor para nós

Muito e sempre importante para nós o esquecimento de todos aqueles que assumam para conosco essa ou aquela atitude desagradável.

Ninguém possui medida bastante capaz, a fim de avaliar as dificuldades alheias.

Aquele que, a nosso ver, nos terá ferido, estaria varando esfogueado obstáculo quando nos deu a impressão disso. E, em superando semelhante empeço, haverá deixado cair sobre nós alguma ponta de seus próprios constrangimentos, transformando-se-nos muito mais em credor de apoio que em devedor de atenção.

Em muitos episódios da vida, aqueles que nos prejudicam, ou nos magoam, frequentemente se encontram de tal modo jungidos à tribulação que, no fundo, sofrem muito mais, pelo fato de nos criarem problemas, que nós mesmos, quando nos supomos vítimas deles.

Quem saberia enumerar as ocasiões em que determinado companheiro terá sustado a própria queda, sob a força compulsiva da tentação, até que viesse a escorregar no caminho? Quem disporá de meios para reconhecer se o perseguidor está realmente lúcido ou conturbado, obsesso ou doente? Quem poderá desentranhar a verdade da mentira, nas crises de perturbação ou desordem? E quando a nuvem do crime se abate sobre a comunidade, que pessoa deterá tanta percuciência para conhecer o ponto exato em que se haverá originado o fio tenebroso da culpa?

À vista disso, compreendamos que o esquecimento dos males que nos assediam é defesa de nosso próprio equilíbrio, e que, nos dias em que a injúria nos bata em rosto, o perdão, muito mais que uma bênção para os nossos supostos ofensores, é e será sempre o melhor para nós.

(*Ceifa de luz*. FEB Editora. Cap. 21)

Vantagens do perdão

Quando Jesus nos exortou ao perdão não nos induzia exclusivamente ao aprimoramento moral, mas também ao reconforto íntimo, a fim de que possamos trabalhar e servir, livremente, na construção da própria felicidade.

Registremos alguns dos efeitos imediatos do perdão nas ocorrências da vida prática.

Através dele, ser-nos-á possível promover a extinção do mal, interpretando-se o mal por fruto de ignorância ou manifestação de enfermidade da mente; impediremos a formação de inimigos que poderiam surgir e aborrecer-nos indefinidamente, alentados por nossa aspereza ou intolerância; liberar-nos-emos de qualquer perturbação no tocante a ressentimento; imunizaremos o campo sentimental dos entes queridos contra emoções, ideias, palavras ou atitudes suscetíveis de marginalizá-los, por nossa causa, nos despenhadeiros da culpa; defenderemos a tarefa sob nossa responsabilidade, sustentando-a a cavaleiro de intromissões que, a pretexto de auxiliar-nos, viessem arrasar o trabalho que mais amamos; impeliremos o agressor a refletir seriamente na impropriedade da violência; e adquiriremos a simpatia de quantos nos observem, levando-os a admitir a existência da fraternidade, em cujo poder dizemos acreditar.

Quantos perdoem golpes e injúrias, agravos e perseguições apagam incêndios de ódio ou extinguem focos de delinquência no próprio nascedouro, amparando legiões de criaturas contra o desequilíbrio e resguardando a si mesmos contra a influência das trevas.

Perdão pode ser comparado a luz que o ofendido acende no caminho do ofensor. Por isso mesmo, perdoar, em qualquer situação, será sempre colaborar na vitória do amor, em apoio de nossa própria libertação para a vida imperecível.

(*Aulas da vida.* Ed. IDEAL. Cap. 16)

Não entesoureis para vós tesouros sobre a terra, onde a traça e a corrosão consomem, e onde os ladrões arrombam e roubam.

Mateus 6:19

Nas sendas do mundo[76]

Deus, que nos auxilia sempre, permite-nos possuir, para que aprendamos também a auxiliar.

Habitualmente, atraímos a riqueza e supomos detê-la para sempre, adornando-nos com as facilidades que o ouro proporciona... Um dia, porém, nas fronteiras da morte, somos despojados de todas as posses exteriores e, se algo nos fica, será simplesmente a plantação das migalhas de amor que houvermos distribuído, creditadas em nosso nome pela alegria, ainda mesmo precária e momentânea, daqueles que nos fizeram a bondade de recebê-las.

Via de regra, amontoamos títulos de poder e empossamo-nos deles, enfeitando-nos com as vantagens que a influência prodigaliza... Um dia, porém, nas fronteiras da morte, somos despojados de todas as primazias de convenção e, se algo nos fica, será simplesmente o saldo dos pequenos favores que houvermos articulado, mantidos em nosso nome pelo alívio, ainda mesmo insignificante e despercebido, daqueles que nos fizeram a gentileza de aceitar-nos os impulsos fraternos.

Geralmente repetimos frases santificantes, crendo-as definitivamente incorporadas ao nosso patrimônio espiritual, ornando-nos com o prestígio que a frase brilhante atribui... Um dia, porém, nas fronteiras da morte, somos despojados de todas as ilusões e, se algo nos fica, será simplesmente a estreita coleção dos benefícios que houvermos feito, assinalados em nosso nome pelo conforto, ainda mesmo ligeiro e desconhecido, daqueles que nos deram oportunidade a singelos ensaios de elevação.

Serve onde estiveres e como puderes, nos moldes da consciência tranquila.

Caridade não é tão somente a divina virtude, é também o sistema contábil do Universo, que nos permite a felicidade de auxiliar para sermos auxiliados.

Um dia, nas alfândegas da morte, toda a bagagem daquilo de que não necessites ser-te-á confiscada; entretanto, as Leis Divinas determinarão recolhas, com avultados juros de alegria, tudo o que destes do que és, do que

---

[76] Nota da equipe organizadora: Texto publicado em *Livro da esperança*. Ed. Comunhão Espírita Cristã. Cap. 42, com pequenas alterações.

fazes, do que sabes e do que tens, em socorro dos outros, transfigurando-te as concessões em valores eternos da alma, que te assegurarão amplos recursos aquisitivos no Plano Espiritual.

Não digas, assim, que a propriedade não existe ou que não vale dispor disso ou daquilo.

Em verdade, devemos a Deus tudo o que temos, mas possuímos o que damos.

(*Reformador*, out. 1964, p. 240)

Entesourai para vós tesouros no céu, onde nem a traça nem a corrosão consomem, e onde os ladrões não arrombam nem roubam.

Mateus
6:20

Riqueza para o céu

Quem se aflige indebitamente ao ver o triunfo e a prosperidade de muitos homens impiedosos e egoístas, no fundo dá mostras de inveja, revolta, ambição e desesperança. É preciso que assim não seja!

Afinal, quem pode dizer que retém as vantagens da Terra, com o devido merecimento?

Se observamos homens e mulheres, despojados de qualquer escrúpulo moral, detendo valores transitórios do mundo, tenhamos, ao revés, pena deles.

A palavra do Cristo é clara e insofismável. "Ajuntai tesouros no Céu" — disse-nos o Senhor.

Isso quer dizer "acumulemos valores íntimos para comungar a glória eterna!".

Efêmera será sempre a galeria de evidência carnal.

Beleza física, poder temporário, propriedade passageira e fortuna amoedada podem ser simples atributo da máscara humana, que o tempo transforma, infatigável.

Amealhemos bondade e cultura, compreensão e simpatia.

Sem o tesouro da educação pessoal é inútil a nossa penetração nos Céus, porquanto estaríamos órfãos de sintonia para corresponder aos apelos da Vida superior.

Cresçamos na virtude e incorporemos a verdadeira sabedoria, porque amanhã serás visitado pela mão niveladora da morte e possuirás tão somente as qualidades nobres ou aviltantes que houveres instalado em ti mesmo.

(*Fonte viva*. FEB Editora. Cap. 177)

Exercício do bem

Comumente inventamos toda a espécie de pretextos para recusar os deveres que nos constrangem ao exercício do bem.

Amolentados no reconforto e instalados egoisticamente em vantagens pessoais, no imediatismo do mundo, não ignoramos que é preciso agir e servir na solidariedade humana, todavia, derramamos desculpas a rodo, escondendo teimosia e mascarando deserção.

Confessamo-nos incompetentes.

Alegamos cansaço.

Afirmamo-nos sem tempo.

Declaramo-nos enfermos.

Destacamos a necessidade de vigilância na contenção do vício.

Reclamamos cooperação.

Aqui e ali, empregamos expressões cronicificadas que nos justifiquem a fuga, como sejam "muito difícil", "impossível", "melhor esperar", "vamos ver" e ponderamos vagamente quanto aos arrependimentos que nos amarguram o coração e complicam a vida, à face de sentimentos, ideias, palavras e atos infelizes a que, em outras ocasiões, nos precipitamos de maneira impensada.

Na maioria das vezes, para o bem, exigimos o atendimento a preceitos e cálculos, enquanto que, para mal, apenas de raro em raro, imaginamos consequências.

Entretanto, o conhecimento do bem para que o bem se realize é de tamanha importância que o apóstolo Tiago afirma no versículo 17 do capítulo 4 de sua carta no Evangelho: *"Todo aquele que sabe fazer o bem e não o faz comete falta"*. E dezenove séculos depois deles, os instrutores desencarnados que supervisionaram a obra de Allan Kardec desenvolveram o ensinamento ainda mais, explicando na questão 642 de *O livro dos espíritos*: "Cumpre ao homem fazer o bem, no limite de suas forças, porquanto responderá pelo mal que resulte de não haver praticado o bem".

O Espiritismo, dessa forma, definindo-se não apenas como sendo a religião da verdade e do amor, mas também da justiça e da responsabilidade, vem esclarecer-nos que responderemos, não só pelo mal que houvermos feito, mas igualmente pelo mal que decorra do nosso comodismo em não praticando o bem que nos cabe fazer.

(*Livro da esperança*. Ed. Comunhão Espírita Cristã. Cap. 37)

Céu com céu

Em todas as fileiras cristãs se misturam ambiciosos de recompensa que presumem encontrar, nessa declaração de Jesus, positivo recurso de vingança contra todos aqueles que, pelo trabalho e pelo devotamento, receberam maiores possibilidades na Terra.

O que lhes parece confiança em Deus é ódio disfarçado aos semelhantes.

Por não poderem açambarcar os recursos financeiros à frente dos olhos, lançam pensamentos de crítica e rebeldia, aguardando o paraíso para a desforra desejada.

Contudo, não será por entregar o corpo ao laboratório da natureza que a personalidade humana encontrará, automaticamente, os planos da Beleza resplandecente.

Certo, brilham santuários imperecíveis nas esferas sublimadas, mas é imperioso considerar que, nas regiões imediatas à atividade humana, ainda encontramos imensa cópia de traças e ladrões, nas linhas evolutivas que se estendem além do sepulcro.

Quando o Mestre nos recomendou ajuntássemos tesouros no céu, aconselhava-nos a dilatar os valores do bem, na paz do coração. O homem que adquire fé e conhecimento, virtude e iluminação, nos recessos divinos da consciência, possui o roteiro celeste. Quem aplica os princípios redentores que abraça acaba conquistando essa carta preciosa; e quem trabalha diariamente na prática do bem vive amontoando riquezas nos Cimos da Vida.

Ninguém se engane nesse sentido.

Além da Terra, fulgem bênçãos do Senhor nos páramos celestiais; entretanto, é necessário possuir luz para percebê-las.

É da Lei que o divino se identifique com o que seja Divino, porque ninguém contemplará o céu se acolhe o inferno no coração.

(*Pão nosso*. FEB Editora. Cap. 156)

Na contabilidade divina

Observarás, um dia, além da morte, que tudo quanto retiveste sem proveito passará automaticamente ao domínio de outras mãos, à maneira das notas musicais, quando o artista as recolhe da Harmonia universal, encarcerando-as na pauta, sem jamais transferi-las ao serviço de execução.

Pensa nas disponibilidades que a traça não rói nem a ferrugem consome.

A palavra de bondade, a hora de auxílio aos semelhantes, o alívio aos doentes, o gesto de solidariedade para com o viajante desconhecido, o perdão a quem te magoe, o calor de ternura com que levas uma criança a confiar no futuro, a moeda que transforma o desalento em esperança, ou a página construtiva e consoladora com que abençoas ou valorizas a mente do próximo, são peças valiosas no tesouro que ajuntas e que trabalham em teu favor, agora, hoje, amanhã, aqui e mais além, conforme os princípios de causa e efeito que nos regulamentam a vida.

Melhoremos os nossos créditos na Contabilidade divina.

Deus é nosso Pai e tão só nos revelaremos seus filhos conscientes e dignos, através do respeito às suas leis e do esforço com que nos empenhemos a cultivar-lhe e estender-lhe a seara de luz e a obra de amor.

(*Reformador*, abr. 1968, p. 74)

Pois, onde está o teu tesouro, ali estará também o teu coração.

Mateus
6:21

Propriedades

Em tudo o que se refira à propriedade, enumera, acima de tudo, aquelas que partilhas, por dons inexprimíveis da infinita Bondade, e que, por se haverem incorporado tranquilamente ao teu modo de ser, quase sempre delas não fazes conta.

Diariamente, recolhes, com absoluta indiferença, as cintilações da coroa solar a se derramarem, por forças divinas, no regaço da terra, transfigurando-se em calor e pão, no entanto, basta pequeno rebanho de nuvens na atmosfera para que te revoltes contra o frio.

Dispões das águas circulantes que, em mananciais e poços, rios e chuvas, te felicitam a existência, sem te lembrares disso, e, ante o breve empecilho do encanamento no recinto doméstico, entregas-te, sem defesa, a pensamentos de irritação.

Flores aos milhares, na estrada e no campo, convidam-te a meditar na grandeza da Inteligência divina, conversando contigo pelo idioma particular do perfume e, em muitas circunstâncias, não hesitas esfacelá-las sob os pés, deitando reclamações se pequenino seixo te penetra o sapato.

Correntes aéreas trazem de longe princípios nutrientes, sustentando-te a vida e lhes consomes as energias, à feição da criança que se rejubila inconsciente e feliz no seio materno e se o vento agita leve camada de pó, costumas acusar desagrado e intemperança.

Possuis no corpo todo um castelo de faculdades prodigiosas que te enseja pelas ogivas dos sentidos a contemplação e a análise do Universo, permitindo-te ver e ouvir, falar e orientar, aprender e discernir, sem que lhe percebas, do pronto, o ilimitado valor, e dificilmente deixas de clamar contra os excedentes que assinalas no caminho dos semelhantes, sem refletir nos aborrecimentos e nas provas que a posse efêmera disso ou daquilo lhes acarreta à existência.

Não invejes a propriedade transitória dos outros.

Ignoras porque motivo a fortuna amoedada lhes aumenta a responsabilidade e requeima a cabeça.

Sobretudo, nunca relaciones a ausência do supérfluo.

Considera os talentos imperecíveis que já reténs na intimidade da própria alma e lembra-te de que transportas no coração e nas mãos os recursos inefáveis de estender, infinitamente, os tesouros do trabalho e as riquezas do amor.

(*Livro da esperança*. Ed. Comunhão Espírita Cristã. Cap. 45)

A candeia do corpo é o olho. Portanto, se o teu olho for simples, teu corpo inteiro será luminoso.

Mateus
6:22

Olhos[77]

Olhos... Patrimônio de todos.
Encontramos, porém, olhos diferentes em todos os lugares.
Olhos de malícia...
Olhos de crueldade...
Olhos de ciúme...
Olhos de ferir...
Olhos de desespero...
Olhos de desconfiança...
Olhos de atrair a viciação...
Olhos de perturbar...
Olhos de reparar males alheios...
Olhos de desencorajar as boas obras...
Olhos de frieza...
Olhos de irritação...

Se aspiras, no entanto, a enobrecer os recursos da visão, ama e ajuda, aprende e perdoa sempre, e guardarás contigo os "olhos bons", a que se referia o Cristo de Deus, instalando no próprio espírito a grande compreensão suscetível de impulsionar-te à glória da eterna Luz.

(*Reformador*, abr. 1960, p. 74)

Engenho divino

Guardas a impressão de que resides, de modo exclusivo, na cidade ou no campo, e na essência, moras no corpo.
As máquinas modernas asseguram facilidades enormes.
Valeriam muito pouco sem o concurso das mãos.
Palácios voadores alçam-te às alturas.

---

[77] Nota da equipe organizadora: Texto publicado em: *Palavras de vida eterna*. Ed. Comunhão Espírita Cristã. Cap. 71; *Centelhas*. Ed. IDE. Cap. 8, com pequenas alterações.

Na experiência cotidiana, equilibras-te nos pés.
Os grandes telescópios são maravilhas do mundo.
Não teriam qualquer significação sem os olhos.
A música é cântico do Universo.
Passaria ignorada sem os ouvidos.
Imperioso saibas que manejas o corpo, na condição de engenho divino que a vida te empresta, instrumento indispensável à tua permanência na estância terrestre.
Não te enganes com o esmero de superfície.
Que dizer do motorista que primasse por exibir um carro admirável na apresentação, sentando-se alcoolizado ao volante?
Estimas a higiene.
Sabes fugir do empanzinamento com quitutes desnecessários.
Justo igualmente expungir o lixo moral de qualquer manifestação que nos exteriorize a individualidade e evitar a congestão emocional pela carga excessiva de anseios inadequados.
A vida orgânica é baseada na célula e cada célula é um centro de energia. Todo arrastamento da alma a estados de cólera, ressentimento, desânimo ou irritação equivale a crises de cúpula, ocasionando desarranjo e desastre em forma de doença e desequilíbrio na comunidade celular.
Dirige teu corpo com serenidade e bom senso.
Compenetra-te de que, embora a ciência consiga tratá-lo, reconstruí-lo, reanimá-lo, enobrecê-lo e até mesmo substituir-lhe determinados implementos, ninguém, na Terra, encontra corpo novo para comprar.

(*Livro da esperança*. Ed. Comunhão Espírita Cristã. Cap. 54)

Ninguém pode servir a dois senhores, pois ou odiará a um e amará o outro, ou se apegará a um e desprezará o outro. Não podeis servir a Deus e a Mamon.

Mateus
6:24

Amigo e servo

Consulta o dinheiro que encostaste por disponível e analisa-lhe a história por um instante!

É provável tenha passado pelos suplícios ocultos de um homem doente que se empenhou a gastá-lo em medidas que não lhe aplacaram os sofrimentos; terá rolado em telheiros, onde mães desvalidas lhe disputaram a posse, nos encargos de servidão; na rua, foi visto por crianças menos felizes que o desejaram, em vão, pensando no estômago dolorido; e conquistado, talvez, por magro lavrador nas fadigas do campo, visitou-lhe apressadamente a casa, sem resolver-lhe os problemas...

Entretanto, não teve o longo itinerário somente nisso.

Certamente, foi compelido a escorar o ócio das pessoas inexperientes que desertaram da atividade, descendo aos sorvedouros da obsessão; custeou o artifício que impeliu alguém para a voragem de terríveis enganos; gratificou os entorpecentes que aniquilam existências preciosas; e remunerou o álcool que anestesia consciências respeitáveis, internando-as no crime.

Que farias de um lidador prestimoso, que te batesse à porta, solicitando emprego digno? De um cooperador humilhado por alheios abusos, que te rogasse conselho, a fim de reajustar-se e servir?

O dinheiro de sobra, que nada tem a ver com tuas necessidades reais, é esse colaborador que te procura, pedindo orientação.

Não lhe congeles as possibilidades no frio da avareza, nem lhe escondas as energias no labirinto do monopólio.

Acata-lhe a força e enobrece-lhe os movimentos, na esfera de obrigações que o mundo te assinalou.

Hoje mesmo, ele pode obter, com teu patrocínio, a autoridade moral do trabalho para o companheiro, impropriamente julgado inútil; o revigoramento do lar que a privação asfixia; o livro edificante que clareie as trilhas dos que se transviam sem apoio espiritual; o alento aos enfermos desprotegidos; ou a tranquilidade para irmãos atenazados pelos aguilhões da penúria que, frequentemente, lhes impõem o desequilíbrio ou a morte, antes mesmo de serem amparados no giro da mendicância.

Dinheiro de sobra é o amigo e servo que a divina Providência te envia para substituir-te a presença, onde as tuas mãos, muitas vezes, não conseguem chegar.

Sim, é possível que, amanhã, outras criaturas venham a escravizá-lo sob intenções inferiores, mas ninguém apagará o clarão que acendeste com ele para a felicidade do próximo, porque segundo as leis inderrogáveis que governam a vida, o bem que fizeste aos outros a ti mesmo fizeste.

(*Livro da esperança*. Ed. Comunhão Espírita Cristã. Cap. 47)

Atendamos[78]

Quando o Mestre ensinou que não se pode servir simultaneamente a Deus e a Mamon, não desejava, por certo, dividir as criaturas em dois campos opostos, nos quais os ricos e os pobres, os bons e os maus, os justos e injustos da Terra se guerreassem constantemente.

Encontrando um doente, que nos propomos aliviar ou curar, efetuamos imediata separação entre enfermo e enfermidade, atacando a moléstia e protegendo-lhe a vítima.

Ninguém cogita de eliminar socorrendo, ou de matar medicando.

Desse modo, em nos sentindo defrontados pelo avarento, saibamos afastá-lo da usura, despertando-o para a caridade.

Se somos chamados a cooperar no levantamento de alguém que se entregou ao vício, ajudemo-lo a soerguer-se com a verdadeira confiança em si mesmo, devidamente restaurada.

Se o Mestre nos pede o concurso amigo, ao lado de um criminoso, busquemos extirpar-lhe as chagas do remorso, restabelecendo-lhe as oportunidades de refazer-se e servir.

Há quem se isole da luta, a pretexto de cultivar a sublimação.

Entretanto, é sempre fácil satisfazer aos imperativos da virtude, onde não há tentações, e não é difícil atender à caridade onde a fartura se revele excessiva.

---

[78] Nota da equipe organizadora: Texto publicado em *Instrumentos do tempo*. Ed. GEEM. Cap. "Atendamos", com pequenas alterações.

Colaboremos com o Senhor, em sua Obra divina, acendendo luz na sombra e oferecendo o bem ao mal, a fim de convertermos a animalidade primitiva em Humanidade real.

Nada existe na Criação de Deus sem uma "boa parte".

Esforcemo-nos por desenvolver os menores princípios de elevação, que nos felicitem o caminho, buscando nas almas, por mais aparentemente transviadas ou infelizes, a "parte melhor" de que são portadoras e, embora movimentando os nossos recursos entre os grandes expoentes do erro e da maldade, da desordem e da indisciplina, do delito e da viciação, estaremos realmente a serviço do Senhor, que nos confiou, com o aprendizado da Terra, a nossa gloriosa oportunidade de aperfeiçoamento e de santificação.

(*Reformador*, set. 1953, p. 208)

Diante da posse

(*Seguindo juntos*. Ed. GEEM. Cap. 19)[79]

---

[79] N.E.: Vide nota 9.

[...] Não é a vida mais que o alimento, e o corpo mais que a veste?

Mateus
6:25

Vida e posse[80]

Aconselha-te com a prudência para que teu passo não ceda à loucura.

Há milhares de pessoas que efetuam a romagem carnal, amontoando posses exteriores, à gana de ilusória evidência.

Senhoreiam terras que não cultivam.

Acumulam ouro sem proveito.

Guardam larga cópia de vestimenta sem qualquer utilidade.

Retém grandes arcas de pão que os vermes devoram.

Disputam remunerações e vantagens de que não necessitam.

E imobilizam-se no medo ou no tédio, no capricho maligno ou nas doenças imaginárias, até que a morte lhes reclama a devolução do próprio corpo.

Não olvides, assim, a tua condição de usufrutuário do mundo e aprende a conservar no próprio íntimo os valores da grande Vida.

Vale-te dos bens passageiros para estender o bem eterno.

Aproveita os obstáculos para incorporar a riqueza da experiência.

Não retenhas recursos externos de que não careças.

Não desprezes lição alguma.

Começa a luta de cada dia, com o deslumbramento de quem observa a beleza terrestre pela primeira vez e agradece a paz da noite como quem se despede do mundo para transferir-se de residência.

Ama pela glória de amar.

Serve sem prender-te.

Lembra-te de que amanhã restituirás à vida o que a vida te emprestou, em nome de Deus, e que os tesouros de teu espírito serão apenas aqueles que houveres amealhado em ti próprio, no campo da educação e das boas obras.

(*Reformador*, mar. 1957, p. 54)

Dinheiro e serviço

Não digas que o dinheiro é a causa dos males que atormentam a Terra.

---

[80] Nota da equipe organizadora: Texto publicado em *Palavras de vida eterna*. Ed. Comunhão Espírita Cristã. Cap. 8.

Se contemplas o firmamento, aceitando a Sabedoria infinita que plasmou a grandeza cósmica e se te inclinas para a flor do valado, crendo que a infinita Bondade no-la ofertou, não ignoras que a Providência divina criou também o dinheiro de que dispões.

Basta ligeiro olhar no campo do mundo para que entendas a moeda por seiva da atividade, sustentando reconforto e educação, segurança e beneficência.

O pão extingue a fome.
O dinheiro ajuda a produzi-lo.
O livro espanta as trevas de espírito.
O dinheiro protege-lhe a expansão.
A veste agasalha o corpo.
O dinheiro auxilia a entretecê-la.
A casa abriga.
O dinheiro apoia-lhe a construção.
O remédio socorre.
O dinheiro incentiva-lhe o preparo.
A caridade suprime a penúria.
O dinheiro assegura-lhe as manifestações.

Dinheiro na estrutura social é comparável ao sangue no mundo orgânico: circulando garante a vida e, parado, acelera a morte.

Valores amoedados, sejam em metal ou papel, são sementes de realização e alegria; e observe-se que ninguém está impedido de multiplicá-las nas próprias mãos, através do trabalho honesto.

É por isso que a Doutrina Espírita nos ensina a encontrar no dinheiro um agente valioso e neutro a pedir-nos emprego e direção.

Dá-lhe passagem para o reino do bem, agindo e servindo-te dele, a benefício de quantos te partilham a caminhada e estarás em conjunção incessante com o Suprimento divino que te abençoará e te resguardará a presença na Terra, por fonte viva do eterno Bem.

(*Livro da esperança*. Ed. Comunhão Espírita Cristã. Cap. 49)

Olhai as aves do céu, que não semeiam nem ceifam, nem recolhem em celeiros, e vosso Pai celestial as alimenta. Não valeis muito mais do que elas?

Mateus
6:26

Palavras de Jesus[81]

Vale-se muita gente do Evangelho para usar as expressões literais do Senhor, sem qualquer consideração para com o sentido profundo que as ditou, simplesmente para exaltar conveniência e egoísmo.

Exortou o divino Mestre: "Não vos inquieteis pelo dia de amanhã."

Encontramos aqueles que se baseiam nestas palavras, destinadas a situar-nos na eficiência tranquila, para abraçarem deserção e preguiça, olvidando o que o próprio Jesus nos advertiu: "Andai enquanto tendes luz".

Asseverou o eterno Amigo: "Nem só de pão vive o homem."

Há companheiros que se estribam em semelhante conceito, dedicado a preservar-nos contra a volúpia da posse, para assumirem atitudes de relaxamento e desprezo, à frente do serviço de organização e previdência da vida material, sem se lembrarem de que Jesus multiplicou pães no monte, socorrendo a multidão cansada e faminta.

Afirmou o excelso Benfeitor: "Realmente há muita dificuldade para que um rico entre nos Céus".

Em todos os círculos do ensinamento cristão, aparecem os que se aproveitam da afirmativa, dedicada a imunizar-nos contra as calamidades da avareza, para lançarem diatribes contra o dinheiro e sarcasmos contra os irmãos chamados a manejá-lo, na sustentação do trabalho e da beneficência, da educação e do progresso, incapazes de recordar que Jesus honrou a finança dignamente empregada, até mesmo nos dois vinténs com que a viúva pobre testemunhou a própria fé.

Disse o Cristo: "Não julgueis".

Em toda parte, surpreendemos os que prevalecem do aviso que nos acautela contra os desastres da intolerância, para acobertarem viciação e má-fé, sem se prevenirem de que Jesus nos recomendou igualmente: "Orai e vigiai a fim de não cairdes em tentação".

---

[81] Nota da equipe organizadora: Texto publicado em *Livro da esperança*. Ed. Comunhão Espírita Cristã. Cap. 84, com pequenas alterações.

Admoestou o Mestre dos Mestres: "Ao que vos pedir a túnica, cedei também a capa".

Não poucos mobilizam o asserto consagrado a impelir-nos ao culto do desprendimento e da gentileza, para estabelecerem regimes de irresponsabilidade e negligência, quando o Cristo nos preceituou a obrigação de entregar a cada um aquilo que lhe pertence, até mesmo nas questões mínimas do imposto exigido pelos poderes públicos, ao solicitar-nos: "Dai a César o que é de César."

Não podemos esquecer que as palavras do Cristo, no curso dos séculos, receberam interpretações adequadas aos interesses de grupos, circunstâncias, administrações e pessoas.

A Doutrina Espírita brilha hoje, porém, diante do Evangelho, não apenas para aliviar e consolar, mas também para instruir e esclarecer.

(*Reformador*, mar. 1964, p. 57)

[...] Examinai os lírios do campo como crescem! [...]

Olhai os lírios[82]

Mateus
6:28

"Olhai os lírios do campo..." — exortou-nos Jesus.

A lição nos adverte contra as inquietações improdutivas, sem compelir-nos à ociosidade.

Os lírios para se evidenciarem quais se revelam não se afligem e nem ceifam; no entanto, esforçam-se com paciência, desde a germinação, no próprio desenvolvimento, abstendo-se de agitações pela conquista de reservas desnecessários com receio do futuro, por acreditarem instintivamente nos suprimentos da vida.

Não fiam nem tecem para se mostrarem na formosura que os caracteriza; todavia, não desdenham fazer o que podem, a fim de cooperar no enriquecimento do esforço humano.

Não se preocupam em ser gerânios ou cravos e sim aceitam-se na configuração e na essência de que se viram formados, segundo os princípios da espécie.

Não cogitam de criticar as outras plantas que lhes ocupam a vizinhança, deixando a cada uma o direito de serem elas mesmas, nas atividades que lhes dizem respeito à própria destinação.

Admitem calor e frio, vento e chuva, deles aproveitando aquilo que lhes possam doar de útil, sem se queixarem dos supostos excessos em que se exprimam.

Não indagam quanto à condição ou à posição daqueles a quem consigam prestar serviço, seja acrescentando beleza e perfume à Terra ou ornamentando festas ou colaborando no interesse das criaturas em valor de mercado.

E, sobretudo, desabrocham e servem, no lugar em que foram situados pela Sabedoria divina, através das forças da Natureza, ainda mesmo quando tragam as raízes mergulhadas no pântano.

Evidentemente, nós, os Espíritos humanos, não somos elementos do reino vegetal, mas podemos aprender com os lírios serenidade e aceitação, paz e trabalho, com as responsabilidades e privilégios do discernimento e da razão que uma simples flor ainda não tem.

(*Reformador*, jul. 1972, p. 159)

---

[82] Nota da equipe organizadora: Texto publicado em *Aulas da vida*. Ed. IDEAL. Cap. 5, com pequenas alterações.

Portanto, não vos inquieteis [...].

Mateus
6:31

Saibamos confiar

Jesus não recomenda a indiferença ou a irresponsabilidade.

O Mestre, que preconizou a oração e a vigilância, não aconselharia a despreocupação do discípulo ante o acervo do serviço a fazer.

Pede apenas combate ao pessimismo crônico.

Claro que nos achamos a pleno trabalho, na lavoura do Senhor, dentro da ordem natural que nos rege a própria ascensão.

Ainda nos defrontaremos, inúmeras vezes, com pântanos e desertos, espinheiros e animais daninhos.

Urge, porém, renovar atitudes mentais na obra a que fomos chamados, aprendendo a confiar no divino Poder que nos dirige.

Em todos os lugares, há derrotistas intransigentes.

Sentem-se nas trevas, ainda mesmo quando o Sol fulgura no zênite.

Enxergam baixeza nas criaturas mais dignas.

Marcham atormentados por desconfianças atrozes. E, por suspeitarem de todos, acabam inabilitados para a colaboração produtiva em qualquer serviço nobre.

Aflitos e angustiados, desorientam-se a propósito de mínimos obstáculos, inquietam-se, com respeito a frivolidades de toda sorte e, se pudessem, pintariam o firmamento à cor negra para que a mente do próximo lhes partilhe a sombra interior.

Na Terra, Jesus é o Senhor que se fez servo de todos, por amor, e tem esperado nossa contribuição na oficina dos séculos. A confiança dele abrange as eras, sua experiência abarca as civilizações, seu devotamento nos envolve há milênios...

Em razão disso, como adotar a aflição e o desespero, se estamos apenas começando a ser úteis?

(*Vinha de luz*. FEB Editora. Cap. 86)

Buscai primeiramente o reino e a sua justiça [...].

Mateus
6:33

Ouçamos atentos

Apesar de todos os esclarecimentos do Evangelho, os discípulos encontram dificuldade para equilibrar, convenientemente, a bússola do coração.

Recorre-se à fé, na sede de paz espiritual, no anseio de luz, na pesquisa da solução aos problemas graves do destino. Todavia, antes de tudo, o aprendiz costuma procurar a realização dos próprios caprichos; o predomínio das opiniões que lhe são peculiares; a subordinação de outrem aos seus pontos de vista; a submissão dos demais à força direta ou indireta de que é portador; a consideração alheia ao seu modo de ser; a imposição de sua autoridade personalíssima; os caminhos mais agradáveis; as comodidades fáceis do dia que passa; as respostas favoráveis aos seus intentos e a plena satisfação própria no imediatismo vulgar.

Raros aceitam as condições do discipulado.

Em geral, recusam o título de seguidores do Mestre.

Querem ser favoritos de Deus.

Conhecemos, no entanto, a natureza humana, da qual ainda somos partícipes, não obstante a posição de Espíritos desencarnados. E sabemos que a vida burilará todas as criaturas nas águas lustrais da experiência.

Lutaremos, sofreremos e aprenderemos, nas variadas esferas de luta evolutiva e redentora.

Considerando, porém, a extensão das bênçãos que nos felicitam a estrada, acreditamos seria útil à nossa felicidade e equilíbrio permanentes ouvir, com atenção, as palavras do Senhor: "Buscai primeiro o Reino de Deus e sua justiça."

(*Vinha de luz*. FEB Editora. Cap. 18)

Portanto, não vos inquieteis com o amanhã, pois o amanhã se inquietará consigo mesmo! [...]

Mateus
6:34

Cuidados[83]

Os preguiçosos de todos os tempos nunca perderam o ensejo de interpretar falsamente as afirmativas evangélicas.

A recomendação de Jesus, referente à inquietude, é daquelas que mais se prestaram aos argumentos dos discutidores ociosos.

Depois de reportar-se o Cristo aos lírios do campo, não foram poucos os que reconheceram a si mesmos na condição de flores, quando não passam, ainda, de plantas espinhosas.

Decididamente, o lírio não fia, nem tece, consoante o ensinamento do Senhor, mas cumpre a vontade de Deus. Não solicita a admiração alheia, floresce no jardim ou na terra inculta, dá seu perfume ao vento que passa, enfeita a alegria ou conforta a tristeza, é útil à doença e à saúde, não se revolta quando fenece o brilho que lhe é próprio ou quando mãos egoístas o separam do berço em que nasceu.

Aceitaria o homem inerte o padrão do lírio, em relação à existência na comunidade?

Recomendou Jesus não guarde a alma qualquer ânsia nociva, relativamente à comida, ao vestuário ou às questões acessórias do campo material; asseverou que o dia, constituindo a resultante de leis gerais do Universo, atenderia a si próprio.

Para o discípulo fiel, agasalhar-se e alimentar-se são verbos de fácil conjugação e o dia representa oportunidade sublime de colaboração na obra do bem. Mas basear-se nessas realidades simples para afirmar que o homem deva marchar, sem cuidado consigo, seria menoscabar o esforço do Cristo, convertendo-lhe a plataforma salvadora em campanha de irresponsabilidade.

O homem não pode nutrir a pretensão de retificar o mundo ou os seus semelhantes de um dia para outro, atormentando-se em aflições descabidas,

---

[83] Nota da equipe organizadora: Texto publicado em *Harmonização*. Ed. GEEM. Cap. "Cuidado", com pequenas alterações.

mas deve ter cuidado de si, melhorando-se, educando-se e iluminando-se, sempre mais.

Realmente, a ave canta, feliz, mas edifica a própria casa.

A flor adorna-se, tranquila; entretanto, obedece aos desígnios do eterno.

O homem deve viver confiante, sempre atento, todavia, em engrandecer-se na sabedoria e no amor para a obra divina da perfeição.

(*Vinha de luz*. FEB Editora. Cap. 152)

Prescrições de paz

Na garantia do próprio equilíbrio, alinhemos algumas indicações de paz, destinadas a imunizar-nos contra a influência de aflições e tensões, nas quais, tanta vez, imprevidentemente arruinamos tempo e vida:

Corrigir em nós as deficiências suscetíveis de conserto, e aceitar-nos, nas falhas cuja supressão não depende ainda de nós, fazendo de nossa presença o melhor que pudermos, no erguimento da felicidade e do progresso de todos;

Tolerar os obstáculos com que somos atingidos, ante os impositivos do aperfeiçoamento moral, e entender que os outros carregam igualmente os deles;

Observar ofensas como retratos dos ofensores, sem traçar-nos a obrigação de recolher semelhantes clichês de sombra;

Abolir inquietações ao redor de calamidades anunciadas para o futuro, que provavelmente nunca virão a sobrevir;

Admitir os pensamentos de culpa que tenhamos adquirido, mas buscando extinguir-lhes os focos de vibrações em desequilíbrio, através de reajustamento e trabalho;

Nem desprezar os entes queridos, nem prejudicá-los com a chamada superproteção tendente a escravizá-los ao nosso modo de ser;

Não exigir do próximo aquilo que o próximo ainda não consegue fazer;

Nada pedir sem dar de nós mesmos;

Respeitar os pontos de vista alheios, ainda quando se patenteiam contra nós, convencidos quanto devemos estar de que pontos de vista são maneiras, crenças, opiniões e afirmações peculiares a cada um;

Não ignorar as crises do mundo; entretanto, reconhecer que, se reequilibrarmos o nosso próprio mundo por dentro — esculpindo-lhe a tranquilidade e a segurança em alicerces de compreensão e atividade, discernimento e serviço —, perceberemos, de pronto, que as crises externas são fenômenos necessários ao burilamento da vida, para que a vida não se tresmalhe da rota que as Leis do Universo lhe assinalam no rumo da perfeição.

(*Ceifa de luz*. FEB Editora. Cap. 20)

Na escola diária[84]

A paciência em si não se resume à placidez externa que estampa serenidade na face e conserva o pensamento atormentado e convulso.

Indubitavelmente, semelhante esforço da criatura, na superfície das manifestações que lhe dizem respeito, é o primeiro degrau da paciência e deve ser louvado pelo bem que espalha.

Paciência real, entretanto, não é feita de emoções negativas, dificilmente refreadas no peito e suscetíveis de explosão. Tolerância autêntica descende da compreensão e todos possuímos, no íntimo, todo um arsenal de raciocínios lógicos, a fim de garanti-la por cidadela de paz na vida interior.

Em qualquer dificuldade com que sejamos defrontados, não auferiremos efetivamente qualquer lucro, em nos impacientarmos, conturbando ou destruindo a própria resistência.

Muito aluno digno perde a prova em que se acha incurso o ensino, não pela feição do problema proposto e sim pela própria excitabilidade na hora justa da promoção.

Recordemos que a vida é sempre uma grande escola.

Cada criatura estagia no aprendizado de que necessita e cada aprendizado é clima de trabalho com oportunidade de melhoria.

Desespero é desgaste.

Irritação é prejuízo antes do ajuste.

Reflete nisso e, à frente de quaisquer empeços, acalma-te para pensar e pensa o bastante, a fim de que possas acertar com a vida e servir para o bem.

(*Reformador*, jul. 1969, p. 148)

---

[84] Texto publicado em *Segue-me!*... Ed. O Clarim. Cap. "Na escola diária".

Não julgueis para que não sejais julgados.

Autojulgamento

Mateus
7:1

Se te decidires a praticar compreensão, adiantar-te-ás, consideravelmente, no caminho do amor, em direção à paz que se te fará suporte à felicidade.

Para isso, é imperioso te situes no lugar dos outros, de modo a que não percas tempo, com qualquer julgamento leviano, capaz de arrojar-te em complicações e enganos, por vezes, de lastimável e longa duração.

Se te observares na condição do agressor, imagina quão valioso se te faria o perdão daqueles a quem houvesses ferido, após reconheceres que te desmandaste num momento de desequilíbrio e loucura.

Fosses a pessoa encarcerada em penúria e doença e saberias agradecer os gestos espontâneos de quem te doasse alguns minutos de reconforto ou leves migalhas de auxílio.

Caso te visses no lugar da pessoa caída em tentação, reflete se poderias haver resistido, com mais eficiência, ao assédio das sugestões infelizes.

Estivesses na posição daqueles que controlam a fortuna ou o poder, a influência ou a autoridade e examina, por ti mesmo, qual seria o teu comportamento.

Colocando-te na situação dos companheiros em lágrimas que viram partir entes amados, sob a neblina da morte, mentaliza a extensão do sofrimento que te dilapidaria o coração ao perder a companhia daqueles que mais amas.

De quando a quando, sujeita-te, no silêncio, aos testes dessa natureza, dialogando intimamente de ti para contigo e descobrirás em ti as fontes de renovação espiritual a te nutrirem os sentimentos com novos princípios de tolerância e Humanidade.

Realmente, advertiu-nos Jesus: "Não julgueis para não serdes julgados." O divino Mestre, entretanto, não nos proclamou impedidos de julgar a nós próprios, de modo a revisarmos nossos ideais e atitudes, colocando-nos finalmente a caminho da própria sublimação.

(*Algo mais*. Ed. IDEAL. Cap. 28)

Na obra cristã

Para que nós, os cristãos, não venhamos a falsear a profecia de que somos portadores, é imprescindível nos atenhamos à Obra de Amor e Luz que nos cabe, na concretização dos princípios do Mestre e Senhor, cuja lição levantamos dos velhos sepulcros da letra em que se nos aprisionava a experiência religiosa.

Disse-nos o Senhor: "Não julgueis para que não sejas julgado".

Isso, decerto, não equivale dizer que é preciso abolir a análise do nosso campo de inteligência, mas, sim, que toda condenação é vinagre no pão da fraternidade com que pretendemos nutrir a concórdia entre os homens.

Asseverou, de outra feita: "Serás medido com medida idêntica a que aplicares a teu irmão".

Isso, também, não indica que devemos marchar indiferentes a confrontações e definições, necessárias à elevação de nível do progresso que nos é próprio, mas, sim, que usar as armas da ironia ou da violência, com que somos defrontados no roteiro comum, será o mesmo que atirar petróleo à fogueira, com o propósito de extinguir o incêndio da crueldade.

Lembremo-nos, na oficina de trabalho a que fomos conduzidos, que somente amando aos inimigos e auxiliando aos que nos perseguem, através do silêncio digno e da oração espontânea, segundo os ensinamentos do divino Orientador, é que realmente seremos fiéis à luz profética, com que somos chamados a construir a nova mentalidade cristã para os tempos novos.

Conjuguemos emoções e pensamentos, palavras e atitudes, atos e fatos, num só objetivo: A obra do genuíno esclarecimento das Almas, com base em nosso próprio testemunho de serviço e de amor, na certeza de que, se a árvore, no quadro da Natureza, retira do adubo a seiva fecundante que lhe assegura a frutescência, em plenitude de substância e beleza, também, nós outros, encravados, ainda, em nossas próprias imperfeições, podemos retirar delas os mais santos recursos de aprendizado, aproveitando-os na consecução da tarefa edificante que nos compete realizar atingindo, por fim, a verdadeira comunhão com aquele que é para nós todos, na Terra, a luz do caminho, o alimento da verdade e o brilho incessante da vida.

(*Refúgio*. Ed. IDEAL. Cap. Na obra cristã)

Pois com o juízo com que julgais sereis julgados, e com a medida com que medis sereis medidos.

Mateus
7:2

Socorramos[85]

Decerto observarás, em toda parte, desacordos, desentendimentos, desajustes, discórdias...

Junto do próprio coração, surpreenderás os que parecem residir em regiões morais diferentes. Entes amados desertam da estrada justa, amigos queridos abraçam perigosas experiências.

Como ajudar aos que nos parecem mergulhados no erro?

Censurar é fazer mais distância, desprezá-los será perdê-los.

É imprescindível saibamos socorrê-los, através do bem efetivo e incessante.

Para começar, sintamo-nos na posição deles, a comungar-lhes a luta.

Situemo-nos aos pés dos problemas em que se encontram e atendamos à prestação de serviço silencioso.

Se aparece oportunidade, algo façamos para testemunhar-lhes apreço.

No pensamento, guardemo-los todos em vibrações de entendimento e carinho.

Na palavra, envolvamo-los na bênção do verbo nobre.

Na atitude, amparemo-los quanto seja possível.

Em todo e qualquer processo de ação, fortalecê-los para o bem é nosso dever maior.

À frente, pois, daqueles que se te afiguram desnorteados, estende o coração e as mãos para auxiliar, porque todos estamos no caminho da evolução e, segundo a assertiva do nosso divino Mestre, com a medida com que tivermos medido nos hão de medir a nós.

(*Reformador*, jun. 1960, p. 122)

Discernir e corrigir

Viste o companheiro em necessidade e comentaste-lhe a posição...

---

[85] Nota da equipe organizadora: Texto publicado em *Palavras de vida eterna*. Ed. Comunhão Espírita Cristã. Cap. 76, com pequenas alterações.

Possuía ele recursos expressivos e, talvez por imprevidência, caiu em penúria dolorosa...

Usufrui conhecimentos superiores e feriu-te a sensibilidade por arrojar-se em terríveis despenhadeiros do coração que, às vezes, os últimos dos menos instruídos conseguem facilmente evitar...

Detinha oportunidades de melhoria, com as quais milhares de criaturas sonham debalde e procedeu impensadamente, qual se não retivesse as vantagens que lhe brilham nas mãos...

Desfruta ambiente distinto, capaz de guindá-lo às alturas e prefere desconhecer as circunstâncias que o favorecem, mergulhando-se na sombra das atitudes negativas...

Mantinha valiosas possibilidades de elevação espiritual, no levantamento de apostolados sublimes, e emaranhou-se em tramas obsessivas que lhe exaurem as forças...

Tudo isso, realmente, podes observar e referir.

Entra, porém, na esfera do próprio entendimento e capacita-te de que te não é possível a imediata penetração no campo das causas.

Ignoramos qual teria sido o nosso comportamento na trilha do companheiro em dificuldade, com a soma dos problemas que lhe pesam no espírito.

Não te permitas, assim, pensar ou agir, diante dele, sem que a fraternidade te comande as definições.

Ainda mesmo no esclarecimento absoluto que, em casos numerosos, reclama austeridade sobre nós mesmos, é possível propiciar o remédio da fraqueza a doentes da alma pelo veículo da compaixão, como se administra piedosamente a cirurgia aos acidentados.

Se conseguimos discernir o bem do mal, é que já conhecemos o mal e o bem, e se o Senhor nos permite identificar as necessidades alheias, é porque, de um modo ou de outro, já podemos auxiliar.

(*Palavras de vida eterna*. Ed. Comunhão Espírita Cristã. Cap. 179)

Autoproteção

A gentileza deve ser examinada, não apenas por chave de ajuste nas relações humanas, mas igualmente em sua função protetora para aqueles que a cultivam.

Não falamos aqui do sorriso de indiferença que paira, indefinido, na face, quando o sentimento está longe de colori-lo.

Reportamo-nos à compreensão e, consequentemente, à tolerância e ao respeito com que somos todos chamados à garantia da paz recíproca.

De quando em quando, destaquemos uma faixa de tempo para considerar quantas afeições e oportunidades preciosas temos perdido, unicamente por desatenção pequenina ou pela impaciência de um simples gesto.

Quantas horas gastas com arrependimentos tardios e quantas agressões vibratórias adquiridas à custa de nossas próprias observações, censuras, perguntas e respostas malconduzidas!...

O que fizermos a outrem, fará outrem a nós e por nós.

Reflitamos nos temas da autoproteção.

A fim de nutrir-nos ou aquecer-nos, outros não se alimentam nem se agasalham em nosso lugar e, por mais nos ame, não consegue alguém substituir-nos na medicação de que estejamos necessitados.

Nas questões da alma, igualmente, os reflexos da bondade e as respostas da simpatia hão de ser plantados por nós, se aspiramos à paz em nós.

(*Ceifa de luz*. FEB Editora. Cap. 47)

Comunidade[86]

Sempre que possas, lança um gesto de amor àqueles que se apagam no dia a dia para que te não faltem segurança e conforto.

Vértice não se empina sem base.

Banqueteias-te, selecionando iguarias.

Legiões de pessoas se esfalfam nas tarefas do campo ou nas lides da indústria para que o pão te não falhe.

Resides no lar, onde restauras as forças.

Dezenas de obreiros sofreram duras provas ao levantá-lo.

Materializas o pensamento na página fulgurante que o teu nome chancela.

Multidões de operários atendem ao serviço para que o papel te sirva de veículo.

Ostentas o cetro da autoridade.

Milhares de companheiros suportam obscuras atividades para que o poder te brilhe nas mãos.

---

[86] Nota da equipe organizadora: Texto publicado em *Livro da esperança*. Ed. Comunhão Espírita Cristã. Cap. 85, com pequenas alterações.

Quanto puderes, como puderes e onde puderes, na pauta da consciência tranquila, cede algo dos bens que desfrutas, em favor dos companheiros anônimos que te garantem os bens.

Protege os braços que te alimentam.

Ajuda aos que te sustentam a moradia.

Escreve em auxílio dos que te favorecem a inteligência.

Ampara os que te asseguram o bem-estar.

Ninguém consegue ser ou ter isso ou aquilo, sem que alguém lhe apoie os movimentos naquilo ou nisso.

Trabalha a benefício dos outros, considerando o esforço que os outros realizam por ti.

Não há rios sem fontes, como não existe frente sem retaguarda.

Na Terra, o astrônomo que define a luz das estrelas é também constrangido a sustentar-se com os recursos do chão.

(*Reformador*, abr. 1964, p. 97)

Por que vês o cisco no olho do teu irmão, e não percebes a viga no teu olho?

Mateus
7:3

Busquemos o melhor

A pergunta do Mestre, ainda agora, é clara e oportuna.

Muitas vezes, o homem que traz o argueiro num dos olhos traz igualmente consigo os pés sangrando. Depois de laboriosa jornada na virtude, ele revela as mãos calejadas no trabalho e tem o coração ferido por mil golpes de ignorância e da inexperiência.

É imprescindível habituar a visão na procura do melhor, a fim de que não sejamos ludibriados pela malícia que nos é própria.

Comumente, pelo vezo de buscar bagatelas, perdemos o ensejo das grandes realizações.

Colaboradores valiosos e respeitáveis são relegados à margem por nossa irreflexão, em muitas circunstâncias simplesmente porque são portadores de leves defeitos ou de sombras insignificantes do pretérito, que o movimento em serviço poderia sanar ou dissipar.

Pequenos nódulos na madeira não impedem a obra do artífice e certos trechos empedrados do campo não conseguem frustrar o esforço do lavrador na produção da semente nobre.

Aproveitemos o irmão de boa vontade, na plantação do bem, olvidando as nugas que lhe cercam a vida.

Que seria de nós se Jesus não nos desculpasse os erros e as defecções de cada dia?

E se esperamos alcançar a nossa melhoria, contando com a benemerência do Senhor, por que negar ao próximo a confiança no futuro?

Consagremo-nos à tarefa que o Senhor nos reservou na edificação do bem e da luz e estejamos convictos de que, assim agindo, o argueiro que incomoda o olho do vizinho, tanto quanto a trave que nos obscurece o olhar, se desfarão espontaneamente, restituindo-nos a felicidade e o equilíbrio, por meio da incessante renovação.

(*Fonte viva*. FEB Editora. Cap. 113)

Observemos amando[87]

Habitualmente guardamos o vezo de fixar as inibições alheias, com absoluto esquecimento das nossas.

Exageramos as prováveis fraquezas do próximo, prejulgamos com rispidez e severidade o procedimento de nossos irmãos...

A pergunta do Mestre acorda-nos para a necessidade de nossa educação, de vez que, de modo geral, descobrimos nos outros somente aquilo que somos.

A benefício de nossa edificação recordemos a conduta do Cristo na apreciação de quantos lhe defrontavam a marcha.

Para muitos, Maria de Magdala era a mulher obsidiada e inconveniente; mas para Ele surgiu como sendo um formoso coração feminino, atribulado por indizíveis angústias, que, compreendido e amparado, lhe espalharia no mundo o sol da ressurreição.

No conceito da maioria, Zaqueu era usurário de mãos azinhavradas e infelizes; para Ele, no entanto, era o amigo do trabalho a quem transmitiria alevantadas noções de progresso e riqueza.

Aos olhos de muita gente, Simão Pedro era fraco e inconstante; para Ele, contudo, representava o brilhante entranhado nas sombras do preconceito que fulgiria à luz do Pentecostes para veicular-lhe o Evangelho.

Na opinião do seu tempo, Saulo de Tarso era rijo doutor da lei mosaica, de espírito endurecido e tiranizante; para Ele, porém, era um companheiro malconduzido que buscaria, em pessoa, às portas de Damasco para ajudar-lhe a Doutrina.

Observemos amando, porque apenas o amor puro arrancará por fim as escamas de treva dos nossos olhos para que os outros nos apareçam na Bênção de Deus que, invariavelmente, trazem consigo.

(*Reformador*, maio 1958, p. 98)

Em família espiritual

Quanto mais nos adentramos no conhecimento de nós mesmos, mais se nos impõe a obrigação de compreender e desculpar, na sustentação do equilíbrio em nós e em torno de nós.

---

[87] Nota da equipe organizadora: Texto publicado em *Palavras de vida eterna*. Ed. Comunhão Espírita Cristã. Cap. 35.

Daí a necessidade da convivência, em que nos espelhamos uns nos outros, não para criticar-nos, mas para entender-nos, através de bendita reciprocidade, nos vários cursos de tolerância, em que a vida nos situa, no clima da evolução terrestre.

Assim é que, no educandário da existência, aquele companheiro:

Que somente identifica o lado imperfeito dos seus irmãos, sem observar-lhes a boa parte;

Que jamais se vê disposto a esquecer as ofensas de que haja sido objeto;

Que apenas se lembra dos adversários com o propósito de arrasá-los, sem reconhecer-lhes as dificuldades e os sofrimentos;

Que não analisa as razões dos outros, a fixar-se unicamente nos direitos que julga pertencer-lhe;

Que não se enxerga passível de censura ou de advertência, em momento algum;

Que se considera invulnerável nas opiniões que emita ou na conduta que espose;

Que não reconhece as próprias falhas e vigia incessantemente as faltas alheias;

Que não se dispõe a pronunciar uma só frase de consolação e esperança, em favor dos caídos na penúria moral;

Que se utiliza da verdade exclusivamente para ameaçar ou ferir...

Será talvez de todos nós aquele que mais exija entendimento e ternura, de vez que, desajustado na intolerância, se mostra sempre desvalido de paz e necessitado de amor.

(*Ceifa de luz*. FEB Editora. Cap. 52)

O olhar de Jesus

Recordemos o olhar compreensivo e amoroso de Jesus, a fim de esquecermos a viciosa preocupação com o argueiro que, por vezes, aparece no campo visual dos nossos irmãos de luta.

O Mestre divino jamais se deteve na faixa escura dos companheiros de caminhada humana.

Em Bartimeu, o cego de Jericó, não encontra o homem inutilizado pelas trevas, mas sim o amigo que poderia tornar a ver, restituindo-lhe, desse modo, a visão que passa, de novo, a enriquecer-lhe a existência.

Em Maria de Magdala não enxerga a mulher possuída pelos gênios da sombra, mas sim a irmã sofredora, e, por esse motivo, restaura-lhe a dignidade própria, nela plasmando a beleza espiritual renovada que lhe transmitiria, mais tarde, a mensagem divina da ressurreição eterna.

Em Zaqueu, não identifica o expoente da usura ou da apropriação indébita, e sim o missionário do progresso enganado pelos desvarios da posse e, por essa razão, devolve-lhe o trabalho e o raciocínio à administração sábia e justa.

Em Pedro, no dia da negação, não repara o cooperador enfraquecido, mas sim o aprendiz invigilante, a exigir-lhe compreensão e carinho, e, por isso, transforma-o, com o tempo, no baluarte seguro do Evangelho nascente, operoso e fiel até o martírio e a crucificação.

Em Judas, não surpreende o discípulo ingrato, mas sim o colaborador traído pela própria ilusão e, embora sabendo-o fascinado pela honraria terrestre, sacrifica-se, até o fim, aceitando a flagelação e a morte para doar-lhe o amor e o perdão que se estenderiam pelos séculos, soerguendo os vencidos e amparando a justiça das nações.

Busquemos algo do olhar de Jesus para nossos olhos e a crítica será definitivamente banida do mundo de nossas consciências, porque, então, teremos atingido o grande Entendimento que nos fará discernir em cada ser do caminho, ainda mesmo quando nos mais inquietantes espinheiros do mal, um irmão nosso, necessitado, antes de tudo, de nosso auxílio e de nossa compaixão.

(*Reformador*, jan. 1956, p. 6)

Não deis o [que é] santo aos cães, nem lanceis vossas pérolas diante dos porcos para que não venham a pisá-las com seus pés e, voltando-se, vos despedacem.

Mateus
7:6

Cães e coisas santas

Certo, o cristão sincero nunca se lembrará de transformar um cão em partícipe do serviço evangélico, mas, de nenhum modo, se reportava Jesus à feição literal da sentença.

O Mestre, lançando o apelo, buscava preservar amigos e companheiros do futuro contra os perigos da imprevidência.

O Evangelho não é somente um escrínio celestial de sublimes palavras. É também o tesouro de dádivas da Vida eterna.

Se é reprovável o desperdício de recursos materiais, que não dizer da irresponsabilidade na aplicação das riquezas sagradas?

O aprendiz inquieto na comunicação de dons da fé às criaturas de projeção social, pode ser generoso, mas não deixa de ser imprudente. Porque um homem esteja bem trajado ou possua larga expressão de dinheiro, porque se mostre revestido de autoridade temporária ou se destaque nas posições representativas da luta terrestre, isto não demonstra a habilitação dele para o banquete do Cristo.

Recomendou o Senhor seja o Evangelho pregado a todas as criaturas; entretanto, com semelhante advertência não espera que os seguidores se convertam em demagogos contumazes, e sim em mananciais ativos do bem a todos os seres, por meio de ações e ensinamentos, cada qual na posição que lhe é devida.

Ninguém se confie à aflição para impor os princípios evangélicos, nesse ou naquele setor da experiência que lhe diga respeito. Muitas vezes, o que parece amor não passa de simples capricho, e, em consequência dessa leviandade, é que encontramos verdadeiras maltas de cães avançando em coisas santas.

(*Vinha de luz*. FEB Editora. Cap. 93)

Não cesses de ajudar [88]

Não atires as joias cintilantes da sabedoria ao ignorante, mas não te esqueças de oferecer-lhe a bênção do alfabeto, para que diminua a miséria espiritual do mundo, desde hoje.

Não te percas em longos discursos sobre a glória do bem, ao lado do irmão infeliz que se fez malfeitor contumaz; entretanto, não negues a semelhante desventurado o braço fraterno, a fim de que ele possa elevar-se das profundezas do abismo.

Não te alongues em considerações excessivas sobre a virtude, junto da mulher, nossa benfeitora e nossa irmã, que resvalou para o despenhadeiro dos grandes infortúnios morais; todavia, não lhe subtraias o incentivo ao retorno da vida para a dignidade espiritual no trabalho e no bem a que todos nos achamos destinados.

Não arrojes o tesouro das revelações divinas ao transeunte que passa, cujo íntimo ainda não conheces; contudo, não olvides a necessidade de simpatia e de carinho, com que nos compete ajudar ao forasteiro, de vez que, um dia, seremos estrangeiros em outras regiões e em outros climas.

Não te precipites no pântano, mas ajuda-o a tornar-se produtivo, habilitando-o a receber valiosas sementeiras em próximo futuro.

Não confies as tuas plantas selecionadas à esterilidade dos espinheiros; no entanto, auxilia a terra, removendo-os, convenientemente, a fim de que o solo hoje infeliz possa, amanhã, surgir renovado ao toque de teu esforço.

Não cesses de ajudar, construindo e elevando para o bem infinito.

"Não atires pérolas aos porcos" — proclamou o divino Mestre; entretanto, essa afirmativa não nos induz a esquecer o alimento que devemos a esses pobres animais.

A leviandade, a ignorância, a perturbação, a desordem, a incompreensão e a ingratidão constituem paisagens de trabalho espiritual, reclamando-nos atuação regeneradora.

Não olvidemos a palavra do Senhor, quando nos asseverou, convincente: "Meu Pai trabalha até hoje e eu trabalho também".

(*Reformador*, out. 1953, p. 245)

---

[88] Nota da equipe organizadora: Texto publicado em *Assim vencerás*. Ed. IDEAL. Cap. 15, com pequenas alterações.

Pedi e vos será dado; buscai e encontrareis; batei e será aberto para vós.

Mateus
7:7

Campeonatos[89]

Costumamos admirar as personalidades que se galardoam na Terra.

Tribunos vencem inibição e gaguez, em adestramento laborioso, aprimorando a dicção.

Poetas torturam versos, durante anos, transfigurando-se em estetas perfeitos, ajustando a emoção aos rigores da forma.

Pintores reconstituem os próprios traços, centenas de vezes, fixando por fim, os coloridos da Natureza.

Atletas despendem tempo indeterminado, manejando bolas e raquetas ou submetendo-se a severos regimes, em matéria de alimentação e disciplina, para se garantirem nos galarins da evidência.

Todos eles são dignos de apreço, pelas técnicas obtidas, à custa de longo esforço, e todos, conquanto sem intenção, traçam o caminho que se nos indica às vitórias da alma, porquanto existem campeonatos ocultos, sem qualquer aplauso no mundo, embora atenciosamente seguidos da Esfera espiritual.

Se aspiramos a libertação da impulsividade que nos arrasta aos flagelos da cólera e da incontinência, é forçoso nos afeiçoemos aos regulamentos interiores.

Tribunos, poetas, pintores e atletas terão lido e ouvido treinadores eméritos, mas, sem a consagração deles mesmos aos exercícios que lhes atribuíram eficiência, não passariam de aspirantes aos títulos que apresentam.

Assim também no campo do espírito.

Não adquiriremos equilíbrio e entendimento, abnegação e fé, unicamente desejando semelhantes aquisições.

Não ignoramos que, em certos episódios da vida, não remediaremos a dificuldade com atitudes meigas e que surgem lances, na estrada, nos quais o silêncio não é a diretriz ideal; não desconhecemos que, em determinadas circunstâncias, a caridade não deve ser vazada em moldes de frouxidão e que o sentimento não é feito de pedra para resistir, intocável, a todos os aguilhões do desejo...

---

[89] Nota da equipe organizadora: Texto publicado em *Livro da esperança*. Ed. Comunhão Espírita Cristã. Cap. 81.

Entretanto, se aplicarmos em nós as regras em cuja eficácia acreditamos, sofreando impulsos inferiores, cinco, duzentas, oitocentas, duas mil, dez mil ou cinquenta mil vezes, praticando humildade e paciência, pela obtenção dos pequeninos triunfos do mundo íntimo, que somente nós próprios conseguimos avaliar, conquistaremos o burilamento do Espírito, encontrando a palavra certa e a conduta exata, nas mais diversas situações e nos mais variados problemas.

Tudo é questão de início e o êxito depende da lealdade à consciência, porquanto exclusivamente aqueles que cultivam fidelidade à própria consciência é que se dispõem a prosseguir e perseverar.

(*Reformador*, mar. 1964, p. 62)

Ação e prece[90]

Prece é orientação.
Serviço é merecimento.
Prece é luz.
Serviço é bênção.

Muitos irmãos rogam o auxílio do Céu, trancando, porém, o coração ao auxílio em favor dos companheiros que lhes solicitam apoio e cooperação na Terra.

A evolução, no entanto, em qualquer território da vida, é entretecida em bases de intercâmbio.

O lavrador retém o solo e os elementos da Natureza, mas, se aspira a alcançar os prodígios da colheita, deve plantar.

O artista possui a pedra e os instrumentos com que lhe possa alterar a estrutura, mas, se quer a obra-prima, há que burilá-la com atenção.

No versículo sétimo, do capítulo sete, dos apontamentos do apóstolo Mateus, no Evangelho, diz-nos Jesus: "pedi e dar-se-vos-á; buscai e achareis; batei e abrir-se-vos-á".

Em linguagem de todos os tempos, isto quer dizer: desejai ardentemente e as oportunidades aparecerão; empenhai-vos a encontrar o objeto de vossos anseios e tê-lo-eis à vista; todavia, é preciso combater o bom combate, trabalhar, agir e servir, para que se vos descerrem os horizontes e as realizações que demandais.

---

[90] Nota da equipe organizadora: Texto publicado em *Segue-me!*... Ed. O Clarim. Cap. "Ação e prece", com pequenas alterações.

Semelhantes princípios regem as leis da prece.

A oração ampara sempre; no entanto, se o interessado em proteção e socorro não lhe prestigia a influência, ajudando-lhe a ação, a benefício dos seus próprios efeitos, decerto que não funciona.

(*Reformador*, set. 1970, p. 194)

"Pedi e obtereis"[91]

Quem pede a riqueza material e não se previne contra as tentações da ociosidade e do egoísmo, certamente obtém a fortuna, de mistura com amargas provações.

Quem pede a beleza física e não trabalha contra a vaidade costuma receber a graça do equilíbrio orgânico em associação com dolorosas inquietudes.

Quem roga o bastão da autoridade e não se imuniza contra o vírus da tirania e da violência, sem dúvida guardará o poder humano, entre nuvens de maldição e de sofrimento.

Quem solicita os favores da inteligência e não se esforça por destruir em si mesmo os germes do orgulho, adquire os talentos da intelectualidade revestidos das grandes ilusões, que arrojam a alma invigilante aos despenhadeiros do remorso tardio.

Não é a riqueza material que fere os interesses do Espírito e sim o mau uso que fazemos dela.

Não é a forma aprimorada que perturba a consciência e sim a nossa atitude condenável, na mobilização dos favores da vida.

Não é o poder que humilha a alma e sim a nossa conduta menos digna dentro das aplicações dos recursos que lhe dizem respeito.

Não é a inteligência que nos projeta ao abismo do infortúnio e sim a nossa diretriz reprovável nos abusos do raciocínio.

"Pedi e obtereis!" — ensinou o Mestre.

Depende de nossa solicitação a resposta do bem ou do mal.

Tudo é bom para quem cultiva a bondade, tudo é puro para quem guarda a pureza do coração.

Quem se ilumina, jamais luta com as trevas que lhe fogem à presença brilhante.

---

[91] Nota da equipe organizadora: Texto publicado em *Escrínio de luz*. Ed. O Clarim. Cap. "Pedi e obtereis".

Sirvamos, pois, a Deus, onde estivermos, procurando com o serviço incessante do bem descobrir-lhe a divina Vontade, de modo a cumpri-la, hoje, aqui e agora, em favor de nossa própria felicidade.

(*Reformador*, jan. 1955, p. 4)

Na ação de pedir

(*Seguindo juntos*. Ed. GEEM. Cap. 17)[92]

A chave

(*Seguindo juntos*. Ed. GEEM. Cap. 27)[93]

Batei e abrir-se-vos-á[94]

"Batei", para o Evangelho, não traduz "mendigai".
Significa — esforçai-vos e insisti na vitória do bem.
Não basta pedir para receber.
Não basta esperar para encontrar.
A súplica sem trabalho costuma ser preguiça da mente.
E a esperança que não opera é sempre inércia da alma.
Tomemos, assim, a nossa tarefa de cada dia por bendito instrumento, com que devemos recorrer às fontes da vida.
Atendamos ao nosso dever, por mais doloroso e pesado, com alegria no coração, como quem sabe que o direito é algo que devemos obter, através da obrigação bem cumprida.
Batamos, com o nosso trabalho incessante e benéfico, às portas do progresso e da fraternidade, e o Senhor, realmente, nos responderá com as bênçãos eternas do amor e da sabedoria.

(*Reformador*, fev. 1953, p. 44)

---

[92] N.E.: Vide nota 9.
[93] Idem.
[94] Nota da equipe organizadora: Texto publicado em *Seguindo juntos*. Ed. GEEM. Cap. 31, com alterações.

Imperfeitos, mas úteis

"Busca e acharás" — prometeu nosso divino Mestre.

Insistamos no esforço e com apoio no esforço alcançaremos a bênção da realização.

Em todos os lugares somos defrontados por irmãos que se afirmam inúteis ou demasiado inferiores, e que, por isso, se declaram inabilitados a servir.

Entretanto, que tarefeiro crescido em experiência terá fugido ao rude labor da iniciação? Onde o artista exímio que não haverá de repetir detalhe a detalhe, das atividades criadoras a que se afeiçoa e em que se aperfeiçoa, a fim de senhorear os recursos da mente e da Natureza?

Se ainda perguntas pela ação que te compete na seara do bem, toma lugar na caravana do serviço, consagrando alma e tempo ao concurso que lhe possamos prestar, e, sustentando o devido respeito aos missionários de cúpula no levantamento do mundo melhor, abracemos com alegria os nossos deveres nos alicerces.

Para isso, no entanto, para que te desincumbas das próprias obrigações, não requisites nomeação particular.

Apresenta-te simplesmente no campo das boas obras e começa fazendo algo em favor de alguém.

A construção do bem comum é obra de todos.

Todos necessitamos trabalhar no sentido de aprender e construir, auxiliando os companheiros esclarecidos para que se tornem cada vez mais fiéis à execução dos compromissos nobilitantes que abraçam: os valorosos para não descerem ao desânimo; os retos para que não se transviem; os fracos para que se robusteçam; os tristes para que se consolem; os caídos para que se reergam; os desequilibrados para que se recomponham; os grandes devedores, para que descubram a trilha da solução aos problemas em que se oneram.

Todos nós, Espíritos em evolução no planeta, somos ainda imperfeitos, mas úteis.

É certo que não nos é lícito alardear virtudes que não temos nem fantasiar talentos que nos achamos ainda muito longe de conquistar, mas todos somos chamados a contribuir no bem geral, porquanto, assim como o minério bruto se separa da ganga, ao calor de alta tensão, de modo a converter-se em coluna da civilização e nervo de progresso, também nossa alma, depurada na forja acesa do serviço ao próximo, transforma-se, a pouco e pouco, em veículo de amor e canal de sublimação.

(*Rumo certo*. FEB Editora. Cap. 28)

Examina o teu desejo

Mediunidade é instrumento vibrátil e cada criatura consciente pode sintonizá-lo com o objetivo que procura.

Médium, por essa razão, não será somente aquele que se desgasta no intercâmbio entre os vivos da Terra e os vivos da Espiritualidade.

Cada pessoa é instrumento vivo dessa ou daquela realização, segundo o tipo de luta a que se subordina.

"Acharás o que buscas" — ensina o Evangelho, e podemos acrescentar — "farás o que desejas".

Assim sendo, se te relegas à maledicência, em breve te constituirás em veículo dos gênios infelizes que se dedicam à injúria e à crueldade.

Se te deténs na caça ao prazer dos sentidos, cedo te converterás no intérprete das inteligências magnetizadas pelos vícios de variada expressão.

Se te confias à pretensa superioridade, sob a embriaguez dos valores intelectuais mal aplicados, em pouco tempo te farás canal de insensatez e loucura.

Todavia, se te empenhas na boa vontade para com os semelhantes, imperceptivelmente terás o coração impelido pelos mensageiros do Eterno Bem ao serviço que possas desempenhar na construção da felicidade comum.

Observa o próprio rumo para que não te surjam problemas de companhia.

Desce à animalidade e encontrarás a extensa multidão daqueles que te acompanham com propósitos escuros, na retaguarda.

Eleva-te no aperfeiçoamento próprio e caminharás de espírito bafejado pelo concurso daqueles pioneiros da evolução que te precederam na jornada de luz, guiando-te as aspirações para as vitórias da alma.

Examina os teus desejos e vigia os próprios pensamentos, porque onde situares o coração aí a vida te aguardará com as asas do bem ou com as algemas do mal.

(*Mediunidade e sintonia*. Ed. Cultura Espírita União. Cap. 3)

Vibrações[95]

Entendendo-se o conceito de vibrações, no terreno do espírito, por oscilações ou ondas mentais, importa observar que exteriorizamos constantemente semelhantes energias. Disso decorre a importância das ideias que alimentamos.

---

[95] Nota da equipe organizadora: Texto publicado em *Paz e renovação*. Ed. IDE. Cap. 20.

Em muitas fases da experiência terrestre, nós nos desgastamos com as nossas próprias reações intempestivas, ante a conduta alheia, agravando obstáculos ou ensombrando problemas.

Se nos situássemos, porém, no lugar de quantos nos criem dificuldades, entraríamos em novo câmbio de emoções e pensamentos, frustrando descargas de ódio ou violência, angústia ou crueldade que viessem a ocorrer em nossos distritos de ação.

Experimenta a química do amor no laboratório do raciocínio.

Se alguém te fere, coloca-te, de imediato, na condição do agressor e reconhecerás para logo que a compaixão deve envolver aquele que se entregou inadvertidamente ao ataque para sofrer em si mesmo a dor do desequilíbrio.

Se alguém te injuria, situa-te na posição daquele que te apedreja o caminho e perceberás sem detença que se faz digno de piedade todo aquele que assim procede, ignorando que corta na própria alma, induzindo-se à dor do arrependimento.

Se te encontras sob o cerco de vibrações conturbadoras, emite de ti mesmo aquelas outras que se mostrem capazes de gerar vida e elevação, otimismo e alegria.

Ninguém susta golpes da ofensa com pancadas de revide, tanto quanto ninguém apaga fogo a jorros de querosene.

Responde à perturbação com a paz.

Ante o assalto das trevas faze luz.

Se alguém te desfecha vibrações contrárias à tua felicidade, endereça a esse alguém a tua silenciosa mensagem de harmonia e de amor com que lhe desejes felicidade maior.

Disse-nos o Senhor: "Batei e abrir-se-vos-á. Pedi e obtereis".

Este mesmo princípio governa o campo das vibrações.

Insiste no bem e o bem te garantirá.

(*Reformador*, fev. 1970, p. 44)

Esmola e oração[96]

Em matéria de esmola e oração, não olvidemos conjugar os verbos pedir, obter e dar, para que se nos aperfeiçoe o merecimento.

Em verdade, asseverou-nos Jesus:

— Procurai e achareis.

---

[96] Nota da equipe organizadora: Texto publicado em *Refúgio*. Ed. IDEAL. Cap. "Esmola e oração".

Mas afirmou igualmente:
— Brilhe vossa luz.
Sem dúvida, advertiu-nos, bondoso:
— Pedi e dar-se-vos-á.
Entretanto, acrescentou:
— Amai-vos uns aos outros como eu vos amei.

Realmente, cada dia, rogas para teu filho a bênção celestial, em forma de saúde e segurança, bondade e inteligência, contudo, não te esqueças de que podes, na maioria das circunstâncias, descer do trono doméstico e estender fraternos braços aos filhinhos alheios, que tremem de frio ou que soluçam de fome, para quem significarás resposta sublime a dolorosos apelos.

Pedes alegria ao Todo-Misericordioso e, decerto, o Todo-Misericordioso reconfortar-te-á o coração abatido, no entanto, aprende também a ser o consolo dos que vagueiam, desesperados, na noite da perturbação e do sofrimento, quando não jazem aprisionados nos calabouços do crime.

Suplicas amparo em favor daqueles que mais amas, endereçando ao Senhor comoventes requisições que atingem a Glória eterna, mas não abandones o próximo necessitado, que tanta vez te espera o auxílio afetuoso, metamorfoseado em alimento e remédio, perdão e entendimento.

Não faças, porém, da caridade a esmola constrangida que se entrega, à força, a quem te solicita o supérfluo.

Acorda tua alma à luz do amor infatigável e ajuda, espontaneamente, à maneira dos talentos do Sol e da chuva, da flor e da fonte, que descem do Tesouro divino sem aguardar-te petitórios e chamamentos.

Cultiva a prece com humildade, devotamento, fidelidade e fervor.

Contudo, jamais te esqueças de que da esmola que verte, pura, da Providência de Deus para as tuas necessidades, é indispensável retires alguma parte em favor daqueles que te rodeiam, a fim de que a tua oração não se faça delituosa exigência na Terra, mas sim flama abençoada e resplendente nos Céus.

(*Brasil Espírita*, out. 1958, p. 1)

Orar

Pedi e obtereis — ensinou o Mestre divino.
Semelhante lição, todavia, abrange todos os setores da vida, tanto no que se refira ao bem, quanto ao mal.

Qualquer propósito é oração.

A prece nasce das fontes da alma, na feição de simples desejo, que emerge do sentimento para o cérebro, transformando-se em pensamento que é a força de atração.

Nesse sentido, todo anseio recebe resposta.

Há orações que são atendidas, de imediato enquanto que outras, à maneira de sementes raras, reclamam largo tempo para a germinação, florescimento e frutificação.

Necessário, portanto, vigiar sobre o manancial de nossas aspirações.

As rogativas do bem elevam-se às Esferas superiores, ao passo que os anelos do mal descem às zonas de purgação das trevas indefiníveis.

Anjos existem, habilitados a satisfazer aos bons, da mesma forma que entidades da sombra se acham a postos, a fim de colaborarem com os maus.

Forneçamos os temas elogiáveis ou infelizes de nossas cogitações mais íntimas e os executores invisíveis se manifestarão ativos, contribuindo na realização de nossos projetos, de conformidade com a natureza de nossas intenções.

Reconhecendo que ainda não sabemos pedir, de vez que, na maioria das vezes, ignoramos a essência de nossas próprias necessidades, imitemos o divino Amigo, na oração dominical, quando nos ensina a endereçar as nossas súplicas ao Pai Todo-Misericordioso, na base da confiança perfeita: "Faça-se a tua Vontade justa e soberana na Terra e em toda parte".

O ensinamento do Cristo guarda absoluta atualidade, nas menores características do nosso tempo, entendendo-se que desejar é função de todos, enquanto que orar com proveito é serviço que raros corações sabem fazer.

(*Taça de luz*. Ed. LAKE. Cap. 17)

Pois todo aquele que pede recebe, e aquele que busca encontra, e ao que bate será aberto.

Mateus
7:8

Auxílio do Alto[97]

Deus auxilia sempre.
Observa, porém, o edifício, ainda o mais singelo, que se levanta no mundo.
Todos os recursos utilizados procedem fundamentalmente da Bondade infinita. A inteligência do arquiteto, a força do obreiro, o apoio no solo e os materiais empregados constituem dons da eterna Sabedoria; contudo, delineamentos da planta, elementos de alvenaria, metais diversos e agentes outros da construção não se expressaram nem se arregimentaram no serviço a toque mágico.

O lavrador roga bom tempo a Deus, mas não colhe sem plantar, embora Deus lhe enriqueça as tarefas com os favores do clima.

As Leis de Deus protegem a casa; no entanto, se o morador não a protege, as mesmas Leis de Deus, com o tempo, transformam-na em ruína, até que apareça alguém com suficiente compreensão do próprio dever, que se proponha a reconstruí-la e habitá-la com respeito e segurança.

Em toda parte, a Natureza encarece o Apoio divino, mas não deixa de recomendar, ainda que sem palavras, o impositivo do esforço humano.

A Criação pode ser comparada à imensa propriedade do Criador que a usufrui com todas as criaturas, em condomínio perfeito, no qual as responsabilidades crescem com a extensão dos conhecimentos e dos bens obtidos.

Não te digas, dessa forma, sem a obrigação de pensar, estudar, influenciar, programar, agir e fazer.

"Ajuda-te que o Céu te ajudará" — proclama a sabedoria. Isso, no fundo, equivale a dizer que as Leis de Deus estão invariavelmente prontas a efetuarem o máximo em nosso favor; entretanto, nada conseguirão realizar por nós, se não dermos de nós pelo menos o mínimo.

(*Reformador*, ago. 1964, p. 194)

---

[97] Nota da equipe organizadora: Texto publicado em *Livro da esperança*. Ed. Comunhão Espírita Cristã. Cap. 82, com pequenas alterações.

Fatalidade[98]

A fatalidade do mal é sempre uma criação devida a nós mesmos gerando, em nosso prejuízo, a provação expiatória, em torno da qual passamos compulsoriamente a gravitar.

Semelhante afirmativa dispensa qualquer discussão filosófica, pela simplicidade com que será justo averiguar-lhe o acerto, nas mais comezinhas atividades da vida comum.

Uma conta esposada naturalmente é um laço moral tecido pelo devedor à frente do credor, impondo-lhe a obrigação do resgate.

Um templo doméstico entregue ao lixo sistemático transformar-se-á com certeza num depósito de micróbios e detritos, determinando a multiplicação de núcleos infecciosos de enfermidade e morte.

Um campo confiado ao império da erva daninha converter-se-á, sem dúvida, na moradia de vermes insaciáveis, compelindo o lavrador a maior sacrifício na recuperação oportuna.

Assim ocorre em nosso esforço cotidiano.

Não precisamos remontar a existências passadas para sondar a nossa cultura de desequilíbrio e sofrimento.

Auscultemos a nossa peregrinação de cada dia.

Em cada passo, quando marchamos no mundo ao sabor do egoísmo e da invigilância, geramos nos companheiros de experiências as mais difíceis posições morais contra nós.

Aqui, é a nossa preguiça, atraindo em nosso desfavor a indiferença dos missionários do trabalho, ali é a nossa palavra agressiva ou impensada, coagulando a aversão e o temor, ao redor de nossa presença.

Acolá, é o gesto de incompreensão, provocando a tristeza e o desânimo nos corações interessados em nosso progresso, e, mais além, é a própria inconstância no bem, sintonizando-nos com os agentes do mal...

Lembremo-nos de que os efeitos se expressarão segundo as causas e alteremos o jogo das circunstâncias, em nossa luta evolutiva, desenvolvendo, conosco e em torno de nós, mais elevada plantação de amor e serviço, devotamento e boa vontade.

"Acharás o que procuras" — disse-nos o Senhor.

---

[98] Nota da equipe organizadora: Texto publicado em *Fé, paz e amor*. Ed. GEEM. Cap. "Fatalidade", com pequenas alterações.

E, em cada instante de nossa vida, estamos recolhendo o que semeamos, dependendo da nossa sementeira de hoje a colheita melhor de amanhã.

Moléstias do corpo e impedimentos do sangue, mutilações e defeitos, inquietações e deformidades, fobias complexas e deficiências inúmeras constituem pontos de corrigenda do nosso passado que hoje nos restauram à frente do futuro.

(*Indulgência*. Ed. IDE. Cap. 9)

Qual dentre vós é o homem que, pedindo-lhe pão o seu filho, lhe dará uma pedra?

Mateus
7:9

No ato de orar[99]

Um pai terrestre, conquanto as deficiências compreensíveis da condição humana, jamais oferece pedra ao filho que pede pão.

Certamente que, em lhe examinando essa ou aquela solicitação, considerará os imperativos de tempo, circunstância, necessidade ou lugar.

Se o filho é ainda criança, não lhe entrega dinamite para brincar, porque o menino formule a rogativa ensopando-se de lágrimas; se o filho jaz perturbado, não lhe confere a direção da família, pelo fato de recolher-lhe petitórios comoventes; se o filho, por várias vezes, deitou a casa em ruína, por desperdício delituoso, não lhe restituirá, de pronto, o governo dos assuntos domésticos, só pelo motivo de se ver rodeado de súplicas; e, se o filho permanece atrasado no progresso escolar, não lhe autoriza regalos prolongados, unicamente porque lhe ouça enternecedores requerimentos.

Em hipótese alguma, aniquilará as esperanças dos descendentes, mas, no interesse deles próprios, lhes concederá isso ou aquilo, consultando-lhes a conveniência e a segurança, até que se ergam ao nível de madureza, responsabilidade, merecimento e habilitação, suscetíveis de lhes assegurar a liberdade de pedir o que desejem.

Isso acontece aos pais terrenos...

Desse modo, se experimentas desconfiança e inquietação, no ato de orar, simplesmente porque choras e sofres, lembra-te da compaixão e do discernimento que já presidem o lar humano e não descreias da perfeita e infinita misericórdia do Pai celestial.

(*Reformador*, ago. 1964, p. 174)

---

[99] Nota da equipe organizadora: Texto publicado em *Palavras de vida eterna*. Ed. Comunhão Espírita Cristã. Cap. 166.

Assim, tudo quanto quereis que os homens vos façam, assim também fazei vós a eles, pois esta é a Lei e os Profetas.

Mateus
7:12

O primeiro passo[100]

A regra áurea recebe citações em todos os países.
Em torno dela gravitam livros, poemas, apelos e sermões preciosos.
Entretanto, raros se lembram do primeiro passo para que se desvele toda a sua grandeza.
Não podemos reclamar a ajuda dos outros.
Antes, é justo prestar auxílio.
Não será lícito exigir a desculpa de alguém.
Antes, é imperioso saibamos desculpar.
Convidados a compreender, muitos dizem "não posso", e instados a auxiliar, respondem muitos "ainda não"...
Esquecem-se, porém, de que amanhã serão talvez os necessitados e os réus, carecentes de perdão e socorro. E, muitas vezes, ainda quando não precisem de semelhantes bênçãos para si mesmos, por elas suspirarão em favor dos que mais amem, à face das sombras que lhes devastam a vida.
Se um exemplo pode ser invocado, como bússola, recordemos Jesus.
O Mestre dos mestres faz o bem, despreocupado de considerações, alivia sem paga, acende a esperança sem que os homens lha peçam e perdoa espontaneamente aos que injuriam e apedrejam, sem aguardar-lhes retratação.
Veneremos, assim, a regra áurea e estendamos o espírito de amor de que se toca, divina; contudo, estejamos certos de que ela somente valerá para nós se lhe dermos a aplicação necessária.
O texto do ensinamento é vivo e franco: "Tudo o que quiserdes que os homens vos façam, fazei-o assim também vós a eles".
Querer o bem é impulso de todos, mas, na prática do estatuto sublime, é forçoso sejamos nós quem se adiante a fazê-lo.

(*Reformador*, dez. 1959, p. 276)

---

[100] Nota da equipe organizadora: Texto publicado em *Palavras de vida eterna*. Ed. Comunhão Espírita Cristã. Cap. 66.

Temas da prece

Roga a Deus te abençoe, mas concilia-te, cada manhã, com todas as criaturas e com todas as coisas, agradecendo-lhes as dádivas ou lições que te ofertem.

Pede saúde, evitando brechas para a doença.

Solicita proteção, amparando os irmãos de experiência cotidiana, dentro dos recursos que se te façam possíveis.

Espera a felicidade, criando a alegria do próximo.

Procura as luzes do saber, distribuindo-as no auxílio aos que te rodeiam.

Busca melhorar o nível de conforto em tua existência material, apoiando os companheiros de Humanidade para que se elevem de condição.

Aguarda tolerância para as falhas possíveis que venhas a cometer; entretanto, esquece igualmente as ofensas de que te faças objeto ou as dificuldades que alguém te imponha.

Requisita a consideração e a simpatia dos semelhantes para que te harmonizes contigo mesmo; todavia, oferece aos outros a consideração e a simpatia de que carecem para que não lhes falhem o equilíbrio e a tranquilidade.

Suplica o auxílio do Senhor, na sustentação de tua paz; contudo, não sonegues auxílio ao Senhor para que haja sustentação na paz dos outros.

A árvore se alimenta com os recursos do solo, produzindo fruto que não consome.

A lâmpada gasta a força da usina, deitando luz, a benefício de todos, sem enceleirá-la.

Entre a rogativa e a concessão está o proveito.

Afirma-nos o Evangelho que para Deus nada existe impossível, mas decerto que Deus espera que cada um de nós faça o possível a nosso próprio favor.

(*Ceifa de luz*. FEB Editora. Cap. 56)

Psicologia da caridade

Provavelmente, não existe em nenhum tópico da literatura mundial figura mais expressiva que a do samaritano generoso, apresentada por Jesus para definir a psicologia da caridade.

Esbarrando com a vítima de malfeitores anônimos, semimorta na estrada, passaram dois religiosos, pessoas das mais indicadas para o trato da beneficência, mas seguiram de largo, receando complicações.

Entretanto, o samaritano que viajava, vê o infeliz e sente-se tocado de compaixão.
Não sabe quem é. Ignora-lhe a procedência.
Não se restringe, porém, à emotividade.
Para e atende.
Balsamiza-lhe as feridas que sangram, coloca-o sobre o cavalo e condu-lo a uma hospedaria, sem os cálculos que o comodismo costuma traçar em nome da prudência.
Não se limita, no entanto, a despejar o necessitado em porta alheia. Entra com ele na vivenda e dispensa-lhe cuidados especiais.
No dia imediato, ao partir, não se mostra indiferente. Paga-lhe as contas, abona-o qual se lhe fora um familiar e compromete-se a resgatar-lhe os compromissos posteriores, sem exigir-lhe o menor sinal de identidade e sem fixar-lhe tributos de gratidão.
Ao despedir-se, não prende o beneficiado em nenhuma recomendação e, no abrigo de que se afasta, não estadeia demagogia de palavras ou atitudes, para atrair influência pessoal.
No exercício do bem, ofereceu o coração e as mãos, o tempo e o trabalho, o dinheiro e a responsabilidade. Deu de si o que podia por si, sem nada pedir ou perguntar.
Sentiu e agiu, auxiliou e passou.
Sempre que interessados em aprender a praticar a misericórdia e a caridade, rememoremos o ensinamento do Cristo e façamos nós o mesmo.

(*Livro da esperança*. Ed. Comunhão Espírita Cristã. Cap. 28)

Reclamar menos[101]

Para extinguir a cultura do ódio nas áreas do mundo, imaginemos como seria melhor a vida na Terra se todos cumpríssemos fielmente o compromisso de reclamar menos.
Quantas vezes nos maltratamos reciprocamente tão só por exigir que se realize de certa forma aquilo que os outros só conseguem fazer de outra maneira! De atritos mínimos, então partimos para atitudes extremas. Nessas circunstâncias, costumamos recusar atenção e cortesia até mesmo àqueles

---

[101] Nota da equipe organizadora: Texto publicado em *Segue-me!...* Ed. O Clarim. Cap. "Reclamar menos", com pequenas alterações.

a quem mais devemos consideração e amor; implantamos a animosidade onde a harmonia reinava antes; instalamos o pessimismo com a formulação de queixa desnecessária ou criamos obstáculos onde as grandes realizações poderiam ter sido tão fáceis. Tudo porque não desistimos de reclamar — na maioria das ocasiões — por simples bagatelas.

De modo geral, as reivindicações e desinteligências reportam, mais frequentemente, entre aqueles que a Sabedoria divina reuniu com os mais altos objetivos na edificação do bem, seja no círculo doméstico, seja no grupo de serviço ou de ideal. Por isso mesmo, os conflitos e reprovações aparecem quase sempre no mundo, nas faixas de ação a que somos levados para ajudar e compreender. Censuras entre esposo e esposa, pais e filhos, irmãos e amigos. De pequenas brechas se desenvolvem os desastres morais que comprometem a vida comunitária: desentendimentos, rixas, perturbações e acusações.

Dediquemos à solução do problema as nossas melhores forças, buscando esquecer-nos, de modo a sermos mais úteis aos que nos cercam, e estejamos convencidos de que a segurança e o êxito de quaisquer receitas de progresso e elevação solicitam de nós a justa fidelidade ao programa que a vida estabelece em toda parte, a favor de nós todos: reclamar menos e servir mais.

(*Reformador*, fev. 1969, p. 27)

Lei do auxílio

Anotemos o impositivo do auxílio nas múltiplas faixas de ação da Natureza.

Árvores não produzem sem base no solo.

Fontes não correm sem leito.

Edifícios não se erguem sem os materiais que se lhes ajustem ao plano de construção.

Doentes não se curam sem o socorro que se lhes faça imprescindível.

Os Amigos Espirituais, em verdade, poderão realizar muito em resposta às petições e necessidades dos companheiros encarnados; todavia, muito pouco ou talvez nada lograrão efetuar sem recolherem, para esse fim, algum auxílio deles mesmos.

Dar-lhes-ão a paz; entretanto, solicitam concurso na sustentação da harmonia.

Ajudá-los-ão a solucionar os problemas que lhes cruciem a mente; contudo, rogam-lhes paciência e compreensão, bondade e tolerância, de maneira a não complicá-los.

Inspirá-los-ão na cura das moléstias que lhes aborreçam o corpo físico; no entanto, aguardam-lhes a observância dos tratamentos e regimes, abstenções e medicações que se mostrem aconselháveis.

Ampará-los-ão na melhoria da existência, até mesmo na aquisição e extensão de recursos materiais; todavia, pedem-lhes serviço e diligência, com senso de economia e dedicação ao trabalho.

Auxílio se levanta invariavelmente nos alicerces da cooperação, segundo os princípios da troca.

Por essa razão, advertiu-nos Jesus: "Dai e dar-se-vos-á".

Sirvamos ao próximo, quanto nos seja possível, e alguém nos servirá.

Abençoemos e seremos abençoados.

Colaboremos na manutenção da tranquilidade, e a tranquilidade morará conosco.

Valorizemos os outros e os outros nos valorizarão.

Quem recebe deve dar, e quem dá deve receber.

Nos fundamentos divinos que presidem o relacionamento humano, em matéria de auxílio, esta é a lei.

(*Reformador*, fev. 1976, p. 34)

Entrai pela porta estreita, porque larga é a porta e espaçoso o caminho que conduz à destruição, e muitos são os que entram por ela.

Mateus 7:13

Na forja da vida

Trazes contigo a flama do ideal superior e anelas concretizar os grandes sonhos de que te nutres, mas, adiante da realidade terrestre, costumas dizer que a dificuldade é invencível.

Afirmas haver encontrado incompreensões e revezes, entraves e dissabores, por toda parte, no entanto...

O pão que consomes é o resumo de numerosas obrigações que começaram no cultivo do solo; a vestimenta que te agasalha é o remate de longas tarefas iniciadas de longe com o preparo do fio; o lar que te acolhe foi argamassado com o suor dos que se uniram ao levantá-lo; a escola que te revela a cultura guarda a renunciação de quantos se consagram ao ministério do ensino; o livro que te instrui custou a vigília dos que sofreram para fixar, em caracteres humanos, o clarão das ideias nobres; a oficina que te assegura a subsistência encerra o concurso dos seareiros do bem, a favor do progresso; o remédio que te alivia é o produto das atividades conjugadas de muita gente.

Animais que te auxiliam, fontes que te refrigeram, vegetais que te abençoam e objetos que te atendem, submetem-se a constantes adaptações e readaptações para que te possam servir.

Se aspiras, desse modo, à realização do teu alto destino, não desdenhes lutar, a fim de obtê-lo.

Na forja da vida, nada se faz sem trabalho e nada se consegue de bom sem apoio no próprio sacrifício.

Se queres, na sombra do vale, exaltar o tope do monte, basta contemplar-lhe a grandeza, mas se te dispões a comungar-lhe o fulgor solar na beleza do cimo, será preciso usar a cabeça que carregas nos ombros, sentir com a própria alma, mover os pés em que te susténs e agir com as próprias mãos.

(*Livro da esperança*. Ed. Comunhão Espírita Cristã. Cap. 55)

Muralha do tempo

Em nos referindo a semelhante afirmativa do Mestre, não nos esqueçamos de que toda porta constitui passagem incrustada em qualquer construção a separar dois lugares, facultando livre curso entre eles.

Porta, desse modo, é peça arquitetônica encontradiça em paredes, muralhas e veículos, permitindo, em todos os casos, franco passadouro.

E as portas referidas por Jesus, a que estrutura se entrosam?

Sem dúvida, a porta estreita e a porta larga pertencem à muralha do tempo, situada à frente de todos nós.

A porta estreita revela o acerto espiritual que nos permite marchar na senda evolutiva, com o justo aproveitamento das horas.

A porta larga nos expressa o desequilíbrio interior, com que somos forçados à dor da reparação, com lastimáveis perdas de tempo.

Aquém da muralha, o passado e o presente.

Além da muralha, o futuro e a eternidade.

De cá, a sementeira do *hoje*.

De lá, a colheita do *amanhã*.

A travessia de uma das portas é ação compulsória para todas as criaturas.

Porta larga — entrada na ilusão —, saída pelo reajuste...

Porta estreita — saída do erro —, entrada na renovação...

O momento atual é de escolha da porta, estreita ou larga.

Os minutos apresentam valores particulares, conforme atravessemos a muralha, pela porta do serviço e da dificuldade ou através da porta dos caprichos enganadores.

Examina, por tua vez, qual a passagem que eleges por teus atos comuns na existência que se desenrola, momento a momento.

Por milênios, temos sido viajores do tempo a ir e vir pela porta larga nos círculos de viciação que forjamos para nós mesmos, engodados na autoridade transitória e na posse amoedada, na beleza física e na egolatria aviltante.

Renovemo-nos, pois, em Cristo, seguindo-o nas abençoadas lições da porta estreita, a bendizer os empecilhos da marcha, conservando alegria e esperança na conversão do tempo em dádivas da Felicidade maior.

(*O espírito da verdade*. FEB Editora. Cap. 14)

Quão estreita a porta e apertado o caminho que conduz à vida, e poucos são os que a encontram!

Mateus
7:14

Meio-bem

Frequentemente, somos defrontados por aqueles que admiram o amor aos semelhantes e que, sem coragem para cortar as raízes do apego a si próprios, se afeiçoam às atividades do meio-bem, continuando envolvidos no movimento do mal.

Emprestam valioso concurso a quem administra, mas requisitam favores e privilégios, suscitando dificuldades.

Financiam tarefas beneficentes, distendendo reais benefícios, no entanto, cobram tributos de gratidão, multiplicando problemas.

Entram em lares sofredores, fazendo-se necessários pelo carinho que demonstram, mas solicitam concessões que ferem, quais rijos golpes.

Oferecem cooperação preciosa, em socorrendo as aflições alheias, no entanto, exigem atenções especiais, criando constrangimentos.

Alimentam necessitados e põem-lhes cargas nos ombros.

Acolhem crianças menos felizes, reservando-lhes o jugo da servidão no abrigo familiar.

Elogiam companheiros para que esses mesmos companheiros lhes erijam um trono.

Protegem amigos diligenciando convertê-los em joguetes e escravos.

Não desconhecemos que todo cultivador espera resultados da lavoura a que se dedica, nem ignoramos que semear e colher conforme a plantação, constituem operações matemáticas no mecanismo da Lei.

Examinamos aqui tão somente a estranha atitude daqueles que não negam a eficácia da abnegação, entregando-se, porém, ao desvairado egoísmo de quem costuma distribuir cinco moedas, no auxílio aos outros, com a intenção de obter cinco mil.

Efetivamente, o mínimo bem vale por luz divina, mas se levado a efeito sem propósitos secundários, como no caso da humilde viúva do Evangelho que se destacou, nos ensinamentos do Cristo por haver cedido de si mesma a singela importância de dois vinténs sem qualquer condição.

Precatemo-nos desse modo, contra o sistema do meio-bem, por onde o mal se insinua, envenenando a fonte das boas obras.

Estrada construída pela metade patrocina acidentes.
Víboras penetram em casa, varando brechas.
O bem pede doação total para que se realize no mundo o bem de todos.

É por isso que a Doutrina Espírita nos esclarece que o bem deve ser praticado com absoluto desinteresse e infatigável devotamento, sem que nos seja lícito, em se tratando de nossa pessoa, reclamar bem algum.

(*Livro da esperança*. Ed. Comunhão Espírita Cristã. Cap. 29)

Por seus frutos os reconhecereis. Porventura, colhem-se [cachos de] uva dos espinheiros, ou figos dos abrolhos?

Mateus
7:16

Pelos frutos

Nem pelo tamanho.
Nem pela configuração.
Nem pelas ramagens.
Nem pela imponência da copa.
Nem pelos rebentos verdes.
Nem pelas pontas ressequidas.
Nem pelo aspecto brilhante.
Nem pela apresentação desagradável.
Nem pela vetustez do tronco.
Nem pela fragilidade das folhas.
Nem pela casca rústica ou delicada.
Nem pelas flores perfumadas ou inodoras.
Nem pelo aroma atraente.
Nem pelas emanações repulsivas.

Árvore alguma será conhecida ou amada pelas aparências exteriores, mas sim pelos frutos, pela utilidade, pela produção.

Assim também nosso espírito em plena jornada...

Ninguém que se consagre realmente à verdade dará testemunho de nós pelo que parecemos, pela superficialidade de nossa vida, pela epiderme de nossas atitudes ou expressões individuais percebidas ou apreciadas de passagem, mas sim pela substância de nossa colaboração no progresso comum, pela importância de nosso concurso no bem geral.

"Pelos frutos os conhecereis" — disse o Mestre.

"Pelas nossas ações seremos conhecidos" — repetiremos nós.

(*Fonte viva*. FEB Editora. Cap. 7)

Nossas obras[102]

Nossas obras são os sinais que endereçamos ao mundo que nos cerca.

Por elas, criamos, no círculo em que vivemos, pensamentos, palavras e ações que, por força da Lei, reagem sobre nós, deprimindo-nos ou levantando-nos, iluminando-nos o coração ou obscurecendo-nos a mente, segundo o bem ou o mal em que se estruturam.

Não te esqueças de que a nossa trajetória, entre as criaturas, fala silenciosamente por nosso espírito.

Não é preciso que a nossa língua se desarticule na exposição desvairada do sofrimento, para recebermos a cooperação dos nossos vizinhos, porque, se a nossa plantação de simpatia e trabalho está bem tratada, a assistência espontânea do próximo vem, de imediato, ao nosso encontro.

Por outro lado, não é necessário o nosso mergulho nas alegações brilhantes do desculpismo, para inocentar-nos à frente dos outros, porque, se as nossas obras não são recomendáveis, a própria vida, na pessoa dos nossos semelhantes, nos relega a transitório abandono, a fim de que, na consequência purgatorial de nossos próprios erros, venhamos curtir a provação amarga que nos restaurará o equilíbrio à maneira de remédio precioso e salutar.

Não olvides que os nossos atos são as legítimas expressões do nosso idioma pessoal, no campo do mundo.

Faze o bem e a luz sorrirá com a tua alegria.

Faze o mal e a dor chorará com as tuas lágrimas.

Disse Jesus — "Pelos frutos os conhecereis..." e, consoante os princípios que nos regem a luta, as nossas próprias obras falarão por nós, à frente da Humanidade, decretando a nossa ascensão ou a nossa queda, nossa bem-aventurança ou nossa aflição.

(*Reformador*, abr. 1956, p. 82)

---

[102] Nota da equipe organizadora: Texto publicado em: *Páginas de fé*. Ed. IDEAL. Cap. 19, com alterações; *Abençoa sempre*. Ed. GEEM. Cap. Nossas obras, com pequenas alterações.

Dessa forma, toda árvore boa produz frutos bons [...].

Mateus
7:17

Bênção de Deus[103]

Muitas vezes, criticamos o dinheiro, malsinando-lhe a existência; no entanto, é lícito observá-lo através da justiça.

O dinheiro não compra a harmonia; contudo, nas mãos da caridade, restaura o equilíbrio do pai de família, onerado em dívidas escabrosas.

Não compra o Sol, mas, nas mãos da caridade, obtém o cobertor destinado a aquecer o corpo enregelado dos que tremem de frio.

Não compra a saúde; entretanto, nas mãos da caridade, assegura proteção ao enfermo desamparado.

Não compra a visão; todavia, nas mãos da caridade, oferece óculos aos olhos deficientes do trabalhador de parcos recursos.

Não compra a euforia; contudo, nas mãos da caridade, improvisa a refeição devida aos companheiros que enlanguescem de fome.

Não compra a luz espiritual, mas, nas mãos da caridade, propaga a página edificante que reajusta o pensamento a tresmalhar-se nas sombras.

Não compra a fé; entretanto, nas mãos da caridade, ergue a esperança, junto de corações tombados em sofrimento e penúria.

Não compra a alegria; no entanto, nas mãos da caridade, garante a consolação para aqueles que choram, suspirando por migalha de reconforto.

Dinheiro em si e por si é moeda seca ou papel insensível que, nas garras da sovinice ou da crueldade, é capaz de criar o infortúnio ou acobertar o vício. Mas o dinheiro do trabalho e da honestidade, da paz e da benemerência, que pode ser creditado no banco da consciência tranquila, toda vez que surja unido ao serviço e à caridade, será sempre bênção de Deus, fazendo prodígios.

(*Reformador*, fev. 1964, p. 42)

---

[103] Nota da equipe organizadora: Texto publicado em *Livro da esperança*. Ed. Comunhão Espírita Cristã. Cap. 48.

Logo, pelos seus frutos os reconhecereis.

Mateus
7:20

Frutos

O mundo atual, em suas elevadas características de inteligência, reclama frutos para examinar as sementes dos princípios.

O cristão, em razão disso, necessita aprender com a boa árvore, que recebe os elementos da Providência divina, por meio da seiva, e converte-os em utilidades para as criaturas.

Convém o esforço de autoanálise, a fim de identificarmos a qualidade das próprias ações.

Muitas palavras sonoras proporcionam simplesmente a impressão daquela figueira condenada.

É indispensável conhecermos os frutos de nossa vida, de modo a saber se beneficiam os nossos irmãos.

A vida terrestre representa oportunidade vastíssima, cheia de portas e horizontes para a eterna luz. Em seus círculos, pode o homem receber diariamente a seiva do Alto, transformando-a em frutos de natureza divina.

Indiscutivelmente, a atualidade reclama ensinos edificantes, mas nada compreenderá sem demonstrações práticas, mesmo porque, desde a Antiguidade, considera a sabedoria que a realização mais difícil do homem, na esfera carnal, é viver e morrer fiel ao supremo bem.

(*Caminho, verdade e vida*. FEB Editora. Cap. 122)

Nas diretrizes do Evangelho[104]

O Senhor não nos induziu a conhecer o valor da árvore pelas exterioridades ou dificuldades de sua vinculação com a terra.

Não pela configuração morfológica do tronco.

Nem pelo tecido da folhagem.

Nem pelas flores.

---

[104] Nota da equipe organizadora: Texto publicado em *Segue-me!...* Ed. O Clarim. Cap. "Nas diretrizes do Evangelho".

Não mandou se lhe pesquisasse os defeitos de apresentação, muitas vezes criados pela fúria das tempestades que o exame posterior dos melhores botânicos não consegue determinar.

Nem recomendou se lhe fixassem as desvantagens causadas pelos insetos que lhe carcomem as energias e que os obreiros do bem saberão extirpar, a preço de amor.

Nem exigiu se inventariasse o número dos viajores que lhe espancaram ou quebraram os ramos, a fim de se lhe apropriarem dos recursos.

O Mestre apenas anunciou que a árvore será sempre conhecida pelos frutos.

Quando as circunstâncias nos impelirem a julgar ou analisar os irmãos de experiência e caminho, esqueçamos as figurações passageiras que repontem no lado externo da vida e recordemos o ensino de Jesus: "Pelos frutos os conhecereis".

(*Reformador*, maio 1969, p. 98)

Autoaprimoramento

Tanto quanto sustentamos confidências menos felizes com os outros, alimentamos aquelas do mesmo gênero de nós para nós mesmos.

Como vencer os nossos conflitos interiores? De que modo eliminar as tendências menos construtivas que ainda nos caracterizam a individualidade? — indagamo-nos.

De que modo esparzir a luz se muitas vezes ainda nos afinamos com a sombra?

E perdemos tempo longo na introspecção sem proveito, da qual nos afastamos insatisfeitos ou tristes.

Ponderemos, entretanto, que se os doentes estivessem proibidos de trabalhar, segundo as possibilidades que lhes são próprias, e se os benefícios da escola fossem vedados aos ignorantes, não restaria à civilização outra alternativa que não a de se extinguir, deixando-se invadir pelos atributos da selva.

Felicitemo-nos pelo fato de já conhecer as nossas fraquezas e defini-las. Isso constitui um passo muito importante no progresso espiritual, porque, com isso, já não mais ignoramos onde e como atuar em auxílio da própria cura e burilamento.

Que somos Espíritos endividados perante as Leis Divinas, em nos reportando a nós outros, os companheiros em evolução na Terra, não padece dúvida.

Urge, porém, saber como facear construtivamente as necessidades e problemas do mundo íntimo.

Reconhecemo-nos falhos, em nos referindo aos valores da alma, ante a Vida superior, mas abstenhamo-nos de chorar inutilmente no beco da autopiedade.

Em vez disso, trabalhemos na edificação do bem de todos.

Cultura é a soma de lições infinitamente repetidas no tempo.

Virtude é o resultado de experiências incomensuravelmente recapituladas na vida.

Jesus, o Mestre dos mestres, apresenta uma chave simples para que se lhe identifiquem os legítimos seguidores: "conhecê-los-eis pelos frutos".

Observemos o que estamos realizando com o tesouro das horas e de que espécie são as nossas ações, a benefício dos semelhantes. E, procurando aceitar-nos como somos, sem subterfúgios ou escapatórias, evitemos estragar-nos com queixas e autocondenação, diligenciando buscar, isto sim, agir, servir e melhorar-nos sempre.

Em tudo o que sentirmos, pensarmos, falarmos ou fizermos, doemos aos outros o melhor de nós, reconhecendo que, se as árvores são valorizadas pelos próprios frutos, cada árvore recebe e receberá invariavelmente atenção e auxílio do pomicultor, conforme os frutos que venha a produzir.

(*Rumo certo*. FEB Editora. Cap. 23)

Fruto e exemplo

(*Plantão da paz*. Ed. GEEM. Cap. "Fruto e exemplo")[105]

No campo da vida

(*Reconforto*. Ed. GEEM. Cap. 8)[106]

---

[105] N.E.: Vide nota 9.
[106] N.E.: Vide nota 9.

Tentações[107]

O êxito dos falsos profetas, em nossa vida, surge na proporção de falsidade que ainda abrigamos em nosso próprio espírito.

O ouro tenta o homem, mas não move o interesse do corvo. Os detritos atraem o corvo, mas apenas provocam a repugnância do homem.

Somos tentados invariavelmente de acordo com a nossa própria natureza.

A perturbação não lançaria raízes no solo de nossa alma, se aí não encontrasse terreno adequado.

Não nos libertaremos, assim, das forças enganadoras que nos cercam, sem a nossa própria libertação dos interesses inferiores.

O ouvido que oferece asilo à calúnia é cultor da maledicência.

A boca que se detém na resposta ao insulto naturalmente estima a produção verbal de crueldade e sarcasmo.

Quem muito se especializa na contemplação do charco, traz o pântano dentro de si.

Quem se consagra sistematicamente à fuga do próprio dever, aceita a comunhão com criaturas indisciplinadas como se convivesse com mártires e heróis.

Quem apenas possui visão para a crítica, encontra prazer com os censores inveterados e com os incuráveis pessimistas, que somente identificam a treva ao redor dos próprios passos.

Tenhamos cautela em nós mesmos, a fim de que a nossa defensiva contra a mentira e contra a ilusão funcione, eficiente.

Não seríamos procurados pelos adversários da luz se não cultivássemos a sombra.

Jamais ouviríamos o apelo às nossas vaidades se não vivêssemos reclamando o envenenado licor da lisonja ao nosso próprio "eu" enfermiço.

Procuremos as situações e os acontecimentos, as criaturas e as coisas pelo bem que possam produzir, nunca pelo estímulo ao nosso personalismo desregrado, e os problemas da tentação degradante estarão resolvidos em nossa marcha.

"A árvore é conhecida pelos frutos" — ensina o Senhor —, e seremos queridos e admirados pelos Espíritos que nos rodeiam, de acordo com os nossos próprios pensamentos e as nossas próprias obras.

---

[107] Nota da equipe organizadora: Texto publicado em *Saudação do Natal*. Ed. Cultura Espírita União. Cap. "Tentações", com pequenas alterações.

Sejamos fiéis ao Senhor, na prática do amor puro, em qualquer confissão religiosa a que nos afeiçoemos, e as forças infiéis à verdade não encontrarão base em nossa vida, de vez que a Vontade divina, e não o nosso capricho, será então a luz santificadora de nossos próprios corações.

(*Reformador*, dez. 1953, p. 279)

Nem todo aquele que me diz "Senhor, Senhor" entrará no Reino dos Céus, mas aquele que realiza a vontade de meu Pai [que está] nos céus.

Mateus
7:21

Tais quais somos[108]

Declaras-te no sadio propósito de buscar evolução e aprimoramento, luz e alegria; entretanto, em várias ocasiões, estacas, recusando a estação de experiência e resgate em que ainda te vês.

Deitas aflitivo olhar para fora e frequentemente cobiças, sem perceber, as condições de amigos determinados, perdendo valioso tempo em descabidas lamentações.

"Se eu contasse com mais saúde..." — alegas em tom amargo.

Em corpos enfermos, todavia, há Espíritos que entesouram paciência e coragem, fortaleza e bom ânimo, levantando o padrão moral de comunidades inteiras.

"Se eu conseguisse um diploma distinto..." — afirmas com menosprezo a ti próprio.

Não te é lícito desconhecer, porém, que o dever retamente cumprido é certificado dos mais nobres, descerrando-te caminho a conquistas superiores.

"Se eu tivesse dinheiro..." — reclamas, triste.

Mas esqueces-te de que é possível socorrer o doente e abençoar o próximo, sem acessórios amoedados.

"Se eu possuísse mais cultura..." — asseveras, mostrando verbo desapontado.

E não te aplicas ao esmero de lembrar que nunca existiram sábios e autoridades, sem começos laboriosos e sem ásperas disciplinas.

"Se eu alcançasse companheiros melhores..." — dizes, subestimando o próprio valor.

Entretanto, o esposo transviado e a esposa difícil, os filhos-problemas e os parentes complicados, os colaboradores insipientes e os amigos incompletos são motivos preciosos do teu apostolado individual, na abnegação e no entendimento, para que te eleves de nível, ante a Vida maior.

Errados ou inibidos, deficientes ou ignorantes, rebeldes ou faltosos, é necessário aceitar a nós mesmos, tais quais somos, sem acalentar ilusões a nosso

---

[108] Nota da equipe organizadora: Texto publicado em *Livro da esperança*. Ed. Comunhão Espírita Cristã. Cap. 60, com pequenas alterações.

respeito, mas conscientes de que a nossa recuperação, melhoria, educação e utilidade no bem dos semelhantes, na sustentação do bem de nós mesmos, podem principiar, desde hoje, se nós quisermos, porquanto é da Lei que a nossa vontade, intimamente livre, disponha de ensejos para renovar o destino, todos os dias.

Ensinou-nos Jesus que o Reino de Deus está dentro de nós.

Fujamos, pois, de invejar os instrumentos de trabalho e progresso que brilham na responsabilidade dos outros. Para superar as dificuldades e empeços de nossos próprios limites, basta abrir o coração ao amor e aproveitar os recursos que nos enriquecem as mãos.

(*Reformador*, fev. 1963, p. 40)

Fé e ação

"*Não basta dizer — Senhor! Senhor!*" — equivale a assegurar que a fé não satisfaz, só por si, em nossa suspirada ascensão às bênçãos da vida imperecível.

Observações simples da experiência vulgar, confirmam-nos o asserto.

O edifício para erguer-se com segurança exige plano adequado, mas não basta o projeto valioso para que a obra se concretize.

O lavrador sem a preparação justa do campo, não se abalançará naturalmente à sementeira, mas não vale tão somente o amanho do solo para que a colheita farta lhe coroe a tarefa.

No levantamento da casa, é imperioso que o arquiteto mobilize com atenção os materiais e instrumentos imprescindíveis, aproveitando a cooperação de braços obedientes, a fim de que a construção se materialize e, na lavoura comum, é indispensável que o operário da gleba se consagre ao suor, dia a dia, com a sustentação da semente escolhida, para que o pão, mais tarde, lhe sirva à mesa.

Nas esferas do espírito prevalecem os mesmos princípios e vigem as mesmas leis.

Cada criatura renasce na carne com um plano de ação a executar nas linhas do eterno Bem.

Não bastará se refugie na certeza da Bondade divina, para atender às obrigações que lhe cabem.

Não é suficiente a visão do Céu para equacionar as exigências do aprimoramento a que deve afeiçoar-se na Terra.

É inadiável a consagração de cada um de nós à obra viva da própria iluminação, para que a nossa confiança não seja infortunado jardim a entorpecer-se nas trevas.

Compreendamos que se Jesus admitisse a fé inoperante como penhor de vitória na vida, não teria descido da Glória celestial para sofrer o convívio humano, testemunhando no próprio sacrifício as suas grandes lições!...

E, abraçando o serviço da redenção que nos é necessária, estejamos empenhados à edificação do bem de todos, porque ajudar a todos é auxiliar a nós próprios e educar-nos, — a preço de trabalho e abnegação, — e acender em favor dos outros, com a sublimação de nós mesmos, a bênção da própria Luz.

(*Escrínio de luz*. Ed. O Clarim. Cap. "Fé e ação")

Não bastará dizer[109]

Não bastará clamar "Senhor! Senhor!..." para atravessarmos vitoriosamente as portas da iluminação espiritual para a vida eterna.

Muitos clamam pela proteção do Mestre, em lágrimas de amargosa compunção, mas não lhe aceitam os desígnios salvadores. Esperam pelo Benfeitor divino, à maneira de crianças caprichosas, tocadas de viciosas exigências.

Muitos apelam para Jesus, reclamando-lhe socorro e assistência, declarando-se extenuados pelas pequenas lutas que lhes couberam no mundo; entretanto, são cegos para os fardos pesados que os vizinhos suportam heroicamente e incapazes de oferecer a mais leve migalha de cooperação ao próximo sofredor.

Muitos repetem o nome do Amigo celeste, não para materializar-lhe os princípios sublimes no mundo, mas para conquistarem destacado lugar no banquete da dominação humana.

Muitos se reportam ao Mestre da cruz, rogando-lhe refúgio entre os anjos, todavia, conservam-se em plena fuga ao serviço que o Céu lhes conferiu, entre as criaturas, na Terra, para soerguimento da Humanidade.

O problema da redenção não está situado em nossos lábios, mas, acima de tudo, em nosso coração e em nossos braços, que devemos mobilizar a serviço dos outros e em favor de nós mesmos.

Apliquemo-nos, pois, à ação permanente do bem e, convictos de que "a cada um será dado segundo as próprias obras", procuremos a nossa posição de servidores, no abençoado campo do Espiritismo, que nos oferece recursos sublimes à sementeira de nossa felicidade imortal.

(*Reformador*, dez. 1955, p. 287)

---

[109] Nota da equipe organizadora: Texto publicado em *Reconforto*. Ed. GEEM. Cap. 9, com alterações.

Portanto, todo aquele que ouve estas minhas palavras e as pratica será comparado ao homem prudente, que edificou sua casa sobre a rocha.

Mateus
7:24

Homens de fé

Os grandes pregadores do Evangelho sempre foram interpretados à conta de expressões máximas do Cristianismo, na galeria dos tipos veneráveis da fé; entretanto, isso somente aconteceu quando os instrumentos da verdade, efetivamente, não olvidaram a vigilância indispensável ao justo testemunho.

É interessante verificar que o Mestre destaca, entre todos os discípulos, aquele que lhe ouve os ensinamentos e os pratica. Daí se conclui que os homens de fé não são aqueles apenas palavrosos e entusiastas, mas os que são portadores igualmente da atenção e da boa vontade, perante as lições de Jesus, examinando-lhes o conteúdo espiritual para o trabalho de aplicação no esforço diário.

Reconforta-nos assinalar que todas as criaturas em serviço no campo evangélico seguirão para as maravilhas interiores da fé. Todavia, cabe-nos salientar, em todos os tempos, o subido valor dos homens moderados que, registrando os ensinos e avisos da Boa-Nova, cuidam, desvelados, da solução de todos os problemas do dia ou da ocasião, sem permitir que suas edificações individuais se processem longe das bases cristãs imprescindíveis.

Em todos os serviços, o concurso da palavra é sagrado e indispensável, mas aprendiz algum deverá esquecer o sublime valor do silêncio, a seu tempo, na obra superior do aperfeiçoamento de si mesmo, a fim de que a ponderação se faça ouvida, dentro da própria alma, norteando-lhe os destinos.

(*Pão nosso*. FEB Editora. Cap. 9)

Cada servidor em sua tarefa

No campo da vida, cada inteligência se caracteriza pelas atribuições que lhe são próprias.

Seja nos recintos da lei, nos laboratórios da ciência, no tanque de limpeza ou à cabeceira de um doente, toda pessoa tem o lugar de revelar-se.

Não te afirmes, desse modo, inútil ou desprezível.

E, atendendo ao trabalho que o mundo te reservou, não te ausentes da ação, alegando que todos somos iguais e que, por isso mesmo, não adianta fatigar-se alguém por trazer a nota, em que se particulariza, à sinfonia do Universo.

Sim, todos somos iguais, na condição de criaturas de Deus, e todos nos identificaremos harmoniosamente uns com os outros, no dia da suprema integração com a infinita Bondade, mas, entre a estaca de partida e o ponto de meta, cada um de nós permanece, em determinado grau evolutivo, com aquisições específicas por fazer, conquanto estejamos sob o critério imparcial das leis eternas, que funcionam em regime de absoluta igualdade para nós todos.

Em cada fase de realização do aprimoramento espiritual, como acontece, em cada setor de construção do progresso físico, preceituam os fundamentos divinos seja concedida a cada servidor a sua própria tarefa.

Isso é fácil de verificar nos planos mais simples da Natureza.

Num trato de solo, as expressões climáticas são as mesmas para todas as plantas, contudo, a sarça não oferece laranjas nem mamoeiro deita cravos.

Na moradia vulgar, o alicerce é uniforme na contextura, mas o teto não substitui a parede nem a porta desempenha as funções do piso.

Na produção da luz elétrica, a força é idêntica nos condutos diversos, no entanto, o transformador não serve de fio nem a tomada efetua a obra da lâmpada.

No corpo humano, embora o sangue circule por seiva única de todas as províncias que o constituem, olhos e ouvidos, pés e mãos desenvolvem obrigações diferentes.

Certo, podes incentivar o serviço alheio, como é justo adubar-se a lavoura para que a lavoura produza com segurança, todavia, a obrigação, hoje, é intransferível para cada um, não obstante a possibilidade dessa mesma obrigação alterar-se amanhã.

Realiza, pois, tão bem quanto possível, a tarefa que te cabe e nunca te digas em tarefa excessivamente apagada.

Ainda mesmo para o mais exímio dos astronautas a viagem no firmamento principia de um passo no chão do mundo e o mais soberbo jequitibá da floresta começou na semente humilde.

(*Livro da esperança*. Ed. Comunhão Espírita Cristã. Cap. 56)

Estendendo a mão, tocou-lhe, dizendo: Quero, seja purificado! [...]

Mateus
8:3

Reparemos nossas mãos[110]

Meditemos na grandeza e na sublimidade das mãos que se estendem para o bem...
Mãos que aram a terra, preparando a colheita...
Mãos que constroem lares e escolas, cidades e nações...
Mãos que escrevem, amando em louvor do conhecimento...
Mãos que curam na medicina, que plasmam a riqueza da ciência e da indústria, que asseguram o reconforto e o progresso...
Todas elas se abrem, generosas, na direção do Infinito, gerando aperfeiçoamento e tranquilidade, reconhecimento e alegria, conjugando-se, abnegadas, para a extensão das bênçãos de Sabedoria e de Amor na Obra de Deus.
Mas pensemos também nas mãos que se estendem para as sombras do mal...
Mãos que recolhem o ouro devido ao trabalho em favor de todos, transformando-se em garras de usura...
Mãos que acionam apetrechos de morte, convertendo-se em conchas de sangue e lágrimas...
Mãos que se agitam na mímica estudada de quantos abusam da multidão para conduzi-la à indisciplina em proveito próprio...
Mãos que ferem, que coagulam o fel da calúnia em forma de letras, que amaldiçoam, que envenenam e que cultuam a inércia...
Todas elas se cerram sobre si mesmas em círculos de aflição e remorso pelos quais se aprisionam às trevas do sofrimento.
Reparemos, assim, a que forças da vida estendemos as nossas mãos.
Jesus, o Mestre divino, passou no mundo estendendo-as no auxílio a todos, ensinando e ajudando, curando e afagando, aliviando corpos enfermos e levantando almas caídas, e, para mostrar-nos o supremo valor das mãos consagradas ao bem constante, preferiu morrer na cruz, de mãos estendidas, como que descerrando o coração pleno de amor à Humanidade inteira.

(*Reformador,* jul. 1958, p. 146)

---

[110] Nota da equipe organizadora: Texto publicado em *Palavras de vida eterna*. Ed. Comunhão Espírita Cristã. Cap. 37.

Mãos em serviço[111]

Mãos estendidas!...

Quando estiveres meditando e orando, recorda que todas as grandes ideias se derramaram, através dos braços, para concretizarem as boas obras.

Cidades que honram a civilização, indústrias que sustentam o povo, casa que alberga a família, gleba que produz, são garantidas pelo esforço das mãos.

Médicos despendem largo tempo em estudo para a conquista do título que lhes confere o direito de orientar o doente; no entanto, vivem estendendo as mãos no amparo aos enfermos.

Educadores mergulham vários lustros na corrente das letras, adquirindo a ciência de manejá-las; contudo, gastam longo trecho da existência, estendendo as mãos no trabalho da escrita.

Cada reencarnação de nosso espírito exige braços abertos do regaço maternal que nos acolhe.

Toda refeição, para surgir, pede braços em movimento.

Cultivemos a reflexão para que se nos aclare o ideal, sem largar o trabalho que no-lo realiza.

Jesus, embora pudesse representar-se por milhões de mensageiros, escolheu vir ele próprio até nós, colocando mãos no serviço, de preferência em direção aos menos felizes.

Pensemos nele, o Senhor. E toda vez que nos sentirmos cansados, suspirando por repouso indébito, lembremo-nos de que as mãos do Cristo, após socorrer-nos e levantar-nos, longe de encontrarem apoio repousante, foram cravadas no lenho do sacrifício, do qual, conquanto escarnecidas e espancadas, ainda se despediram de nós, entre a palavra do perdão e a serenidade da bênção.

(*Reformador*, nov. 1963, p. 242)

---

[111] Nota da equipe organizadora: Texto publicado em: *Palavras de vida eterna*. Ed. Comunhão Espírita Cristã. Cap. 147, com pequenas alterações; *Segue-me!...* Ed. O Clarim. Cap. "Onde o repouso", com pequenas alterações.

[...] Tomou nossas enfermidades e carregou as doenças.

Mateus
8:17

O passe[112]

Meu amigo, o passe é transfusão de energias físio-psíquicas, operação de boa vontade, dentro da qual o companheiro do bem cede de si mesmo em teu benefício.

Se a moléstia, a tristeza e a amargura são remanescentes de nossas imperfeições, enganos e excessos, importa considerar que, no serviço do passe, as tuas melhoras resultam da troca de elementos vivos e atuantes.

Trazes detritos e aflições e alguém te confere recursos novos e bálsamos reconfortantes.

No clima da prova e da angústia, és portador da necessidade e do sofrimento.

Na esfera da prece e do amor, um amigo se converte no instrumento da infinita Bondade, para que recebas remédio e assistência.

Ajuda o trabalho de socorro a ti mesmo, com o esforço da limpeza interna.

Esquece os males que te apoquentam, desculpa as ofensas de criaturas que te não compreendem, foge ao desânimo destrutivo e enche-te de simpatia e entendimento para com todos os que te cercam.

O mal é sempre a ignorância e a ignorância reclama perdão e auxílio para que se desfaça, em favor da nossa própria tranquilidade.

Se pretendes, pois, guardar as vantagens do passe que, em substância, é ato sublime de fraternidade cristã, purifica o sentimento e o raciocínio, o coração e o cérebro.

Ninguém deita alimento indispensável em vaso impuro.

Não abuses, sobretudo, daqueles que te auxiliam. Não tomes o lugar do verdadeiro necessitado, tão só porque teus caprichos e melindres pessoais estejam feridos.

O passe exprime também gastos de forças e não deves provocar o dispêndio de energias do Alto, com infantilidades e ninharias.

Se necessitas de semelhante intervenção, recolhe-te à boa vontade, centraliza a tua expectativa nas fontes celestes do suprimento divino, humilha-te,

---

[112] Nota da equipe organizadora: Texto publicado em *Segue-me!...* Ed. O Clarim. Cap. "O passe", com pequenas alterações.

conservando a receptividade edificante, inflama o teu coração na confiança positiva e, recordando que alguém vai arcar com o peso de tuas aflições, retifica o teu caminho, considerando igualmente o sacrifício incessante de Jesus por nós todos, porque, de conformidade com as letras sagradas, "Ele tomou sobre si as nossas enfermidades e levou as nossas doenças".

(*Reformador*, fev. 1951, p. 26)

[...] Segue-me, e deixa que os mortos enterrem seus próprios mortos.

Mateus
8:22

Acorda e ajuda

Jesus não recomendou ao aprendiz deixasse "aos cadáveres o cuidado de enterrar os cadáveres", e sim conferisse "aos mortos o cuidado de enterrar os seus mortos".

Há, em verdade, grande diferença.

O cadáver é carne sem vida, enquanto um morto é alguém que se ausenta da vida.

Há muita gente que perambula nas sombras da morte sem morrer.

Trânsfugas da evolução, cerram-se entre as paredes da própria mente, cristalizados no egoísmo ou na vaidade, negando-se a partilhar a experiência comum.

Mergulham-se em sepulcros de ouro, de vício, de amargura e ilusão. Se vitimados pela tentação da riqueza, moram em túmulos de cifrões; se derrotados pelos hábitos perniciosos, encarceram-se em grades de sombra; se prostrados pelo desalento, dormem no pranto da bancarrota moral, e, se atormentados pelas mentiras com que envolvem a si mesmos, residem sob as lápides, dificilmente permeáveis, dos enganos fatais.

Aprende a participar da luta coletiva.

Sai, cada dia, de ti mesmo, e busca sentir a dor do vizinho, a necessidade do próximo, as angústias de teu irmão e ajuda quanto possas.

Não te galvanizes na esfera do próprio "eu".

Desperta e vive com todos, por todos e para todos, porque ninguém respira tão somente para si.

Em qualquer parte do Universo, somos usufrutuários do esforço e do sacrifício de milhões de existências.

Cedamos algo de nós mesmos, em favor dos outros, pelo muito que os outros fazem por nós.

Recordemos, desse modo, o ensinamento do Cristo.

Se encontrares algum cadáver, dá-lhe a bênção da sepultura, na relação das tuas obras de caridade, mas, tratando-se da jornada espiritual, deixa sempre "aos mortos o cuidado de enterrar os seus mortos".

(*Fonte viva.* FEB Editora. Cap. 143)

Passando adiante dali, Jesus viu um homem, chamado Mateus, sentado na coletoria, e diz-lhe: Segue-me. Após levantar-se, ele o seguiu.

Mateus
9:9

Na trilha do Mestre[113]

É importante verificar que o Mestre não estabelece condições para que o discípulo lhe compartilhe a jornada.

Não pergunta se ele se julga dotado com a força conveniente...
Se é fraco de espírito...
Se é demasiado imperfeito...
Se sofre em família...
Se possui débitos a solver...
Se padece tentações...
Se está acusado de alguma falta...
Se retém valores de educação...
Se é rico ou pobre de possibilidades materiais...

O Senhor diz apenas "segue-me", como quem afirma que, se o aprendiz se dispõe realmente a segui-lo, será suprido de socorros eficientes, em todas as suas necessidades.

A lição é clara e expressiva. Reflitamos nela para que não venhamos a permanecer na sombra da indecisão.

(*Reformador*, fev. 1965, p. 26)

---

[113] Nota da equipe organizadora: Texto publicado em *Bênção de paz*. Ed. GEEM. Cap. 2.

Os fariseus, vendo [isso], diziam aos discípulos dele: Por que vosso Mestre come com os publicanos e pecadores?

Mateus
9:11

O banquete dos publicanos

De maneira geral, a comunidade cristã, em seus diversos setores, ainda não percebeu toda a significação do banquete do Mestre, entre publicanos e pecadores.

Não só a última ceia com os discípulos mais íntimos se revestiu de singular importância. Nessa reunião de Jerusalém, ocorrida na Páscoa, revela-nos Jesus o caráter sublime de suas relações com os amigos de apostolado. Trata-se de ágape íntimo e familiar, solenizando despedida afetuosa e divina lição ao mesmo tempo.

No entanto, é necessário recordar que o Mestre atendia a esse círculo em derradeiro lugar, porquanto já se havia banqueteado carinhosamente com os publicanos e pecadores. Partilhava a ceia com os discípulos, num dia de alta vibração religiosa, mas comungara o júbilo daqueles que viviam à distância da fé, reunindo-os, generoso, e conferindo-lhes os mesmos bens nascidos de seu amor.

O banquete dos publicanos tem especial significado na história do Cristianismo. Demonstra que o Senhor abraça a todos os que desejem a excelência de sua alimentação espiritual nos trabalhos de sua vinha, e que não só nas ocasiões de fé permanece presente entre os que o amam; em qualquer tempo e situação, está pronto a atender as almas que o buscam.

O banquete dos pecadores foi oferecido antes da ceia aos discípulos. E não nos esqueçamos de que a mesa divina prossegue em sublime serviço. Resta aos comensais o aproveitamento da concessão.

(*Caminho, verdade e vida*. FEB Editora. Cap. 137)

Ele, porém, ouvindo, disse: Os sãos não têm necessidade de médico, mas os que estão doentes.

Mateus
9:12

Ante o divino Médico

Milhões de nós outros, — os Espíritos encarnados e desencarnados em serviço na Terra, — somos almas enfermas de muitos séculos.

Carregando débitos e inibições, contraídos em existências passadas ou adquiridos agora, proclamamos em palavras sentidas que Jesus é o nosso divino Médico. E basta ligeira reflexão para encontrar no Evangelho a coleção de receitas articuladas por Ele, com vistas à terapia da alma.

Todas as indicações do sublime formulário primam pela segurança e concisão.

Nas perturbações do egoísmo: *"faze aos outros o que desejas que os outros te façam."*

Nas convulsões da cólera: *"na paciência possuirás a ti mesmo."*

Nos acessos de revolta: *"humilha-te e serás exaltado."*

Na paranoia da vaidade: *"não entrarás no Reino do Céu sem a simplicidade de uma criança."*

Na paralisia de espírito por falsa virtude: *"se aspiras a ser o maior, sê no mundo o servo de todos."*

Nos quistos mentais do ódio: *"ama os teus inimigos."*

Nos delírios da ignorância: *"aprende com a verdade e a verdade te libertará."*

Nas dores por ofensas recebidas: *"perdoa setenta vezes sete."*

Nos desesperos provocados por alheias violências: *"ora pelos que te perseguem e caluniam."*

Nas crises de incerteza, quanto à direção espiritual: *"se queres vir após mim, nega a ti mesmo, toma a tua cruz e segue-me."*

Nós, as consciências que nos reconhecemos endividadas, regozijamo-nos com a declaração consoladora do Cristo:

— *"Não são os que gozam de saúde os que precisam de médico".*

Sim, somos Espíritos enfermos com ficha especificada nos gabinetes de tratamento, instalados nas Esferas superiores, dos quais instrutores e benfeitores da Vida maior nos acompanham e analisam ações e reações, mas é preciso considerar que o facultativo mesmo sendo nosso Senhor Jesus Cristo, não pode salvar o doente nem auxiliá-lo de todo, se o doente persiste em fugir do remédio.

(*Livro da esperança*. Ed. Comunhão Espírita Cristã. Cap. 78)

Enfermos da alma[114]

Aqui e ali, encontramos inúmeros doentes que se candidatam ao auxílio da ciência médica, mas, em toda parte, igualmente, existem aqueles outros, portadores de moléstias da alma, para os quais há que se fazer o socorro de espírito. E nem sempre semelhantes necessitados são os viciados e os malfeitores, que se definem, de imediato, por enfermos de ordem moral quando aparecem. Vemos outros muitos, para os quais é preciso descobrir o remédio justo e, às vezes, difícil, de vez que se intoxicaram no próprio excesso das atitudes respeitáveis em que desfiguraram os sentimentos, tais como sejam:

os extremistas da corrigenda, tão apaixonados pelos processos punitivos, que se perturbam na dureza de coração pela ausência de misericórdia;

os extremistas da gentileza, tão interessados em agradar, que descambam, um dia, para as deficiências da invigilância;

os extremistas da superioridade, tão agarrados à ideia de altura pessoal, que adquirem a cegueira do orgulho;

os extremistas da independência, tão ciosos da própria emancipação, que fogem ao dever, caindo nos desequilíbrios da licenciosidade;

os extremistas da poupança, tão receosos de perder alguns centavos, que acabam transformando o dinheiro, instrumento do bem e do progresso, na paralisia da avareza em que se lhes arrasa a alegria de viver.

Há doentes do corpo e doentes da alma.

É forçoso não esquecer isso, porque todos eles são credores de entendimento e bondade, amparo e restauração.

Diante de quem quer que seja, em posição menos digna perante as leis de harmonia que governam a Vida e o Universo, recordemos as palavras do Cristo: "não são os que gozam saúde que precisam de médico".

(*Reformador*, jul. 1966, p. 146)

---

[114] Nota da equipe organizadora: Texto publicado em *Bênção de paz*. Ed. GEEM. Cap. 29, com pequenas alterações.

Nos quadros da luta

Se já acendeste a Luz do conhecimento superior na própria vida, não desdenhes estendê-la aos ângulos da jornada — que ainda mostrem a antiga dominação da sombra.

Disse-nos o Senhor — "Eu não vim para curar os sãos".

E nenhum de nós recolhe os talentos do Céu para encarcerá-lo na torre do egoísmo, a pretexto de sustentar a virtude.

Não olvides, agora que te refazes ao contato do divino Médico, aqueles enfermos da própria senda que se nos afiguram perseguidores na marcha de cada dia.

Nossos desafetos do passado, qual acontece com os nossos amigos do pretérito, nos rodeiam, em toda parte.

Reencarnam-se, antes de nós, retomam os laços físicos, ao pé de nosso roteiro, ou reaparecem ao nosso lado, quando a nossa experiência na carne já se encaminha na direção do crepúsculo.

Aqui, são as criaturas que nos hostilizam no templo doméstico, ostentando o título de familiares queridos; ali, surgem na feição de companheiros repentinamente arrebatados à incompreensão e, mais além, às vezes, nos partilham a estrada até mesmo na condição de filhos de nosso amor.

Entretanto, é preciso considerar que não iluminamos para fugir às trevas, nem nos fazemos fortes para esquecer os fracos.

É imperioso saibamos transportar conosco, nos braços do serviço e da paciência, os próprios adversários reencarnados, muita vez, credores de nossa vida, sem cujo auxílio não nos retiraremos do vale da indecisão.

Unge-te de carinho e devotamento e ampara com segurança a quantos te fazem padecer e chorar.

As mãos ingratas ou infelizes, os corações enrijecidos e as almas doentes que nos cercam constituem hoje a colheita de nossa própria sementeira de ontem no terreno do destino.

Imprescindível nos disponhamos a ajudá-los, restaurando-os para o bem, porque somente assim alijaremos dos próprios passos os espinheiros envenenados, que amontoamos, imprevidentes, em nosso próprio caminho.

Quando estiveres sob o impacto de tribulações e de agravos, não identifiques, dessa forma, por onde passes, a lâmina da perversidade ou o ferrete da culpa, mas sim, a moléstia da ignorância ou a chaga da própria dívida, para que, usando a caridade, incessantemente, possas partir dos sofrimentos da noite para as alegrias do grande Alvorecer.

(*Escrínio de luz*. Ed. O Clarim. Cap. "Nos quadros da luta")

Perante os caídos[115]

Tão fácil relegar ao infortúnio os nossos irmãos caídos!... Muitos passam por aqueles que foram acidentados em terríveis enganos e nada encontram a fim de oferecer-lhes, senão frases como estas: "eu bem disse", "avisei muito"... No entanto, por trás da queda de nosso amigo menos feliz estão as lutas da resistência, que só a Justiça divina pode medir.

Esse foi impelido à delinquência e faz-se conhecido agora por uma ficha no cadastro policial; mas, até que se lhe consumasse a ruína, quanto abandono e quanta penúria terá arrastado na existência, talvez desde os mais recuados dias da infância!... Aquele se arrojou aos precipícios da revolta e do desânimo, abraçando o delírio da embriaguez; contudo, até que tombasse no descrédito de si mesmo, quantos dias e quantas noites de aflição terá atravessado, a estorcegar-se sob o guante da tentação para não cair!... Aquela entrou pelas vias da insensatez e acomodou-se no poço de infelicidade que cavou para si própria; todavia, em quantos espinheiros de necessidade e perturbação ter-se-á ferido, até que a loucura se lhe instalasse no cérebro atormentado!... Aquele outro desertou de tarefas e compromissos em cuja execução empenhara a vitória da própria alma e resvalou para experiências menos dignas, comprometendo os fundamentos da própria vida; no entanto, quantas tribulações terá aguentado e quantas lágrimas vertido, até que a razão se lhe entenebrecesse, abrindo caminho à irresponsabilidade e à demência!...

Diante dos companheiros apontados à censura, jamais condenes! Pensa nas trilhas de provação e tristeza que perlustraram até que os pés se lhes esmorecessem, vacilantes, na jornada difícil! Reflete nas correntes de fogo invisível que lhes terão requeimado a mente, até que cedessem às compulsões terríveis das trevas!... Então, e só então, sentirás a necessidade de pensar no bem, falar no bem, procurar o bem e realizar unicamente o bem, compreendendo, por fim, a amorosa afirmação de Jesus: "Eu não vim à Terra para curar os sãos".

(*Reformador*, set. 1969, p. 216)

---

[115] Nota da equipe organizadora: Texto publicado em: *Instrumentos do tempo*. Ed. GEEM. Cap. "Perante os caídos", com pequenas alterações; *Alma e coração*. Ed. Pensamento. Cap. 42, com pequenas alterações.

Acidentados da alma

Compadeces-te dos caídos em moléstia ou desastre, que apresentam no corpo comovedoras mutilações.

Inclina-te, porém, com igual compaixão para aqueles outros que comparecem, diante de ti, por acidentados da alma, cujas lesões dolorosas não aparecem. Além da posição de necessitados, pelas chagas ocultas de que são portadores, quase sempre se mostram na feição de companheiros menos atrativos e desejáveis.

Surgem pessoalmente bem-postos, estadeando exigências ou formulando complicações, no entanto, bastas vezes, trazem o coração sob provas difíceis; espancam-te a sensibilidade com palavras ferinas, contudo, em vários lances da experiência, são feixes de nervos destrambelhados que a doença consome; revelam-se na condição de amigos, supostos ingratos, que nos deixam em abandono, nas horas de crise, mas, em muitos casos, são enfermos de espírito, que se enviscam, inconscientes, nas tramas da obsessão; acolhem-te o carinho com manifestações de aspereza, todavia, estarão provavelmente agitados pelo fogo do desespero, lembrando árvores benfeitoras quando a praga as dizima; são delinquentes e constrangem-te a profundo desgosto, pelo comportamento incorreto; no entanto, em múltiplas circunstâncias, são almas nobres tombadas em tentação, para as quais já existe bastante angústia na cabeça atormentada que o remorso atenaza e a dor suplicia...

Não te digo que aproves o mal, sob a alegação de resguardar a bondade. A retificação permanece na ordem e na segurança da vida, tanto quanto vige o remédio na defesa e sustentação da saúde. Age, porém, diante dos acidentados da alma, com a prudência e a piedade do enfermeiro que socorre a contusão, sem alargar a ferida.

Restaurar sem destruir. Emendar sem proscrever. Não ignorar que os irmãos transviados se encontram encarcerados em labirintos de sombra, sendo necessário garantir-lhes uma saída adequada.

Em qualquer processo de reajuste, recordemos Jesus, que, a ensinar servindo e a corrigir amando, declarou não ter vindo à Terra para curar os sãos.

(*Estude e viva*. FEB Editora. Cap. 17)

Em plena marcha
(*Nascer e renascer*. Ed. GEEM. Cap. Em plena marcha)[116]

---

[116] N.E.: Vide nota 9.

Ide e aprendei o que significa: "Misericórdia quero e não oferenda", pois não vim chamar justos, mas pecadores.

Mateus
9:13

Estudo íntimo

Na construção espiritual a que fomos trazidos pela bondade do Cristo, surgem momentos ásperos, nos quais temos a impressão de trazer fogo e fel nos escaninhos da alma.

Não mais entraves decorrentes de calúnia e perseguição, mas sim desgosto e inconformidade a se levantarem de nós contra nós. Insatisfação, arrependimento tardio, autopiedade...

Em muitas ocasiões, desertamos do bem, quando se fazia imprescindível demonstrá-lo. Falhamos ou distraímo-nos, no momento preciso de vigiar ou vencer. E sentimo-nos deprimidos, arrasados...

Mesmo assim, urge não perder tempo com lamentações improfícuas.

Claro que não nos compete descambar na irresponsabilidade. Mera obrigação analisar os nossos atos, examinar a consciência, meditar, discernir... Entretanto, é forçoso cultivar desassombro e serenidade constantes para retificar-nos sempre, adestrando infatigável paciência até mesmo para conosco, nas provações que nos corrijam ou humilhem, agradecendo-as por lições.

Muitas vezes, perguntamo-nos porque teremos sido convocados à obra do Evangelho se, por enquanto, somos portadores de numerosas fraquezas e moléstias morais, contudo, vale considerar que assim sucede justamente por isso, porquanto Jesus declarou francamente não ter vindo à Terra para reabilitar os sãos. Críticos do mundo indagarão, igualmente, que diferença fazem para nós as teorias de cura espiritual e as diligências pela sublimação íntima, se estamos estropiados da alma, tanto agora quanto ontem. Podemos, entanto, responder, esperançosos e otimistas, que há muita diferença, de vez que, no passado, éramos doentes insensatos, agravando, inconscientemente, os nossos males, enquanto que hoje conhecemos as nossas enfermidades, tratando-as com atenção e empenhando-nos, incessantemente, em fugir delas.

(*Livro da esperança*. Ed. Comunhão Espírita Cristã. Cap. 79)

Ninguém coloca remendo de pano não alvejado sobre veste velha [...].

Mateus
9:16

Recomecemos[117]

Não conserves lembranças amargas.
Viste o sonho desfeito.
Escutaste a resposta de fel.
Suportaste a deserção dos que mais amas.
Fracassaste no empreendimento.
Colheste abandono.
Padeceste desilusão.
Entretanto, recomeçar é bênção na Lei de Deus.
A possibilidade da espiga ressurge na sementeira.
A água, feita vapor, regressa da nuvem para a riqueza da fonte.
Torna o calor da primavera, na primavera seguinte.
Inflama-se o horizonte, cada manhã, com o fulgor do Sol, reformando o valor do dia.
Janeiro a janeiro, renova-se o ano, oferecendo novo ciclo ao trabalho.
É como se tudo estivesse a dizer: "Se quiseres, podes recomeçar".
Disse, porém, o divino Amigo que ninguém aproveita remendo novo em pano velho.
Desse modo, desfaze-te do imprestável.
Desvencilha-te do inútil.
Esquece os enganos que te assaltaram.
Deita fora as aflições improfícuas.
Recomecemos, pois, qualquer esforço com firmeza, lembrando-nos, todavia, de que tudo volta, menos a oportunidade esquecida, que será sempre uma perda real.

(*Reformador*, jan. 1960, p. 3)

---

[117] Nota da equipe organizadora: Texto publicado em *Palavras de vida eterna*. Ed. Comunhão Espírita Cristã. Cap. 1.

Jesus percorria todas as cidades e aldeias, ensinando nas sinagogas deles, proclamando o Evangelho do reino e curando toda doença e toda enfermidade.

Mateus
9:35

Socorre a ti mesmo[118]

Cura a catarata e a conjuntivite, mas corrige a visão espiritual de teus olhos.

Defende-te contra a surdez; entretanto, retifica o teu modo de registrar as vozes e solicitações variadas que te procuram.

Medica a arritmia e a dispneia; contudo, não entregues o coração à impulsividade arrasadora.

Combate a neurastenia e o esgotamento; no entanto, cuida de reajustar as emoções e tendências.

Persegue a gastralgia, mas educa teus apetites à mesa.

Melhora as condições do sangue; todavia, não o sobrecarregues com os resíduos de prazeres inferiores.

Guerreia a hepatite; entretanto, livra o fígado dos excessos em que te comprazes.

Remove os perigos da uremia; contudo, não sufoques os rins com os venenos de taças brilhantes.

Desloca o reumatismo dos membros, reparando, porém, o que fazes com teus pés, braços e mãos.

Sana os desacertos cerebrais que te ameaçam; todavia, aprende a guardar a mente no idealismo superior e nos atos nobres.

Consagra-te à própria cura, mas não esqueças a pregação do reino divino aos teus órgãos. Eles são vivos e educáveis. Sem que teu pensamento se purifique e sem que a tua vontade comande o barco do organismo para o bem, a intervenção dos remédios humanos não passará de medida em trânsito para a inutilidade.

(*Pão nosso.* FEB Editora. Cap. 51)

---

[118] Nota da equipe organizadora: Texto publicado em *Segue-me!...* Ed. O Clarim. Cap. "A cura própria", com pequenas alterações.

Evangelho e dinamismo

Desde os primórdios da organização religiosa no mundo, há quem estime a vida contemplativa absoluta por introdução imprescindível às alegrias celestiais.

Cristalizado em semelhante atitude, o crente demanda lugares ermos como se a solidão fosse sinônimo de santidade.

Poderá, contudo, o diamante fulgurar no mostruário da beleza, fugindo ao lapidário que lhe apura o valor?

Com o Cristo, não vemos a ideia de repouso improdutivo como preparação do Céu.

Não foge o Mestre ao contato com a luta comum.

A Boa-Nova em seu coração, em seu verbo e em seus braços é essencialmente dinâmica.

Não se contenta em ser procurado para mitigar o sofrimento e socorrer a aflição.

Vai, Ele mesmo, ao encontro das necessidades alheias, sem alardear presunção.

Instrui a alma do povo, em pleno campo, dando a entender que todo lugar é sagrado para a divina Manifestação.

Não adota posição especial, a fim de receber os doentes e impressioná-los.

Na praça pública, limpa os leprosos e restaura a visão dos cegos.

À beira do lago, entre pescadores, reergue paralíticos.

Em meio da multidão, doutrina entidades da sombra, reequilibrando obsidiados e possessos.

Mateus, 9:35, informa que Jesus "percorria todas as cidades e aldeias, ensinando nos templos que encontrava, pregando o Evangelho do reino e curando todas as enfermidades que assediavam o povo".

Em ocasião alguma o encontramos fora de ação.

Quando se dirige ao monte ou ao deserto, a fim de orar, não é a fuga que pretende e sim a renovação das energias para poder consagrar-se, mais intensamente, à atividade.

Certamente, para exaltar os méritos do Reino de Deus, não se revela pregoeiro barato da rua, mas afirma-se, invariavelmente, pronto a servir.

Atencioso, presta assistência à sogra de Pedro e visita, afetuosamente, a casa de Levi, o publicano, que lhe oferece um banquete.

Não impõe condições para o desempenho da missão de bondade que o retém ao lado das criaturas.

Não usa roupagens especiais para entender-se com Maria de Magdala, nem se enclausura em preconceitos de religião ou de raça para deixar de atender aos doentes infelizes.

Seja onde for, sem subestimar os valores do Céu, ajuda, esclarece, ampara e salva.

Com o Evangelho, institui-se entre os homens o culto da verdadeira fraternidade.

O Poder divino não permanece encerrado na simbologia dos templos de pedra.

Liberta-se.

Volta-se para a esfera pública.

Marcha ao encontro da necessidade e da ignorância, da dor e da miséria.

Abraça os desventurados e levanta os caídos.

Não mais a tirania de Baal, nem o favoritismo de Júpiter, mas Deus, o Pai, que, através de Jesus Cristo, inicia na Terra o serviço da fé renovadora e dinâmica que, sendo êxtase e confiança, é também compreensão e caridade para a ascensão do espírito humano à Luz universal.

(*Roteiro*. FEB Editora. Cap. 20)

Então diz aos seus discípulos: A colheita é grande, mas os trabalhadores são poucos.

Mateus 9:37

Pensamento espírita

Se te propões colaborar no apostolado libertador do Espiritismo, auxilia o pensamento espírita a transitar, dando-lhe passagem, através de ti mesmo.

Prevalece-te dos títulos honrosos que o mundo te reservou, agindo conforme as sugestões que o pensamento espírita te oferece, demonstrando que a ilustração acadêmica ou o mandato de autoridade são instrumentos para benefício de todos e não recurso ao levantamento de qualquer aristocracia da opressão pela inteligência.

Despende as possibilidades materiais, centralizadas em tuas mãos, criando trabalho respeitável e estendendo a beneficência confortadora e reconstrutiva, na pauta da abnegação com que o pensamento espírita te norteia as atividades, provando que o dinheiro existe para ser disciplinado e conduzido no bem geral e não para escravizar o espírito à loucura da ambição desregrada.

Usa a independência digna que o pensamento espírita te dá, por intermédio do dever retamente cumprido, patenteando à frente dos outros, que é possível pensar livremente, com o jugo dos preconceitos, embora respeitando a condição dos semelhantes que ainda precisam desses mesmos preconceitos para viver.

Mobiliza a influência de que dispões, na sociedade ou na família, para edificar o conhecimento e garantir a consolação, segundo a tolerância que o pensamento espírita te inspira, denotando que, diante da Providência divina, todos somos irmãos, com esperanças e dores, lutas e aspirações, imperfeições e faltas, igualmente irmãs uma das outras, e que, por isso mesmo, a confissão de fé representa instituto de aperfeiçoamento espiritual, com serviço permanente ao próximo, sem que tenhamos qualquer direito a privilégios que recordem essa ou aquela expressão de profissionalismo religioso.

Fala e escreve, age e trabalha, quanto possível, pela expansão do pensamento espírita, no entanto para que o pensamento espírita produza frutos de alegria e concórdia, renovação e esclarecimento, é necessário vivas de acordo com as verdades que ele te ensina.

A cada minuto, surge alguém que te pede socorro para o frio da própria alma, contudo para que transmitas o calor do pensamento espírita é imperioso estejas vibrando dentro dele. Diante da sombra, não adianta ligar o fio na tomada sem força, nem pedir luz em candeia morta.

(*Livro da esperança*. Ed. Comunhão Espírita Cristã. Cap. 86)

Ceifeiros

O ensinamento aqui não se refere à colheita espiritual dos grandes períodos de renovação no tempo, mas sim à seara de consolações que o Evangelho envolve em si mesmo.

Naquela hora permanecia em torno do Mestre a turba de corações desalentados e errantes que, segundo a narrativa de Mateus, se assemelhava a rebanho sem pastor. Eram fisionomias acabrunhadas e olhos súplices em penoso abatimento.

Foi então que Jesus ergueu o símbolo da seara realmente grande, ladeada, porém, de raros ceifeiros.

É que o Evangelho permanece no mundo por bendita messe celestial destinada a enriquecer o espírito humano; entretanto, a percentagem de criaturas dispostas ao trabalho da ceifa é muito reduzida. A maioria aguarda o trigo beneficiado ou o pão completo para a alimentação própria. Raríssimos são aqueles que enfrentam os temporais, o rigor do trabalho e as perigosas surpresas que o esforço de colher reclama do trabalhador devotado e fiel.

Em razão disto, a multidão dos desesperados e desiludidos continua passando no mundo, em fileira crescente, através dos séculos.

Os abnegados operários do Cristo prosseguem onerados em virtude de tantos famintos que cercam a seara, sem a precisa coragem de buscarem por si o alimento da vida eterna. E esse quadro persistirá na Terra, até que os bons consumidores aprendam a ser também bons ceifeiros.

(*Pão nosso*. FEB Editora. Cap. 148)

Curai enfermos, erguei mortos, purificai leprosos, expulsai daimones; de graça recebestes, de graça dai.

Mateus 10:8

Ante a mediunidade

Mediunidade na bênção do auxílio é semelhante à luz em louvor do bem.
Toda luz é providencial.
Toda mediunidade é importante.
Reflitamos na divina missão da luz, a expressar-se de maneiras diversas.

Temo-la no alto de torres, mostrando rota segura aos navegantes; nos postes da via pública, a benefício de todos; no recinto doméstico, em uso particular; nos sinais de trânsito, evitando desastres; nos educandários garantindo a instrução; nas enfermarias em socorro aos doentes; nas lanternas humildes, que ajudam o viajor, à distância do lar; nas câmaras do subsolo alentando o operário suarento, na conquista do pão...

Todo núcleo de energia luminosa se caracteriza por utilidade específica.
Nenhum deles ineficiente, nenhum desprezível.

A vela bruxuleante que salva um barco, posto à matroca[119], é tão indispensável quanto o lustre aristocrático que se erige na escola, no amparo às inteligências transviadas na ignorância.

A candeia frágil que indica as letras de um livro, numa choça esquecida no campo, é irmã do foco vigoroso que assegura o êxito do salão cultural.

No que tange à luz, o espetáculo é acessório.
Vale o proveito.
Em matéria de mediunidade, o fenômeno é suplemento.
Importa o serviço.

Em qualquer tarefa das boas obras, deixa, pois, que a mediunidade te brilhe nas mãos.

Entre a lâmpada apagada e a força das trevas, não há diferença.

(*Livro da esperança.* Ed. Comunhão Espírita Cristã. Cap. 87)

---

[119] Nota da equipe organizadora: Ao acaso, de qualquer maneira, à toa, sem ordem nem cuidado.

Acendamos a luz da vida

"Ressuscitai os mortos" — disse-nos o Senhor — mas se é verdade que não podemos ordenar a um cadáver se levante, é justo tentemos o reavivamento daqueles que nos acompanham, muitas vezes, mortificados pela dor ou necrosados pela indiferença.

Não nos esqueçamos.

Os verdadeiros mortos estão sepultados na carne terrestre.

Alguns permanecem no inferno do remorso ou do sofrimento criados por eles mesmos, acreditando-se relegados a supremo abandono; outros jazem no purgatório da aflição a que se arrojaram, desprevenidos, em dolorosas súplicas de auxílio; e ainda outros repousam, inadvertidamente, em supostos céus de adoração religiosa, que, em muitos casos, são simples faixas de ociosidade mental.

Aguçai a visão e observemos a infortunada caravana de fantasmas que seguem, vacilantes e enganados, dentro da vida.

Há quem morreu sufocado em orgulho vão, no mausoléu da vaidade infeliz.

Há quem permaneça cadaverizado em sepulcro de ouro, incapaz de um simples olhar à plena luz.

Há mortos que vos partilham o pão cotidiano, no túmulo das terríveis ilusões que lhes anulam a existência e há corações paralíticos no catre da crueldade e da incompreensão que nos armam ciladas de angústia, a cada passo, para os quais se faz imprescindível a assistência de nossa devoção fraternal infatigável.

Se Cristo penetrou o templo de vossa alma, auxiliemo-los na necessária ressurreição.

Acendamos a luz da vida.

Trabalhemos no bem, enriquecendo as horas da peregrinação terrena com os melhores testemunhos de nossa boa vontade para com os semelhantes em nome do Mestre da Redenção, para quem o nosso espírito já se inclina, à maneira da planta à procura do sol, de vez que somente irradiando a luz do Amor infinito conseguiremos aniquilar e vencer, na Terra, as densas trevas da morte.

(*Servidores no além*. Ed. IDE. Cap. 18)

E, se ninguém vos receber, nem ouvir as vossas palavras, saindo daquela casa ou cidade, sacudi o pó dos vossos pés.

Mateus 10:14

Sacudir o pó

Os próprios discípulos materializaram o ensinamento de Jesus, sacudindo a poeira das sandálias, retirando-se desse ou daquele lugar de rebeldia ou impenitência. Todavia, se o símbolo que transparece da lição do Mestre estivesse destinado apenas a gesto mecânico, não teríamos nele senão um conjunto de palavras vazias.

O ensinamento, porém, é mais profundo. Recomenda a extinção do fermento doentio.

Sacudir o pó dos pés é não conservar qualquer mágoa ou qualquer detrito nas bases da vida, em face da ignorância e da perversidade que se manifestam no caminho de nossas experiências comuns.

Natural é o desejo de confiar a outrem as sementes da verdade e do bem; entretanto, se somos recebidos pela hostilidade do meio a que nos dirigimos, não é razoável nos mantenhamos em longas observações e apontamentos, que, em vez de nos conduzir a tarefa a êxito oportuno, estabelecem sombras e dificuldades em torno de nós.

Se alguém te não recebeu a boa vontade, nem te percebeu a boa intenção, por que a perda de tempo em sentenças acusatórias? Tal atitude não soluciona os problemas espirituais. Ignoras, acaso, que o negador e o indiferente serão igualmente chamados pela morte do corpo à nossa pátria de origem? Encomenda-os a Jesus com amor e prossegue, em linha reta, buscando os teus sagrados objetivos. Há muito por fazer na edificação espiritual do mundo e de ti mesmo. Sacode, pois, as más impressões e marcha alegremente.

(*Pão nosso*. FEB Editora. Cap. 71)

Poeira

"E afastando-vos da casa que não vos receba a mensagem de paz, sacudi o pó das sandálias" — advertiu-nos o divino Mestre.

Muita gente acredita que o Senhor teria sugerido a reprovação aos que lhe não acolhessem a Boa-Nova ou o menosprezo de quantos lhe recusassem, deliberadamente, os ensinos.

Entretanto, Jesus referia-se simplesmente ao pó que costumamos guardar conosco, depois de qualquer experiência difícil.

Poeira de ciúme e tristeza, desencanto e lamentação...

Poeira de inveja e vaidade, azedume e orgulho ferido...

Se te fazes portador da luz aos que jazem na treva, não condenes aquele que não possa se iluminar de improviso e se conduzes o amor a quem se desvaira no ódio, não lhe critiques a tardia compreensão, porque as vítimas de semelhantes verdugos quase sempre se imobilizam por tempo longo, em desesperação e cegueira.

Onde não consigas ajudar faze silêncio, esperando a bênção das horas.

Não atires lenha à fogueira da ignorância, nem agraves a desolação da água turva.

Não vale apedrejar e criticar, desconsiderar ou ferir.

Colecionar mágoas e queixas, é derramar lama e fel.

Seja onde for e com quem for, conserva entendimento e esperança, otimismo e serenidade.

Alijemos da base de nossa vida a poeira da rebeldia e do escândalo, do azedume e da discórdia e saberemos transmitir o Amor eterno do Cristo que até hoje nos tolerou as deficiências, para que saibamos suportar as dificuldades dos outros, realizando a plantação da verdadeira alegria.

(*Escrínio de luz*. Ed. O Clarim. Cap. "Poeira")

O pó das sandálias[120]

Quando o Senhor nos recomendou sacudíssemos o pó das sandálias, ao nos retirarmos dos lugares em que a nossa cooperação fraternal ainda não se mostrasse suscetível de ambientação e reconhecimento, não nos induziu à indiferença, ao relaxamento ou à dureza espiritual.

É que o amor-próprio, quando destrutivo em nossa personalidade, nos compele a resoluções e atitudes negativas que, de nenhum modo, se coadunam com o programa cristão que fomos chamados a desenvolver.

O pó das sandálias é a preocupação doentia de recebermos o incenso das considerações sociais, a tristeza improdutiva, diante da calúnia ou da perversidade, a dilaceração inútil perante a ignorância dos outros, o anseio por resultados das nossas ações mais elogiáveis, no campo imediatista da vida, a revolta

---

[120] Nota da equipe organizadora: Texto publicado em *Perante Jesus*. Ed. IDEAL. Cap. 8.

contraproducente junto às sombras do mal, a indisciplina, ante as ordenações transitórias do mundo, o desânimo à frente das dificuldades, o desalento entre os obstáculos naturais do caminho, a exigência de compreensão alheia, no capítulo de nossas manifestações pessoais, os melindres da suposta superioridade em que, muitas vezes, nos enganamos no próprio íntimo, a desistência da boa luta ou a deserção perante a dor.

Semelhantes estados espirituais simbolizam o pó das sandálias que nos cabe alijar, sem delonga, nos mínimos desequilíbrios entre a vida e nós outros.

Esqueçamos tudo o que nos incline ao resvaladouro da inutilidade e marchemos para diante.

Grande é o campo da Terra e até que a ventania e a tempestade possam remover os tropeços de muita paisagem empedrada e escura na gleba do Planeta, prossigamos semeando o bem, cultivando-o e defendendo-o, em todos os setores de nossa tarefa, convictos de que a plantação da luz produzirá os resultados da felicidade e da perfeição para a vida imortal.

(*Reformador*, set. 1952, p. 228)

> *[...] quem perseverar até ao fim, esse será salvo.*
>
> Mateus
> 10:22

Perseverar

Todas as vitórias da criatura são frutos substanciosos da perseverança.

Perseverando na edificação do progresso, mentes e corações, sem cessar, renovam os itinerários da própria vida.

O estudante incipiente chega a ser o erudito professor.

O curioso bisonho transforma-se no artífice genial.

A alma inexperiente atinge a angelitude.

Dir-se-ia constituir o triunfo evolutivo um hino perene à constância no aprendizado.

Sem firmeza e tenacidade, a teoria do projeto jamais deixará o sonho do vir-a-ser...

Por esse motivo, compete-nos recordar a necessidade imperiosa da perseverança desde os mínimos cometimentos até as realizações mais expressivas do bem para atingirmos o êxito duradouro.

Sem a chama da perseverança, a educação não pode patrocinar a iluminação das consciências; a edificação assistencial não surge na face planetária qual farol benfazejo asilando os náufragos da viagem terrena, e o "homem de ontem" não alcança a claridade do "homem de hoje" para maiores conquistas do "homem de amanhã".

Se almejas superar a ti mesmo, recorda a firme inflexão da voz do Cristo excelso: "aquele que perseverar até ao fim será salvo".

Asila-te na fortaleza da fé viva, lembrando que os transes que te visitam, por mais profundos e desconcertantes, têm limites justos e naturais, e que nos cabe o dever de servir, confiar e esperar, para nossa própria felicidade, aqui e agora, hoje, amanhã e sempre.

(*Ideal espírita.* Ed. Comunhão Espírita Cristã. Cap. 6)

[...] Se ao senhor da casa chamaram Beelzebul, quanto mais aos membros da casa dele.

Mateus
10:25

Estima do mundo

Muitos discípulos do Evangelho existem, ciosos de suas predileções e pontos de vista, no campo individual.

Falsas concepções ensombram-lhes o olhar.

Quase sempre se inquietam pelo reconhecimento público das virtudes que lhes exornam o caráter, guardam o secreto propósito de obter a admiração de todos e sentem-se prejudicados se as autoridades transitórias do mundo não lhes conferem apreço.

Agem esquecidos de que o Reino de Deus não vem com aparência exterior; não percebem que, por enquanto, somente os vultos destacados, nas vanguardas financeiras ou políticas, arvoram-se em detentores de prerrogativas terrestres, senhores quase absolutos das homenagens pessoais e dos necrológios brilhantes.

Os filhos do reino divino sobressaem raramente e, de modo geral, enchem o mundo de benefícios sem que o homem os veja, à feição do que ocorre com o próprio Pai.

Se Jesus foi chamado feiticeiro, crucificado como malfeitor e arrebatado de sua amorosa missão para o madeiro afrontoso, que não devem esperar seus aprendizes sinceros, quando verdadeiramente devotados à sua causa?

O discípulo não pode ignorar que a permanência na Terra decorre da necessidade de trabalho proveitoso e não do uso de vantagens efêmeras que, em muitos casos, lhe anulariam a capacidade de servir. Se a força humana torturou o Cristo, não deixará de torturá-lo também. É ilógico disputar a estima de um mundo que, mais tarde, será compelido a regenerar-se para obter a redenção.

(*Caminho, verdade e vida.* FEB Editora. Cap. 103)

> [...] nada há encoberto que não haverá de ser revelado, nem escondido que não haverá de ser conhecido.

Mateus
10:26

A descoberto

Na atualidade, é deveras significativa a extensão do progresso humano nos variados campos da inteligência.

Pormenores da vida microscópica são vislumbrados por olhos pesquisadores e argutos. Ninhos do cosmo infinito são tateados por delicada instrumentação astronômica. Aparelhagem múltipla ausculta o corpo físico, desvelando-lhe a intimidade. Experimentos inúmeros atestam a grandeza de tudo o que existe no seio da própria Terra.

Avançando em todas as direções, o homem alcança eloquente patrimônio intelectual, senhoreando leis e princípios que agrupam os seres e as coisas, mantendo o equilíbrio e a ordem do Universo.

Entretanto, na razão direta do conhecimento que vai conquistando, o Espírito divisa horizontes mais vastos e fascinantes, aguçando o esforço do raciocínio. Quanto mais conhece, mais se lhe amplia aos olhos a imensidão do desconhecido. Quanto mais lógica no estudo, mais se lhe patenteia a exiguidade do próprio discernimento em face da excelsitude do Todo-Divino.

Alma alguma pode encobrir, para si mesma, as próprias manifestações no quadro da vida, e, de igual modo, perante a lei, ninguém consegue disfarçar o menor pensamento.

Tudo pode ser descortinado, sopesado, medido...

Assim, não só a realidade ainda ignorada por nós, como também as mentalizações e os atos de nosso próprio caminho, serão revisados e conhecidos sempre que semelhante medida se fizer necessária no local exato e na época oportuna.

"Nada há encoberto que não haja de revelar-se, nem oculto que não haja de saber-se", esclarece o Senhor.

Recordemos, assim, o ensinamento vivo em nosso próprio passo, agindo na esfera particular como quem vive à frente da multidão, porquanto os nossos mínimos movimentos, na soledade ou na sombra, podem ser também trazidos ao campo da plena luz.

(*O espírito da verdade*. FEB Editora. Cap. 34)

Assim, todo aquele que se declarar por mim diante dos homens, eu também me declararei por ele diante do meu Pai [que está] nos céus.

Mateus 10:32

Nos caminhos da fé[121]

No mundo, de modo geral, habituamo-nos a julgar que os testemunhos de fé prevalecem tão só nos momentos de angústia superlativa, quando o sofrimento nos transforma em alvo de atenções públicas.

Evidentemente, na Terra, as crises de aflição alcançam a todos, cada qual no tempo devido, segundo as lutas regeneradoras que se nos façam necessárias, no curso das quais estamos impelidos a entregar todas as energias de nosso espírito nos atos de fé. Entretanto, é preciso ponderar que somos incessantemente chamados a prestar o depoimento de confiança em Jesus, através de reduzidas parcelas de bondade e tolerância, compreensão e paciência, diante das ocorrências desagradáveis do cotidiano, tais quais sejam:

a referência desprimorosa;

o olhar de suspeição;

o pedido justo recusado;

o beliscão da crítica;

a desatenção e o desrespeito;

o desajuste orgânico;

o prejuízo inesperado;

a transação infeliz;

o desafio da discórdia.

Impõe-se-nos a obrigação de confessar-nos seguidores do Cristo, por intermédio de definições verbais claras e sinceras, mas somos igualmente convidados a fazê-lo, na superação dos aborrecimentos comuns, porquanto, só atravessando as diminutas contrariedades do dia a dia como grandes ocasiões de revelar confiança em Jesus, é que aprenderemos a suportar as grandes provações como se fossem pequenas.

(*Reformador,* fev. 1969, p. 27)

---

[121] Nota da equipe organizadora: Texto publicado em *Segue-me!...* Ed. O Clarim. Cap. "Nos caminhos da fé", com pequenas alterações.

Não penseis que vim trazer paz sobre a terra. Não vim trazer paz, mas espada.

Mateus
10:34

A espada simbólica

Inúmeros leitores do Evangelho perturbam-se ante essas afirmativas do Mestre divino, porquanto o conceito de paz, entre os homens, desde muitos séculos foi visceralmente viciado. Na expressão comum, ter paz significa haver atingido garantias exteriores, dentro das quais possa o corpo vegetar sem cuidados, rodeando-se o homem de servidores, apodrecendo na ociosidade e ausentando-se dos movimentos da vida.

Jesus não poderia endossar tranquilidade desse jaez, e, em contraposição ao falso princípio estabelecido no mundo, trouxe consigo a luta regeneradora, a espada simbólica do conhecimento interior pela revelação divina, a fim de que o homem inicie a batalha do aperfeiçoamento em si mesmo. O Mestre veio instalar o combate da redenção sobre a Terra. Desde o seu ensinamento primeiro, foi formada a frente da batalha sem sangue, destinada à iluminação do caminho humano. E Ele mesmo foi o primeiro a inaugurar o testemunho pelos sacrifícios supremos.

Há quase vinte séculos vive a Terra sob esses impulsos renovadores, e ai daqueles que dormem, estranhos ao processo santificante!

Buscar a mentirosa paz da ociosidade é desviar-se da luz, fugindo à vida e precipitando a morte.

No entanto, Jesus é também chamado o Príncipe da Paz.

Sim, na verdade o Cristo trouxe ao mundo a espada renovadora da guerra contra o mal, constituindo em si mesmo a divina fonte de repouso aos corações que se unem ao seu amor; esses, nas mais perigosas situações da Terra, encontram, n'Ele, a serenidade inalterável. É que Jesus começou o combate de salvação para a Humanidade, representando, ao mesmo tempo, o sustentáculo da paz sublime para todos os homens bons e sinceros.

(*Caminho, verdade e vida*. FEB Editora. Cap. 104)

A lição da espada

"Não vim trazer a paz, mas a espada" — disse-nos o Senhor.

E muitos aprendizes prevalecem-se da feição literal de sua palavra, para estender a sombra e a perturbação.

Valendo-se-lhe do conceito, companheiros inúmeros consagram-se ao azedume no lar, conturbando os próprios familiares, em razão de lhes imporem modos de crer e pontos de vista, vergastando-lhas o entendimento, ao invés de ajudá-los na plantação da fé viva quando não se desmandam em discussões e conflitos, polemizando sem proveito ou acusando indebitamente a todos aqueles que lhes não comunguem a cartilha de violência e de crueldade.

O mundo, até a época do Cristo, legalizara a prepotência do ódio e da ignorância, mantendo-lhe a terrível dominação, através da espada mortífera da guerra e do cativeiro, em sanguinolentas devastações.

A realeza do homem era a tirania revestida de ouro, arruinando e oprimindo onde estendesse as garras destruidoras.

Com Jesus, no entanto, a espada é diferente.

Voltada para o seio da Terra, representa a cruz em que Ele mesmo prestou o testemunho supremo do sacrifício e da morte pelo bem de todos.

É por isso que o seu exemplo não justifica os instintos desenfreados de quantos pretendam ferir ou guerrear em seu nome.

A disciplina e a humildade, o amor e a renúncia marcam-lhe as atitudes em todos os passos da senda.

Flagelado e esquecido, entre o escárnio e a calúnia, o perdão espontâneo flui-lhe, incessante, da alma, para somente retribuir bênção por maldição, luz por treva, bem por mal.

Assim, se recebeste a espada simbólica que o Mestre nos trouxe à vida, lembra-te de que a batalha instituída pela lição do Senhor permanece viva e rija, dentro de nós, a fim de que, ensarilhando sobre o pretérito a espada de nossa antiga insensatez, venhamos a convertê-la na cruz redentora, em que combateremos os inimigos de nossa paz, ocultos em nosso próprio "eu", em forma de orgulho e intemperança, egoísmo e animalidade, consumindo-os ao preço de nossa própria consagração à felicidade dos outros, única estrada suscetível de conduzir-nos ao império definitivo da grande Luz.

(*Ceifa de luz*. FEB Editora. Cap. 5)

Doadores de paz[122]

Os obreiros da paz são sempre esteios benditos, na formação da felicidade humana.

Os que falam na concórdia...
Os que escrevem, concitando a serenidade...
Os que pregam a necessidade de entendimento...
Os que exortam à harmonia...
Os que trabalham pelo equilíbrio...

Os verdadeiros pacificadores, no entanto, compreendem que a paz se levanta por dentro da luta e, por isso mesmo, não ignoram que ela é construída — laboriosamente construída — por aqueles que se dedicam à edificação do reino do Amor, entre as criaturas, tais quais sejam:

os que carregam os fardos dos companheiros, diminuindo-lhes as preocupações;

os que aguentam, sozinhos, pesados sacrifícios para que os entes queridos não se curvem, sob o peso da angústia;

os que procuram esquecer-se, para que outros se façam favorecidos ou destacados;

os que abraçam responsabilidades e compromissos de que já se sentem dispensados, para que haja mais amplas facilidades no caminho dos semelhantes.

Em certa ocasião, disse-nos Jesus: "Eu não vim trazer paz à Terra e sim a divisão"; entretanto, em outro lance dos seus ensinamentos, afirmou-nos, convincente: "A minha paz vos dou, mas não vo-la dou como o mundo a dá". O divino Mestre deu-nos claramente a perceber que, para sermos construtores da paz, é preciso saber doar-lhe o bálsamo vivificante, em favor dos outros, conservando, bastas vezes, o fogo da luta pelo próprio burilamento, no fechado recinto do coração.

(*Reformador,* jun. 1971, p. 130)

Pergunta 304 do livro *O consolador*

Pergunta: Qual o espírito destas letras: "Não cuideis que vim trazer paz à Terra; não vim trazer a paz, mas a espada"?

---

[122] Nota da equipe organizadora: Texto publicado em *Mais perto*. Ed. GEEM. Cap. "Doadores de paz", com pequenas alterações.

Resposta: Todos os símbolos do Evangelho, dado o meio em que desabrocharam, são, quase sempre, fortes e incisivos.

Jesus não vinha trazer ao mundo a palavra de contemporização com as fraquezas do homem, mas a centelha de luz para que a criatura humana se iluminasse para os planos divinos.

E a lição sublime do Cristo, ainda e sempre, pode ser conhecida como a "espada" renovadora, com a qual deve o homem lutar consigo mesmo, extirpando os velhos inimigos do seu coração, sempre capitaneados pela ignorância e pela vaidade, pelo egoísmo e pelo orgulho.

(*O consolador*. FEB Editora. Pergunta 304)

Na guerra cristã[123]

Quem abraça os princípios cristãos se converte em soldado d'Aquele que nos disse: "Eu não venho trazer a paz e sim a espada".

Nessas palavras, o Senhor refere-se claramente à guerra em que nos achamos alistados para o serviço ativo.

O campo belicoso, porém, permanece na intimidade de nós mesmos. A ação é contra nós, contra as comodidades do "eu", contra a cristalização do nosso egoísmo multissecular.

O plano de combate jaz estruturado no Evangelho redentor, cujas indicações deveremos realmente viver, se buscarmos triunfo.

Nossas armas, por isso, na defensiva contra os inimigos gratuitos e naturais que a nossa posição acordará, são, invariavelmente, o amor, a compreensão, a piedade e o auxílio incessantes.

Reconhecemos, pois, que o discípulo da Boa-Nova é alguém que se bate contra as deformidades espirituais de si mesmo, trabalhando constantemente pela própria melhoria, de modo a atingir a vitória sobre si próprio, a única que, efetivamente, constitui a glória do espírito imperecível para a Vida abundante.

Achamo-nos, desse modo, em luta, em luta áspera, na fortaleza do próprio coração, informados de que não é possível a movimentação de nosso trabalho fraternal sem inimigos, em tarefa ativa, por expulsar os velhos sentimentos delituosos que se aninham em nossa alma, sob a capa respeitável da

---

[123] Nota da equipe organizadora: Texto publicado em *Reconforto*. Ed. GEEM. Cap. 12, com alterações.

dignidade pessoal, e a fim de incorporarmos à vida íntima os ensinamentos vivos do Mestre salvador.

E, notificados de que Ele mesmo, por amar-nos e servir-nos, não conseguiu escapar ao extremo sacrifício, busquemos eleger a humildade perante o orgulho, o silêncio diante do mal, o serviço à frente do ataque e a serenidade ao lado da violência, por normas ideais de trabalho, no testemunho de reconhecimento ante a graça recebida para alcançarmos, valorosamente, a vitória real na estrada sublime da cruz, em plena ascensão para a vida maior.

(*Reformador,* jun. 1953, p. 142)

Pois eu vim separar o homem do seu pai, a filha da sua mãe, e a nora da sua sogra.

Pergunta 305 do livro *O consolador*

Pergunta: A afirmativa do Mestre: "Porque eu vim pôr em dissensão o filho contra seu pai, a filha contra sua mãe e a nora contra sua sogra". Como deve ser compreendida em espírito e verdade?

Resposta: Ainda aqui, temos de considerar a feição antiga do hebraico, com a sua maneira vigorosa de expressão.

Seria absurdo admitir que o Senhor viesse estabelecer a perturbação no sagrado instituto da família humana, nas suas elevadas expressões afetivas, mas, sim, que os seus ensinamentos consoladores seriam o fermento divino das opiniões, estabelecendo os movimentos naturais das ideias renovadoras, fazendo luz no íntimo de cada um, pelo esforço próprio, para felicidade de todos os corações.

(*O consolador*. FEB Editora. Pergunta 305)

E quem der de beber um só copo de [água] fria a um destes pequeninos, na qualidade de discípulo, amém vos digo que de modo nenhum terá perdido a sua recompensa.

Mateus
10:42

A água fluida[124]

Meu amigo, quando Jesus se referiu à bênção do copo de água fria, em seu nome, não apenas se reportava à compaixão rotineira que sacia a sede comum. Detinha-se o Mestre no exame de valores espirituais mais profundos.

A água é dos corpos mais simples e receptivos da Terra. É como que a base pura, em que a medicação do Céu pode ser impressa, através de recursos substanciais de assistência ao corpo e à alma, embora em processo invisível aos olhos mortais.

A prece intercessória e o pensamento de bondade representam irradiações de nossas melhores energias.

A criatura que ora ou medita exterioriza poderes, emanações e fluidos que, por enquanto, escapam à análise da inteligência vulgar, e a linfa potável recebe-nos a influenciação, de modo claro, condensando linhas de força magnética e princípios elétricos, que aliviam e sustentam, ajudam e curam.

A fonte que procede do coração da Terra e a rogativa que flui do imo d'alma, quando se unem na difusão do bem, operam milagres.

O Espírito que se eleva na direção do Céu é antena viva, captando potenciais de natureza superior, podendo distribuí-los a benefício de todos os que lhe seguem a marcha.

Ninguém existe órfão de semelhante amparo.

Para auxiliar a outrem e a si mesmo, bastam a boa vontade e a confiança positiva.

Reconheçamos, pois, que o Mestre, quando se referiu à água simples, doada em nome de sua memória, reportava-se ao valor real de providência, a benefício da carne e do espírito, sempre que estacionem através de zonas enfermiças.

Se desejas, portanto, o concurso dos Amigos espirituais, na solução de tuas necessidades fisio-psíquicas ou nos problemas de saúde e equilíbrio dos

---

[124] Nota da equipe organizadora: Texto publicado em *Segue-me!...* Ed. O Clarim. Cap. "A água fluida", com pequenas alterações.

companheiros, coloca o teu recipiente de água cristalina, à frente de tuas orações, espera e confia. O orvalho do Plano divino magnetizará o líquido, com raios de amor em forma de bênçãos e estarás, então, consagrando o sublime ensinamento do copo de água pura, abençoado nos Céus.

(*Reformador*, fev. 1951, p. 26)

Direito[125]

Dever cumprido é raiz do direito conquistado; entretanto, em todas as circunstâncias da vida, identificamos os mais diferentes direitos.

Tens o direito de pedir, onde emprestas generosidade e colaboração, mas desconheces até que ponto as tuas solicitações são capazes de tisnar as fontes da espontaneidade ou podar os interesses alheios.

Usufruis o direito de advertir nos setores em que trazes o encargo de ensinar; contudo, é preciso hajas adquirido imenso patrimônio de amor para que a tua correção não se transforme em ofensa ou desencorajamento nos outros.

Guardas o direito de analisar; todavia, se ainda não entesouraste bastante experiência para compreender, é possível que a observação exagerada te leve à secura.

Deténs o direito de corrigir construtivamente na esfera das responsabilidades pessoais que te honorificam a vida; no entanto, por mais que a verdade te brilhe no verbo, se te falha bondade para acalentar a esperança, a tua palavra se erguerá por martelo endereçado à destruição.

Dispões do direito de reclamar onde empregas a tua parcela de esforço no levantamento do bem de todos, mas ignoras o limite depois do qual as tuas reivindicações são suscetíveis de ferir esse ou aquele companheiro, em posição mais desvantajosa que a tua.

Em todo tempo e em qualquer parte, porém, desfrutamos o direito maior de todos, aquele que nunca nos frustra as possibilidades de melhoria e que sempre nos abre as portas da felicidade na convivência, uns com os outros — aquele em cujo exercício jamais lesaremos a quem quer que seja: o direito que nomearemos como sendo para todos nós, os filhos de Deus, o privilégio de servir.

(*Reformador*, maio 1970, p. 100)

---

[125] Nota da equipe organizadora: Texto publicado em *Segue-me!...* Ed. O Clarim. Cap. "Direito".

Quem tem ouvidos ouça.

Mateus
11:15

Ouvidos[126]

Ouvidos... Toda gente os possui.
Achamos, no entanto, ouvidos superficiais em toda a parte.
Ouvidos que apenas registram sons.
Ouvidos que se prendem a noticiários escandalosos.
Ouvidos que se dedicam a boatos perturbadores.
Ouvidos de propostas inferiores.
Ouvidos simplesmente consagrados à convenção.
Ouvidos de festa.
Ouvidos de mexericos.
Ouvidos de pessimismo.
Ouvidos de colar às paredes.
Ouvidos de complicar.
Se desejas, porém, sublimar as possibilidades de acústica da própria alma, estuda e reflete, pondera e auxilia, fraternalmente, e terás contigo os "ouvidos de ouvir", a que se reportava Jesus, criando em ti mesmo o entendimento para a assimilação da eterna Sabedoria.

(*Reformador*, abr. 1960, p. 74)

---

[126] Nota da equipe organizadora: Texto publicado em *Palavras de vida eterna*. Ed. Comunhão Espírita Cristã. Cap. 72.

> [...] *Eu te louvo, Pai, Senhor do céu e da terra, porque ocultaste essas coisas dos sábios e inteligentes, e as revelaste aos infantes.*
>
> Mateus 11:25

Supercultura[127]

Alfabetizar e instruir sempre.

Sem escola, a Humanidade se embaraçaria na selva; no entanto, é imperioso lembrar que as maiores calamidades da guerra procedem dos louros da inteligência sem educação espiritual.

A intelectualidade requintada entretece lauréis à civilização, mas, por si só, não conseguiu, até hoje, frenar o poder das trevas.

A supercultura monumentalizou cidades imponentes e estabeleceu os engenhos que as arrasam.

Levantou embarcações que se alteiam como sendo palácios flutuantes e criou o torpedo que as põe a pique.

Estruturou asas metálicas poderosas que, em tempo breve, transportam o homem, através de todos os continentes, e aprumou o bombardeiro que lhe destrói a casa.

Articulou máquinas que patrocinam o bem-estar no reduto doméstico, e não impede a obsessão que comumente decorre do ócio demasiado.

Organizou hospitais eficientes e, de quando em quando, lhes superlota as mínimas dependências com os mutilados e feridos, enfileirados por ela própria, nas lutas de extermínio.

Alçou a cirurgia às inesperadas culminâncias, e aprimorou as técnicas do aborto.

E, ainda agora, realiza incursões a pleno espaço, nos albores da astronáutica, e examina do alto os processos mais seguros de efetuar aniquilamentos em massa pelo foguete balístico.

Iluminemos o raciocínio, sem descurar o sentimento.

Burilemos o sentimento, sem desprezar o raciocínio.

O Espiritismo, restaurando o Cristianismo, é universidade da alma. Nesse sentido, vale recordar que Jesus, o Mestre por excelência, nos ensinou, acima de tudo, a viver construindo para o bem e para a verdade, como a dizer-nos que a chama da cabeça não derrama a luz da felicidade sem o óleo do coração.

(*Reformador*, mar. 1964, p. 64)

---

[127] Nota da equipe organizadora: Texto publicado em *Livro da esperança*. Ed. Comunhão Espírita Cristã. Cap. 17.

Vinde a mim todos os cansados e sobrecarregados, e eu vos darei descanso.

Mateus
11:28

Lágrimas

Ninguém como Cristo espalhou na Terra tanta alegria e fortaleza de ânimo. Reconhecendo isso, muitos discípulos amontoam argumentos contra a lágrima e abominam as expressões de sofrimento.

O Paraíso já estaria na Terra se ninguém tivesse razões para chorar. Considerando assim, Jesus, que era o Mestre da confiança e do otimismo, chamava ao seu coração todos os que estivessem cansados e oprimidos sob o peso de desenganos terrestres.

Não amaldiçoou os tristes: convocou-os à consolação.

Muita gente acredita na lágrima como sintoma de fraqueza espiritual. No entanto, Maria soluçou no Calvário; Pedro lastimou-se depois da negação; Paulo mergulhou-se em pranto às portas de Damasco; os primeiros cristãos choraram nos circos de martírio... mas nenhum deles derramou lágrimas sem esperança. Prantearam e seguiram o caminho do Senhor, sofreram e anunciaram a Boa-Nova da Redenção, padeceram e morreram leais na confiança suprema.

O cansaço experimentado por amor ao Cristo converte-se em fortaleza, as cadeias levadas ao seu olhar magnânimo transformam-se em laços divinos de salvação.

Caracterizam-se as lágrimas por origens específicas. Quando nascem da dor sincera e construtiva, são filtros de redenção e vida; no entanto, se procedem do desespero, são venenos mortais.

(*Caminho, verdade e vida.* FEB Editora. Cap. 172)

Consegues ir?

O crente escuta o apelo do Mestre, anotando abençoadas consolações. O doutrinador repete-o para comunicar vibrações de conforto espiritual aos ouvintes.

Todos ouvem as palavras do Cristo, as quais insistem para que a mente inquieta e o coração atormentado lhe procurem o regaço refrigerante...

Contudo, se é fácil ouvir e repetir o "vinde a mim" do Senhor, quão difícil é "ir para Ele"!

Aqui, as palavras do Mestre se derramam por vitalizante bálsamo, entretanto, os laços da conveniência imediatista são demasiado fortes; além, assinala-se o convite divino, entre promessas de renovação para a jornada redentora, todavia, o cárcere do desânimo isola o espírito, por meio de grades resistentes; acolá, o chamamento do Alto ameniza as penas da alma desiludida, mas é quase impraticável a libertação dos impedimentos constituídos por pessoas e coisas, situações e interesses individuais, aparentemente inadiáveis.

Jesus, o nosso Salvador, estende-nos os braços amoráveis e compassivos. Com Ele, a vida enriquecer-se-á de valores imperecíveis e à sombra dos seus ensinamentos celestes seguiremos, pelo trabalho santificante, na direção da Pátria universal...

Todos os crentes registram-lhe o apelo consolador, mas raros se revelam suficientemente valorosos na fé para lhe buscarem a companhia.

Em suma, é muito doce escutar o "vinde a mim"...

Entretanto, para falar com verdade, já consegues ir?

(*Fonte viva*. FEB Editora. Cap. 5)

Cristãos sem Cristo[128]

Reverencia o divino Mestre, com todas as forças da alma; entretanto, não menosprezes honrá-lo na pessoa dos semelhantes.

Guarda-lhe a memória entre flores de carinho, mas estende os braços aos que clamam por Ele, entre os espinhos da aflição.

Esculpe-lhe as reminiscências nas obras-primas da estatutária, sem qualquer intuito de idolatria, satisfazendo aos ideais da perfeição que a beleza te arranca aos sonhos de arte; no entanto, socorre, pensando n'Ele, os que passam diante de ti, retalhados pelo cinzel oculto do sofrimento.

Imagina-lhe o semblante aureolado de amor, ao fixá-lo nas telas em que se te corporifiquem os anseios de luz, mas suaviza o infortúnio dos que esperam por Ele, nos quadros vivos da angústia humana.

Proclama-lhe a glória imperecedoura no verbo eloquente, mas deixa que a sinceridade e a brandura te brilhem na boca, asserenando, em seu nome, os corações atormentados que duvidam e se perturbam entre as sombras da Terra.

---

[128] Nota da equipe organizadora: Texto publicado em *Livro da esperança*. Ed. Comunhão Espírita Cristã. Cap. 14, com pequenas alterações.

Grava-lhe os ensinamentos inesquecíveis, movimentando a pena que te configura as luminosas inspirações; no entanto, assinala as diretrizes d'Ele com a energia renovadora dos teus próprios exemplos.

Dedica-lhe os cânticos de fidelidade e louvor que te nascem da gratidão, mas ouve os apelos dos que jazem detidos nas trevas, suplicando-lhe liberdade e esperança.

Busca-lhe a presença, no culto da prece, rogando-lhe apoio e consolação; no entanto, oferece-lhe mãos operosas no auxílio aos que varam o escuro labirinto da agonia moral, para os quais essa ou aquela ninharia de tuas facilidades constitui novo estímulo à paciência.

Através de numerosas reencarnações, temos sido cristãos sem Cristo.

Conquistadores, não nos pejávamos de implorar-lhe patrocínio aos excessos do furto.

Latifundiários cruéis, não nos envergonhávamos de solicitar-lhe maior número de escravos que nos atendessem ao despotismo, em clamorosos sistemas de servidão.

Piratas, dobrávamos insensatamente os joelhos para agradecer-lhe a presa fácil.

Guerreiros, impetrávamos d'Ele, em absoluta insanidade, nos inspirasse o melhor modo de oprimir.

Agora que a Doutrina Espírita no-lo revela por mentor claro e direto da alma, ensinando-nos a responsabilidade de viver, é imperioso saibamos dignificá-lo na própria consciência, acima de quaisquer demonstrações exteriores, procurando refleti-lo em nós mesmos. Entretanto, para que isso aconteça, é preciso, antes de tudo, matricular o raciocínio na escola da caridade, que será sempre a mestra sublime do coração.

(*Reformador*, dez. 1962, p. 271)

A edificação cristã – Os primeiros cristãos[129]

Atingindo um período de nova compreensão concernente aos mais graves problemas da vida, a sociedade da época sentia de perto a insuficiência

---

[129] Nota da equipe organizadora: Neste texto, Emmanuel apresenta uma análise do surgimento dos primeiros movimentos cristãos, vinculando-os ao chamado do Cristo direcionado aos aflitos e sobrecarregados. Não se trata de uma análise exegética do versículo, mas de uma constatação de que o conteúdo do Evangelho representa propostas de vivências que o tempo e os corações se encarregarão de concretizar no solo da vida.

das escolas filosóficas conhecidas, no propósito de solucionar as suas grandes questões. A ideia de uma justiça mais perfeita para as classes oprimidas tornara-se assunto obsidente para as massas anônimas e sofredoras.

Em virtude dos seus postulados sublimes de fraternidade, a lição do Cristo representava o asilo de todos os desesperados e de todos os tristes. As multidões dos aflitos pareciam ouvir aquela misericordiosa exortação: "Vinde a mim, vós todos que sofreis e tendes fome de justiça e eu vos aliviarei" — e da cruz chegava-lhes, ainda, o alento de uma esperança desconhecida.

A recordação dos exemplos do Mestre não se restringia aos povos da Judeia, que lhe ouviram diretamente os ensinos imorredouros. Numerosos centuriões e cidadãos romanos conheceram pessoalmente os fatos culminantes das pregações do Salvador. Em toda a Ásia Menor, na Grécia, na África e mesmo nas Gálias, como em Roma, falava-se d'Ele, da sua filosofia nova que abraçava todos os infelizes, cheia das claridades sacrossantas do Reino de Deus e da sua justiça. Sua doutrina de perdão e de amor trazia nova luz aos corações e os seus seguidores destacavam-se do ambiente corrupto do tempo, pela pureza de costumes e por uma conduta retilínea e exemplar.

A princípio, as autoridades do Império não ligaram maior importância à doutrina nascente, mas os Apóstolos ensinavam que, por Jesus Cristo, não mais poderia haver diferença entre os livres e os escravos, entre patrícios e plebeus, porque todos eram irmãos, filhos do mesmo Deus. O patriciado não podia ver com bons olhos semelhantes doutrinas. Os cristãos foram acusados de feiticeiros e heréticos, iniciando-se o martirológio com os primeiros editos de proscrição. O Estado não permitia outras associações independentes, além daquelas consideradas como cooperativas funerárias e, aproveitando essa exceção, os seguidores do Crucificado começaram os famosos movimentos das catacumbas.

(*A caminho da luz*. FEB Editora. Cap. 14, "A edificação cristã – Os primeiros cristãos")

Perante Jesus

Certa feita, convidou-nos o divino Mestre: "Vinde a mim, todos vós que sofreis e vos aliviarei..."

E através do tempo, todos nós, os que nos consideramos imperfeitos e infelizes, fomos a Ele, a fim de ouvir-lhe as instruções.

Os oprimidos e aflitos, os doentes, os cansados, os sedentos de justiça, os desarvorados, os desvalidos, os desamparados, os perseguidos, os caluniados, os tristes, os desesperados, os fracos, os irritadiços, os incompreendidos e toda uma legião de sofredores, buscamo-lo, avidamente, aguardando-lhe os ensinamentos e promessas, manifestando-nos em torno d'Ele, [...].

E o divino Mestre respondeu-nos com as instruções da Boa-Nova, cuja validade é definitiva para todos os tempos.

Amparou-nos o Senhor, reconfortou-nos, esclareceu-nos, traçando-nos os caminhos para chegarmos até Ele e conhecermos a nós mesmos, expressando-se claramente, com vistas a todos os povos.

Reergueu-nos o ânimo e guiou-nos para a Verdade e para o Bem, iluminando-nos o coração e a inteligência.

Cabe-nos, agora, a obrigação de escutar-lhe as orientações e acompanhar-lhe os exemplos que lhe caracterizam a Grandeza.

(*Perante Jesus*. Ed. IDEAL. Prefácio — "Perante Jesus")

Em busca de Cristo

Sofres?

Não te esqueças do "Vinde a Mim" do divino Mestre e procura com Ele o manancial da consolação, entretanto, não olvides que o Senhor espera não lhe tragas o fardo escabroso das torturas morais pelos caprichos desatendidos, na incapacidade de praticar o mal, de vez que, em muitas ocasiões, a nossa dor é simples aflição da nossa própria ignorância e da nossa própria rebeldia, à frente da Lei.

Tens sede?

Busca no Cristo a fonte das águas vivas, na certeza, porém, de que a corrente cristalina apagar-te-á a volúpia de conforto e o anseio indébito de ouro e dominação.

Tens fome?

Procura no Benfeitor celeste o Pão que desceu do Céu, entretanto, roga-lhe, antes de tudo, te sacie a fome desvairada de prazeres e aquisições inúteis para que não te falte o ingresso ao banquete da Luz que o Evangelho te pode propiciar.

Sentes-te enfermo?

Procura em Jesus o divino Médico, contudo, pede-lhe, atentamente, te conceda remédio contra as tuas próprias inclinações a desordens e excessos, porquanto, de ti mesmo procedem as vibrações enfermiças, que te constrangem ao desequilíbrio orgânico.

Há muita dor que é simplesmente inconformação e desrespeito aos estatutos divinos que nos governam.

Há muita sede que é mera ambição desregrada, atormentando a alma e arrastando-a para o resvaladouro das trevas.

Há muita fome que não é senão exigência descabida do espírito invigilante.

Há muita moléstia que expressa tão somente intemperança mental e hábitos viciosos que é necessário extirpar.

"Vinde a Mim!" — disse-nos o Amigo eterno.

Saibamos, pois, realizar a retirada de nós mesmos, e desse modo colocar-nos-emos ao encontro do nosso divino Mestre e Senhor.

(*Marcas do caminho*. Ed. IDEAL. Cap. 24)

Alivia

São multidões de pessoas
Sofrendo em nosso mundo.
Muitos trazem doença
Outros choram de angústia.
Todos pedem amor
E um pouco de atenção.
Nem Jesus quis fazer
O ataque franco à dor.
Só disse: "Vinde a mim,
Todos vós que sofreis!..."
E acrescentou em paz:
"E vos aliviarei".

(*Doutrina-escola*. Ed. IDE. Cap. 16)

Tomai sobre vós o meu jugo e aprendei de mim, porque sou brando e humilde de coração, e encontrareis descanso para vossas almas.

Mateus
11:29

No caminho da elevação[130]

Abençoa os conflitos que, tantas vezes, te amarfanharam o coração no carreiro doméstico, sempre que o lar apareça por ninho de problemas e inquietações.

É aí, entre as quatro paredes do reduto familiar, que reencontras a instrumentação do sofrimento reparador...

Amigos transfigurados em desafios à paciência...

Pais incompreensíveis a te requisitarem entendimento...

Filhos convertidos em ásperos inquisidores da alma...

Parentes que se revelam por adversários ferrenhos sob o disfarce da consanguinidade...

Lutas inesperadas e amargas que dilapidam as melhores forças da existência pelo seu conteúdo de aflição...

Aceita as intimações do calvário doméstico, na feição com que se mostrem, como quem acolhe o remédio indispensável à própria cura.

Desertar será retardar a equação que a contabilidade da vida exigirá sempre, na matemática das causas e dos efeitos.

Nesse sentido, vale recordar que Jesus não afirmou que se alguém desejasse encontrá-lo necessitaria proclamar-lhe as virtudes, entretecer-lhe lauréis, homenagear-lhe o nome ou consagrar-se às atitudes de adoração, mas sim, foi peremptório, asseverando que os candidatos à integração com ele precisariam carregar a própria cruz e seguir-lhe os passos, isto é, suportar com serenidade e amor, entendimento e serviço, os deveres de cada dia.

Bem-aventurado, pois, todo aquele que, apesar dos entraves e das lágrimas do caminho, sustentar nos ombros, ainda mesmo desconjuntados e doloridos, a bendita carga das próprias obrigações.

(*Reformador*, fev. 1964, p. 37)

---

[130] Nota da equipe organizadora: Texto publicado em *Livro da esperança*. Ed. Comunhão Espírita Cristã. Cap. 75.

Onde estão?

Dirigiu-se Jesus à multidão dos aflitos e desalentados proclamando o divino propósito de aliviá-los.

"Vinde a mim!" — clamou o Mestre —, "tomai sobre vós o meu jugo, e aprendei comigo, que sou manso e humilde de coração!"

Seu apelo amoroso vibra no mundo, através de todos os séculos do Cristianismo.

Compacta é a turba de desesperados e oprimidos da Terra, não obstante o amorável convite.

É que o Mestre no "Vinde a mim!" espera naturalmente que as almas inquietas e tristes o procurem para a aquisição do ensinamento divino. Mas nem todos os aflitos pretendem renunciar ao objeto de suas desesperações, nem todos os tristes querem fugir à sombra para o encontro com a luz.

A maioria dos desalentados chega a tentar a satisfação de caprichos criminosos com a proteção de Jesus, emitindo rogativas estranhas.

Entretanto, quando os sofredores se dirigirem sinceramente ao Cristo, hão de ouvi-lo, no silêncio do santuário interior, concitando-lhes o espírito a desprezar as disputas reprováveis do campo inferior.

Onde estão os aflitos da Terra que pretendem trocar o cativeiro das próprias paixões pelo jugo suave de Jesus Cristo?

Para esses foram pronunciadas as santas palavras "Vinde a mim!", reservando-lhes o Evangelho poderosa luz para a renovação indispensável.

(*Pão nosso*. FEB Editora. Cap. 130)

E se soubésseis o que significa: Misericórdia quero, e não oferenda, não teríeis condenado os sem culpa.

Mateus
12:7

Mais tempo

(*Inspiração*. Ed. GEEM. Cap. "Mais tempo")[131]

Cilício e vida

Cilícios para ganhar os Céus!

A infinita Bondade abençoe a quem os pratique de boa fé, no entanto, convém recordar que o Apelo divino solicita "misericórdia e não sacrifício".

Nessa legenda, a lógica espírita aconselha disciplinas edificantes e não rigores inúteis; austeridades que rendam educação e progresso; regimes que frutifiquem compreensão e beneficência; cooperação por escola e trabalho exprimindo aprendizado espontâneo.

Quando tenhas uma hora disponível, acima do repouso que te restaure, canaliza atenção e força para que se atenuem os sofrimentos da retaguarda.

Um minuto de carinho para com os alienados mentais ensina a preservar o próprio juízo.

Alguns momentos de serviço, junto ao leito dos paralíticos, articulam preciosa aula de paciência.

Simples visita ao hospital diminui ilusões.

Cozinhar prato humilde, a benefício dos que não conseguem assegurar a subsistência, impele a corrigir os excessos da mesa.

Costurar em socorro dos que tremem desnudos, auxilia a esquecer extravagâncias de vestuários.

Entregar voluntariamente algum recurso, nos lares desprotegidos, criando reconforto e esperança, imuniza contra o flagelo da usura e contra a voragem do desperdício.

Amparar em pessoa aos que vagam sem rumo ensina respeito ao lar que nos aconchega.

---

[131] N.E.: Vide nota 9.

Cilícios para conquistar os talentos celestes!... Façamos aqueles que se transfigurem nas obras de fraternidade e elevação, por melhorarem a vida, melhorando a nós mesmos.

Não ignoramos que tanto o Planeta Terrestre, quanto as criaturas que o povoam jazem vivos, em pleno céu, entretanto, jamais contemplaremos a luz divina do céu que nos circunda sem acendê-la, dentro de nós.

(*Opinião espírita*. Ed. Boa Nova. Cap. 44)

Não quebrará o caniço rachado, não apagará o pavio fumegante, até quando levar a justiça ao triunfo.

Mateus
12:20

Esperemos

Evita as sentenças definitivas, em face dos quadros formados pelo mal.
Da lama do pântano, o supremo Senhor aproveita a fertilidade.
Da pedra áspera, vale-se da solidez.
Da areia seca, retira utilidades valiosas.
Da substância amarga, extrai remédio salutar.
O criminoso de hoje pode ser prestimoso companheiro amanhã.
O malfeitor, em certas circunstâncias, apresenta qualidades nobres, até então ignoradas, de que a vida se aproveita para gravar poemas de amor e luz.
Deus não é autor de esmagamento.
É Pai de misericórdia.
Não destrói a cana quebrada, nem apaga o morrão que fumega.
Suas mãos reparam estragos, seu hálito divino recompõe e renova sempre.
Não desprezes, pois, as luzes vacilantes e as virtudes imprecisas. Não abandones a terra pantanosa, nem desampares o arvoredo sufocado pela erva daninha.
Trabalha pelo bem e ajuda incessantemente.
Se Deus, Senhor absoluto da Eternidade, espera com paciência, por que motivo, nós outros, servos imperfeitos do trabalho relativo, não poderemos esperar?

(*Caminho, verdade e vida.* FEB Editora. Cap. 162)

Pois a partir das tuas palavras serás justificado [...].

Mateus
12:37

Legendas do tribuno espírita

Cultuar a beleza verbalista nas alocuções ou explicações que profira, alicerçando, porém, a palavra nas lições de Jesus.

Confiar na segurança própria, mas atrair a inspiração de ordem superior, através da prece.

Atualizar-se constantemente, examinando, todavia, as novidades antes de veiculá-las.

Reverenciar a verdade; contudo, buscar o "lado bom" das situações e das pessoas, para o destaque preciso.

Formar observações próprias, conduzindo, porém, as opiniões para o bem de todos.

Aprender com as experiências passadas, estimulando, simultaneamente, as iniciativas edificantes na direção do futuro.

Enaltecer ideias e emoções, sem desprezar a linguagem compreensível e simples.

Instruir o cérebro dos ouvintes, acordando neles, ao mesmo tempo, o desejo de cooperar no levantamento do bem.

Falar construtivamente, mas ouvir os outros, a fim de lhes entender os problemas.

Enriquecer a cultura dos companheiros de Humanidade, manejando a palavra digna; entretanto, estudar, quanto possível, de modo a ser sempre mais útil no aprimoramento geral.

(*Ceifa de luz*. FEB Editora. Cap. 8)

Em resposta, disse ao que lhe falava: Quem é minha mãe, e quem são meus irmãos?

Mateus
12:48

Pergunta 342 do livro *O consolador*

Pergunta: A resposta de Jesus aos seu discípulos "Quem é minha mãe e quem são os meus irmãos?", é um incitamento à edificação da fraternidade universal?

Resposta: O Senhor referia-se à precariedade dos laços de sangue, estabelecendo a fórmula do amor, a qual não deve estar circunscrita ao ambiente particular, mas ligada ao ambiente universal, em cujas estradas deveremos observar e ajudar, fraternalmente, a todos os necessitados, desde os aparentemente mais felizes, aos mais desvalidos da sorte.

(*O consolador*. FEB Editora. Pergunta 342)

Eis que o semeador saiu a semear.

Mateus
13:3

Semeadores

Todo ensinamento do divino Mestre é profundo e sublime na menor expressão. Quando se dispõe a contar a Parábola do Semeador, começa com ensinamento de inestimável importância que vale relembrar.

Não nos fala que o semeador deva agir utilizando-se do contrato com terceiras pessoas, e sim que ele mesmo saiu a semear.

Transferindo a imagem para o solo do espírito, em que tantos imperativos de renovação convidam os obreiros da boa vontade à santificante lavoura da elevação, somos levados a reconhecer que o servidor do Evangelho é compelido a sair de si próprio, a fim de beneficiar corações alheios.

É necessário desintegrar o velho cárcere do "ponto de vista" para nos devotarmos ao serviço do próximo.

Aprendendo a ciência de nos retirarmos da escura cadeia do "eu", excursionaremos pelo grande continente denominado "interesse geral". E, na infinita extensão dele, encontraremos a "terra das almas", sufocada de espinheiros, ralada de pobreza, revestida de pedras ou intoxicada de pântanos, oferecendo-nos a divina oportunidade de agir em benefício de todos.

Foi nesse roteiro que o divino Semeador pautou o ministério da luz, iniciando a celeste missão do auxílio entre humildes tratadores de animais e continuando-a com os amigos de Nazaré e os doutores de Jerusalém, os fariseus palavrosos e os pescadores simples, os justos e os injustos, ricos e pobres, doentes do corpo e da alma, velhos e jovens, mulheres e crianças...

Segundo observamos, o semeador do Céu ausentou-se da grandeza a que se acolhe e veio até nós, espalhando as claridades da Revelação e aumentando-nos a visão e o discernimento. Humilhou-se para que nos exaltássemos e confundiu-se com a sombra a fim de que a nossa luz pudesse brilhar, embora lhe fosse fácil fazer-se substituído por milhões de mensageiros, se desejasse.

Afastemo-nos, pois, das nossas inibições e aprendamos com o Cristo a "sair para semear".

(*Fonte viva.* FEB Editora. Cap. 64)

Auxiliar

Auxiliar, amparar, consolar, instruir!...
Para isso, não aguardes o favor das circunstâncias.
Jesus foi claro no ensinamento.
O semeador da parábola não esperou chamado algum.
Largou simplesmente as conveniências de si mesmo e saiu para ajudar.
O Mestre não se reporta a leiras adubadas ou datalhões escolhidos. Não menciona temperaturas ou climas. Não diz se o cultivador era proprietário ou rendeiro, se moço no impulso ou amadurecido na experiência, se detinha saúde ou se carregava o ônus da enfermidade.
Destaca somente que ele partiu a semear.
Por outro lado, Jesus não informa se o homem do campo recebeu qualquer recomendação acerca de pântanos ou desertos, pedreiras ou espinheirais que devesse evitar. Esclarece que o tarefeiro plantou sempre e que a penúria ou o insucesso do serviço foi problema do solo beneficiado e não dos braços que se propunham a enriquecê-lo.
Saibamos, assim, esquecer-nos para servir.
Não importa venhamos a esbarrar com respostas deficientes da gleba do espírito, às vezes desfigurada ou prejudicada pela urze da incompreensão ou pelo cascalho da ignorância. Ideia e trabalho, tempo e conhecimento, influência e dinheiro são possibilidades valiosas em nossas mãos. Todos podemos espalhá-las por sementes de amor e luz.
O essencial, porém, será desfazer o apego excessivo às nossas comodidades, aprendendo a sair.

(*Livro da esperança*. Ed. Comunhão Espírita Cristã. Cap. 52)

Palavra ao semeador

Semeador da vida, semeia a boa semente.
Os corações na Terra assemelham-se, muitas vezes, à própria terra.
Não amaldiçoarás o deserto porque exiba espetáculos de secura.
Dar-lhe-ás o consolo da fonte.
Não esmagarás os próprios dedos nas pedras do campo.
Removerás o empecilho, amparando a eira.
Não impedirás a lama do charco.
Alongarás ao pântano o socorro do dreno amigo.

Não agredirás o espinheiro.
Auxiliarás, feliz, a limpeza da gleba.
Nos caminhos do mundo, há muita gente também assim.
Almas ressecadas na ignorância, enrijecidas na indiferença, atormentadas na sombra, perdidas na crueldade...
Não reclames, nem condenes.
Estende as mãos a serviço do amor e tanto quanto possível, semeia sempre.
Não exijas, porém, que o fruto chegue hoje.
Primeiro, o suor do trabalho e a semente no solo.
Depois, a defesa laboriosa e a verdura tenra, pedindo apoio.
Mais tarde, no entanto, surpreenderás, jubilosamente, a alegria da flor e a bênção do pão.

(*Bênçãos de amor*. Ed. Cultura Espírita União. Cap. "Palavra ao semeador")

Ante o campo da vida

(*Chico Xavier pede licença*. Ed. GEEM. Cap. 4)[132]

Semeia, semeia...[133]

Cada coração do caminho é comparável a trato de terra espiritual.

Muitos estarão soterrados no pedregulho dos preconceitos, ao pé de outros que se enrodilham no espinheiral da ilusão, requisitando tempo enorme para se verem livres.

Entretanto, reflete na terra boa, lançada ao desvalimento.

É aí que todos os parasitos geradores da inércia se instalam, absorventes!... Terras abandonadas, terras órfãs!... Criaturas que anseiam pelo adubo da fé, almas que suplicam modesta plantação de esperança e conforto!...

Esses solos desprezados, muita vez, te buscam, fronteiriços... Descerram-se-te à visão, na fadiga dos pais que a dor imanifesta suplicia e consome; no desencanto dos companheiros tristes que carregam no peito o próprio sonho em cinza; no problema do filho que a revolta desgasta; na prova dos irmãos que sorriem, chorando, para que lhes não vejas os detritos de angústia...

---

[132] N.E.: Vide nota 9.
[133] Nota da equipe organizadora: Texto publicado em *Opinião espírita*. Ed. Boa Nova. Cap. 42, com pequenas alterações.

Se já podes ouvir o excelso Semeador, semeia, semeia!...

Sabes que a caridade é o sol que varre as sombras; trazes contigo o dom de esparzir o consolo; podes pronunciar a palavra da bênção; consegues derramar o que sobra da bolsa, transformando a moeda em prece de alegria; guardas o braço forte que levanta os caídos; teus dedos são capazes de recompor as cordas que o sofrimento parte em corações alheios, afinando-as no tom da música fraterna; reténs o privilégio de repartir com os nus a roupa que largaste; nada te freia as mãos no socorro ao doente; ninguém te impede, enfim, de construir na estrada o bem para quem passa e o bem dos que virão...

Não te detenhas, pois, no vazio das trevas!...

Planta a verdade e a luz, o júbilo e a bondade.

Se percebes a voz do excelso Semeador, escutá-lo-ás, a cada passo, rente aos próprios ouvidos, a dizer-te, confiante:

— Trabalha, enquanto é tempo, e semeia, semeia!...

(*Reformador*, jan. 1964, p. 9)

O semeador saiu

Plantar o bem e estendê-lo sempre. Para isso, agir e servir são imperativos da natureza espiritual.

Convém lembrar, no entanto, que a sementeira não se realiza em talhões recamados de ouro.

O semeador lidará com a terra.

Após arroteá-la, na maioria dos casos, precisará irrigá-la e, por isso, conviverá com o barro do mundo.

Enquanto prepara ninho às sementes, não evitará resquícios de poeira e lama, lodo e adubo nas próprias mãos.

Aguardará com interesse a germinação das esperanças que se lhe consubstanciam nas plantas nascentes. E, em seguida, os cuidados se lhe redobram.

Indispensável acompanhar a influência do calor e da umidade, preservar a lavoura iniciante contra a incursão de pragas invasoras, observar as alterações do tempo e garantir as condições de êxito à plantação, até que surja a colheita dos frutos.

Idêntica situação no mundo ainda é a de todos os cultivadores da seara do bem.

Designados para o lançamento das ideias alusivas à renovação espiritual, quase sempre, são impelidos a suportar o contato das glebas difíceis da incompreensão humana.

Não encontram caminhos aplainados para a comunicação com os padrões preestabelecidos da cultura terrestre e, frequentemente, se obrigam a tolerar obstáculos e reações negativas.

Servirão com devotamento às ideias novas. No entanto, a seara da verdade e da elevação somente lhes surgirá no futuro, em plenitude de beleza e de luz.

Assevera-nos Jesus, o Cristo de Deus: "e o semeador saiu a semear...".

Isso equivale a dizer que o semeador saiu de si mesmo, a desvencilhar-se de todas as concepções de separatividade e egoísmo, a fim de auxiliar e compreender, trabalhar e servir, amar e tolerar, com esquecimento de si mesmo para a vitória do Bem.

(*Paz*. Ed. Cultura Espírita União. Cap. 6)

Outra [parte] caiu sobre terra boa e dava fruto: uma cem, outra sessenta e outra trinta.

Mateus
13:8

No solo do espírito[134]

Referindo-nos à parábola do semeador, narrada pelo divino Mestre, lembremo-nos de que o campo da vida é assim como a terra comum.

Nele encontramos criaturas que expressam glebas espirituais de todos os tipos.

Homens-calhaus...
Homens-espinheiros...
Homens-milhafres...
Homens-parasitas...
Homens-charcos...
Homens-furnas...
Homens-superfícies...
Homens-obstáculos...
Homens-venenos...
Homens-palhas...
Homens-sorvedouros...
Homens-erosões...
Homens-abismos...

Mas surpreendemos também, com alegria, os homens-searas, aqueles que reunindo consigo o solo produtivo do caráter reto, a água pura dos sentimentos nobres, o adubo da abnegação, a charrua do esforço próprio e o suor do trabalho constante, sabem albergar as sementes divinas do conhecimento superior, produzindo as colheitas do bem para os semelhantes.

Reparemos a vasta paisagem que nos rodeia, através da meditação, e, com facilidade, por nossa atitude perante os outros, reconheceremos de pronto que espécie de terreno estamos sendo nós.

(*Reformador*, fev. 1959, p. 26)

---

[134] Nota da equipe organizadora: Texto publicado em *Palavras de vida eterna*. Ed. Comunhão Espírita Cristã. Cap. 51.

Pois àquele que tem lhe será dado, e terá com abundância; mas àquele que não tem até o que tem será tirado dele.

Mateus 13:12

Na senda de todos[135]

Quanto mais tiveres:
posses sem utilidade;
títulos sem aplicação;
conhecimento sem trabalho;
poder sem benevolência;
objetos sem uso;
relações sem proveito;
menos livre te reconhecerás para ser feliz.

Decerto que a independência não quer dizer impassibilidade, à frente da vida; é razoável possuas reservas amoedadas, mas é importante se mantenham colocadas a serviço do amparo e do progresso comunitários; que te exornes com lauréis terrenos, entretanto, mobilizando-os em auxílio dos semelhantes; que entesoures cultura, todavia, utilizando-lhe as possibilidades em benefício do próximo; que disponhas de autoridade, contudo, manejando-a na administração da bondade e da justiça; que conserves pertences diversos para conforto e apresentação individuais, doando, porém, o supérfluo, no socorro aos que sofrem na retaguarda; que contes com legiões de amigos, mas buscando motivá-los para as obras da beneficência e da educação.

Quanto mais retivermos do que somos e temos, em louvor do próprio egoísmo, eis-nos mais escravos da sombra em que se expressa o domínio do "eu"; estejamos, porém, convencidos de que, quanto mais dermos do que somos e temos, em apoio dos outros, mais livres nos tornamos para assimilar e esparzir a luz que entretece o Reino de Deus.

(*Reformador*, fev. 1970, p. 27)

---

[135] Nota da equipe organizadora: Texto publicado em: *Bênção de paz*. Ed. GEEM. Cap. 52; *Mais perto*. Ed. GEEM. Cap. "Na senda de todos".

A quem mais tem

A quem mais ama — amor mais amplo.
A quem mais despreza — mais se evita.
A quem serve — maior auxílio.
A quem desajuda — embaraço maior.
A quem aprende — firme lição.
A quem foge ao ensino — experiência mais dura.
A quem trabalha — grande influência.
A quem busque a preguiça — tédio maior.
A quem ampara — vasto socorro.
A quem prejudica — larga aflição.
A quem perdoa — desculpa extensa.
A quem critica — maior censura.
A quem tenha razão — mais direito.
A quem escasseie o direito — mais compromisso.
A quem desanime — sombra envolvente.
A quem persista — luz de esperança.
De quem se lembra — memória pronta.
A quem esquece — total olvido.
A quem adoça — mel na passagem.
A quem amarga — fel no caminho.
Quem planta recolhe segundo a sementeira.
Recebemos, por isso, em maior porção daquilo que mais dermos.
Eis por que nos disse o Senhor: "a quem mais tem mais se lhe dará", porquanto, de tudo o que entregarmos à existência, receberemos, de volta, em medida cheia e recalcada.

(*Reformador*, fev. 1960, p. 42)

Bem-aventurados os vossos olhos, porque veem; e os vossos ouvidos, porque ouvem.

Mateus
13:16

Bênção maior

Teu corpo — tua bênção maior.

Auxilia-o com diligência para que ele te auxilie com segurança.

Educa-o para que te apoie à educação necessária.

Cabine de comando — consegues manejá-lo, expedindo ordens e sugestões que remodelam o pedaço de globo em que respiras.

Escopro[136], — burilas com ele a matéria densamente concentrada, a fim de convertê-la em amparo e alegria.

Pena, — utilizas-te dele para grafar as concepções que te fulguram no cérebro, assimilando a inspiração das Esferas superiores.

Lira, — podes tanger-lhe as cordas do sentimento e compor a melodia verbal que se faça jubilosa renovação naqueles que te escutem.

Santuário, — fazes dele o templo da emoção, haurindo forças para sonhar e construir ou formar o jardim da família, em que situas os filhos do coração.

Teu corpo — tua bênção maior.

Há quem o acuse pelo golpe da criminalidade ou pela demência do vício, como se o carro obediente devesse pagar pela embriaguez ou pelos disparates do condutor. E existem ainda aqueles que o declaram culpado pelos assaltos da calúnia e pelas calamidades da cólera, qual se o telefone fosse responsável pela malícia e pelos desequilíbrios dos que lhe menosprezam e injuriam a utilidade.

Considera que o corpo te retrata a inteligência em desenvolvimento no Planeta, — inteligência que, no seio da Terra, é semelhante ao filho em promissora menoridade no colo maternal.

Para que lhe percebas a grandeza, na posição de instrumento vivo de teu progresso e elevação, basta observes nele a tua própria condição de estrela nascitura, mas ainda cativa, com duas pontas na forma de pés, transitoriamente aprisionadas ao chão do mundo, duas hastes preciosas no feitio de braços para o trabalho e uma antena em que a luz do pensamento chameja, vitoriosa, na estrutura da fronte, magnificamente erguida à majestade dos Céus.

(*Livro da esperança*. Ed. Comunhão Espírita Cristã. Cap. 53)

---

[136] Nota da equipe organizadora: Instrumento de aço utilizado para trabalhar mármore, metais e madeira. O mesmo que cinzel.

O semeado sobre boa terra é o que ouve a palavra e a compreende; o qual frutifica e produz, um cem, outro sessenta, outro trinta.

Mateus
13:23

Na gleba do mundo

Efetivamente, a vida é comparável ao trato do solo que nos é concedido cultivar.

Ergue-te, cada dia, e ampara o teu campo de serviço, a fim de que esse mesmo campo de serviço te possa auxiliar.

A sementeira é a empreitada, o dever a cumprir, o compromisso de que te incumbes. O terreno é o próximo que te propicia colheita.

Lavrar o talhão é dar de nós sem pensar em nós.

Basta plantes o bem para que o bem te responda. Para isso, no entanto, é imperioso agir e perseverar no trabalho.

Nunca esmorecer.

Qual ocorre na lavoura comum, é preciso contar com aguaceiro e canícula, granizo e vento, praga e detrito.

Não valem reclamações. Remove a dificuldade e prossegue firme.

Acima de tudo, importa o rendimento da produção para o benefício de todos.

Se alguém te despreza, menoscabando a suposta singeleza do encargo que te coube, esquece a incompreensão alheia e continua plantando para a abastança geral.

Muita gente não se recorda de que o pão alvo sobe à mesa à custa do suor de quantos mergulham as mãos no barro da gleba, a fim de que a semente possa frutificar.

Quando essa ou aquela pessoa te requisite o descanso, sem que a tua consciência acuse fadiga, não acredites nessa ilusão.

A ferrugem do ócio consome o arado muito mais que a movimentação no serviço.

Trabalha e confia, na certeza de que o Senhor da Obra te observa e segue vigilante.

Não duvides, nem temas.

Dá o melhor de ti mesmo à seara da Vida, e o divino Lavrador, sem que percebas, pendurará nas frondes do teu ideal a floração da esperança e a messe do triunfo.

(*Ceifa de luz*. FEB Editora. Cap. 13)

Deixai crescer ambos juntos até a ceifa e, no tempo da ceifa, direi aos ceifeiros: Recolhei primeiro o joio e atai-o em molhos para os queimar; o trigo, porém, reuni no meu celeiro.

Mateus
13:30

Joio

Quando Jesus recomendou o crescimento simultâneo do joio e do trigo, não quis senão demonstrar a sublime tolerância celeste, no quadro das experiências da vida.

O Mestre nunca subtraiu as oportunidades de crescimento e santificação do homem e, nesse sentido, o próprio mal, oriundo das paixões menos dignas, é pacientemente examinado por seu infinito amor, sem ser destruído de pronto.

Importa considerar, portanto, que o joio não cresce por relaxamento do Lavrador divino, mas sim porque o otimismo do celeste Semeador nunca perde a esperança na vitória final do bem.

O campo do Cristo é região de atividade incessante e intensa. Tarefas espantosas mobilizam falanges heroicas; contudo, apesar da dedicação e da vigilância dos trabalhadores, o joio surge, ameaçando o serviço.

Jesus, porém, manda aplicar processos defensivos com base na iluminação e na misericórdia. O tempo e a bênção do Senhor agem devagarinho e os propósitos inferiores se transubstanciam.

O homem comum ainda não dispõe de visão adequada para identificar a obra renovadora. Muitas plantas espinhosas ou estéreis são modificadas em sua natureza essencial pelos filtros amorosos do Administrador da Seara, que usa afeições novas, situações diferentes, estímulos inesperados ou responsabilidades ternas que falem ao coração; entretanto, se chega a época da ceifa, depois do tempo de expectativa e observação, faz-se então necessária a eliminação do joio em molhos.

A colheita não é igual para todas as sementes da terra. Cada espécie tem o seu dia, a sua estação.

Eis por que, aparecendo o tempo justo, de cada homem e de cada coletividade exige-se a extinção do joio, quando os processos transformadores de Jesus foram recebidos em vão. Nesse instante, vemos a individualidade ou o povo a se agitarem em razão de aflições e hecatombes diversas, em gritos de alarme e socorro, como se estivessem nas sombras de naufrágio inexorável. No entanto, verifica-se apenas a destruição de nossas aquisições ruinosas ou inúteis. E, em vista de o joio ser atado, aos molhos, uma dor nunca vem sozinha.

(*Vinha de luz*. FEB Editora. Cap. 107)

Repreensão[137]

A repreensão, sem dúvida, pertence à economia do nosso progresso espiritual na vida, entretanto, antes de expedi-la, com a palavra, convirá sempre ponderar o porquê, o como e o modo, através dos quais devemos concretizá-la.

O lavrador, para salvar a erva tenra, que amanhã será o orgulho do seu pomar, emprega cuidado e carinho em não lhe ferir o embrião, em lhe subtraindo o verme devorador.

O artista, para retirar a obra-prima do mármore, não martela o bloco de pedra indiscriminadamente e, sim, burila, cauteloso, imaginando e sonhando, antes de exigir ou apressar-se.

O cirurgião, que atende ao enfermo em estado grave, aplica-lhe o anestésico e recomenda-lhe o repouso, extraindo-lhe a enfermidade, sem desafiar-lhe a reação das células vivas que, em desespero, poderiam estragar-lhe o serviço.

Usemos, pois, a repreensão, em benefício do progresso de todos, mas sem olvidar as nossas necessidades e deficiências, para que a compaixão fraternal seja óleo de estímulo em nossas frases.

Jesus, o grande Médico, o divino Educador, sempre fez diferença entre mal e vítima, entre pecado e pecador. Curava a moléstia, sem humilhar aqueles que se faziam hospedeiros dela e reprovava o erro, sem esquecer o amparo imprescindível aos que se faziam desviados, aos quais tratava por doentes da alma.

Ajudemos noventa e nove vezes e repreendamos uma vez, em cada centena de particularidades do nosso trabalho.

Quem efetivamente auxilia, adverte com proveito real.

A educação exige muita piedade, muito apoio fraterno e muita recapitulação de ensinamentos para que se evidencie de verdade no campo da vida.

---

[137] Nota da equipe organizadora: Texto publicado em *Visão nova*. Ed. IDE. Cap. 10, com alterações.

E, ainda nesse capítulo, não podemos esquecer a lição do Mestre, quando nos recomenda: "Deixai crescer juntos o trigo e o joio, porque o divino Cultivador fará a justa seleção, no dia da ceifa".

Semelhante assertiva não nos induz ao relaxamento, à indiferença ou à inércia, mas define o imperativo de nossas responsabilidades à frente dos outros, para que sejamos, de fato, irmãos e amigos, com interesses mútuos, e não perseguidores cordiais que desorganizam as possibilidades de crescimento do progresso e perturbam o programa de aperfeiçoamento que a Sabedoria divina traçou, em favor de nosso engrandecimento comum.

(*Reformador*, jun. 1953, p. 144)

O campo é o mundo. [...]

Mateus
13:38

No campo

Jesus tem o seu campo de serviço no mundo inteiro.

Nele, naturalmente, como em todo campo de lavoura, há infinito potencial de realizações, com faixas de terra excelente e zonas necessitadas de arrimo, corretivo e proteção.

Por vezes, após florestas dadivosas, surgem charcos gigantescos, requisitando drenagem e socorro imediato.

Ao lado de montanhas aureoladas de luz, aparecem vales envolvidos em sombra indefinível.

Troncos retos alteiam-se, junto de árvores retorcidas; galhos mortos entram em contraste com frondes verdes, repletas de ninhos.

A gleba imensa do Cristo reclama trabalhadores devotados, que não demonstrem predileções pessoais por zonas de serviço ou gênero de tarefa.

Apresentam-se muitos operários ao Senhor do Trabalho, diariamente, mas os verdadeiros servidores são raros.

A maioria dos tarefeiros que se candidatam à obra do Mestre não seguem além do cultivo de certas flores, recuam à frente dos pântanos desprezados, temem os sítios desertos ou se espantam diante da magnitude do serviço, recolhendo-se a longas e ruinosas vacilações ou fugindo das regiões infecciosas.

Em algumas ocasiões costumam ser hábeis horticultores ou jardineiros, no entanto, quase sempre repousam nesses títulos e amedrontam-se perante os terrenos agressivos e multiformes.

Jesus, todavia, não descansa e prossegue aguardando companheiros para as realizações infinitas, em favor do reino celeste na Terra.

Reflete nesta verdade e enriquece as tuas qualidades de colaboração, aperfeiçoando-as e intensificando-as nas obras do bem indiscriminado e ininterrupto...

É certo que não se improvisa um cooperador para Jesus, entretanto, não te esqueças de trabalhar, dia a dia, na direção do glorioso fim...

(*Vinha de luz*. FEB Editora. Cap. 68)

Após ordenar que as turbas se reclinassem sobre a relva, tomou os cinco pães e dois peixes, olhou para o céu, abençoou, partiu os pães, deu-os aos discípulos, e os discípulos às turbas.

Mateus
14:19

Migalha e multidão

Ante o quadro da legião de famintos, qualquer homem experimentaria invencível desânimo, considerando a migalha de cinco pães e dois peixes.

Mas Jesus emprega o imenso poder da bondade e consegue alimentar a todos, sobejamente.

Observemos, contudo, que para isso toma os discípulos por intermediários.

O ensinamento do Mestre, nesse passo do Evangelho, é altamente simbólico.

Quem identifica a aluvião de males criados por nós mesmos, pelos desvios da vontade, na sucessão de nossas existências sobre a Terra, custa a crer na migalha de bem que possuímos em nós próprios.

Aqui, corrói a enfermidade, além, surge o fracasso, acolá, manifestam-se expressões múltiplas do crime.

Como atender às necessidades complexas?

Muitos aprendizes recuam ante a extensão da tarefa.

Entretanto, se o servidor fiel caminha para o Senhor, a migalha de suas luzes é imediatamente suprida pelo milagre da multiplicação, de vez que Jesus, considerando a oferta espontânea, abençoar-lhe-á o patrimônio pequenino, permitindo-lhe nutrir verdadeiras multidões de necessitados.

A massa de nossas imperfeições ainda é inaquilatável.

Em toda parte, há moléstias, deficiências, ruínas...

É imprescindível, no entanto, não duvidar de nossas possibilidades mínimas no bem.

Nossas migalhas de boa vontade na disposição de servir santamente, quando conduzidas ao Cristo, valem mais que toda a multidão de males do mundo.

(*Vinha de luz.* FEB Editora. Cap. 91)

Após despedir as turbas, subiu ao monte para orar, em particular. Chegado o fim da tarde, estava ali sozinho.

Mateus
14:23

Esforço e oração[138]

De vez em quando, surgem grupos religiosos que preconizam o absoluto retiro das lutas humanas para os serviços da oração.

Nesse particular, entretanto, o Mestre é sempre a fonte dos ensinamentos vivos. O trabalho e a prece são duas características de sua atividade divina.

Jesus nunca se encerrou à distância das criaturas, com o fim de permanecer em contemplação absoluta dos quadros divinos que lhe iluminavam o coração, mas também cultivou a prece em sua altura celestial.

Despedida a multidão, terminado o esforço diário, estabelecia a pausa necessária para meditar, à parte, comungando com o Pai, na oração solitária e sublime.

Se alguém permanece na Terra, é com o objetivo de alcançar um ponto mais alto, nas expressões evolutivas, pelo trabalho que foi convocado a fazer. E, pela oração, o homem recebe de Deus o auxílio indispensável à santificação da tarefa.

Esforço e prece completam-se no todo da atividade espiritual.

A criatura que apenas trabalhasse, sem método e sem descanso, acabaria desesperada, em horrível secura do coração; aquela que apenas se mantivesse genuflexa, estaria ameaçada de sucumbir pela paralisia e ociosidade.

A oração ilumina o trabalho, e a ação é como um livro de luz na vida espiritualizada.

Cuida de teus deveres porque para isso permaneces no mundo, mas nunca te esqueças desse monte, localizado em teus sentimentos mais nobres, a fim de orares "à parte", recordando o Senhor.

(*Caminho, verdade e vida*. FEB Editora. Cap. 6)

---

[138] Nota da equipe organizadora: Texto publicado em *À luz da oração*. Ed. O Clarim. Cap. "4ª meditação sobre a prece — Esforço e oração".

Este povo com lábios me honra, mas o seu coração está muito distante de mim.

Mateus
15:8

Lábios[139]

Com os lábios, beijam as mães da Terra as flores sublimes da vida, cooperando nas obras divinas do Eterno, mas com os lábios obedeceu Judas às vozes inferiores, entregando o Senhor com um beijo de ingratidão.

Com os lábios, os apóstolos do trabalho fazem o verbo criador nos serviços nobres do planeta; todavia, igualmente com eles, os mentirosos e os perversos espalham a maldade no mundo.

Das potências do corpo são os lábios das mais delicadas e importantes. Portas da língua, que podem salvar e arruinar, edificar e destruir, não devem permanecer distantes de sentinelas da disciplina.

A palavra do homem é criação sua, que lhe testificará a vida. O beijo da criatura é laço que determinará sua união com o bem ou com o mal.

Os lábios dão passagem ao verbo e transmitem o beijo.

Quantos sofrimentos se espalham na Terra, através da palavra leviana ou fingida e do ósculo criminoso ou insincero? Entretanto, a maioria dos homens persiste em desconhecer o papel dos lábios na própria existência.

Se procuras, porém, a união com o Senhor, repara o que dizes e como dizes, observa os afetos a que te unes e a maneira pela qual estimas a alguém. O grande problema não reside em falares tudo o que pensas, nem no apego às situações com todas as tuas forças, mas em falares e amares, pondo nos lábios a sinceridade construtiva do amor cristão.

(*Reformador*, set. 1943, p. 217)

---

[139] Nota da equipe organizadora: Texto publicado em *Trilha de luz*. Ed. IDE. Cap. 7

Não é o que entra na boca o que [torna] comum o homem, mas o que sai da boca, isso [torna] comum o homem.

Mateus
15:11

Sexo e disciplina

O sexo, na Terra, muitas vezes é apontado à conta de porão emotivo.

Dele se ocupa a imprensa, nas tragédias passionais, como se esvurmasse uma chaga, e muitos religiosos lhe definem as manifestações como efeitos do Mal.

Entretanto, é no sexo que a vida cunha passaporte ao renascimento, acalentando a bênção do lar.

Através dele, retomamos o fio de nossas experiências, recebemos o carinho dos pais, abençoamos a esperança dos filhos e recolhemos precioso estímulo para a luta. Mas é igualmente por ele que forjamos perigosas obsessões e abusos inomináveis, criando para nós mesmos a sombra da loucura ou a grade da delinquência.

A Bondade divina no-lo concede como portal de luz.

Em muitas circunstâncias, contudo, atravessamo-lo, tomados de paixão, qual se densas trevas nos envolvessem.

Isso acontece, no entanto, à face da ignorância deliberada com que nos conduzimos no assunto.

Estabelecemos medidas seguras para evitar essa ou aquela calamidade e cultivamos minuciosa atenção nesse ou naquele círculo da existência.

A vacinação preserva a saúde física.

A polícia rodoviária previne desastres.

Diques governam cursos d'água.

Máquinas poderosas controlam a força elétrica.

Nossos jovens são escrupulosamente examinados em noções de Física ou de Matemática.

Tiramos radiografias, relativamente perfeitas, das vísceras e dos ossos.

Contamos o número de hemácias numa gota de sangue.

Sabemos prever com exatidão o próximo eclipse do Sol.

Todavia, em matéria de sexo, quase sempre as impropriedades aparecem de chofre, sem qualquer profilaxia de nossa parte.

É necessário, assim, saibamos atender à educação do caráter, para que o caráter não se transvie.

Lembremo-nos de que a Natureza, retratando as Leis de Deus, não guarda qualquer capricho.

As estações do tempo funcionam, com regularidade, há milênios.

A gravitação é a mesma para justos e injustos.

Tudo na Criação é trabalho e ordem, evolução e obediência.

Reconhecendo-se, desse modo, que os valores emocionais vigem por nossa conta, toda vez que o sexo eclode, sem disciplina, o naufrágio moral surge perto.

Cabe, pois, aqui recordar as palavras do Mestre divino :

– "Não é o que entra pela boca que contamina as criaturas, mas sim o que lhes vem do coração."

E, sem dúvida, o sexo será sempre uma das portas mais importantes do sentimento.

(*Correio fraterno.* FEB Editora. Cap. 35)

Mas o que sai da boca procede do coração, e isso [torna] comum o homem.

Mateus
15:18

O verbo é criador

O ensinamento do Mestre, sob o véu da letra, consubstancia profunda advertência.

Indispensável cuidar do coração, como fonte emissora do verbo, para que não percamos a harmonia necessária à própria felicidade.

O que sai do coração e da mente, pela boca, é força viva e palpitante, envolvendo a criatura para o bem ou para o mal, conforme a natureza da emissão.

Do íntimo dos tiranos, por esse processo, origina-se o movimento inicial da guerra, movimento destruidor que torna à fonte em que nasceu, lançando ruína e aniquilamento.

Da alma dos caluniadores, partem os venenos que atormentam espíritos generosos, mas que voltam a eles mesmos, escurecendo-lhes os horizontes mentais.

Do coração dos maus, dos perversos e dos inconscientes, surgem, com o poder verbalista, os primórdios das quedas, dos crimes e das injustiças; todavia, tais elementos perturbadores não se articulam debalde para os próprios autores, porque dia chegará em que colherão os frutos amargos da atividade infeliz a que deram impulso.

Assim também, a alegria semeada, por intermédio das palavras salutares e construtivas, cresce e dá os seus resultados.

O auxílio fraterno espalha benefícios infinitos, e o perfume do bem, ainda quando derramado sobre os ingratos, volta em ondas invisíveis a reconfortar a fronte que o emite.

O ato de bondade é invariável força benéfica, em derredor de quem o mobiliza. Há imponderáveis energias edificantes em torno daqueles que mantêm viva a chama dos bons pensamentos a iluminar o caminho alheio, por intermédio da conversação estimulante e sadia.

Os elementos psíquicos que exteriorizamos pela boca são potências atuantes em nosso nome, fatores ativos que agem sob nossa responsabilidade, em plano próximo ou remoto, de acordo com as nossas intenções mais secretas.

É imprescindível vigiar a boca, porque o verbo cria, insinua, inclina, modifica, renova ou destrói, por dilatação viva de nossa personalidade.

Em todos os dias e acontecimentos da vida, recordemos com o divino Mestre de que a palavra procede do coração e, por isso mesmo, contamina o homem.

(*Vinha de luz*. FEB Editora. Cap. 97)

Então Jesus disse aos seus discípulos: Se alguém quer vir após mim, negue a si mesmo, tome a sua cruz, e siga-me.

Mateus
16:24

Em marcha

(*Espera servindo*. Ed. GEEM. Cap. Em marcha)[140]

Evangelização

Todos os estudiosos que solicitam de amigos do Além um roteiro de orientação não devem esquecer o Evangelho de Jesus, roteiro das almas em que cada coração deve beber o divino ensinamento para a marcha evolutiva.

Habitualmente, invoca-se a velhice de sua letra e a repetição de seus enunciados. O Espírito do Evangelho de Cristo, porém, é sempre a luz da vida. Determinados companheiros buscam justificar o cansaço das fórmulas, alegando que em Espiritismo, temos obras definitivas da revelação, com o sabor de novidade preciosa, em matéria de esclarecimento geral e esforço educativo. O Evangelho, todavia, é como um Sol de espiritualidade. Todas essas obras notáveis dos missionários humanos, na sua tarefa de interpretação, funcionam como telescópios, aclarando-lhe a grandeza. É que a sua luz se dirige à atmosfera interior da criatura, intensificando-se no clima da boa vontade e do amor, da sinceridade e da singeleza.

A missão do Espiritismo é a do Consolador, que permanecerá entre os homens de sentimento e de razão equilibrados, impulsionando a mentalidade do mundo para uma esfera superior. Vindo em socorro da personalidade espiritual que sofre, nos tempos modernos, as penosas desarmonias do homem físico do planeta, estabelece o Consolador a renovação dos valores mais íntimos da criatura e não poderá executar a sua tarefa sagrada, na hipótese de seus trabalhadores abandonarem o esforço próprio, no sentido de operar-se o reajustamento das energias morais de cada indivíduo.

A capacidade intelectual do homem é restrita ao seu aparelhamento sensorial; todavia, a iluminação de seu mundo intuitivo o conduz aos mais elevados planos de inspiração, onde a inteligência se prepara, em face das generosas realizações que lhe compete atingir no imenso futuro espiritual.

---

[140] N.E.: Vide nota 9.

A grande necessidade, ainda e sempre, é a da evangelização íntima, para que todos os operários da causa da verdade e da luz conheçam o caminho de suas atividades regeneradoras, aprendendo que toda obra coletiva de fraternidade, na redenção humana, não se efetua sem a cooperação legítima, cuja base é o esclarecimento sincero, mas também é a abnegação, em que o discípulo sabe ceder, tolerar e amparar, no momento oportuno.

Para a generalidade dessa orientação moral faz-se indispensável que todos os centros de estudo doutrinário sejam iluminados pelo Espiritismo evangélico, a fim de que a mentalidade geral se aplique à luta da edificação própria, sem fetichismos e sem o apoio temporal de forças exteriores, mesmo porque se Jesus convocou ao seu coração magnânimo todos os que choram com o "vinde a mim, vós os que sofreis", também asseverou "tomai a vossa cruz e segui-me!...", esclarecendo a necessidade de experiências edificantes no círculo individual.

Resumindo, somos compelidos a concluir que, em Espiritismo, não basta crer. É preciso renovar-se. Não basta aprender as filosofias e as ciências do mundo, mas sentir e aplicar com o Cristo.

(*Educandário de luz*. Ed. IDEAL. Cap. 11)

Apelos e solicitações

No íntimo d'alma, variadas vozes se fazem constantemente ouvir.
Diz a vaidade — "Todas as vantagens são tuas".
Diz o orgulho — "Deves ser admirado e obedecido".
Diz a maldade — "Teu irmão é perverso".
Diz o desânimo — "Nada serve".
Diz o desregramento — "A liberdade é teu privilégio exclusivo".
Diz a sombra — "Tudo está em falência ao redor de teus passos".
Diz a amargura — "Receberás o insulto e a pedrada pelo bem que fizeres".
Diz a revolta — "Não te humilhes".
Diz a mentira — "Tudo está errado".
Diz a ingratidão — "O mundo é imprestável".
Diz a descrença — "Glória aos ímpios!"
Diz o prazer — "Quero contentamento e repouso".
A voz de Jesus, porém, é imperiosa na consciência do aprendiz.

Observa o Senhor: "Arrepende-te e crê e, se quiseres encontrar a luz, na ressurreição divina, nega a ti mesmo, toma a cruz do testemunho constante no bem e segue-me os passos".

Há profunda diferença entre as solicitações do mundo e as vozes do Amigo celestial.

Quem tiver ouvidos de ouvir, escute-as com o coração, enquanto é tempo de semear.

(*Reformador*, nov. 1951, p. 265)

Porquanto, que benefício terá o homem se ganhar o mundo inteiro, e sua alma sofrer perda? [...]

Mateus
16:26

Um dia surgirá[141]

É certo que possuis na Terra:

familiares queridos, e deves ampará-los com todas as possibilidades que usufruas;

amigos valiosos, junto de quem é importante saibas agradecer a bondade e a colaboração com que te prestigiam;

adversários atentos, aos quais não te será lícito sonegar as homenagens de teu apreço;

vultos nobres do cotidiano, que te inspiram a caminhada e que te merecem especial consideração.

Além disso, ainda dispões da faculdade:

de apreciar, como queiras, os acontecimentos que te assinalam a época;

de discutir livremente os fatos e personalidades de interesse palpitante nas telas do dia;

de seguir as correntes de ideia que mais se te afeiçoem ao modo de ser;

de cooperar, como, quanto e onde prefiras, nesse ou naquele movimento de significação coletiva.

Ainda assim, não olvides conduzir o tesouro da consciência tranquila, em toda estrada na qual te movimentes, porquanto, um dia surgirá, entre todos os outros dias, em que seremos invariavelmente chamados à prestação de contas, nas Leis da Vida, e, chegado semelhante momento, nada se nos perguntará sobre atividades e causas alheias, mas, sim, tão somente sobre nós mesmos.

(*Reformador*, fev. 1970, p. 27)

---

[141] Nota da equipe organizadora: Texto publicado em *Bênção de paz*. Ed. GEEM. Cap. 53, com pequenas alterações.

[...] a cada um segundo as suas ações.

Mateus
16:27

Setor pessoal

Para clarear a noção da responsabilidade pessoal, nunca é demais recorrer às lições vivas da Natureza.

No plano físico, Deus é o fulcro gerador de toda energia, no entanto, o Sol é a usina que assegura a vitalidade terrestre; é o fundamento divino do mundo mas a rocha é o alicerce que sustenta o vale; é o proprietário absoluto do solo, todavia, a árvore é o gênio maternal que deita o fruto; é o senhor supremo das águas, entretanto, a fonte é o vaso que dessedenta os homens.

Igualmente, no plano moral, Deus é a raiz da justiça, no entanto, o legislador é o tronco dos estatutos de governança; é a cabeça insondável da sabedoria, mas o professor é vértebra da escola; é a inspiração do trabalho, todavia, o operário é o agente da tarefa; é a essência do campo, entretanto, o lavrador é o instrumento da sementeira.

Assim também ocorre na esfera de nossos deveres particulares.

Tudo aquilo de que dispomos, incluindo afeições, condições, oportunidades, títulos e recursos pertencem, originariamente, a Deus, contudo, é forçoso zelarmos pelo setor das próprias obrigações, porquanto, queiramos ou não, responderemos a Deus, através das leis que orientam a vida, pelo serviço individual que nos cabe fazer.

(*Livro da esperança*. Ed. Comunhão Espírita Cristã. Cap. 83)

Enquanto desciam do monte, Jesus lhes ordenou, dizendo: Não contem a ninguém essa visão até que o Filho do homem se levante dos mortos.

Mateus
17:9

Dádivas espirituais

Se o homem necessita de grande prudência nos atos da vida comum, maior vigilância se exige da criatura, no trato com a esfera espiritual.

É o próprio Mestre divino quem no-lo exemplifica.

Tendo conduzido Tiago, Pedro e João às maravilhosas revelações do Tabor, onde se transfigurou ao olhar dos companheiros, junto de gloriosos emissários do plano superior, recomenda solícito: "A ninguém conteis a visão, até que o Filho do homem seja ressuscitado dos mortos".

O Mestre não determinou a mentira, entretanto, aconselhou se guardasse a verdade para ocasião oportuna.

Cada situação reclama certa cota de conhecimento.

Sabia Jesus que a narrativa prematura da sublime visão poderia despertar incompreensões e sarcasmos nas conversações vulgares e ociosas.

Não esqueçamos que todos nós estamos marchando para Deus, salientando-se, porém, que os caminhos não são os mesmos para todos.

Se guardas contigo preciosa experiência espiritual, indubitavelmente poderás usá-la, todos os dias, utilizando-a em doses apropriadas, a fim de auxiliares a cada um dos que te cercam, na posição particularizada em que se encontram; mas não barateies o que a esfera mais alta te concedeu, entregando a dádiva às incompreensões criminosas, porque tudo o que se conquista do Céu é realização intransferível.

(*Caminho, verdade e vida.* FEB Editora. Cap. 128)

Disse-lhes: Por causa da vossa pouca fé! Amém vos digo que se tiverdes fé como um grão de mostarda, direis a este monte: Muda-te daqui para lá, e ele se mudará; e nada vos será impossível.

Mateus
17:20

Com o auxílio de Deus

Há quem diga que a discórdia e a ignorância, a penúria e a carência são chagas crônicas, no corpo da Humanidade, apelando simplesmente para o auxílio de Deus, qual se Deus estivesse escravizado aos nossos caprichos, com a obrigação de resolver-nos os problemas, a golpe de mágica.

Indubitavelmente, nada de bom se efetua sem o auxílio de Deus, no entanto, vale destacar que o infinito Amor age na Terra, nas questões propriamente humanas, pela capacidade do homem, atendendo à vontade do próprio homem.

As criaturas terrestres, através de milênios, vêm realizando as mais belas empresas da evolução, com o Amparo divino.

Viviam segregadas no primitivismo dos continentes...

Quando se decidiram a conhecer o que havia, para além dos mares enormes, com o auxílio de Deus, construíram as naves que as sustentam sobre as ondas.

Venciam penosamente as longas distâncias...

Quando se dispuseram a buscar mais largas dotações de movimento, com o auxílio de Deus, fabricaram veículos a motor, que deslizam no solo ou planam no espaço.

Jaziam submetidas às manufaturas, que lhes mantinham todas as faculdades na sombra da insipiência.

Quando resolveram conquistar o tempo preciso para o cultivo mais amplo da inteligência, com o auxílio de Deus, estruturaram as máquinas que lhes descansam a mente e as mãos, por toda parte, desde o cérebro eletrônico à enceradeira.

Padeciam visão limitada...

Quando diligenciaram obter novos meios de análise, com o auxílio de Deus, passaram a deter lentes e raios que lhes facultam observações minuciosas, tanto nos astros, quanto nas peças mais ínfimas do mundo orgânico.

Experimentavam manifesta insuficiência de comunhão espiritual...

Quando se afadigaram por estabelecer contato entre si, com o auxílio de Deus, atingiram as comunicações sem fio, que lhes permitem o mútuo entendimento, de um lado a outro da Terra, em fração de segundos.

Tudo isso conseguiram aprendendo, trabalhando, sofrendo e aperfeiçoando... E, para desfrutarem semelhantes benefícios, pagam naturalmente a aquisição de passagens e utensílios, engenhos e serviços.

Assim também, os males que atormentam a vida humana podem ser extirpados da Terra, se procurarmos construir o bem, à custa do próprio esforço, com o auxílio de Deus.

Tesouros de tempo, orientação, entendimentos e recursos outros não nos faltam.

Urge, porém, reconhecer que somos responsáveis pelas próprias obras.

Desse modo, com o auxílio de Deus, será possível transformar o mundo em radioso paraíso, a começar de nós mesmos, no entanto, isso apenas acontecerá se nós quisermos.

(*Livro da esperança*. Ed. Comunhão Espírita Cristã. Cap. 61)

Na sementeira da fé[142]

Para que possamos movimentar a fé no plano exterior, é imprescindível venhamos a possuí-la, ainda mesmo na diminuta proporção de uma semente de mostarda, no solo de nosso próprio espírito.

Assim, pois, é indispensável arrotear a terra seca e empedrada de nosso mundo interior, para ambientar em nosso coração essa planta divina.

A vida é qual fazenda valiosa de que somos usufrutuários felizes; mas não podemos aprimorá-la ou enriquecê-la, confiando-nos à preguiça ou à distração.

O proprietário da vinha não cederia ao lavrador uma enxada com destino à ferrugem.

A gleba das possibilidades humanas, em nossas mãos, reclama trabalho incessante e incansável boa vontade.

É imperioso remover, no campo de nossa alma, os calhaus da indiferença, e drenar, na vasta extensão de nossos desejos, os charcos da ociosidade e do desânimo.

---

[142] Nota da equipe organizadora: Texto publicado em *Assim vencerás*. Ed. IDEAL. Cap. 21, com pequenas alterações.

Serpes traiçoeiras e vermes daninhos ameaçam-nos a sementeira de elevação, por todos os lados, e detritos de variada natureza tentam sufocar instintivamente os germens de nossos pequeninos impulsos para o bem.

É necessário, assim, alterar a paisagem de nossa vida íntima, para que a fé viva nasça e se desenvolva em nossos destinos, por gradativo investimento de força transformadora e criativa, dotando-nos de abençoadas energias para as nossas realizações de ordem superior.

"Se tiverdes fé do simples tamanho dum grão de mostarda — disse o Senhor — adquirireis o poder de transportar montanhas."

Aproveitemos, desse modo, a luta e a dificuldade que a experiência nos oferece, cada dia, e habilitar-nos-emos a converter as sombras de nossa antiga animalidade em divina luz da espiritualidade santificante para a nossa ascensão à vida eterna.

(*Reformador*, jun. 1955, p. 137)

A semente de mostarda[143]

"Se tiverdes fé do tamanho de um grão de mostarda..." — assim falou o Senhor.

É importante indagar por que não teria o Mestre recorrido a outros símbolos.

Jesus poderia ter destacado a grandeza da fé, buscando quadros mais sugestivos.

A beleza do Hermon...

A poesia do lago de Genesaré...

O esplendor do firmamento galileu...

A riqueza do Templo de Jerusalém...

Todos esses primores da paisagem que o circulava ofereciam temas vivos para a exaltação da sublime virtude.

Entretanto, o Benfeitor celeste toma a semente minúscula da mostarda, como a dizer-nos que sem o reconhecimento de nossa própria pequenez à frente do eterno Amor e da eterna Sabedoria não conseguiremos amealhar o tesouro do entendimento e da confiança que a fé consubstancia em si mesma.

---

[143] Nota da equipe organizadora: Texto publicado em *Construção do amor*. Ed. Cultura Espírita União. Cap. "A semente de mostarda", com pequenas alterações.

A semente microscópica desaparece, em verdade, no seio da Terra, qual se fora inútil ou desprezível, todavia, não se abandona à inércia, por sentir-se relegada ao abandono aparente.

Confia-se às leis que nos regem e, dinâmica da obediência construtiva, desvencilha-se dos envoltórios inferiores que a encarceram, germina, vitoriosa, e cresce para produzir, não para si mesma, mas para benefício dos outros, num eloquente espetáculo de bondade espontânea, ante a majestade da Natureza.

Possa o nosso coração, no solo das experiências humanas, copiar-lhe o impulso de simplicidade e serviço e a nossa existência será testemunho insofismável da magnificência divina, cuja sublimidade passaremos então a refletir.

Assim, pois, cessemos nossas indagações descabidas e busquemos na Criação o justo lugar que nos compete.

Nem com o brilho do diamante, nem com a cintilação do ouro... nem com a sedução da prata, nem com a aristocracia do mármore, em que tantas vezes temos procurado simplesmente a ilusão do poder que a morte arrebata e modifica, mas sim com a humildade viva do grão de mostarda que, arrojado à solidão da terra, sabe vencer, desabrochar, florir e cooperar na extensão da glória de Deus.

(*Reformador*, ago. 1957, p. 192)

> *Ai do mundo por causa dos escândalos, pois há necessidade de virem os escândalos, contudo ai daquele homem por meio de quem vêm os escândalos.*

Mateus
18:7

No domínio das provas[144]

Imaginemos um pai que, a pretexto de amor, decidisse furtar um filho querido de toda relação com os reveses do mundo.

Semelhante rebento de tal devoção afetiva seria mantido em sistema de exceção.

Para evitar acidentes climáticos inevitáveis, descansaria exclusivamente na estufa, durante a fase de berço, e, posto a cavaleiro de perigos e vicissitudes, mal terminada a infância, encerrar-se-ia numa cidadela inexpugnável, onde somente prevalecesse a ternura paterna, a empolgá-lo de mimos.

Não frequentaria qualquer educandário, a fim de não aturar professores austeros ou sofrer a influência de colegas que não lhe respirassem o mesmo nível; alfabetizado, assim, no reduto doméstico, apreciaria unicamente os assuntos e heróis de ficção que o genitor lhe escolhesse.

Isolar-se-ia de todo o contato humano para não arrostar problemas e desconheceria todo o noticiário ambiente para não recolher informações que lhe desfigurassem a suavidade interior.

Candura inviolável e ignorância completa.

Santa inocência e inaptidão absoluta.

Chega, porém, o dia em que o genitor, naturalmente vinculado a interesses outros, se ausenta compulsoriamente do lar e, tangido pela necessidade, o moço é obrigado a entrar na corrente da vida comum.

Homem feito, sofre conflito de readaptação, que lhe rasga a carne e a alma, para que se lhe recupere o tempo perdido, e o filho acaba enxergando insânia e crueldade onde o pai supunha cultivar preservação e carinho.

A imagem ilustra claramente a necessidade da encarnação e da reencarnação do Espírito nos mundos inumeráveis da imensidade cósmica, de maneira que se lhe apurem as qualidades e se lhe institua a responsabilidade na consciência.

---

[144] Nota da equipe organizadora: Texto publicado em *Livro da esperança*. Ed. Comunhão Espírita Cristã. Cap. 20, com pequenas alterações.

Dificuldades e lutas semelham materiais didáticos na escola ou andaimes na construção; amealhada a cultura ou levantado o edifício, desaparecem uns e outros.

Abençoemos, pois, as disciplinas e as provas com que a infinita sabedoria nos acrisolam as forças, enrijando-nos o caráter.

Ingenuidade é predicado encantador na personalidade, mas se o trabalho não a transfigura em tesouro de experiência, laboriosamente adquirido, não passará de flor preciosa a confundir-se no pó da terra, ao primeiro golpe de vento.

(*Reformador*, jun. 1963, p. 134)

Pergunta 307 do livro *O consolador*

Pergunta: Por que disse Jesus que "o escândalo é necessário, mas ai daquele por quem o escândalo vier"?

Resposta: Num plano de vida, onde quase todos se encontram pelo escândalo que praticaram no pretérito, é justo que o mesmo "escândalo" seja necessário, como elemento de expiação, de prova ou de aprendizado, porque aos homens falta ainda aquele "amor que cobre a multidão dos pecados".

As palavras do ensinamento do Mestre ajustam-se, portanto, de maneira perfeita, à situação dos encarnados no mundo, sendo lastimáveis os que não vigiam, por se tornarem, desse modo, instrumentos de tentação nas suas quedas constantes, através dos longos caminhos.

(*O consolador*. FEB Editora. Pergunta 307)

Assim, se a tua mão ou teu pé te escandaliza, corta-a e lança-a de ti. É melhor para ti entrar na vida mutilado ou coxo do que, tendo duas mãos ou dois pés, ser lançado no fogo eterno.

Mateus
18:8

Reencarnação

Unicamente a reencarnação esclarece as questões do ser, do sofrimento e do destino. Em muitas ocasiões, falou-nos Jesus de seus belos e sábios princípios.

Esta passagem de Mateus é sumamente expressiva.

É indispensável considerar que o Mestre se dirigia a uma sociedade estagnada, quase morta.

No concerto das lições divinas que recebe, o cristão, a rigor, apenas conhece, de fato, um gênero de morte, a que sobrevém à consciência culpada pelo desvio da Lei; e os contemporâneos do Cristo, na maioria, eram criaturas sem atividade espiritual edificante, de alma endurecida e coração paralítico. A expressão "melhor te é entrar na vida" representa solução fundamental. Acaso, não eram os ouvintes pessoas humanas? Referia-se, porém, o Senhor à existência contínua, à vida de sempre, dentro da qual todo Espírito despertará para a sua gloriosa destinação de eternidade.

Na elevada simbologia de suas palavras, apresenta-nos Jesus o motivo determinante dos renascimentos dolorosos, em que observamos aleijados, cegos e paralíticos de berço, que pedem semelhantes provas como períodos de refazimento e regeneração indispensáveis à felicidade porvindoura.

Quanto à imagem do "fogo eterno", inserta nas letras evangélicas, é recurso muito adequado à lição, porque, enquanto não se dispuser a criatura a viver com o Cristo, será impelida a fazê-lo, por mil meios diferentes; se a rebeldia perdurar por infinidade de séculos, os processos purificadores permanecerão igualmente como o fogo material, que existirá na Terra enquanto seu concurso perdurar no tempo, como utilidade indispensável à vida física.

(*Caminho, verdade e vida*. FEB Editora. Cap. 108)

Vede, não desprezeis nenhum destes pequeninos [...].

Mateus
18:10

Crianças[145]

Quando Jesus nos recomendou não desprezar os pequeninos, esperava de nós não somente medidas providenciais alusivas ao pão e à vestimenta.

Não basta alimentar minúsculas bocas famintas ou agasalhar corpinhos enregelados. É imprescindível o abrigo moral que assegure ao Espírito renascente o clima de trabalho necessário à sua sublimação.

Muitos pais garantem o conforto material dos filhinhos, mas lhes relegam a alma a lamentável abandono.

A vadiagem na rua fabrica delinquentes que acabam situados no cárcere ou no hospício, mas o relaxamento espiritual no reduto doméstico gera demônios sociais de perversidade e loucura que em muitas ocasiões, amparados pelo dinheiro ou pelos postos de evidência, atravessam largas faixas do século, espalhando miséria e sofrimento, sombra e ruína, com deplorável impunidade à frente da justiça terrestre.

Não desprezes, pois, a criança, entregando-a aos impulsos da natureza animalizada.

Recorda que todos nos achamos em processo de educação e reeducação, diante do divino Mestre.

O prato de refeição é importante no desenvolvimento da criatura, todavia, não podemos esquecer "que nem só de pão vive o homem".

Lembremo-nos da nutrição espiritual dos meninos, por meio de nossas atitudes e exemplos, avisos e correções, em tempo oportuno, uma vez que desamparar moralmente a criança, nas tarefas de hoje, será condená-la ao menosprezo de si mesma, nos serviços de que se responsabilizará amanhã.

(*Fonte viva.* FEB Editora. Cap. 157)

---

[145] Nota da equipe organizadora: Texto publicado em *Mãe:* antologia mediúnica. Ed. O Clarim. Cap. "Crianças", com pequenas alterações.

Assim, não é da vontade de vosso Pai que [está] nos céus que se perca nenhum destes pequeninos.

Mateus
18:14

Em favor da alegria

Muito grande no mundo o cortejo das moléstias que infelicitam as criaturas, no entanto, maior é o fardo de inquietação que lhes pesa nos ombros.

Onde haja sinal de presença humana, aí se amontoam os supliciados morais, lembrando legiões de sonâmbulos, fixados ao sofrimento.

Não apenas os que passeiam na rua a herança de lágrimas que trouxeram ao renascer... Esmagadora percentagem dos aflitos carrega temerosos no refúgio doméstico que levantado em louvor da alegria familiar, se transforma, não raro, em clausura flagelante. Daí procede o acervo dos desalentados que possuem tão somente a fria visão da névoa para o dia seguinte. São pessoas desacoroçoadas na luta pela aquisição de suprimento às exigências primárias; pais e mães transidos de pesar, diante de filhos que lhes desdouram a existência; mulheres traumatizadas em esforço de sacrifício; crianças e jovens desavorados nos primeiros passos da vida; companheiros encanecidos em rijas experiências, atrelados à carga de labores caseiros, quando não são acolhidos nos braços da caridade pública, de modo a não perturbarem o sono dos descendentes... Somemos semelhantes desgostos às tribulações dos que clamam por equilíbrio nas grades dos manicômios; dos que sonham liberdade na estreiteza do cárcere; dos que choram manietados em leitos de expiação e dos milhares de Espíritos desencarnados, ainda em pesadelos indescritíveis, que comunicam à esfera física os rescaldos do próprio desespero, e verificaremos que a tristeza destrutiva é comparável à praga fluídica, prejudicando todos os flancos da evolução na Terra.

Ponderando tudo isso, respeitemos a dor, mas plantemos a alegria e a esperança, onde nossa influência logre chegar.

Falemos de otimismo, cultivemos serviço, ensinemos confiança e exercitemos serenidade.

Ninguém espera sejamos remédio a toda angústia e rio a toda sede, entretanto, à frente da sombra e da secura que atormentam os homens, cada um de nós pode ser a consolação do raio de luz e a bênção do copo d'água.

(*Livro da esperança*. Ed. Comunhão Espírita Cristã. Cap. 31)

Se o teu irmão pecar contra ti, vai argui-lo entre ti e ele somente; se te ouvir, ganhaste teu irmão.

Mateus 18:15

No exame do perdão

Observemos o ensinamento do Cristo, acerca do perdão.
Note-se que o Senhor afirma, convincente:
"Se o vosso irmão agiu contra vós..."
Isso quer dizer que Jesus principia considerando-nos na condição de pessoas ofendidas, incapazes de ofender; ensina-nos a compreender os semelhantes, crendo-nos seguros no trato fraternal.
Nas menores questões de ressentimento, sujeitemo-nos a desapaixonado autoexame.
Quem sabe a reação surgida contra nós terá nascido de ações impensadas, desenvolvidas por nós mesmos?
Se do balanço de consciência estivermos em débito para com os outros, tenhamos suficiente coragem de solicitar-lhes desculpas, diligenciando sanar a falta cometida e articulando serviço que nos evidencie o intuito de reparação.
Se nos sentimos realmente feridos ou injustiçados, esqueçamos o mal. Na hipótese de o prejuízo alcançar-nos individualmente e tão somente a nós, reconheçamo-nos igualmente falíveis e ofertemos aos nossos inimigos imediatas possibilidades de reajuste. Se, porém, o dano em que fomos envolvidos atinge a coletividade, cabendo à justiça e não a nós o julgamento do golpe verificado, é claro que não nos compete louvar a leviandade. Ainda assim, podemos reconciliar-nos com os nossos adversários, em espírito, orando por eles e amparando-os, por via indireta, a fim de que se valorizem para o bem geral nas tarefas que a vida lhes reservou.
De qualquer modo, evitemos estragar o pensamento com o vinagre do azedume. Nem sempre conseguimos jornadear, nas sendas terrestres, junto de todos, porquanto, até que venhamos a completar o nosso curso de autoburilamento no instituto da evolução universal, nem todos renasceremos simultaneamente numa só família, nem lograremos habitar a mesma casa.
Sigamos, assim, de nossa parte, vida afora, em harmonia com todos, embora não possamos a todos aprovar, entendendo e auxiliando, desinteressadamente, aqueles diante dos quais ainda não possuímos o dom de agradar em pessoa, e rogando a bênção divina para aqueles outros junto de quem não nos será lícito apoiar a delinquência ou incentivar a perturbação.

(*Estude e viva.* FEB Editora. Cap. 27)

Amém vos digo que tudo que ligardes sobre a terra, estará ligado nos céus; e tudo que desligardes sobre a terra, estará desligado nos céus.

Mateus
18:18

Pergunta 297 do livro *O consolador*

Pergunta: Considerando que a convenção social confere aos sacerdotes das seitas cristãs certas prerrogativas na realização de determinados acontecimentos da vida, como interpretar as palavras de Mateus: "Tudo o que ligardes na Terra, será ligado no Céu", se os sacerdotes, tantas vezes, não se mostram dignos de falar no mundo em nome de Deus?

Resposta: Faz-se indispensável observar que as palavras do Cristo foram dirigidas aos apóstolos e que a missão de seus companheiros não era restrita ao ambiente das tribos de Israel, tendo a sua divina continuação além das próprias atividades terrestres. Até hoje, os discípulos diretos do Senhor têm a sua tarefa sagrada, em cooperação com o Mestre divino, junto da Humanidade – a Israel mística dos seus ensinamentos.

Os méritos dos apóstolos de modo algum poderiam ser automaticamente transferidos aos sacerdotes degenerados pelos interesses políticos e financeiros de determinados grupos terrestres, depreendendo-se daí que a Igreja romana, a que mais tem abusado desses conceitos, uma vez mais desviou o sentido sagrado da lição do Cristo.

Importa, porém, lembrarmos neste particular a promessa de Jesus, de que estaria sempre entre aqueles que se reunissem sinceramente em seu nome.

Nessas circunstâncias, os discípulos leais devem manter-se em plano superior ao do convencionalismo terrestre, agindo com a própria consciência e com a melhor compreensão de responsabilidade, em todos os climas do mundo, porquanto, desse modo, desde que desenvolvam atuação no bem, pelo bem e para o bem, em nome do Senhor, terão seus atos evangélicos tocados pela luz sacrossanta das sanções divinas.

(*O consolador*. FEB Editora. Pergunta 297)

Novamente, [amém] vos digo que se dois de vós estiverem de acordo, sobre a terra, a respeito de qualquer coisa que, porventura, pedirem, lhes acontecerá da parte de meu Pai que [está] nos céus.

Mateus
18:19

Em equipe espírita[146]

Aceitar-nos na condição de obreiros, chamados por Jesus a servir e servir.

Compreendermo-nos em lide como sendo uma só família na intimidade do lar, esquecendo-nos pelo rendimento da obra.

Acreditar — mas acreditar mesmo — que nada conseguiremos de bom, perante o Senhor, sem humildade e paciência, tolerância e compreensão, uns diante dos outros.

Situar a mente e o coração, na lavoura do bem comum.

Fazer o que se deve, mas prestar apoio discreto e desinteressado aos companheiros, na desincumbência das responsabilidades que lhes competem.

Associarmo-nos ao esforço geral do grupo, no cumprimento do programa de ação, traçado a benefício do próximo, sem esperar pedidos ou requisições de concurso fraterno.

Observarmos, todos nós, que nos achamos na Seara de Jesus, não porque aí estejam laços queridos ou almas abençoadas de nosso tesouro afetivo, a quem desejamos agradar e a quem realmente devemos ajudar, quanto nos seja possível, mas, acima de tudo, para trabalhar por nós e para nós mesmos, aproveitando as novas concessões que o Senhor nos fez, por acréscimo de misericórdia, a fim de que se nos melhore o gabarito espiritual, nos empreendimentos de resgate e elevação.

Caminhar para a frente, desculpando-nos com entendimento mútuo, quanto às próprias fraquezas, sem melindres e sem queixas, que apenas redundam em complicações e perda de tempo.

Agir e servir, sem menosprezar as tarefas aparentemente pequeninas, como sejam: colaborar na limpeza, transmitir um recado, ouvir atenciosamente os irmãos mais necessitados que nós mesmos ou socorrer uma criança.

Cada um de nós, na equipe de ação espírita, é peça importante nos mecanismos do bem.

---

[146] Nota da equipe organizadora: Texto publicado em: *Segue-me!...* Ed. O Clarim. Cap. "Em equipe espírita"; *Educandário de luz*. Ed. IDEAL. Cap. 38, com pequenas alterações.

Jamais esquecer-nos de que o maior gênio não consegue realizar-se sozinho, e que, por isso mesmo, Jesus nos trouxe à edificação do Reino de Deus, valorizando o princípio da interdependência e a lei da cooperação.

(*Reformador,* set. 1968, p. 197)

Pois onde dois ou três estão reunidos em meu nome, aí estou no meio deles.

Mateus
18:20

No grupo espírita[147]

Compreendendo-se que cada obreiro da seara espírita cristã se incumbe de tarefa específica, é forçoso indagar, de quando em quando, a nós mesmos, o que somos, no grupo de trabalho a que pertencemos:

uma chave de solução nos obstáculos ou um elemento que os agrava?

um companheiro assíduo às lições ou um assistente que, por desfastio, aparece, de vez em vez?

um amigo que compreende e ajuda ou um crítico inveterado que tudo complica ou desaprova?

um bálsamo que restaura ou um cáustico que envenena?

um enfermeiro consagrado ao bem da comunidade ou um doente que deva ser tolerado e tratado pelos demais?

um manancial de auxílio ou um cerro deserto sem benefícios para ninguém?

um apoio nas boas obras ou uma brecha para a influência do mal?

uma planta frutífera ou um parasito destruidor?

um esteio da paz ou um veículo da discórdia?

uma bênção ou um problema?

Façamos semelhante observação e verificaremos, sem dificuldade, se estamos simplesmente na Doutrina Espírita ou se a Doutrina Espírita já está claramente em nós.

(*Reformador*, mar. 1969, p. 50)

Grupos

Em se tratando das tarefas conferidas aos discípulos novos, portas adentro do Espiritismo cristão, não é difícil traçar normas para as reuniões de intercâmbio com o Plano Espiritual, mas o que não é fácil será organizá-las em nome de Jesus.

---

[147] Nota da equipe organizadora: Texto publicado em: *Segue-me!...* Ed. O Clarim. Cap. "No grupo espírita", como pequenas alterações; *Educandário de luz*. Ed. IDEAL. Cap. 18, com pequenas alterações.

A circunstância de se comunicarem entidades invisíveis, em determinadas assembleias, não é bastante para lhes imprimir um caráter de santidade.

Antes de mais nada, é preciso considerar os fins que as movem. Nem todos os aprendizes chegam a compreender que a esfera invisível é a continuidade da sua própria.

Eis a razão pela qual, grande parte, inadvertidamente, organiza reuniões sem fundamentos essenciais com Cristo.

Vemos os agrupamentos interessados em aplainar obstáculos da vida terrestre, pelos dispositivos do menor esforço; núcleos que se formam para criar uma falsa impressão de hegemonia, entre as associações congêneres; companheiros que requisitam da Espiritualidade preferência por suas interpretações individuais; reuniões enfim, com finalidades específicas junto a problemas de economia, de interesse isolado, de benefícios imediatos, de supremacia injustificável.

Em quase toda parte, observam-se os grupos formados em nome das interpretações ou dos interesses daqueles que os constituem ou frequentam, mas não é fácil encontrar as reuniões em nome de Jesus, porque é justamente nessas que os discípulos despem a sua túnica de vaidade humana, para conhecerem a Vontade do Mestre a respeito de suas vidas, consagradas ao seu Serviço em todos os lugares por onde cruzam os pés.

(*Sentinelas da luz*. Ed. Cultura Espírita União. Cap. "Grupos")

Então, aproximando-se Pedro, disse-lhe: Senhor, quantas vezes meu irmão pecará contra mim e o perdoarei? Até sete vezes?

Mateus 18:21

O ofendido[148]

"Se alguém te ofendeu, perdoa, não sete vezes, mas setenta vezes sete vezes."

O ensinamento do Cristo define com clareza as vantagens potenciais da criatura insultada ou incompreendida.

Por isso mesmo, não traça o divino Mestre quaisquer obrigações de caráter imediato para os ofensores, de vez que todos aqueles que ferem os outros esculpem para logo na própria alma os estigmas da culpa. E toda culpa é sempre fator de enfermidade ou perturbação.

Em todo processo de ofensa, quem a recebe se encontra num significativo momento de vida espiritual; é quem dispõe do privilégio de desfazer as trevas dos gestos impensados, suscetíveis de se alastrarem em desequilíbrio; quem guarda a possibilidade de preservar a coesão e a harmonia do grupo em que se integra; quem conserva as rédeas da defesa íntima de quantos lhe usufruam a amizade e a convivência, ainda capazes de reações inconvenientes ou negativas à frente da injúria; quem efetivamente pode auxiliar o ofensor, através da bondade e do entendimento com que lhe acolhe as agressões; e quem, por fim, consegue beneficiar-se, resguardando o próprio coração, por imunizá-lo contra a queda em revide ou violência.

O ofendido, entretanto, tão somente obterá tudo isso, caso se disponha a esquecer o mal e perdoar o adversário, prosseguindo sem reclamar na construção incessante do bem e na sustentação da harmonia, porque toda vez em que nos transformamos levianamente em ofensores, passamos à posição de doentes da alma, necessitados de compaixão e de socorro, a fim de que não venhamos a cair em condição pior.

(*Reformador*, out. 1972, p. 273)

---

[148] Nota da equipe organizadora: Texto publicado em *Perante Jesus*. Ed. IDEAL. Cap. 9, com alterações.

Jesus lhe diz: Não te digo que até sete, mas até setenta [vezes] sete.

Mateus
18:22

Desculpar

Atende ao dever da desculpa infatigável diante de todas as vítimas do mal para que a vitória do bem não se faça tardia.

Decerto que o mal contará com os empreiteiros que a Lei do Senhor julgará no momento oportuno, entretanto, em nossa feição de criaturas igualmente imperfeitas, suscetíveis de acolher-lhe a influência, vale perdoar sem condição e sem preço, para que o poder de semelhantes intérpretes da sombra se reduza até a integral extinção.

Recorda que acima da crueldade encontramos, junto de nós, a ignorância e o infortúnio que nos cabe socorrer cada dia.

Quem poderá, com os olhos do corpo físico, medir a extensão da treva sobre as mãos que se envolvem no espinheiral do crime? Quem, na sombra terrestre, distinguirá toda a percentagem de dor e necessidade que produz o desespero e a revolta?

Dispõe-te a desculpar hoje, infinitamente, para que amanhã sejas também desculpado.

Observa o quadro em que respiras e reconhecerás que a Natureza é pródiga de lições no capítulo da bondade.

O Sol releva, generoso, o monturo que o injuria, convertendo-o sem alarde em recurso fertilizante.

O odor miasmático do pântano, para aquele que entende as angústias da gleba, não será mensagem de podridão mas sim rogativa comovente, para que se lhe dê a bênção do reajuste, de modo a transformar-se em terra produtiva.

Tudo na vida roga entendimento e caridade para que a caridade e o entendimento nos orientem as horas.

Não olvides que a própria noite na Terra é uma pausa de esquecimento para que aprendamos a ciência do recomeço, em cada alvorada nova.

"Faze a outrem aquilo que desejas te seja feito" — advertiu-nos o Amigo excelso.

E somente na desculpa incessante de nossas faltas recíprocas, com o amparo do silêncio e com a força da humildade, é que atingiremos, em passo definitivo, o reino do eterno bem com a ausência de todo mal.

(*Ceifa de luz.* FEB Editora. Cap. 2)

Para viver melhor

A importância do perdão, de modo geral, ainda não foi claramente compreendida pelos companheiros domiciliados no Plano Físico.

O Espírito, em estágio na Terra, é um inquilino do corpo em que reside transitoriamente.

Imaginemos o usufrutuário da moradia a martelar estruturas da sua própria casa, em momentos de revolta e azedume.

Quanto mais repetidos os acessos de amargura e ressentimento, mais ampla a depredação em prejuízo próprio.

Esse é o quadro exato da criatura, habituada às reações negativas, nos instantes de prova ou desagrado.

Daí nascem muitas das moléstias obscuras, diagnosticáveis ou não, agravando as condições do veículo físico, já de si mesmo frágil e vulnerável, embora maravilhosamente constituído.

Se tens mágoa contra alguém, observa que esse alguém não terá agido com os teus conceitos e pensamentos.

O amor nos vinculará sempre a determinado grupo de pessoas, entretanto, em nosso próprio benefício, amemo-las, tais quais são, sem exigir que nos amem, sob pena de cairmos frequentemente em desequilíbrio e abatimento.

Doemos alma e coração aos seres queridos, sem escravizá-los a nós e sem nos escravizarmos a eles.

Por muito se nos enlacem no mundo físico, sob as teias da consanguinidade, saibamos deixá-los libertos de nós, a fim de serem o que desejam, na certeza de que a escola da experiência não funciona inutilmente.

A criança é responsabilidade nossa e responderemos, ante as leis da vida, pela proteção ou pelo abandono que estejamos devotando aos pequeninos confiados à nossa tutela temporária.

Os adultos, porém, são donos dos próprios atos e, não será justo chamar a nós, as consequências das empresas a que se adaptem ou dos caminhos que escolham, tanto quanto não seria razoável, atribuir a eles os resultados de nossas próprias ações.

Perdão e tolerância são alavancas de sustentação da nossa paz íntima.

Desculpar faltas e agravos será libertar-nos de choques e golpes que vibraríamos sobre nós mesmos, criando em nós e para nós, dilapidações e doenças de resultados imprevisíveis.

Ensinou-nos o Cristo: "Perdoa não sete vezes mas setenta vezes sete vezes".

Isso, na essência, quer dizer que não somente nos cabe esquecer as ofensas recebidas em proveito próprio, mas também significa que seria ilógico disputar atenção e carinho daqueles que porventura nos agridam, já compromissados, por eles mesmos, nas equações infelizes das atitudes a que se afeiçoem.

Em suma, para quem quiser na Terra trabalhar e progredir com mais saúde e paz, alegria e segurança, vale a pena perdoar constantemente para viver sempre melhor.

(*Amigo*. Ed. Cultura Espírita União. Cap. 16)

Agressores e nós

Quase sempre categorizamos aqueles que nos ferem por inimigos intoleráveis; entretanto, o divino Mestre, que tomamos por guia, determina que venhamos a perdoar-lhes setenta vezes sete.

Por outro lado, as ciências psicológicas da atualidade terrestre nos recomendam que é preciso desinibir o coração, escoimando-o de quaisquer ressentimentos, e estabelecer o equilíbrio das potências mentais, a fim de que a paz interior se nos expresse por harmonia e saúde.

Como, porém, executar semelhante feito? Compreendendo-se que o entendimento não é fruto de meras afirmativas labiais, reconhecemos que o perdão verdadeiro exige operações profundas nas estruturas da consciência.

Se a injúria nos visita o cotidiano, pensemos em nossos opositores na condição de filhos de Deus, tanto quanto nós, e, situando-nos no lugar deles, analisemos o que estimaríamos receber de melhor das Leis Divinas se estivéssemos em análogas circunstâncias.

À luz do novo entendimento que nos repontará dos recessos da alma, observaremos que muito dificilmente estaremos sem alguma parcela de culpa nas ocorrências desagradáveis de que nos cremos vítimas.

Recordaremos, em silêncio, os nossos próprios impulsos infelizes, as sugestões delituosas, as pequenas acusações indébitas e as diminutas desconsiderações que arremessamos sobre determinados companheiros, até que eles, sem maior resistência, diante de nossas mesmas provocações, caem na posição de adversários perante nós.

Efetuado o autoexame, não mais nos permitiremos qualquer censura e sim proclamaremos no coração a urgente necessidade de amparo da Misericórdia divina, em favor deles, e a nosso próprio benefício.

Então, à frente de qualquer agressor, não mais diremos no singular: "eu te perdoo", e sim reconheceremos a profunda significação das palavras de Jesus na oração dominical, ensinando-nos a pedir a Deus desculpas para as nossas próprias falhas, antes de as rogar para os nossos ofensores, e repetiremos com todas as forças do coração:

"Perdoai, Senhor, as nossas dívidas, assim como perdoamos aos nossos devedores!".

(*Rumo certo*. FEB Editora. Cap. 15)

Perdoar e compreender

Muita gente perdoa, no entanto, não compreende, e muita gente compreende, todavia, não perdoa.

Muitos companheiros se alheiam às ofensas recebidas, procurando esquecê-las, mas querem distância daqueles que as formulam, sem lhes entender as dificuldades, e outros muitos compreendem aqueles que os molestam, entretanto, não lhes desculpam os gestos menos felizes.

Perdoar e compreender, porém, são complementos do amor e impositivos do aceitar os nossos companheiros da Humanidade, tais quais são.

Reflitamos nisso, reconhecendo que o entendimento e a tolerância que os outros solicitam de nós são a tolerância e o entendimento de que nós todos necessitamos deles.

É possível que nos haja ferido e igualmente provável tenhamos ferido a outrem. Alguém terá errado contra nós e teremos decerto errado contra alguém.

Pondera isso e compadece-te de todos os ofensores.

Quem te prejudica talvez age sob a ação compulsiva da necessidade; quem te menospreza, possivelmente sofre a influência de transitórios enganos; aquele que te esquece com aparente descaso estará enfermo da memória, e aquele outro ainda que te golpeia evidentemente procede sob a hipnose da obsessão.

Nunca te revoltes, nem desanimes.

Faze o bem, olvidando o mal.

Desculpemos quaisquer faltas, compreendendo os autores delas, e compreendamos os nossos irmãos em falta, desculpando a todos eles.

Todos somos filhos de Deus e Espíritos eternos, em burilamento incompleto.

O amparo espiritual que doemos agora, a favor de alguém, será o amparo espiritual de que precisaremos todos da parte de outro alguém.

Quando Jesus nos adverte: "perdoa setenta vezes sete vezes a teu irmão", claramente espera que venhamos a compreender outras tantas.

(*Rumo certo*. FEB Editora. Cap. 56)

Abençoa

Deixa que a bênção de Deus te alumie o coração para que saibas abençoar.

Ninguém prescinde do amor para viver.

Observa os que marcham, desdenhosos, ignorando-te a presença, habituados à convicção de que o ouro pode comprar a felicidade.

Abençoa-os e passa.

Ninguém conhece o rochedo em que o barco da ilusão lhes infligirá o derradeiro travo de angústia.

Vês, inquieto, os que se desmandam no poder.

Abençoa-os e passa.

Muitos deles simplesmente arrastam as paixões que os arrastarão para o gelo do ostracismo ou para a cinza do esquecimento.

Contemplas, espantado, os que são portadores de títulos preciosos, a te exigirem considerações e tributos especiais.

Abençoa-os e passa.

O tempo cobrar-lhes-á aflitivo imposto da alma pelas distinções que lhes conferiu.

Ouves, triste, os que injuriam e amaldiçoam.

Abençoa-os e passa.

São eles tão infelizes que ainda não podem assinalar as próprias fraquezas.

Fitas, admirado, os que fazem tábua rasa dos mais altos deveres para desfrutarem prazeres loucos, enquanto a vitalidade lhes robustece o corpo jovem.

Abençoa-os e passa.

Amanhã, surgirão acordados, em mais elevado nível de entendimento.

Se alguém te fere, abençoa.

E se esse mesmo alguém volta a ferir-te, abençoa outra vez.

Não te prevaleças da crueldade para mostrar a justiça, porque a justiça integral é de Deus e todos viverão para conhecê-la.

Se teu filho é rebelde e insensato, abençoa teu filho, porque teu filho viverá.

Se teus pais são irresponsáveis e desumanos, abençoa teus pais, porque teus pais viverão.

Se o companheiro aparece ingrato e desleal, abençoa teu companheiro, porque continuará ele vinculado à existência.

Se há quem te calunia ou persegue, abençoa os que perseguem e caluniam, porque todos eles viverão.

Humilhado, batido, esquecido ou insultado, abençoa sempre.

Basta a vida para retificar os erros da consciência.

Inquirido, certa vez, pelo Apóstolo quanto ao comportamento que lhe cabia perante a ofensa, afirmou Jesus: "Perdoarás não sete vezes mas setenta vezes sete".

Com isso o divino Mestre desejava dizer que ninguém precisa vingar-se, porque o autor de qualquer crueldade tê-la-á como fogo nas próprias mãos.

(*Religião dos espíritos*. FEB Editora. Cap. "Abençoa")

Pergunta 338 do livro *O consolador*

Pergunta: Por que teria Jesus aconselhado perdoar "setenta vezes sete"?

Resposta: A Terra é um plano de experiências e resgates por vezes bastante penosos, e aquele que se sinta ofendido por alguém, não deve esquecer que ele próprio pode também errar setenta vezes sete.

(*O consolador*. FEB Editora. Pergunta 338)

Ante o ofensor

Aquele que nos fere terá assumido, aos nossos olhos, à feição de inimigo terrível, no entanto, o divino Mestre que tomamos por guia de nosso pensamento e conduta, determina venhamos a perdoá-lo setenta vezes sete.

Por outro lado as ciências psicológicas da atualidade, absolutamente concordes com Jesus, asseveram que é preciso desinibir o coração de quaisquer ressentimentos e estabelecer o equilíbrio na governança de nossas potências mentais a fim de que a tranquilidade se nos expresse na existência em termos de saúde e harmonia.

Como, porém, realizar semelhante feito?

Entendendo-se que a compreensão não é fruto de afirmativas labiais, é forçoso reconhecer que o perdão exige operações profundas nas estruturas da consciência.

Se um problema desse nos aflora ao cotidiano, — à nós, os que aspiramos a seguir o Cristo —, pensemos primeiramente em nosso opositor na condição de filho de Deus, tanto quanto nós, e situando-nos no lugar dele, imaginemos em como estimaríamos que a Lei de Deus nos tratasse, em circunstâncias análogas.

De imediato observaremos que Deus está em nosso assunto desagradável tanto quanto um pai amoroso e sábio se encontra moralmente na contenda dos filhos.

Então, à luz do sentimento novo que nos brotará do ser, examinaremos espontaneamente até que ponto teremos ditado o comportamento do adversário para conosco.

Muito difícil nos vejamos com alguma parte de culpa nos sucessos indesejáveis de que nos fizemos vítimas, mas ao influxo da divina Providência, a cujo patrocínio recorremos, ser-nos-á possível recordar os nossos próprios impulsos menos felizes, as sugestões delituosas que teremos lançado a esmo, as pequenas acusações indébitas e as diminutas desconsiderações que perpetramos, às vezes, até impensadamente, sobre o companheiro que não mais resistiu à persistência de nossas provocações, caindo, por fim, na situação de inimigo perante nós outros.

Efetuando o autoexame, a visão do montante de nossas falhas não mais nos permitirá emitir qualquer censura em prejuízo de alguém.

Muito pelo contrário, proclamaremos, de pronto, no mundo íntimo a urgente necessidade da Misericórdia divina para o nosso adversário e para nós.

Então, não mais falaremos no singular, diante daquele que nos fere — "eu te perdoo" — e sim, perante qualquer ofensor com que sejamos defrontados no caminho da vida, diremos sinceramente a Deus em oração: "Pai de infinita Bondade, perdoai a nós dois".

(*Atenção*. Ed. IDE. Cap. 11)

Perdoa e viverás

(*Trevo de ideias*. Ed. GEEM. Cap. "Perdoa e viverás")[149]

---

[149] N.E.: Vide nota 9.

Perdão e vida[150]

Perdão é requisito essencial no erguimento da libertação e da paz.

Habituamo-nos a pensar que Jesus nos teria impulsionado a desculpar "setenta vezes sete vezes" unicamente nos casos de ofensa à dignidade pessoal ou nas ocorrências do delito culposo; entretanto, o apelo do Evangelho nos alcança em áreas muito mais extensas da vida.

Se somarmos as inquietações e sofrimentos que infligimos a nós mesmos por não perdoarmos aos entes amados pelo fato de não serem eles as pessoas que imaginávamos ou desejávamos, surpreenderemos conosco volumosa carga de ressentimentos que nada mais é senão peso morto, a impelir-nos para o fogo inútil do desespero.

Isso ocorre em todas as posições da vida.

Esquecemo-nos de que nenhum ser existe imobilizado, que todos experimentamos alterações no curso do tempo e não relevamos facilmente os amigos que se modificam, sem refletir que também nós estamos a modificar-nos diante deles.

Casamento, companheirismo, equipe, agrupamento e sociedade são instituições nas quais é forçoso que o verbo amar seja conjugado todos os dias.

Na Terra, esposamos alguém e verificamos, muitas vezes, que esse alguém não é a criatura que aguardávamos; entregamo-nos a determinados amigos e observamos que não correspondem ao retrato espiritual que fazíamos deles; ou abraçamos parentes e colegas para a execução de certos empreendimentos e notamos, por fim, que não se harmonizam com os nossos planos de trabalho, e passamos a sofrer pela incapacidade de tolerar as condições e realidades que lhes são próprias.

Reflitamos, no entanto, que os outros se alteram à nossa frente, na medida em que nos alteramos para com eles.

Necessário compreender que se todos somos capazes de auxiliar a alguém, ninguém pode mudar ninguém através de atitudes compulsórias, porquanto cada criatura é uma criação original do Criador.

Aceitemos quantos convivam conosco, tais quais são, reconhecendo que, para manter a bênção do amor entre nós, não nos compete exigir a sublimação alheia, e sim trabalhar incessantemente e quanto nos seja possível pela sublimação em nós.

(*Reformador*, jul. 1975, p. 161)

---

[150] Nota da equipe organizadora: Texto publicado em *Indulgência*. Ed. IDE. Cap. 7, com pequenas alterações.

Não devias tu, igualmente, ter misericórdia do teu companheiro, como eu também tive misericórdia de ti?

Mateus
18:33

O companheiro

Em qualquer parte, não pode o homem agir, isoladamente, tratando-se da obra de Deus, que se aperfeiçoa em todos os lugares.

O Pai estabeleceu a cooperação como princípio dos mais nobres, no centro das leis que regem a vida.

No recanto mais humilde, encontrarás um companheiro de esforço.

Em casa, ele pode chamar-se "pai" ou "filho"; no caminho, pode denominar-se "amigo" ou "camarada de ideal".

No fundo, há um só Pai que é Deus e uma grande família que se compõe de irmãos.

Se o Eterno encaminhou ao teu ambiente um companheiro menos desejável, tem compaixão e ensina sempre.

Eleva os que te rodeiam.

Santifica os laços que Jesus promoveu a bem de tua alma e de todos os que te cercam.

Se a tarefa apresenta obstáculos, lembra-te das inúmeras vezes em que o Cristo já aplicou misericórdia ao teu espírito. Isso atenua as sombras do coração.

Observa em cada companheiro de luta ou do dia uma bênção e uma oportunidade de atender ao programa divino, acerca de tua existência.

Há dificuldades e percalços, incompreensões e desentendimentos? Usa a misericórdia que Jesus já usou contigo, dando-te nova ocasião de santificar e de aprender.

(*Caminho, verdade e vida*. FEB Editora. Cap. 20)

De modo que não são mais dois, mas uma única carne. Portanto, o que Deus juntou [no jugo] não separe o homem.

Mateus 19:6

Não perturbeis

A palavra divina não se refere apenas aos casos do coração. Os laços afetivos caracterizam-se por alicerces sagrados e os compromissos conjugais ou domésticos sempre atendem a superiores desígnios. O homem não ludibriará os impositivos da lei, abusando de facilidades materiais para lisonjear os sentidos. Quebrando a ordem que lhe rege os caminhos, desorganizará a própria existência. Os princípios equilibrantes da vida surgirão sempre, corrigindo e restaurando...

A advertência de Jesus, porém, apresenta para nós significação mais vasta.

"Não separeis o que Deus ajuntou" corresponde também ao "não perturbeis o que Deus harmonizou".

Ninguém alegue desconhecimento do propósito divino. O dever, por mais duro, constitui sempre a Vontade do Senhor. E a consciência, sentinela vigilante do Eterno, a menos que esteja o homem dormindo no nível do bruto, permanece apta a discernir o que constitui "obrigação" e o que representa "fuga".

O Pai criou seres e reuniu-os. Criou igualmente situações e coisas, ajustando-as para o bem comum.

Quem desarmoniza as obras divinas, prepare-se para a recomposição. Quem lesa o Pai, algema o próprio "eu" aos resultados de sua ação infeliz e, por vezes, gasta séculos, desatando grilhões...

Na atualidade terrestre, esmagadora percentagem dos homens constitui-se de milhões em serviço reparador, depois de haverem separado o que Deus ajuntou, perturbando, com o mal, o que a Providência estabelecera para o bem.

Prestigiemos as organizações do justo Juiz que a noção do dever identifica para nós em todos os quadros do mundo. Às vezes, é possível perturbar-lhe as obras com sorrisos, mas seremos invariavelmente forçados a repará-las com suor e lágrimas.

(*Caminho, verdade e vida.* FEB Editora. Cap. 164)

Uniões de prova

Aspiras a convivência dos espíritos de eleição com os quais te harmonizas agora, no entanto, trazes ainda na vida social e doméstica, o vínculo das uniões menos agradáveis que te compelem a frenar impulsos e a sufocar os mais belos sonhos.

Não violentes, contudo, a lei que te preceitua semelhantes deveres.

Arrastamos, do passado ao presente, os débitos que as circunstâncias de hoje nos constrangem a revisar.

O esposo arbitrário e rude que te pede heroísmo constante é o mesmo homem de outras existências, de cuja lealdade escarneceste, acentuando-lhe a feição agressiva e cruel.

Os filhinhos doentes que te desfalecem nos braços, cancerosos ou insanos, idiotizados ou paralíticos são as almas confiantes e ingênuas de anteriores experiências terrestres, que impeliste friamente às pavorosas quedas morais.

A companheira intransigente e obsidiada, a envolver-te em farpas magnéticas de ciúme, não é outra senão a jovem que outrora embaíste com falsos juramentos de amor, enredando-lhe os pés em degradação e loucura.

Os pais e chefes tirânicos, sempre dispostos a te ferirem o coração, revelam a presença daqueles que te foram filhos em outras épocas, nos quais plantaste o espinheiral do despotismo e do orgulho, hoje contigo para que lhes renoves o sentimento, ao preço de bondade e perdão sem limites.

Espíritos enfermos, passamos pelo educandário da reencarnação, qual se o mundo, transfigurado em sábio anestesista, se nos retivesse no lar para que o tempo, à feição de professor devotado, de prova em prova, efetue a cirurgia das lesões psíquicas de egoísmo e vaidade, viciação e intolerância que nos comprometem a alma.

À frente, pois, das uniões menos simpáticas, saibamos suportá-las, de ânimo firme.

Divórcio, retirada, rejeição e demissão, às vezes, constituem medidas justificáveis nas convenções humanas, mas quase sempre não passam de moratórias para resgate em condições mais difíceis, com juros de escorchar.

Ouçamos o íntimo de nós mesmos.

Enquanto a consciência se nos aflige, na expectativa de afastar-nos da obrigação, perante alguém, vibra em nós o sinal de que a dívida permanece.

(*Livro da esperança*. Ed. Comunhão Espírita Cristã. Cap. 76)

Pois há eunucos que assim nasceram do ventre da mãe; há eunucos que foram feitos eunucos pelos homens e há eunucos que se fizeram eunucos por causa do Reino dos Céus. Quem puder compreender, compreenda.

Mateus
19:12

Pergunta 331 do livro *O consolador*

Pergunta: Como devemos interpretar a sentença: "Há eunucos que se castraram a si mesmos, por causa do Reino dos Céus"?

Resposta: Almas existem que, para obterem as sagradas realizações de Deus em si próprias, entregam-se a labores de renúncia, em existência de santificada abnegação.

Nesse mister, é comum abdicarem transitoriamente as ligações humanas, de modo a acrisolarem os seus afetos e sentimentos em vidas de ascetismo e de longas disciplinas materiais.

Quase sempre, os que na Terra se fazem eunucos para os Reinos do Céu, agem de acordo com os dispositivos sagrados de missões redentoras, nas quais, pelo sacrifício e pela dedicação, se redimem entes amados ou a alma gêmea da sua, exilados nos caminhos expiatórios. Numerosos Espíritos recebem de Jesus permissão para esse gênero de esforços santificantes, porquanto, nessa tarefa, os que se fazem eunucos, pelos Reinos do Céu, precipitam os processos de redenção do ser ou dos seres amados, submersos nas provas e, simultaneamente, pela sua condição de evolvidos, podem ser mais facilmente transformados, na Terra, em instrumentos da verdade e do bem, redundando o seu trabalho em benefícios inestimáveis para os entes queridos, para a coletividade e para si próprios.

(*O consolador*. FEB Editora. Pergunta 331)

Honra pai e mãe [...].

Mateus
19:19

Credores no lar[151]

No devotamento dos pais, todos os filhos são joias de luz; entretanto, para que compreendas certos antagonismos que te afligem no lar, é preciso saibas que, entre os filhos-companheiros que te apoiam a alma, surgem os filhos-credores, alcançando-te a vida, por instrutores de feição diferente.

Subtraindo-te aos choques de caráter negativo, no reencontro, preceitua a eterna bondade da Justiça divina que a reencarnação funcione, reconduzindo-os à tua presença, através do berço. É por isso que, a princípio, não ombreiam contigo, em casa, como de igual para igual, porquanto reaparecem humildes e pequeninos.

Chegam frágeis e emudecidos, para que lhes ensines a palavra de apaziguamento e brandura.

Não te rogam a liquidação de débitos, na intimidade do gabinete, e, sim, procuram-te o colo para nova fase de entendimento.

Respiram-te o hálito e escoram-se em tuas mãos, instalando-se em teus passos, para a transfiguração do próprio destino.

Embora desarmados, controlam-te os sentimentos.

Não obstante dependerem de ti, alteram-te as decisões com simples olhar.

De doces numes do carinho, passam, com o tempo, à condição de examinadores constantes de tua estrada.

Governam-te os impulsos, fiscalizam-te os gestos, observam-te as companhias e exigem-te as horas.

Reaprendem na escola do mundo com o teu amparo; todavia, à medida que se desenvolvem no conhecimento superior, transformam-se em inspetores intransigentes do teu grau de instrução.

Muitas vezes choras e sofres, tentando adivinhar-lhes os pensamentos para que te percebam os testemunhos de amor.

Calas os próprios sonhos, para que os sonhos deles se realizem.

Apagas-te, a pouco e pouco, para que fuljam em teu lugar.

---

[151] Nota da equipe organizadora: Texto publicado em: *Livro da esperança*. Ed. Comunhão Espírita Cristã. Cap. 38, com pequenas alterações; *Mãe:* antologia mediúnica. Ed. O Clarim. Cap. "Credores no lar", com pequenas alterações.

Recebes todas as dores que te impõem à alma, com sorrisos nos lábios, conquanto te amarfanhem o coração.

E nunca possuis o bastante para abrilhantar-lhes a existência, de vez que tudo lhes dás de ti mesmo, sem faturas de serviço e sem notas de pagamento.

Quando te vejas, diante de filhos crescidos e lúcidos, erguidos à condição de dolorosos problemas do espírito, recorda que são eles credores do passado a te pedirem o resgate de velhas contas.

Busca auxiliá-los e sustentá-los com abnegação e ternura, ainda que isso te custe todos os sacrifícios, porque, no justo instante em que a consciência te afirme tudo haveres efetuado para enriquecê-los de educação e trabalho, dignidade e alegria, terás conquistado, em silêncio, o luminoso certificado de tua própria libertação.

(*Reformador*, fev. 1963, p. 43)

Mãe[152]

"Honrarás pai e mãe" — a Lei determina. Não te esqueças, porém, de que nove meses antes que os outros te vissem a face, a tua presença na Terra era o segredo da vida, entre o devotamento materno e o Mundo Espiritual.

Na juventude ou na madureza, lembrar-te-ás da mulher frágil que, sendo moça, envelheceu, de repente, para que desabrochasses à luz, e, trazendo o ideal da felicidade como sendo uma taça transbordante de sonhos, preferiu trocá-lo por lágrimas de sofrimento, para que tivesses segurança no berço.

Agradecerás a todos os benfeitores do caminho, mas particularmente a ela, que transfigurou em força a própria fraqueza, a fim de preservar-te.

Quando o mundo te aclame a cultura ou o poder, o renome ou a fortuna, recorda aquela que não apenas te assegurou o equilíbrio, ensinando-te a caminhar, mas também atravessou longos meses de vigília, esperando que viesses a pronunciar as palavras primeiras para melhor escravizar-se à execução de teus desejos.

Muitos disseram que ela estava em delírio, cega de amor, que nada via senão a ti, entretanto, compreenderás que ela precisava de uma ternura assim sobre-humana, de modo a esquecer-se e suportar-te as necessidades, até que lhe pudesses dispensar, de todo, o carinho.

---

[152] Nota da equipe organizadora: Texto publicado em *Os dois maiores amores*. Ed. GEEM. Cap. "Honrarás tua mãe", com pequenas alterações.

Se motivos humanos a distanciam hoje de ti, que isso aconteça tão só na superfície das circunstâncias, nunca nos domínios da alma, porque através dos fios ocultos do pensamento sentir-lhe-ás os braços sustentando-te as esperanças e abençoando-te as horas.

Nunca ferirás tua mãe. Ainda quando o discernimento te coloque em posição diversa, em matéria de opinião, porque ela se tenha habituado a interpretação diferente do mundo, não lhe dilaceres a confiança com apontamentos intempestivos e espera, com paciência, que o tempo lhe descortine novos horizontes, relativamente à verdade.

"Honrarás pai e mãe" — a Lei determina. Não te esquecerás, porém, de que se teu pai é o companheiro generoso que te descerrou o caminho para a romagem terrestre, tua mãe é o gênio tutelar que te acompanha os passos, em toda a vida, a iluminar-te o coração por dentro, com a bondade e a perseverança da luz de uma estrela.

(*Mãe:* antologia mediúnica. Ed. O Clarim. Parte V. Cap. "Mãe")

O moço, ouvindo [essa] palavra, saiu entristecido, pois era possuidor de muitos bens.

Mateus
19:22

Propriedade

O instinto de propriedade tem provocado grandes revoluções, ensanguentando os povos. Nas mais diversas regiões do planeta, respiram homens inquietos pela posse material, ciosos de suas expressões temporárias e dispostos a morrer em sua defesa.

Isso demonstra que o homem ainda não aprendeu a possuir.

Com esta argumentação, não desejamos induzir a criatura a esquecer a formiga previdente, adotando por modelo a cigarra descuidosa. Apenas convidamos, a quem nos lê, a examinar a precariedade das posses efêmeras.

Cada conquista terrestre deveria ser aproveitada pela alma, como força de elevação.

O homem ganhará impulso santificante, compreendendo que só possui verdadeiramente aquilo que se encontra dentro dele, no conteúdo espiritual de sua vida. Tudo o que se relaciona com o exterior — como sejam: criaturas, paisagens e bens transitórios — pertence a Deus, que lhos concederá de acordo com os seus méritos.

Essa realidade sentida e vivida constitui brilhante luz no caminho, ensinando ao discípulo a sublime lei do uso, para que a propriedade não represente fonte de inquietações e tristeza, como aconteceu ao jovem dos ensinamentos de Jesus.

(*Caminho, verdade e vida*. FEB Editora. Cap. 149)

Disse Jesus aos seus discípulos: Amém vos digo que um rico dificilmente entrará no Reino dos Céus.

Mateus
19:23

Ante o Reino dos Céus

(*Instrumentos do tempo*. Ed. GEEM. Cap. "Ante o Reino dos Céus")[153]

---

[153] N.E.: Vide nota 9.

E Jesus, fitando-os, disse: Para os homens isso é impossível, para Deus tudo é possível.

Mateus
19:26

Acalma-te[154]

Seja qual for a perturbação reinante, acalma-te e espera, fazendo o melhor que possas.

Lembra-te de que o Senhor supremo pede serenidade para exprimir-se com segurança.

A terra que te sustenta o lar é uma faixa de forças tranquilas.

O fruto que te nutre representa um ano inteiro de trabalho silencioso da árvore generosa.

Cada dia que se levanta é convite de Deus para que lhe atendamos à Obra divina, em nosso próprio favor.

Se te exasperas, não lhe assimilas o plano.

Se te afeiçoas à gritaria, não lhe percebes a voz.

Conserva-te, pois, confiante, embora a preço de sacrifício.

Decerto, encontrarás ainda hoje corações envenenados que destilam irritação e desgosto, medo e fel.

Ainda mesmo que te firam e apedrejem, aquieta-te e abençoa-os com a tua paz.

Os desesperados tornarão à harmonia, os doentes voltarão à saúde, os loucos serão curados, os ingratos despertarão...

É da Lei do Senhor que a luz domine a treva, sem ruído e sem violência.

Recorda que toda dor, como toda nuvem, forma-se, ensombra e passa...

Se outros gritam e oprimem, espancam e amaldiçoam, acalma-te e espera...

Não olvides a palavra do Mestre quando nos afirmou que a Deus tudo é possível, e, garantindo o teu próprio descanso, refugia-te em Deus.

(*Reformador*, abr. 1958, p. 74)

---

[154] Nota da equipe organizadora: Texto publicado em *Palavras de vida eterna*. Ed. Comunhão Espírita Cristã. Cap. 33.

Embaraços[155]

Indiscutivelmente somos defrontados por situações embaraçosas, nas quais se nos oprime o espírito, ante a nossa incapacidade para conjurar-lhes a presença.

Isso te ocorre, no mundo, quase sempre:

quando os próprios erros elastecidos assumem aos teus olhos a feição de males sem remédio;

quando a saúde física se te revela positivamente arruinada;

quando um ente querido parece haver chegado às raias da morte;

quando te vês sob aflições e desencantos, por negócios francamente infelizes;

quando a injúria te arrasa a imagem, à frente do teu círculo social;

quando afetos extremamente queridos te abandonam;

quando alguém te acusa por delitos que não cometeste;

quando caíste em alguma falta grave e todas as oportunidades de reparação se te afiguram perdidas...

Ainda hoje, dolorosos desafios talvez te cerquem... Sejam quais forem, no entanto, ora e confia, trabalha e espera.

Em verdade, todos nós renteamos com embaraços para a transposição dos quais somos absolutamente incapazes. Ante qualquer dificuldade, porém, recordemos a afirmação positiva do Mestre: "Isto é impossível aos homens, mas para Deus tudo é possível".

(*Reformador*, mar. 1967, p. 50)

---

[155] Nota da equipe organizadora: Texto publicado em *Bênção de paz*. Ed. GEEM. Cap. 44.

Então, em resposta, Pedro lhe disse: Eis que nós deixamos tudo e te seguimos. Que haverá, pois, para nós?

Mateus 19:27

A retribuição[156]

A pergunta do Apóstolo exprime a atitude de muitos corações nos templos religiosos.

Consagra-se o homem a determinado círculo de fé e clama, de imediato: *Que receberei?*

A resposta, porém, se derrama silenciosa, por meio da própria vida.

Que recebe o grão maduro após a colheita?

O triturador que o ajuda a purificar-se.

Que prêmio se reserva à farinha alva e nobre?

O fermento que a transforma para a utilidade geral.

Que privilégio caracteriza o pão depois do forno?

A graça de servir.

Não se formam cristãos para adornos vivos do mundo, e sim para a ação regeneradora e santificante da existência.

Outrora, os servidores da realeza humana recebiam o espólio dos vencidos e, com eles, se rodeavam de gratificações de natureza física, com as quais abreviavam a própria morte.

Em Cristo, contudo, o quadro é diverso.

Vencemos, em companhia dele, para nos fazermos irmãos de quantos nos partilham a experiência, guardando a obrigação de ampará-los e ser-lhes úteis.

Simão Pedro, que desejou saber qual lhe seria a recompensa pela adesão à Boa-Nova, viu, de perto, a necessidade da renúncia. Quanto mais se lhe acendrou a fé, maiores testemunhos de amor à Humanidade lhe foram requeridos. Quanto mais conhecimento adquiriu, à mais ampla caridade foi constrangido, até o sacrifício extremo.

Se deixaste, pois, por devoção a Jesus, os laços que te prendiam às zonas inferiores da vida, recorda que, por felicidade tua, recebeste do Céu a honra de ajudar, a prerrogativa de entender e a glória de servir.

(*Fonte viva*. FEB Editora. Cap. 22)

---

[156] Nota da equipe organizadora: Texto Publicado em *Cartas do coração*. Ed. LAKE. Cap. "A retribuição".

E todo aquele que tiver deixado casas, ou irmãos, ou irmãs, ou pai, ou mãe, ou filhos, ou campos por causa do meu nome, receberá o cêntuplo e herdará vida eterna.

Mateus
19:29

Renunciar

Neste versículo do evangelho de Mateus, o Mestre divino nos induz ao dever de renunciar aos bens do mundo para alcançar a vida eterna. Há necessidade, proclama o Messias, de abandonar pai e mãe, mulher e irmãos do mundo. No entanto, é necessário esclarecer como renunciar.

Jesus explica que o êxito pertencerá aos que assim procederem por amor de seu nome.

À primeira vista, o alvitre divino parece contrassenso.

Como olvidar os sagrados deveres da existência, se o Cristo veio até nós para santificá-los? Os discípulos precipitados não souberam atingir o sentido do texto, nos tempos mais antigos. Numerosos irmãos de ideal recolheram-se à sombra do claustro, esquecendo obrigações superiores e inadiáveis.

Fácil, porém, reconhecer como o Cristo renunciou.

Aos companheiros que o abandonaram aparece, glorioso, na ressurreição. Não obstante as hesitações dos amigos, divide com eles, no cenáculo, os júbilos eternos. Aos homens ingratos que o crucificaram oferece sublime roteiro de salvação com o Evangelho e nunca se descuidou um minuto das criaturas.

Observemos, portanto, o que representa renunciar por amor ao Cristo. É perder as esperanças da Terra, conquistando as do Céu.

Se os pais são incompreensíveis, se a companheira é ingrata, se os irmãos parecem cruéis, é preciso renunciar à alegria de tê-los melhores ou perfeitos, unindo-nos, ainda mais, a eles todos, a fim de trabalhar no aperfeiçoamento com Jesus.

Acaso, não encontras compreensão no lar? Os amigos e irmãos são indiferentes e rudes? Permanece ao lado deles, mesmo assim, esperando para mais tarde o júbilo de encontrar os que se afinam perfeitamente contigo. Somente desse modo renunciarás aos teus, fazendo-lhes todo o bem por dedicação ao Mestre, e, somente com semelhante renúncia, alcançarás a vida eterna.

(*Caminho, verdade e vida*. FEB Editora. Cap. 154)

E disse a esses: Ide vós também para a vinha, e o que for justo vos darei.

Mateus
20:4

A vinha

Ninguém poderá pensar numa Terra cheia de beleza e possibilidades, mas vogando ao léu na imensidade universal.

O planeta não é um barco desgovernado.

As coletividades humanas costumam cair em desordem, mas as leis que presidem aos destinos da Casa Terrestre se expressam com absoluta harmonia. Essa verificação nos ajuda a compreender que a Terra é a vinha de Jesus. Aí, vemo-lo trabalhando desde a aurora dos séculos e aí assistimos à transformação das criaturas, que, de experiência a experiência, se lhe integram no divino amor.

A formosa parábola dos servidores envolve conceitos profundos. Em essência, designa o local dos serviços humanos e refere-se ao volume de obrigações que os aprendizes receberam do Mestre divino.

Por enquanto, os homens guardam a ilusão de que o orbe pode ser o tablado de hegemonias raciais ou políticas, mas perceberão em tempo o clamoroso engano, porque todos os filhos da razão, corporificados na crosta da Terra, trazem consigo a tarefa de contribuir para que se efetue um padrão de vida mais elevado no recanto em que agem transitoriamente.

Onde quer que estejas, recorda que te encontras na Vinha do Cristo.

Vives sitiado pela dificuldade e pelo infortúnio?

Trabalha para o bem geral, mesmo assim, porque o Senhor concedeu a cada cooperador o material conveniente e justo.

(*Pão nosso*. FEB Editora. Cap. 29)

Razões para trabalhar mais

Não fôssemos Espíritos ainda fracos e imperfeitos e não teríamos necessidade de provas e lutas diversas para a aquisição de fortaleza e burilamento.

Não estivéssemos categorizados por devedores, ante as Leis do Universo, e não nos demoraríamos, aos pés de nossos credores de existências do pretérito, hoje transfigurados em familiares difíceis a nos reclamarem apoio incessante.

Se houvéssemos liquidado todos os problemas decorrentes de nossas quedas morais do passado, não carregaríamos, intimamente, os conflitos que nos caracterizam a batalha oculta, contra as nossas tendências inferiores, a gerarem as dificuldades emotivas e os sofrimentos imanifestos, que nos impelem ao conhecimento de nós mesmos e ao reajuste das próprias forças.

Se já soubéssemos agir com a generosidade dos Espíritos benevolentes e sábios que nos orientam os destinos, não andaríamos repetindo lições e recapitulando experiências, na condição de criaturas falíveis.

Se tivéssemos granjeado a pureza ideal, não estaríamos, seja na situação de encarnados ou desencarnados, no clima educativo, mas ainda profundamente conturbado da Terra, porquanto o nosso domicílio compulsório se alinharia nos Planos superiores.

Ninguém alegue, assim, embaraço, imperfeição, doença, ignorância ou inaptidão para deixar de trabalhar, aprender, aperfeiçoar e servir, de vez que, em argumento de última instância, é forçoso reconhecer que Deus não nos concederia a permanência no Planeta Terrestre, nem nos daria os encargos que a vida nos atribui, se não confiasse em nosso esforço sincero de corrigenda e elevação e se não nos considerasse capazes de cooperar com o seu infinito Amor, na edificação do mundo melhor.

(*Reformador*, maio 1968, p. 99)

Assim, os últimos serão primeiros, e os primeiros [serão] últimos.

Mateus
20:16

O espírita

O espírita, na prática da Doutrina Espírita, faz-se realmente conhecido, através de características essenciais.

Rende constante preito de amor a Deus, começando na consciência.

Considera a Humanidade por sua própria família.

Respeita no corpo de carne um santuário vivo em que lhe cabe sublimar.

Abraça o trabalho construtivo, seja qual seja a posição em que se encontre.

Abstém-se formalmente do profissionalismo religioso.

Sabe-se um espírito em evolução e, por isso, não exige nos outros qualidades perfeitas que ainda não possui.

Aceita sem revolta dificuldades e provações por não desconhecer que os princípios da reencarnação situam cada pessoa no lugar que traçou a si mesma, ante os resultados das próprias obras.

Empenha-se no aprimoramento individual, na certeza de que tudo melhora em torno, à medida que busca melhorar-se.

Estima no dever irrepreensivelmente cumprido, seja no lar ou na profissão, na vida particular ou na atividade pública o alicerce da pregação de sua própria fé.

Exalta o bem, procurando a vitória do bem, com esquecimento do mal.

Foge da crítica pessoal, à face da caridade que lhe rege o caminho, mas não recusa o exame honesto e imparcial desse ou daquele problema que interesse o equilíbrio e a segurança da comunidade em que vive.

Exerce a tolerância fraterna, corrigindo o erro sem ferir, como quem separa o enfermo da enfermidade.

Estuda sempre.

Ama sem escravizar e sem escravizar-se.

Não tem a presunção de saber e fazer tudo, mas realiza, com espontaneidade e alegria o trabalho que lhe compete.

Age sem paixões partidárias, em assuntos políticos, embora esteja atento aos deveres de cidadão que o quadro social lhe preceitua.

Usa as posses do mundo em favor da prosperidade e do bem de todos.

Evita os excessos.

Simplifica, quanto possível, a própria existência.

Acata os preconceitos dos outros, conquanto não se sinta obrigado a cultivar preconceito algum.

Definindo-se o espírita na condição de aprendiz infatigável do progresso, será justo lembrar aqui a conceituação de Allan Kardec, no item sete do capítulo primeiro de *O evangelho segundo o espiritismo*: "Assim como o Cristo disse — 'não vim destruir a lei, porém cumpri-la', o Espiritismo também diz — 'não venho destruir a lei cristã, mas dar-lhe execução'."

(*Livro da esperança*. Ed. Comunhão Espírita Cristã. Cap. 66)

Em resposta, Jesus lhe disse: Não sabeis o que estais pedindo. [...]

Mateus
20:22

Pedir

A maioria dos crentes dirige-se às casas de oração, no propósito de pedir alguma coisa.

Raros os que aí comparecem, na verdadeira atitude dos filhos de Deus, interessados nos sublimes desejos do Senhor, quanto à melhoria de conhecimentos, à renovação de valores íntimos, ao aproveitamento espiritual das oportunidades recebidas de mais Alto.

A rigor, os homens deviam reconhecer nos templos o lugar sagrado do Altíssimo, onde deveriam aprender a fraternidade, o amor, a cooperação no seu programa divino. Quase todos, porém, preferem o ato de insistir, de teimar, de se impor ao paternal carinho de Deus, no sentido de lhe subornarem o Poder infinito. Pedinchões inveterados abandonam, na maior parte das vezes, o traçado reto de suas vidas, em virtude da rebeldia suprema nas relações com o Pai. Tanto reclamam, que lhes é concedida a experiência desejada.

Sobrevêm desastres. Surgem as dores. Em seguida, aparece o tédio, que é sempre filho da incompreensão dos nossos deveres.

Provocamos certas dádivas no caminho, adiantamo-nos na solicitação da herança que nos cabe, exigindo prematuras concessões do Pai, à maneira do filho pródigo, mas o desencanto constitui-se em veneno da imprevidência e da irresponsabilidade.

O tédio representará sempre o fruto amargo da precipitação de quantos se atiram a patrimônios que lhes não competem.

Tenhamos, pois, cuidado em pedir, porque, acima de tudo, devemos solicitar a compreensão da vontade de Jesus a nosso respeito.

(*Caminho, verdade e vida.* FEB Editora. Cap. 65)

E quem quiser ser o primeiro entre vós, será o vosso servo.

Mateus
20:27

O primeiro

Nos variados setores da experiência humana, encontramos as mais diversas criaturas a buscarem posições de destaque e postos de diretiva.

Há pessoas que enveredam pelas sendas do comércio e da indústria em corrida infrene por se elevarem nas asas frágeis da posse efêmera.

Muitas elegem a tirania risonha no campo social para se afirmarem poderosas e dominantes.

Outras pontificam por meio do intelecto, usando a ciência como apoio da autoridade que avocam para si mesmas.

Temos ainda as inteligências que, em nome da inovação ou da arte, se declaram francamente partidárias da delinquência e do vício para sossegarem as próprias ânsias de fulguração nas faixas da influência.

Todas caminham subordinadas às mesmas leis, elevando-se hoje para descer amanhã.

O império econômico, a autoridade terrestre ou o intelectualismo sistemático possibilitam a projeção da criatura no cenário humano, à feição de luz meteórica, riscando, instantaneamente, a imensidade dos céus.

Em piores circunstâncias, aquele que preferiu o brilho infernal do crime esbarra, em breve tempo, com a dureza de si mesmo, sendo constrangido a reunir os estilhaços da vida, provocados por suas ações lamentáveis, na recomposição do destino próprio.

Grande maioria toma a aparência do comando como sendo a melhor posição, e raros chegam a identificar, no anonimato da posição humilde, o posto de carreira que conduz a alma aos altiplanos da Criação.

Apesar de tudo, porém, a verdade permanece imutável.

A liderança real no caminho da vida não tem alicerces em recursos amoedados.

Não se encastela simplesmente em notoriedade de qualquer natureza.

Não depende unicamente de argúcia ou sagacidade.

Nem é fruto da erudição pretensiosa.

A chefia durável pertence aos que se ausentam de si mesmos, buscando os semelhantes para servi-los...

Esquecendo as luzes transitórias da ribalta do mundo...

Renunciando à concretização de sonhos pessoais em favor das realizações coletivas...

Obedecendo aos estímulos e avisos da consciência...

E por amar a todos sem reclamar amor para si, embora na condição de servo de todos, faz-se amado da vida, que nele concentra seus interesses fundamentais.

(*O espírito da verdade*. FEB Editora. Cap. 64)

Da mesma forma que o Filho do homem não veio para ser servido, mas para servir [...].

Mateus
20:28

Antes de servir

Em companhia do espírito de serviço, estaremos sempre bem guardados. A Criação inteira nos reafirma esta verdade com clareza absoluta.

Dos reinos inferiores às mais altas esferas, todas as coisas servem a seu tempo.

A lei do trabalho, com a divisão e a especialização nas tarefas, prepondera nos mais humildes elementos, nos variados setores da Natureza.

Essa árvore curará enfermidades, aquela outra produzirá frutos. Há pedras que contribuem na construção do lar; outras existem calçando os caminhos.

O Pai forneceu ao filho homem a casa planetária, onde cada objeto se encontra em lugar próprio, aguardando somente o esforço digno e a palavra de ordem para ensinar à criatura a arte de servir. Se lhe foi doada a pólvora destinada à libertação da energia e se a pólvora permanece utilizada por instrumento de morte aos semelhantes, isto corre por conta do usufrutuário da moradia terrestre, porque o supremo Senhor em tudo sugere a prática do bem, objetivando a elevação e o enriquecimento de todos os valores do Patrimônio universal.

Não olvidemos que Jesus passou entre nós, trabalhando. Examinemos a natureza de sua cooperação sacrificial e aprendamos com o Mestre a felicidade de servir santamente.

Podes começar hoje mesmo.

Uma enxada ou uma caçarola constituem excelentes pontos de início. Se te encontras enfermo, de mãos inabilitadas para a colaboração direta, podes principiar mesmo assim, servindo na edificação moral de teus irmãos.

(*Pão nosso*. FEB Editora. Cap. 4)

E tudo quanto pedirdes na oração, crendo, recebereis.

Mateus
21:22

Pergunta 306 do livro *O consolador*

Pergunta: "E tudo o que pedirdes na oração, crendo, o recebereis". Esse preceito do Mestre tem aplicação, igualmente, no que se refere aos bens materiais?

Resposta: O "seja feita a vossa vontade", da oração comum, constitui nosso pedido geral a Deus, cuja Providência, por meio dos seus mensageiros, nos proverá o Espírito ou a condição de vida do mais útil, conveniente e necessário ao nosso progresso espiritual, para a sabedoria e para o amor.

O que o homem não deve esquecer, em todos os sentidos e circunstâncias da vida, é a prece do trabalho e da dedicação, no santuário da existência de lutas purificadoras, porque Jesus abençoará as suas realizações de esforço sincero.

(*O consolador*. FEB Editora. Pergunta 306)

[...] Filho, vai trabalhar hoje na minha vinha.

Mateus
21:28

Trabalha e serve[157]

Não te esqueças do ensinamento do Mestre: "Filho, vai trabalhar hoje na minha vinha".

Se a dor te visita o coração, improvisando tempestades de lágrimas em teu campo interior, não te confies ao incêndio do desespero, nem ao gelo da lamentação.

Recorda o tesouro do tempo, retira-te da amargura que te ocupa, indebitamente, e trabalha servindo.

O trabalho é um relógio contra as aflições que dominam a alma.

O serviço aos semelhantes gera valoroso otimismo.

Se a incompreensão te impôs férrea grade ao espírito, através da qual ninguém, por agora, te identifica o ideal ou os propósitos elevados, não te demores acariciando o fel da revolta.

Lembra o favor sublime do tempo, trabalha e serve.

O trabalho acrescenta as energias. O serviço a todos revela divina sementeira.

Se a calúnia chegou ao teu círculo, estendendo sombras tenebrosas, não te afundes no lago fervente do pranto, nem te embrenhes na selva do sofrimento inútil.

Reflete na bênção das horas, trabalha e serve.

O trabalho reconforta. O serviço aos outros anula os detritos do mal.

Se erraste, instalando escuro remorso no centro do próprio ser, não te cristalizes na inércia nem te enlouqueças, soluçando e gemendo em vão.

Medita na glória dos minutos, trabalha e serve.

O trabalho reajusta as forças do espírito. O serviço ao próximo reconquista o respeito e a serenidade perante a vida.

Se a enfermidade e a morte varrem-te a casa, não te relegues ao acabrunhamento, qual se foras um punhado de lixo.

Pensa na dádiva dos dias, trabalha e serve.

---

[157] Nota da equipe organizadora: Texto publicado em *Nosso livro*. Ed. LAKE. Cap. "Trabalha e serve", com pequenas alterações.

O trabalho é uma esponja bendita sobre as mágoas do mundo. O serviço no bem de todos é um milagre renovador.

Na luta e na tranquilidade, no sofrimento e na alegria, na tristeza ou na esperança, segue agindo e auxiliando.

Trabalhar é produzir transformação, oportunidade e movimento.

Servir é criar simpatia, fraternidade e luz.

(*Reformador*, maio 1950, p. 115)

[...] Amém vos digo que os publicanos e as prostitutas vos precedem no Reino de Deus.

Mateus
21:31

Explicação

Quando Jesus pronunciou a sua famosa sentença, constante da parábola do dois filhos, nas anotações de Mateus: "Em verdade vos digo que os publicanos e as meretrizes entrarão diante de vós no Reino de Deus", não queria dizer que as nossas irmãs infelizes ou que os negociantes habituados no lucro fácil atingirão sistematicamente a Esfera superior, antes daqueles que se dedicam aos trabalhos da fé.

Recordemos, sobretudo, que o Senhor se reporta aos companheiros petrificados na rebeldia que, mesmo depois do convite à posse da luz permanecem medraços e perversos no domínio das sombras, no qual respiram em deplorável retaguarda, espargindo as culpas que adquirem perante a vida.

Por irmãos dessa classe encontramos todos aqueles que devidamente informados pelos avisos da Religião, quanto aos deveres da solidariedade, vivem acomodados com a egolatria e com a dureza de coração, muito embora desfrutem do ensinamento religioso, caminho aberto à aquisição da própria felicidade.

É justo se lhes reclame os elevados testemunhos de lealdade a Deus, no amor ao próximo ignorante e necessitado, pelas prerrogativas que o Céu lhes conferiu, sendo assim, natural venham a suportar os resultados da irreflexão e da delinquência a que se entregam, toda vez que exalçam o egoísmo e o orgulho, a vaidade e a preguiça, diante da multidão que lhes roga socorro e entendimento.

Muito compreensível, portanto, que as mulheres desditosas e os homens de negócios, mergulhados na cobiça, por ignorância e infelicidade, quando despertos para ao serviço do bem, avancem, destemerosos, na direção dos Cimos, porque a extensão da falta corresponde à responsabilidade de cada um, e, há muita diferença entre quem chora e aqueles que fabricam as lágrimas nos olhos alheios, abusando das faculdades nobres que o Senhor lhes confia, com o quê suscitam a penúria de muitos, demorando-se por tempo indeterminado no escuro desfiladeiro das grandes reparações.

(*Sentinelas da luz*. Ed. Cultura Espírita União. Cap. Explicação)

Porque muitos são chamados, mas poucos escolhidos.

Mateus
22:14

Chamados e escolhidos[158]

Estejamos convictos de que ainda nos achamos a longa distância do convívio com os eleitos da glória celeste,
entretanto,
pelo chamamento da fé viva que hoje nos traz ao conhecimento superior, guardemos a certeza de que já somos os escolhidos:

para a regeneração de nós mesmos;

para o cultivo sistemático, diário e intensivo do bem;

para o esquecimento de todas as faltas do próximo, de modo a recapitular com rigor as nossas próprias imperfeições, redimindo-as;

para o perdão incondicional, em todas as circunstâncias da vida;

para a atividade infatigável na confraternização verdadeira;

para auxiliar os que erram;

para ensinar aos mais ignorantes que nós mesmos;

para suportar o sacrifício, no amparo aos que sofrem sem a graça da fé renovadora que já nos robustece o espírito;

para servir, além de nossas próprias obrigações, sem direito à recompensa;

para compreender os nossos irmãos de jornada evolutiva, sem exigir que nos entendam;

para apagar as fogueiras da maledicência e do ódio, da discórdia e da incompreensão, ao preço de nossa renúncia;

para estender a caridade sem ruído, como quem sabe que ajudar aos outros é enriquecer a própria existência;

para persistir nas boas obras sem reclamações e sem desfalecimentos, em todos os ângulos do caminho;

para negar a nossa antiga vaidade e tomar, sobre os nossos ombros, cada dia, a cruz abençoada e redentora de nossos deveres, marchando, com humildade e alegria, ao encontro da vida sublime...

A indicação honrosa nos felicita.

---

[158] Nota da equipe organizadora: Texto publicado em: *Taça de luz*. Ed. LAKE. Cap. 25, com alterações; *Instrumentos do tempo*. Ed. GEEM. Cap. "Chamados e escolhidos", com pequenas alterações.

Nossa presença aos estudos do Evangelho expressa o apelo que flui do Céu no rumo de nossas consciências.

Chamados para a luz e escolhidos para o trabalho...

Eis a nossa posição real nas bênçãos de "hoje". E se quisermos aceitar a escolha com que fomos distinguidos, estejamos certos igualmente de que em breve, "amanhã", comungaremos felizes com o nosso Mestre e Senhor.

(*Reformador*, out. 1956, p. 232)

Escolha

Chamados e escolhidos não constituem expressões que se ajustam unicamente ao quadro das revelações vertidas do Céu para a Terra.

Observemo-las no campo da experiência comum, de vez que toda criatura é escolhida para expressar os elementos chamados por ela mesma a substancializar o centro da própria vida.

Quem coleciona as labaredas da tentação é escolhido para inflamar o incêndio da angústia.

Quem busca os espinhos da estrada é escolhido para guardar o espinheiro no coração.

Quem anota desapontamentos e amarguras é escolhido para capitanear o desânimo.

Quem se esforça por estudar e aprender, é escolhido para guardar o conhecimento superior e transmiti-lo aos semelhantes.

Quem se esmera no cumprimento das próprias obrigações, é escolhido para representar a força do progresso.

Quem busca estender as flores da bondade é escolhido para colher os frutos da simpatia.

Serve à fraternidade e refletir-lhe-ás a glória imperecível.

Exalta a fé pura e converter-te-ás em base de confiança.

Teus mais íntimos pensamentos são ímãs vigorosos trazendo-te ao roteiro as forças que procuras.

Não te detenhas na tristeza que te angariará desencanto, nem te confines à revolta que te imergirá o coração nas correntes da indisciplina.

Esquece todo o mal para que o bem te enobreça o caminho.

Não olvides que o tempo infatigável dar-nos-á, hoje e sempre, o lugar que nos é próprio, porque a vida escolher-nos-á para a treva ou para a luz, segundo a nossa própria escolha.

(*Irmão*. Ed. IDEAL. Cap. 10)

Chamamentos

(*Instrumentos do tempo*. Ed. GEEM. Cap. "Chamamentos")[159]

Chamada e escolha

Sem flor não há semente.
Mas se a flor prepara, só a semente permanece.
Sem instrução, a máquina é segredo.
Mas se a instrução avisa, só a máquina produz.
Sem convicção, a atitude não aparece.
Mas se a convicção indica, só a atitude define.
Sem programa, o trabalho se desordena.
Mas se o programa sugere, só o trabalho realiza.
Sem teoria, a experiência não se expressa.
Mas se a teoria estuda, só a experiência marca.
Sem lição, o exercício não vale.
Mas se a lição esclarece, só o exercício demonstra.
Sem ensinamento, a obra não surge.
Mas se o ensinamento aconselha, só a obra convence.

Disse Jesus, referindo-se à divina Ascensão: "Serão muitos os chamados e poucos os escolhidos para o Reino dos Céus".

Isso quer dizer que, sem chamada, não há escolha.

Mas se estamos claramente informados de que a chamada vem de Deus, atingindo todas as criaturas na hora justa da evolução, só a escolha, que depende do nosso exemplo, nos confere caminho para a Vida maior.

(*O espírito da verdade*. FEB Editora. Cap. 98)

Entre chamados e escolhidos

(*Fé, paz e amor*. Ed. GEEM. Cap. "Entre chamados e escolhidos")[160]

---

[159] N.E.: Vide nota 9.
[160] N.E.: Vide nota 9.

Eles lhe dizem: De César. Então, ele lhes diz: Restitui, pois, a César [as coisas] de César, e a Deus [as coisas] de Deus.

Mateus
22:21

Oração do dinheiro

(*Abençoa sempre*. Ed. GEEM. Cap. "Oração do dinheiro")[161]

Diante de Deus e de César

Em nosso relacionamento habitual com César — simbolizando o governo político — não nos esqueçamos de que o mundo é de Deus e não de César, a fim de que não sejamos parasitas na organização social em que fomos chamados a viver.

Muitos se acreditam plenamente exonerados de quaisquer obrigações para com o poder administrativo da Terra, simplesmente porque, certo dia, pagaram à máquina governamental que os dirige os impostos de estilo, exigindo-lhe em troca serviços sacrificiais por longo tempo.

É justo não olvidar que somos de Deus e não de César e que César não dispõe de meios para substituir junto de nós a assistência de Deus.

Por isso mesmo, a Lei, expressando as determinações do Alto, conta com a nossa participação constante no bem, se nos propomos alcançar a vitória com progresso real.

Examinando o assunto nestes termos, ouçamos a voz do Senhor que nos fala na acústica da própria consciência e procuremos a execução de nossos deveres sem esperar que César nos visite com exigências ou aguilhões.

O trabalho é regulamento da vida e cultivemo-lo com diligência, utilizando os recursos de que dispomos na consolidação do melhor para todos os que nos cercam.

Auxiliar aos outros é recomendação do Céu e em razão disso, auxiliemos sempre, seja amparando a um companheiro infeliz, protegendo uma fonte ameaçada pela secura ou plantando uma árvore benfeitora que amanhã falará por nós à margem do caminho.

Todos prestaremos contas à divina Providência quanto aos bens que nos são temporariamente emprestados e, sem qualquer constrangimento da

---

[161] N.E.: Vide nota 9.

autoridade humana, exercitemos a compreensão e a bondade, a paciência e a tolerância, o otimismo e a fé, apagando os incêndios da rebelião ou da crítica onde estiverem e estimulando, em toda parte, a plantação de valores suscetíveis de estabelecer a harmonia e a prosperidade em torno de nós.

Não vale dar a César algumas moedas por ano, cobrindo-o de acusações e reprovações, todos os dias.

Doemos a Deus o que é de Deus, oferecendo o melhor de nós mesmos, em favor dos outros, e, desse modo, César estará realmente habilitado a amparar-nos e a servir-nos, hoje e sempre, em nome do Senhor.

(*Dinheiro*. Ed. IDE. Cap. "Diante de Deus e de César")

A César o que é de César

(*Semeador em tempos novos*. Ed. GEEM. Cap. "A César o que é de César")[162]

Jesus e César

Que seria do Cristianismo se Jesus recorresse à proteção de César? Possivelmente, alguns patrícios simpáticos à nova doutrina se encarregariam da obtenção do alto favor. Legiões de soldados viriam garantir o Messias e os amigos do Evangelho alinhar-se-iam à força da espada, não mais de ouvidos espontâneos, mas com a atenção absorvida na postura oficial. Pedro e João, Tiago e Felipe adotariam certas normas de vestir, segundo os programas imperiais, e o próprio Cristo, naturalmente, não poderia ensinar as verdades do Céu, sem prévia audiência das autoridades convencionalistas da Terra. Provavelmente, o Mestre teria vencido exteriormente todos os adversários e dominaria o próprio Sinédrio.

Mas... e depois?

Sem dúvida, ter-se-ia fundado expressiva e bela organização político-religiosa, repleta de preceitos filosóficos, severos e regeneradores. Mateus teria envergado a túnica do escriba estilizado, enquanto Simão gozaria de honras especiais e o próprio Jesus passaria à condição de um Marco Aurélio, cheio de austeridade e nobreza, interessado em ensinar a justiça e a sabedoria, mas em cujo reinado se verificariam perseguições das mais terríveis e sangrentas ao Cristianismo, sem que as ocorrências dolorosas lhe merecessem consideração.

---

[162] N.E.: Vide nota 9.

O Mestre, contudo, compreendia a necessidade das organizações humanas, exemplificou o respeito à ordem política, mas acima de tudo, serviu ao Reino de Deus, de que era representante e portador, neste mundo de experiências provisórias, dirigindo seu Evangelho de Amor, não só ao homem físico, mas essencialmente ao homem espiritual.

Sabia Ele que as organizações religiosas, propriamente ditas, existiam entre as criaturas, muito antes dos templos de Baal. Urgia, porém, entregar aos filhos da Terra a herança do Céu, integrá-los na doutrina viva no bem e na verdade, estabelecer caminhos entre a sombra e a luz, aperfeiçoar caracteres, purificar sentimentos, elevar corações, instituir a universidade do Reino de Deus e sua justiça. Entendia que a sua obra era de semeadura, germinação, crescimento, tempo e trabalho constante.

E plantou com o seu exemplo o Cristianismo sublime no campo da humanidade, ensinando o acatamento a César, cooperando no aperfeiçoamento de suas obras, mas fazendo sentir que César constituía a autoridade respeitável no tempo, enquanto o Pai guarda o poder divino na eternidade.

Na exemplificação do Cristo, o Espiritismo evangélico, na sua condição de Cristianismo Redivivo, deve procurar as suas diretrizes, edificantes no terreno da nova fé. As organizações políticas, de natureza superior, são sempre dignas e respeitáveis e todos os seguidores do Evangelho devem honrar-lhes os programas de realização e progresso coletivo, acatando-lhes as instituições e contribuindo para o seu engrandecimento, na esfera evolutiva, mas não se pode exigir, da política de ordem humana, a solução dos problemas transcendentes de ordem espiritual.

Na atualidade do mundo, o Espiritismo é aquele Consolador prometido, enfeixando nova e bendita oportunidade de redenção. Em seu campo doutrinário, a verdade de Deus não está algemada, seus felizes estudantes e seguidores podem aquecer o coração ao sol da liberdade íntima, sem obstáculos na marcha da consciência para a realização divina.

Aos espíritas dos tempos novos, portanto, surgem lições vivas, que não podem relegar ao esquecimento.

O sacerdócio organizado costuma ser o cadáver do profetismo. O culto externo nem sempre favorece a luz da revelação. A teologia, na maior parte das vezes, é o museu do Evangelho.

Urge, pois, em todas as circunstâncias, não olvidar aquele que auxiliou romanos e judeus, atendendo ao povo e respeitando as autoridades, dando a César o que era de César e a Deus, o que é de Deus, ensinando, porém, que o seu reino ainda não é deste mundo.

(*Coletânea do além*. Ed. LAKE. Cap. "Jesus e César")

Ele lhe disse: Amarás [o] Senhor teu Deus com todo o teu coração, com toda a tua alma, e com toda a tua mente.

Mateus 22:37

Na execução da divina Lei

Amemos a Deus sobre todas as cousas, procurando-lhe o reino do Amor, em cuja edificação devemos contribuir.

Auxiliemos ao próximo, tanto quanto desejamos ser auxiliados.

Cumpramos, de boa vontade os deveres de cada dia.

Honremos os familiares amparando-os, quanto nos seja possível.

Procuremos não prejudicar a ninguém.

Trabalhemos com alegria servindo a todos, em favor de nós mesmos.

Desculpemos a faltas alheias, compreendendo quanto temos errado por nossa vez.

Não cobicemos dos outros senão as virtudes e as qualidades respeitáveis que nos compete imitar na experiência comum.

Busquemos não realizar despesas além das nossas possibilidades, ainda mesmo que essa medida nos custe sacrifícios ingentes.

Conservemos a saúde, através de hábitos dignos, espalhando, em torno de nós, a alegria e a fé, o otimismo e a confiança.

Não nos cansemos de aprender, entendendo que o progresso da alma é infinito, no espaço e no tempo.

Vivamos cada dia as bênçãos do serviço e do estudo, da prática do bem e do concurso fraterno, com paciência e compreensão, à frente de todas as situações, de todas as pessoas e de todas as cousas, na certeza de que poderemos ser convidados à prestação de contas da própria vida, a qualquer momento, e assim estaremos habilitados a viver diante do Senhor e diante das criaturas, cumprindo fielmente a divina Lei.

(*Assim vencerás*. Ed. IDEAL. Cap. 13)

O segundo, semelhante a este: Amarás o teu próximo como a ti mesmo.

Mateus
22:39

A regra áurea

Incontestavelmente, muitos séculos antes da vinda do Cristo já era ensinada no mundo a Regra áurea, trazida por embaixadores de sua sabedoria e misericórdia. Importa esclarecer, todavia, que semelhante princípio era transmitido com maior ou menor exemplificação de seus expositores.

Diziam os gregos: "Não façais ao próximo o que não desejais receber dele".

Afirmavam os persas: "Fazei como quereis que se vos faça".

Declaravam os chineses: "O que não desejais para vós, não façais a outrem".

Recomendavam os egípcios: "Deixai passar aquele que fez aos outros o que desejava para si".

Doutrinavam os hebreus: "O que não quiserdes para vós, não desejeis para o próximo".

Insistiam os romanos: "A lei gravada nos corações humanos é amar os membros da sociedade como a si mesmo".

Na Antiguidade, todos os povos receberam a lei de ouro da magnanimidade do Cristo. Profetas, administradores, juízes e filósofos, porém, procederam como instrumentos mais ou menos identificados com a inspiração dos planos mais altos da vida. Suas figuras apagaram-se no recinto dos templos iniciáticos ou confundiram-se na tela do tempo em vista de seus testemunhos fragmentários.

Com o Mestre, todavia, a Regra áurea é a novidade divina, porque Jesus a ensinou e exemplificou, não com virtudes parciais, mas em plenitude de trabalho, abnegação e amor, à claridade das praças públicas, revelando-se aos olhos da Humanidade inteira.

(*Caminho, verdade e vida*. FEB Editora. Cap. 41)

Tempo da regra áurea

Faremos hoje o bem a que aspiramos receber.

Alimentaremos para com os semelhantes os sentimentos que esperamos alimentem eles para conosco.

Pensaremos acerca do próximo somente aquilo que estimamos pense o próximo quanto a nós.

Falaremos as palavras que gostaríamos de ouvir.

Retificaremos em nós tudo o que nos desagrade nos outros.

Respeitaremos a tarefa do companheiro como aguardamos respeito para a responsabilidade que nos pesa nos ombros.

Consideraremos o tempo, o trabalho, a opinião e a família do vizinho tão preciosos quanto os nossos.

Auxiliaremos sem perguntar, lembrando como ficamos felizes ao sermos auxiliados sem que nos dirijam perguntas.

Amparemos as vítimas do mal com a bondade que contamos receber em nossas quedas, sem estimular o mal e sem esquecer a fidelidade à prática do bem.

Trabalharemos e serviremos nos moldes que reclamamos do esforço alheio.

Desculparemos incondicionalmente as ofensas que nos sejam endereçadas no mesmo padrão de confiança dentro do qual aguardamos as desculpas daqueles a quem porventura tenhamos ofendido.

Conservaremos o nosso dever em linha reta e nobre, tanto quanto desejamos retidão e limpeza nas obrigações daqueles que nos cercam.

Usaremos paciência e sinceridade para com os nossos irmãos, na medida com que esperamos de todos eles paciência e sinceridade, junto de nós.

Faremos, enfim, aos outros o que desejamos que os outros nos façam.

Para que o amor não enlouqueça em paixão e para que a justiça não se desmande em despotismo, agiremos persuadidos de que o tempo da regra áurea, em todas as situações, agora ou no futuro, será sempre hoje.

(*Opinião espírita*. Ed. Boa Nova. Cap. 52)

O próximo[163]

O próximo, em cada minuto, é aquele coração que se acha mais próximo do nosso, por divina sugestão de amor, no caminho da vida.

No lar, é a esposa e o esposo, os pais e os filhos, os parentes e os hóspedes.

---

[163] Nota da equipe organizadora: Texto publicado em: *Assim vencerás*. Ed. IDEAL. Cap. 3, com pequenas alterações; *Brasil Espírita*, jul. 1961, p. 3.

No templo do trabalho comum, é o chefe e o subordinado, o cooperador e o companheiro.

Na via pública, é o irmão ou o amigo anônimo que partilham conosco a mesma estrada e o mesmo clima.

Na esfera social, é a criança e o doente, o desesperado e o triste, as afeições e os laços da solidariedade comum.

Na luta contundente do esforço humano, é o adversário e o colaborador, o inimigo declarado ou oculto ou, ainda, o associado de ideais que simbolizam nossos instrutores.

Em toda parte, encontrarás o próximo, buscando-te a capacidade de entender e de ajudar.

Auxilia-o com aquilo que possuas de melhor.

Os santos e os heróis ainda não residem na Terra. Somos Espíritos humanos, mistos de luz e sombra, amor e egoísmo, inteligência e ignorância.

Cada homem, na fase evolutiva em que nos encontramos, traz uma coroa incompleta de rei e uma espada de tirano.

Se chamas o fidalgo, encontrarás um servidor...

Se procuras o guerreiro, terás um inimigo feroz pela frente...

Por isso mesmo, reafirmou Jesus o velho ensinamento da Lei — "ama o próximo, como a ti mesmo..."

É que o Espírito, quando ama verdadeiramente, encontra mil meios de auxiliar, cada instante, e o próximo, na essência, é o degrau que surge diante do nosso coração, por abençoado caminho de acesso à Glória celestial.

(*Reformador*, abr. 1954, p. 86)

Ai de vós, escribas e fariseus, hipócritas [...].

Mateus
23:23

Indignação

Cristo nunca examinou o campo de seu apostolado, cruzando os braços com ternura doentia.

Numerosos crentes preferem a filosofia acomodatícia do "Deus faz tudo", olvidando que devemos fazer o que esteja ao nosso alcance.

Ser cristão não é dilatar a tolerância com o mal, a começar de nós mesmos.

A indignação contra os prejuízos da alma deve caracterizar os sinceros discípulos do Evangelho.

Jesus indignou-se contra a hipocrisia de sua época, contra a insegurança dos companheiros, contra os mercadores do Templo.

Como protótipo da virtude, o Mestre nos ensina a indignarmo-nos.

Suas reações nobres verificam-se sempre, quando estavam em jogo os interesses dos outros, o bem estar e a clareza de dever dos semelhantes.

Quando se tratava de sua personalidade divina, que pedia Cristo para si?

Que disputou para si mesmo no apostolado?

A voz divina que se levantou com enérgica majestade no Templo para exortar os vendilhões era doce e humilde no dia do Calvário.

Para os outros trouxe a salvação, o júbilo e a vida, defendendo-lhes o interesse sagrado com energia poderosa, para Ele preferiu a cruz e a coroa de espinhos.

Na nossa indignação, desse modo, é sempre útil saber o que precisamos para nós "e o que desejamos para os outros".

(*Luz no caminho*. Ed. Cultura Espírita União. Cap. "Indignação")

Em resposta, Jesus lhes disse: Vede que ninguém vos engane!

Mateus
24:4

Exterior e conteúdo

Forçoso distinguir sempre o exterior do conteúdo.
Exterior atende à informação e ao revestimento.
Conteúdo, porém, é substância e vida.
Exterior, em muitas ocasiões, afeta unicamente os olhos.
Conteúdo alcança a reflexão.
Simples lições de cousas aclaram-nos o asserto.
A casa impressiona pelo feitio. O interior, contudo, é que lhe decide o aproveitamento.
A máquina atrai pelo tipo. A engrenagem, todavia, é que lhe revela a função.
Exterior consegue enganar.
Um frasco indicando medicamento é capaz de trazer corrosivo.
Uma bolsa aparentemente inofensiva pode encerrar uma bomba.
Conteúdo, entretanto, fala por si.
A essência disso ou daquilo é ou não é.
Imperioso considerar ainda que todas as aquisições, conhecidas por fora, somente denotam valor real se filtradas por dentro.
Cultura é patrimônio incorruptível, no entanto, apenas vale para a vida, no exemplo de trabalho daquele que a possui.
Título profissional tem o crédito apreciado pelo bem que realiza.
Teoria de elevação não vai sem a prática.
Música é avaliada na execução.
Atendamos, pois, às definições espíritas, que nos traçam deveres imprescritíveis, confessando-nos espíritas e abraçando atitudes espíritas, mas sem esquecer que Espiritismo, na esfera de nossas vidas, em tudo e por tudo, é renovação moral.

(*Livro da esperança.* Ed. Comunhão Espírita Cristã. Cap. 72)

Pois muitos virão em meu nome dizendo: Eu sou o Cristo; e enganarão a muitos.

Mateus
24:5

Ler e estudar[164]

Ler, sim, e ler sempre, mas saber o que lemos.

Isso é o mesmo que reconhecer o impositivo da alimentação física, na qual todas as criaturas de bom senso atendem à seleção necessária.

Ninguém adquire gêneros deteriorados para a formação dos pratos que consome.

Pessoa alguma compra pastéis de lodo para serviço à mesa.

Estudar, sim, e estudar sempre, mas saber o que estudamos.

Isso é o mesmo que reconhecer o impositivo da instrução, na qual todas as criaturas de bom senso atendem ao critério preciso.

Ninguém adquire páginas dissolutas para fortalecer o caráter.

Pessoa alguma compra gravuras pornográficas para conhecer o alfabeto.

O homem filtra a água, efetua os prodígios da assepsia, imuniza produtos do mercado popular e vacina-se contra moléstias contagiosas; no entanto, por mais levante os princípios de controle da imprensa, encontra, a cada passo, reportagens sanguinolentas e livros enfermiços, nos quais o vício e a criminalidade frequentemente compareçem, disfarçados em belas palavras, semelhando cristais de alto preço, carreando veneno.

Assevera o apóstolo Paulo, em sua primeira carta aos tessalonicenses: "examinai tudo e retende o bem".

A sábia sentença, decerto, menciona tudo o que pode e deve ser geralmente anotado, de vez que o meio microbiano, para efeitos científicos, se reserva ao exame de técnicos que, aliás, o fazem, munidos de luva conveniente.

Leiamos e estudemos, sim, quanto nos seja possível, honrando o trabalho dos escritores de pensamento limpo e nobre que nos restaurem as forças e nos amparem a vida, mas evitemos as páginas em que a loucura e a delinquência se estampam, muitas vezes, através de alucinações fraseológicas de superfície deleitosa e brilhante, porquanto, buscar-lhes o convívio, equivale a absorver corrosivo mental ou perder tempo.

(*Reformador*, maio 1963, p. 115)

---

[164] Nota da equipe organizadora: Texto publicado em *Livro da esperança*. Ed. Comunhão Espírita Cristã. Cap. 74.

Mas quem perseverar até ao fim, esse será salvo.

Mateus
24:13

Até ao fim

Aqui não vemos Jesus referir-se a um fim que simbolize término, e sim à finalidade, ao alvo, ao objetivo.

O Evangelho será pregado aos povos para que as criaturas compreendam e alcancem os fins superiores da vida.

Eis por que apenas conseguem quebrar o casulo da condição de animalidade aqueles Espíritos encarnados que sabem perseverar.

Quando o Mestre louvou a persistência, evidenciava a tarefa árdua dos que procuram as excelências do caminho espiritual.

É necessário apagar as falsas noções de favores gratuitos da Divindade.

Ninguém se furtará, impune, à percentagem de esforço que lhe cabe na obra de aperfeiçoamento próprio.

As portas do Céu permanecem abertas. Nunca foram cerradas. Todavia, para que o homem se eleve até lá, precisa asas de amor e sabedoria. Para isto, concede o supremo Senhor extensa cópia do material de misericórdia a todas as criaturas, conferindo, entretanto, a cada um o dever de talhá-las. Semelhante tarefa, porém, demanda enorme esforço. A fim de concluí-la, recruta-se a contribuição dos dias e das existências. Muita gente se desanima e prefere estacionar, séculos a fio, nos labirintos da inferioridade; todavia, os bons trabalhadores sabem perseverar, até atingirem as finalidades divinas do caminho terrestre, continuando em trajetória sublime para a perfeição.

(*Pão nosso*. FEB Editora. Cap. 36)

[...] quem estiver lendo compreenda.

Quem lê, atenda

Mateus
24:15

Assim como as criaturas, em geral, converteram as produções sagradas da Terra em objeto de perversão dos sentidos, movimento análogo se verifica no mundo, com referência aos frutos do pensamento.

Frequentemente as mais santas leituras são tomadas à conta de tempero emotivo, destinado às sensações renovadas que condigam com o recreio pernicioso ou com a indiferença pelas obrigações mais justas.

Raríssimos são os leitores que buscam a realidade da vida.

O próprio Evangelho tem sido para os imprevidentes e levianos vasto campo de observações pouco dignas.

Quantos olhos passam por ele, apressados e inquietos, anotando deficiências da letra ou catalogando possíveis equívocos, a fim de espalharem sensacionalismo e perturbação? Alinham, com avidez, as contradições aparentes e tocam a malbaratar, com enorme desprezo pelo trabalho alheio, as plantas tenras e dadivosas da fé renovadora.

A recomendação de Jesus, no entanto, é infinitamente expressiva.

É razoável que a leitura do homem ignorante e animalizado represente conjunto de ignominiosas brincadeiras, mas o espírito de religiosidade precisa penetrar a leitura séria, com real atitude de elevação.

O problema do discípulo do Evangelho não é o de ler para alcançar novidades emotivas ou conhecer a Escritura para transformá-la em arena de esgrima intelectual, mas, o de ler para atender a Deus, cumprindo-lhe a divina Vontade.

(*Vinha de luz*. FEB Editora. Cap. 1)

Então, os [que estiverem] na Judeia fujam para os montes.

Mateus
24:16

Para os montes

Referindo-se aos instantes dolorosos que assinalariam a renovação planetária, aconselhou o Mestre aos que estivessem na Judeia procurar os montes. A advertência é profunda, porque, pelo termo "Judeia", devemos tomar a "região espiritual" de quantos, pelas aspirações íntimas, se aproximem do Mestre para a suprema iluminação.

E a atualidade da Terra é dos mais fortes quadros nesse gênero. Em todos os recantos, estabelecem-se lutas e ruínas. Venenos mortíferos são inoculados pela política inconsciente nas massas populares. A baixada está repleta de nevoeiros tremendos. Os lugares santos permanecem cheios de trevas abomináveis. Alguns homens caminham ao sinistro clarão de incêndios. Aduba-se o chão com sangue e lágrimas, para a semeadura do porvir.

É chegado o instante de se retirarem os que permanecem na Judeia para os "montes" das ideias superiores. É indispensável manter-se o discípulo do bem nas alturas espirituais, sem abandonar a cooperação elevada que o Senhor exemplificou na Terra; que aí consolide a sua posição de colaborador fiel, invencível na paz e na esperança, convicto de que, após a passagem dos homens da perturbação, portadores de destroços e lágrimas, são os filhos do trabalho que semeiam a alegria, de novo, e reconstroem o edifício da vida.

(Caminho, verdade e vida. FEB Editora. Cap. 140)

Orai para que a vossa fuga não aconteça no inverno nem no sábado.

Mateus
24:20

A fuga

A permanência nos círculos mais baixos da natureza institui para a alma um segundo modo de ser, em que a viciação se faz obsidente e imperiosa. Para que alguém se retire de semelhantes charcos do espírito é imprescindível que fuja.

Raramente, porém, a vítima conseguirá libertar-se, sem a disciplina de si mesma.

Muita vez, é preciso violentar o próprio coração. Somente assim demandará novos planos.

Justo, pois, recorrer à imagem do Mestre, quando se reportou ao planeta em geral, salientando as necessidades do indivíduo.

É conveniente a todo aprendiz a fuga proveitosa da região lodacenta da vida, enquanto não chega o "inverno" ou os derradeiros recursos de tempo, recebidos para o serviço humano.

Cada homem possui, com a existência, uma série de estações e uma relação de dias, estruturada em precioso cálculo de probabilidades. Razoável se torna que o trabalhador aproveite a primavera da mocidade, o verão das forças físicas e o outono da reflexão, para a grande viagem do inferior para o superior; entretanto, a maioria aguarda o inverno da velhice ou do sofrimento irremediável na Terra, quando o ensejo de trabalho está findo.

As possibilidades para determinada experiência jazem esgotadas. Não é o fim da vida, mas o termo de preciosa concessão. E, naturalmente, o servidor descuidado, que deixou para sábado o trabalho que deveria executar na segunda-feira, será obrigado a recapitular a tarefa, sabe Deus quando!

(*Vinha de luz*. FEB Editora. Cap. 113)

Onde estiver o cadáver, lá se reunirão os abutres.

Mateus
24:28

Cadáveres

Apresentando a imagem do cadáver e das águias, referia-se o Mestre à necessidade dos homens penitentes, que precisam recursos de combate à extinção das sombras em que se mergulham.

Não se elimina o pântano, atirando-lhe flores.

Os corpos apodrecidos no campo atraem corvos que os devoram.

Essa figura, de alta significação simbológica, é dos mais fortes apelos do Senhor, conclamando os servidores do Evangelho aos movimentos do trabalho santificante.

Em vários círculos do Cristianismo renascente surgem os que se queixam, desalentados, da ação de perseguidores, obsessores e verdugos visíveis e invisíveis. Alguns aprendizes se declaram atados à influência deles e confessam-se incapazes de atender aos desígnios de Jesus.

Conviria, porém, muita ponderação antes de afirmativas desse jaez, que apenas acusam os próprios autores.

É imprescindível lembrar sempre que as aves impiedosas se ajuntarão em torno de cadáveres ao abandono.

Os corvos se aninham noutras regiões, quando se alimpa o campo em que permaneciam.

Um homem que se afirma invariavelmente infeliz fornece a impressão de que respira num sepulcro; todavia, quando procura renovar o próprio caminho, as aves escuras da tristeza negativa se afastam para mais longe.

Luta contra os cadáveres de qualquer natureza que se abriguem em teu mundo interior. Deixa que o divino sol da espiritualidade te penetre, pois, enquanto fores ataúde de coisas mortas, serás seguido, de perto, pelas águias da destruição.

(*Pão nosso.* FEB Editora. Cap. 32)

Portanto, vigiai, porque não sabeis em qual dia vem o vosso Senhor.

Mateus
24:42

Vigilância

Ninguém alegue o título de aprendiz de Jesus para furtar-se ao serviço ativo na luta do bem contra o mal, da luz contra a sombra.

A determinação de vigilância partiu dos próprios lábios do Mestre divino. Como é possível preservar algum patrimônio precioso sem vigiá-lo atentamente? O homem de consciência retilínea, em todas as épocas, será obrigado a participar do esforço de conservação, dilatação e defesa do bem.

É verdade indiscutível que marchamos todos para a fraternidade universal, para a realização concreta dos ensinamentos cristãos; todavia, enquanto não atingirmos a época em que o Evangelho se materializará na Terra, não será justo entregar ao mal, à desordem ou à perturbação a parte de serviço que nos compete.

Para defender-se de intempéries, de rigores climáticos, o homem edificou o lar e vestiu-se convenientemente.

Semelhante lei de preservação vigora em toda esfera de trabalho no mundo. As coletividades exigem instituições que lhes garantam o bem-estar e o trabalho digno, sem aflições de cativeiro. As nações requerem "casas" de princípios nobilitantes, em que se refugiem contra as tormentas da ignorância ou da agressividade, do desespero ou da decadência.

E no serviço de construção cristã do mundo futuro, é indispensável vigiar o campo que nos compete.

O apostolado é de Jesus; a obra pertence-lhe. Ele virá, no momento oportuno, a todos os departamentos de serviço, orientando as particularidades do ministério de purificação e sublimação da vida, contudo, ninguém se esqueça de que o Senhor não prescinde da colaboração de sentinelas.

(*Vinha de luz*. FEB Editora. Cap. 132)

Bem-aventurado aquele servo que o Senhor, quando vier, o encontrar fazendo assim.

Mateus
24:46

No burilamento íntimo

Suspiramos por burilamento pessoal; entretanto, para atingi-lo, urge não esquecer as disciplinas que lhe antecedem a formação.

À vista disso, recordemos que a essência da educação reside nas diretrizes de vida superior que adotamos para nós mesmos.

Daí, o impositivo de cultivar-se o hábito:

De ser fiel ao desempenho dos próprios deveres;

De fazer o melhor que pudermos, no setor de ação em que a vida nos situe;

De auxiliar a outrem, sem expectativa de recompensa;

De aperfeiçoar as palavras que nos escapem da boca;

De desculpar incondicionalmente quaisquer ofensas;

De nunca prejudicar a quem quer que seja;

De buscar a "boa parte" das situações e das pessoas, olvidando tudo o que tome a feição de calamidade ou de sombra;

De procurar o bem com a disposição de realizá-lo;

De nunca desesperar;

De que os outros, sejam quais forem, são nossos irmãos e filhos de Deus, constituindo conosco a família da Humanidade.

Para isso, é forçoso lembrar, sobretudo, que a alavanca da sustentação dos hábitos enobrecedores está em nós e somente vale se manejada por nós.

(*Ceifa de luz*. FEB Editora. Cap. 55)

Pois [será] como um homem que, ausentando-se [do seu país], chamou seus próprios servos e entregou-lhes seus bens.

Mateus
25:14

Moeda e trabalho

Se muitos corações jazem petrificados na Terra, em azinhavre de sovinice, fujamos de atribuir ao dinheiro semelhantes calamidades.

Condenar a fortuna pelos desastres de avareza, seria o mesmo que espancar o automóvel pelos abusos do motorista.

O fogo é companheiro do homem, desde a aurora da razão, e porque surjam, de vez em vez, incêndios arrasadores, ninguém reclamará do mundo o disparate de suprimi-lo.

Os anestésicos são preciosos auxiliares de socorro à saúde humana, mas se existem criaturas que fazem deles instrumentos do vício, ninguém rogará da ciência essa ou aquela medida que lhes objetive a destruição.

A moeda, em qualquer forma é agente neutro de trabalho, pedindo instrução que a dirija.

Dirás provavelmente que o dinheiro levantou os precipícios dourados da vida moderna, onde algumas inteligências se tresmalharam na loucura ou no crime, comprando inércia e arrependimento a peso de ouro, contudo é preciso lembrar as fábricas e instituições beneméritas que ele garante, ofertando salário digno a milhões de pessoas.

É possível acredites seja ele o responsável por alguns homens e mulheres de bolsa opulenta, que espantam o próprio tédio, de país em país, à feição de doentes ilustres, exibindo extravagâncias na imprensa internacional, entretanto é forçoso reconhecer os milhões de cientistas e professores, industriais e obreiros do progresso que a riqueza nobremente administrada sustenta em todas as direções.

A divina Providência suscita amor ao coração do homem e o homem substancializa a caridade, metamorfoseando o dinheiro em pão que extingue a fome.

A eterna Sabedoria inspira educação ao cérebro do homem e o homem ergue a escola, transfigurando o dinheiro em clarão espiritual que varre as trevas.

Não censures a moeda que será sempre alimento da evolução.

Reflete nos benefícios que ela pode trazer.

Ainda assim, para que lhe apreendas todo o valor, se queres fazer o bem, não exijas, para isso, o dinheiro que permanece na contabilidade moral dos outros. Mobiliza os recursos que a infinita Bondade te situa retamente nas mãos e, ainda hoje, nalgum recanto de viela perdida, ao ofertares um caldo reconfortante às mães infortunadas que o mundo esqueceu, perceberás que o dinheiro, convertido em cântico fraterno, te fará ouvir a palavra de luz da própria gratidão, em prece jubilosa.

"Deus te ampare e abençoe".

(*Livro da esperança*. Ed. Comunhão Espírita Cristã. Cap. 46)

O talento celeste[165]

Nem sempre contamos com o dinheiro necessário ao socorro fraterno na luta material.

Nem sempre dispomos de valores culturais suficientes para o acesso à solução dos mais altos enigmas da vida.

Nem sempre possuímos recursos sociais avançados de modo a estender influências e cooperar, de imediato, em realizações de vulto.

Nem sempre conseguimos entesourar bastante saúde física para mobilizar o corpo terrestre, no rumo dos serviços que desejaríamos executar sem detença.

Mas ninguém vive deserdado da riqueza das horas para consagrar-se ao bem.

O tempo, no fundo, é o talento celeste que o supremo Senhor derramou, a mancheias, em todas as direções e em favor de todas as criaturas.

Se dispões de uma hora, não lhe percas o sublime valor substancial.

Com ela, é possível a obtenção de novos ensinamentos, o cultivo da fraternidade, a bênção do consolo ao irmão que padece nos braços constringentes da enfermidade, a conversação sadia que ajuda ao próximo necessitado, a escrituração de uma carta amiga e edificante, a plantação de algumas árvores preciosas que, mais tarde, oferecer-te-ão asilo seguro...

Não desperdices o sagrado talento dos minutos, comprando com ele as amarguras da crueldade, os remorsos do crime, as aflições da maledicência ou as espinhosas sementes da leviandade...

---

[165] Nota da equipe organizadora: Texto publicado em *Moradias de luz*. Ed. Cultura Espírita União. Cap. "O talento celeste", com pequenas alterações.

Muita gente exige do mundo valiosos cabedais de felicidade, aguardando castelos de abastança e de alegria, mas não se anima a gastar uma simples hora na construção dos alicerces indispensáveis à paz da própria existência.

Não te demores na furna envenenada do tempo perdido...

Não esperes pelo dinheiro ou pelo título acadêmico, pelo poder pessoal ou pelas disposições físicas favoráveis para empreenderes a gloriosa romagem de elevação.

O Céu para nós começa na Terra.

Iniciemo-nos na escalada divina.

Uma frase de compreensão, um sorriso afetuoso, uma prece ou um pensamento de auxílio podem ser os primeiros passos na direção do paraíso que intentamos atingir.

Não nos esqueçamos, assim, do dia que passa, porque neste minuto mesmo brilha o nosso divino momento de começar a gloriosa ascensão.

(*Reformador*, mar. 1957, p. 70)

Talentos

A pobreza não é criação do Todo-Misericordioso. Ela existe somente em função da ignorância do homem que, por vezes, se arroja aos precipícios da inconformação ou da ociosidade, gerando o desequilíbrio e a penúria.

Há talentos do Senhor distribuídos por todas as criaturas, em toda parte.

Observa os elementos de trabalho que a vida te conferiu e não te esqueças de que a única fonte de origem e de sustentação da riqueza legítima é sempre o trabalho.

O ouro é talento com que se pode ampliar o progresso.

O apuro da inteligência é recurso de extensão da cultura.

A escassez é o processo da aquisição de nobres qualidades para quem aprende a servir.

A alegria é fonte de estímulo.

A dor para quem se consagra à aceitação construtiva, é capaz de se transformar em manancial de humildade.

Cada qual de nós recebe na herança congênita do pretérito, as possibilidades de serviço que nos caracterizam as tendências no mundo, de acordo com os méritos e necessidades que apresentemos.

Em razão disso, é indispensável saibamos aproveitar o tempo, qual deve o tempo ser utilizado, de vez que os dias correm sobre os dias, até que o Senhor nos tome conta dos créditos, que generosamente nos emprestou.

Usa a compreensão para que a fortuna terrestre te não prenda nas teias da sovinice e para que a carência de ordem material não te encarcere nas labaredas da rebeldia.

A abastança que se desmanda no egoísmo e a provação que se perde na delinquência encontram-se, desamparadas por si mesmas, nas veredas do mundo.

Derrama o tesouro de amor que o Pai celestial te situou no coração, através das bênçãos de fraternidade e simpatia, bondade e esperança para com os semelhantes e, em qualquer grupo social no qual te vejas, serás, invariavelmente, a criatura realmente feliz, sob as bênçãos da Terra e dos Céus.

(*Dinheiro*. Ed. IDE. Cap. "Talentos")

O talento esquecido

No mercado da vida, observamos os talentos da Providência divina fulgurando na experiência humana, dentro das mais variadas expressões. Talentos da riqueza material, da intelectualidade brilhante, da beleza física, dos sonhos juvenis, dos louros mundanos, da glória social e doméstica, do poder e da popularidade...

Alinham-se, à maneira de joias grandes e pequenas, agradáveis e preciosas, estabelecendo concorrência avançada entre aqueles que as procuram.

Há, porém, um talento de luz acessível a todos. Brilha entre ricos e pobres, cultos e incultos. Aparece em toda parte. Salienta-se em todos os ângulos da luta. Destaca-se em todos os climas e sugere engrandecimento em todos os lugares.

É o talento da oportunidade, sempre valioso e sempre o mesmo, na corrente viva e incessante das horas.

É o desejo de doar um pensamento mais nobre ao círculo da maledicência, de fortalecer com um sorriso o ânimo abatido do companheiro desesperado, de alinhavar uma frase amiga que ajude o mau a sentir-se menos duro e que auxilie o bom a revelar-se sempre melhor, de prestar um serviço insignificante ao vizinho, plantando o pomar sublime da gratidão e da amizade, de cultivar algum trato anônimo de solo, onde o arvoredo de amanhã fale sem palavras de nossas elevadas intenções.

Acima de todos os dons, permanece o tesouro do tempo.

Com as horas os santos construíram a santidade e os sábios amealharam a sabedoria...

É com o talento esquecido das horas que edificaremos o nosso caminho, no rumo da Espiritualidade superior, na aplicação silenciosa com o Mestre que, atendendo compassivamente às necessidades de todos os aprendizes, prometeu, com amor, não somente demorar-se conosco até ao fim dos séculos terrestres, mas também asseverou, com justiça, que receberemos individualmente na vida, de acordo com as nossas obras.

(*Reformador*, dez. 1954, p. 287)

A um deu cinco talentos; a outro, dois; e a outro, um; a cada um segundo sua própria capacidade [...]

Mateus
25:15

Melhorar para progredir[166]

Melhorar para progredir — eis a senha da evolução.

Passa o rio dos dons divinos em todos os continentes da vida, contudo, cada ser lhe recolhe as águas, segundo o recipiente de que se faz portador.

Não olvides que os talentos de Deus são iguais para todos, competindo a nós outros a solução do problema alusivo à capacidade de recebê-los.

Não te percas, desse modo, na lamentação indébita.

Uma hora anulada na queixa é vasto patrimônio perdido no preparo da justa habilitação para a meta a alcançar.

Muitos suspiram por tarefas de amor, confiando-se à aversão e à discórdia, enquanto que muitos outros sonham servir à luz, sustentando-se nas trevas da ociosidade e da ignorância.

A alegria e o fulgor dos cimos jazem abertos a todos aqueles que se disponham à jornada da ascensão.

Se te afeiçoas, assim, aos ideais de aprimoramento e progresso, não te afastes do trabalho que renova, do estudo que aperfeiçoa, do perdão que ilumina, do sacrifício que enobrece e da bondade que santifica...

Lembra-te de que o Senhor nos concede tudo aquilo de que necessitamos para comungar-lhe a glória divina, entretanto, não te esqueças de que as dádivas do Criador se fixam, nos seres da Criação, conforme a capacidade de cada um.

(*Reformador*, fev. 1957, p. 28)

---

[166] Nota da equipe organizadora: Texto publicado em *Palavras de vida eterna*. Ed. Comunhão Espírita Cristã. Cap. 7.

Disse-lhe o seu senhor: Excelente, servo bom e fiel, foste fiel sobre pouco, sobre muito te constituirei. [...]

Mateus 25:23

Dinheiro, o servidor[167]

O dinheiro é semelhante à alavanca suscetível de ser manejada para o bem ou para o mal.

Acorrentado ao poste da avareza, produz o azinhavre da sovinice; contudo, sob a inspiração do trabalho, é o lidador fiel que assegura os frutos do milharal e as paredes da escola, a cantiga do malho e a força da usina.

Atrelado ao carro do orgulho, é o estimulante do erro, mas, na luz da fraternidade, é o obreiro da renovação incessante, enriquecendo o solo e construindo a cidade, desdobrando os fios do entendimento e garantindo os valores da educação.

Aferrolhado no cofre da ambição desvairada, é o inimigo da evolução; todavia, endereçado à cultura, é o agente do progresso, auxiliando o homem a solucionar os enigmas da enfermidade e a resolver os problemas da fome, a compreender os mecanismos da Natureza e a inflamar o esplendor da civilização que analisa a terra e vasculha o firmamento.

Detido na sombra do egoísmo, é o veneno que promove a secura do sentimento; no entanto, confiado à caridade, é o amigo prestimoso que desabotoa rosas de alegria no espinheiral da provação, alimentando pequeninos desamparados e sustentando mães esquecidas, levantando almas abatidas que o infortúnio alanceia e iluminando lares desditosos que a necessidade escurece.

Dinheiro! Repara o dinheiro! Dizem que ele é o responsável pelo transeunte que a embriaguez atira à calçada, pelo delinquente escondido nas aventuras da noite, pelo irmão infeliz que anestesiou a consciência na cocaína e pela mão insensível que matou a criancinha no claustro materno; entretanto, por trás da garrafa e da arma delituosa, tanto quanto na retaguarda do entorpecente e do aborto, permanece a inteligência humana, que escraviza a moeda à criminalidade e à loucura.

Contempla o dinheiro, pensando no suor e no sangue, na vigília e na aflição de todos aqueles que choraram e sofreram para ganhá-lo, e vê-lo-ás por servidor da felicidade e do aprimoramento do mundo, a rogar em silêncio para que lhe ensines a realizar o bem que lhe cabe fazer.

(*Reformador*, jan. 1963, p. 13)

---

[167] Nota da equipe organizadora: Texto publicado em *Livro da esperança*. Ed. Comunhão Espírita Cristã. Cap. 44, com pequenas alterações.

Temendo, fui e escondi o teu talento na terra. [...]

Mateus
25:25

Tendo medo[168]

Na Parábola dos Talentos, o servo negligente atribui ao medo a causa do insucesso em que se infelicita.

Recebera mais reduzidas possibilidades de ganho.

Contara apenas com um talento e temera lutar para valorizá-lo.

Quanto aconteceu ao servidor invigilante da narrativa evangélica, há muitas pessoas que se acusam pobres de recursos para transitar no mundo como desejariam. E recolhem-se à ociosidade, alegando o medo da ação.

Medo de trabalhar.

Medo de servir.

Medo de fazer amigos.

Medo de desapontar.

Medo de sofrer.

Medo da incompreensão.

Medo da alegria.

Medo da dor.

E alcançam o fim do corpo, como sensitivas humanas, sem o mínimo esforço para enriquecer a existência.

Na vida, agarram-se ao medo da morte.

Na morte, confessam o medo da vida.

E, a pretexto de serem menos favorecidos pelo destino, transformam-se, gradativamente, em campeões da inutilidade e da preguiça.

Se recebeste, pois, mais rude tarefa no mundo, não te atemorizes à frente dos outros e faze dela o teu caminho de progresso e renovação. Por mais sombria seja a estrada a que foste conduzido pelas circunstâncias, enriquece-a com a luz do teu esforço no bem, porque o medo não serviu como justificativa aceitável no acerto de contas entre o servo e o Senhor.

(*Fonte viva.* FEB Editora. Cap. 132)

---

[168] Nota da equipe organizadora: Texto publicado em *Relicário de luz*. FEB Editora. Cap. "Tendo medo". com pequenas alterações.

[...] Amém vos digo [que] na medida em que fizestes a um destes meus irmãos, mais pequeninos, a mim o fizestes.

Mateus
25:40

Atendamos ao bem

Não só pelas palavras, que podem simbolizar folhas brilhantes sobre um tronco estéril.

Não só pelo ato de crer, que, por vezes, não passa de êxtase inoperante.

Não só pelos títulos, que, em muitas ocasiões, constituem possibilidades de acesso aos abusos.

Não só pelas afirmações de fé, porque, em muitos casos, as frases sonoras são gritos da alma vazia.

Não nos esqueçamos do "fazer".

A ligação com o Cristo, a comunhão com a divina Luz, não dependem do modo de interpretar as revelações do Céu.

Em todas as circunstâncias do seu apostolado de amor, Jesus procurou buscar a atenção das criaturas, não para a forma do pensamento religioso, mas para a bondade humana.

A Boa-Nova não prometia a paz da vida superior aos que calejassem os joelhos nas penitências incompreensíveis, aos que especulassem sobre a natureza de Deus, que discutissem as coisas do Céu por antecipação, ou que simplesmente pregassem as verdades eternas, mas exaltou a posição sublime de todos os que disseminassem o amor, em nome do Todo-Misericordioso.

Jesus não se comprometeu com os que combatessem em seu nome, com os que humilhassem os outros a pretexto de glorificá-lo, ou com os que lhe oferecessem culto espetacular em templos de ouro e pedra, mas sim afirmou que o menor gesto de bondade, dispensado em seu nome, será sempre considerado, no Alto, como oferenda de amor endereçada a Ele próprio.

(*Fonte viva*. FEB Editora. Cap. 137)

Na intimidade doméstica[169]

A história do bom samaritano, repetidamente estudada, oferece conclusões sempre novas.

O viajante compassivo encontra o ferido anônimo na estrada.

Não hesita em auxiliá-lo.

Estende-lhe as mãos.

Pensa-lhe as feridas.

Recolhe-o nos braços sem qualquer ideia de preconceito.

Condu-lo ao albergue mais próximo.

Garante-lhe a pousada.

Olvida conveniências e permanece junto dele, enquanto necessário.

Abstém-se de indagações.

Parte ao encontro do dever, assegurando-lhe a assistência com os recursos da própria bolsa, sem prescrever-lhe obrigações.

Jesus transmitiu-nos a parábola, ensinando-nos o exercício da caridade real, mas, até agora, transcorridos quase dois milênios, aplicamo-la, via de regra, às pessoas que não nos comungam o quadro particular.

Quase sempre, todavia, temos os caídos do reduto doméstico.

Não descem de Jerusalém para Jericó, mas tombam da fé para a desilusão e da alegria para a dor, espoliados nas melhores esperanças, em rudes experiências.

Quantas vezes surpreendemos as vítimas da obsessão e do erro, da tristeza e da provação, dentro de casa!

Julgamos, assim, que a parábola do bom samaritano produzirá também efeitos admiráveis, toda vez que nos decidirmos a usá-la, na vida íntima, compreendendo e auxiliando os vizinhos e companheiros, parentes e amigos, sem nada exigir e sem nada perguntar.

(*Reformador*, jul. 1964, p. 170)

Ante a família maior

Se pode transportar as dificuldades que te afligem num corpo robusto e razoavelmente nutrido, reflete naqueles nossos irmãos da família maior que a penúria vergasta.

---

[169] Nota da equipe organizadora: Texto publicado em: *Livro da esperança*. Ed. Comunhão Espírita Cristã. Cap. 40; *Coragem*. Ed. Comunhão Espírita Cristã. Cap. 23.

Diante deles, não permitas que considerações de natureza inferior te cerrem as portas do sentimento.

Se algo possuis para dar, não atrases a obra do bem nem te baseies nas aparências para sonegar-lhes cooperação.

Aceitemo-los como sendo tutores paternais ou filhos inesquecíveis largados no mar alto da experiência terrestre e que a maré da provação nos devolve, qual se fôssemos para eles o cais da esperança.

Muitos chegam agressivos; entretanto, não julgues sejam eles especuladores da violência. Impacientaram-se na expectativa de um socorro que se lhes afigurava impossível e deixaram que a desesperação os enceguecesse.

Outros se apresentam marcados por hábitos lastimáveis; todavia, não admitas estejam na posição de escravos irresgatáveis do vício. Atravessaram longas trilhas de sombra, e, desenganados quanto à chegada de alguém que lhes fizesse luz no caminho, tombaram desprevenidos nos precipícios da margem.

Surpreendemos os que aparecem exteriormente bem-postos e aqueles que dão a ideia de criaturas destituídas de qualquer noção de higiene, mas não creias, por isso, vivam acomodados à impostura e ao relaxamento. Um a um, carregam desdita e enfermidade, tristeza e desilusão.

Não duvidamos de que existam, em alguns raros deles, orgulho e sovinice; no entanto, isso nunca sucede no tamanho e na extensão da avareza e da vaidade que se ocultam em nós, os companheiros indicados a estender-lhes as mãos.

Se rogam auxílio, não poderiam ostentar maior credencial de necessidade que a dor de pedir.

Sobretudo, convém acrescentar que nenhum deles espera possamos resolver-lhes todos os problemas cruciais do destino. Solicitam somente essa ou aquela migalha de amor, à feição do peregrino sedento que suplica um copo d'água para ganhar energia e seguir adiante.

Esse pede uma frase de bênção, aquele um sorriso de apoio, outro mendiga um gesto de brandura ou um pedaço de pão...

Abençoa-os e faze, em favor deles, quanto possas, sem te esqueceres de que o eterno Amigo nos segue os passos, em divino silêncio, após haver dito a cada um de nós, na acústica dos séculos:

"Em verdade, tudo aquilo que fizerdes ao menor dos pequeninos é a mim que o fizestes".

(*Estude e viva*. FEB Editora. Cap. 10)

[...] Porventura sou eu, Senhor?

Mateus
26:22

Perante Jesus[170]

Diante da palavra do Mestre, reportando-se ao espírito de leviandade e defecção que o cercava, os discípulos perguntaram afoitos: "Porventura sou eu, Senhor?".

E quase todos nós, analisando o gesto de Judas, incriminamo-lo em pensamento.

Por que teria tido a coragem de vender o divino Amigo por trinta moedas?

Entretanto, bastará um exame mais profundo em nós mesmos, a fim de que vejamos nossa própria negação à frente do Cristo.

Judas teria cedido à paixão política dominante, enganado pelas insinuações de grupos famintos de libertação do jugo romano... Teria imaginado que Jesus, no Sinédrio, avocaria a posição de emancipador da sua terra e da sua gente, exibindo incontestável triunfo humano...

E, apenas depois da desilusão dolorosa e terrível, teria assimilado toda a verdade!...

Mas nós?

Em quantas existências e situações tê-lo-emos vendido no altar do próprio coração, ao preço mesquinho de nosso desvairamento individual?

Nos prélios da vaidade e do orgulho...

Nas exigências do prazer egoísta...

Na tirania da opinião...

Na crueldade confessa...

Na caça da fortuna material...

Na rebeldia destruidora...

No olvido de nossos deveres...

No aviltamento de nosso próprio trabalho...

Na edificação íntima do Reino de Deus, meditemos nossos erros conscientes ou não, definindo nossas responsabilidades e débitos para com a vida, para com a Natureza e para com os semelhantes e, em todos os assuntos que se refiram à deserção perante o Cristo, teremos bastante força para desculpar as faltas do próximo, perguntando, com sinceridade, no âmago do coração: "Porventura existirá alguém mais ingrato para contigo do que eu, Senhor?".

(*Reformador*, jun. 1957, p. 138)

---

[170] Nota da equipe organizadora: Texto publicado em *Palavras de vida eterna*. Ed. Comunhão Espírita Cristã. Cap. 12.

Em resposta, disse: O que mergulhou a mão na tigela comigo, esse me entregará.

Mateus
26:23

Nos mesmos pratos

Toda ocorrência, na missão de Jesus, reveste-se de profunda expressão simbólica.

Dificilmente o ataque de estranhos poderia provocar o Calvário doloroso. Os juízes do Sinédrio, pessoalmente, não se achavam habilitados a movimentar o sinistro assunto, nem os acusadores gratuitos do Mestre poderiam, por si mesmos, efetuar o processo infamante.

Reclamava-se alguém que fraquejasse e traísse a si mesmo.

A ingratidão não é planta de campo contrário.

O infrator mais temível, em todas as boas obras, é sempre o amigo transviado, o companheiro leviano e o irmão indiferente.

Não obstante o respeito que devemos a Judas redimido, convém recordar a lição, em favor do serviço de vigilância, não somente para os discípulos em aprendizado, a fim de que não fracassem, como também para os discípulos em testemunho para que exemplifiquem com o Senhor, compreendendo, agindo e perdoando.

Nas linhas do trabalho cristão, não é demais aguardar grandes lutas e grandes provas, considerando-se, porém, que as maiores angústias não procederão de círculos adversos, mas justamente da esfera mais íntima, quando a inquietação e a revolta, a leviandade e a imprevidência penetram o coração daqueles que mais amamos.

De modo geral, a calúnia e o erro, a defecção e o fel não partem de nossos opositores declarados, mas sim daqueles que se alimentam conosco, nos mesmos pratos da vida. Conserve-se cada discípulo plenamente informado, com respeito a semelhante verdade, a fim de que saibamos imitar o Senhor nos grandes dias.

(*Vinha de luz*. FEB Editora. Cap. 104)

Depois de tomar um cálice e dar graças, deu a eles, dizendo: Bebei dele todos [vós].

Mateus
26:27

Ação de graças[171]

No mundo, as festividades gratulatórias registram invariavelmente os triunfos passageiros da experiência física.

Lautos banquetes comemoram reuniões da família consanguínea, músicas alegres assinalam o término de contendas na justiça dos homens, nas quais, muitas vezes, há vítimas ignoradas, soluçando na sombra.

Com Jesus, no entanto, vemos um ato de ação de graças que parece estranho à primeira vista.

O Mestre divino ergue hosanas ao Pai, justamente na hora em que vai partir ao encontro do sacrifício supremo.

Conhecerá desoladora solidão no Jardim das Oliveiras...

Padecerá injuriosa prisão...

Meditará na incompreensão de Judas...

Ver-se-á negado por Simão Pedro...

Experimentará o escárnio público...

Será preterido por Barrabás, o delinquente infeliz...

Sorverá fel, sob a coroa de espinhos...

Recolherá o abandono e o insulto...

Sofrerá injustificável condenação...

E receberá a morte na cruz entre dois malfeitores...

Entretanto, agradece...

É que na lógica do Senhor, acima de tudo, brilham os valores eternos do espírito.

O Cristo louva o Todo-Misericordioso pela oportunidade de completar com segurança o seu divino apostolado na Terra, rendendo graças pela confiança com que o Pai o transforma em exemplo vivo para a redenção das criaturas humanas, embora essa redenção lhe custe martírio e flagelação, suor e lágrimas.

---

[171] Nota da equipe organizadora: Texto publicado em *Palavras de vida eterna*. Ed. Comunhão Espírita Cristã. Cap. 19.

Não te percas, desse modo, em lances festivos sobre pretensas conquistas na carne que a morte confundirá hoje ou amanhã, mas, no turbilhão da luta que santifica e aperfeiçoa, saibamos agradecer os recursos com que Deus nos aprimora para a beleza da Luz e para a glória da Vida.

(*Reformador*, set. 1957, p. 210)

Vai até os discípulos e os encontra dormindo. Diz a Pedro: Então, nem uma hora fostes capaz de vigiar comigo?

Mateus
26:40

Velar com Jesus

Jesus veio à Terra acordar os homens para a vida maior.

É interessante lembrar, todavia, que, sentindo a necessidade de alguém para acompanhá-lo no supremo testemunho, não convidou seguidores tímidos ou beneficiados da véspera e sim os discípulos conscientes das próprias obrigações. Entretanto, esses mesmos dormiram, intensificando a solidão do divino Enviado.

É indispensável rememoremos o texto evangélico para considerar que o Mestre continua em esforço incessante e prossegue convocando cooperadores devotados à colaboração necessária. Claro que não confia tarefas de importância fundamental a Espíritos inexperientes ou ignorantes; mas é imperioso reconhecer o reduzido número daqueles que não adormecem no mundo, enquanto Jesus aguarda resultados da incumbência que lhes foi cometida.

Olvidando o mandato de que são portadores, inquietam-se pela execução dos próprios desejos, a observarem em grande conta os dias rápidos que o corpo físico lhes oferece. Esquecem-se de que a vida é a eternidade e que a existência terrestre não passa simbolicamente de "uma hora". Em vista disso, ao despertarem na realidade espiritual, os obreiros distraídos choram sob o látego da consciência e anseiam pelo reencontro da paz do Salvador, mas ecoam-lhes ao ouvido as palavras endereçadas a Pedro: "Então, nem por uma hora pudeste velar comigo?".

E, em verdade, se ainda não podemos permanecer com o Cristo, ao menos uma hora, como pretendermos a divina união para a eternidade?

(*Caminho, verdade e vida*. FEB Editora. Cap. 88)

Vigiai e orai, para que não entreis em tentação [...]

Mateus
26:41

Vigiemos e oremos

As mais terríveis tentações decorrem do fundo sombrio de nossa individualidade, assim como o lodo mais intenso, capaz de tisnar o lago, procede do seu próprio seio.

Renascemos na Terra com as forças desequilibradas do nosso pretérito para as tarefas do reajuste.

Nas raízes de nossas tendências, encontramos as mais vivas sugestões de inferioridade. Nas íntimas relações com os nossos parentes, somos surpreendidos pelos mais fortes motivos de discórdia e luta.

Em nós mesmos podemos exercitar o bom ânimo e a paciência, a fé e a humildade. Em contato com os afetos mais próximos, temos copioso material de aprendizado para fixar em nossa vida os valores da boa vontade e do perdão, da fraternidade pura e do bem incessante.

Não te proponhas, desse modo, atravessar o mundo, sem tentações. Elas nascem contigo, assomam de ti mesmo e alimentam-se de ti, quando não as combates, dedicadamente, qual o lavrador sempre disposto a cooperar com a terra da qual precisa extrair as boas sementes.

Caminhar do berço ao túmulo, sob as marteladas da tentação, é natural. Afrontar obstáculos, sofrer provações, tolerar antipatias gratuitas e atravessar tormentas de lágrimas são vicissitudes lógicas da experiência humana.

Entretanto, lembremo-nos do ensinamento do Mestre, vigiando e orando, para não sucumbirmos às tentações, uma vez que mais vale chorar sob os aguilhões da resistência que sorrir sob os narcóticos da queda.

(*Fonte viva.* FEB Editora. Cap. 110)

Jesus, porém, lhe disse: Companheiro, a que vens? Então, depois de se aproximarem, lançaram as mãos sobre Jesus e o prenderam.

Mateus
26:50

Ensejo ao bem

É significativo observar o otimismo do Mestre, prodigalizando oportunidades ao bem, até ao fim de sua gloriosa missão de verdade e amor, junto dos homens.

Cientificara-se o Cristo, com respeito ao desvio de Judas, comentara amorosamente o assunto, na derradeira reunião mais íntima com os discípulos, não guardava qualquer dúvida relativamente aos suplícios que o esperavam; no entanto, aproximando-se, o cooperador transviado beija-o na face, identificando-o perante os verdugos, e o Mestre, com sublime serenidade, recebe-lhe a saudação carinhosamente e indaga: "Amigo, a que vieste?"

Seu coração misericordioso proporcionava ao discípulo inquieto o ensejo ao bem, até o derradeiro instante.

Embora notasse Judas em companhia dos guardas que lhe efetuariam a prisão, dá-lhe o título de amigo. Não lhe retira a confiança do minuto primeiro, não o maldiz, não se entrega a queixas inúteis, não o recomenda à posteridade com acusações ou conceitos menos dignos.

Nesse gesto de inolvidável beleza espiritual, ensinou-nos Jesus que é preciso oferecer portas ao bem, até a última hora das experiências terrestres, ainda que, ao término da derradeira oportunidade, nada mais reste além do caminho para o martírio ou para a cruz dos supremos testemunhos.

(*Caminho, verdade e vida.* FEB Editora. Cap. 90)

Tudo isso aconteceu para que se cumprissem as Escrituras dos profetas. Então, todos os discípulos, deixando-o, fugiram.

Mateus
26:56

Escritura individual

O desígnio a cumprir-se não constitui característica exclusiva para a missão de Jesus.

Cada homem tem o mapa da ordem divina em sua existência, a ser executado com a colaboração do livre-arbítrio, no grande plano da vida eterna.

Acima de tudo, nesse sentido, toda criatura pensante não ignora que será compelida a restituir o corpo de carne à terra.

Os companheiros menos educados sabem, intuitivamente, que comparecerão a exame de contas, que se lhes defrontarão paisagens novas, além do sepulcro, e que colherão, sem mais nem menos, o fruto das ações que houverem semeado no seio da coletividade terrestre.

Em geral, porém, ao homem comum esse contrato, entre o servo encarnado e o Senhor supremo, parece extremamente impreciso, e prossegue, experiência afora, de rebeldia em rebeldia.

Nem por isso, todavia, a escritura, principalmente nos parágrafos da morte, deixará de cumprir-se. O momento, nesse particular, surge sempre, com múltiplos pretextos, para que as determinações divinas se realizem. No minuto exato, familiares e amigos excursionam em diferentes mundos de ideias, através das esferas da perplexidade, do temor, da tristeza, da dúvida, da interrogação dolorosa e, apesar da presença tangível dos afeiçoados, no quadro de testemunhos que lhe dizem respeito, o homem atende, sozinho, no capítulo da morte, aos itens da escritura grafada por ele próprio, diante das Leis do eterno Pai, com seus atos, palavras e pensamentos de cada dia.

(*Vinha de luz*. FEB Editora. Cap. 94)

Pedro o seguia de longe, até o pátio interior [da residência] do sumo sacerdote; após entrar [no pátio], sentou-se com os servidores para ver o fim.

Mateus
26:58

O fracasso de Pedro

O fracasso, como qualquer êxito, tem suas causas positivas.

A negação de Pedro sempre constitui assunto de palpitante interesse nas comunidades do Cristianismo.

Enquadrar-se-ia a queda moral do generoso amigo do Mestre num plano de fatalidade? Por que se negaria Simão a cooperar com o Senhor em minutos tão difíceis?

Útil, nesse particular, é o exame de sua invigilância.

O fracasso do amoroso pescador reside aí dentro, na desatenção para com as advertências recebidas.

Grande número de discípulos modernos participam das mesmas negações, em razão de continuarem desatendendo.

Informa o Evangelho que, naquela hora de trabalhos supremos, Simão Pedro seguia o Mestre "de longe", ficou no "pátio do sumo sacerdote", e "assentou-se entre os criados" deste, para "ver o fim".

Leitura cuidadosa do texto esclarece-nos o entendimento e reconhecemos que, ainda hoje, muitos amigos do Evangelho prosseguem caindo em suas aspirações e esperanças, por acompanharem o Cristo a distância, receosos de perderem gratificações imediatistas; quando chamados a testemunho importante, demoram-se nas vizinhanças da arena de lutas redentoras, entre os servos das convenções utilitaristas, assestando binóculos de exame, a fim de observarem como será o fim dos serviços alheios.

Todos os aprendizes, nessas condições, naturalmente fracassarão e chorarão amargamente.

(*Caminho, verdade e vida*. FEB Editora. Cap. 89)

Dizendo: Pequei, entregando sangue inocente. Eles, porém, disseram: Que nos importa? Isso é contigo.

Mateus
27:4

Isso é contigo

A palavra da maldade humana é sempre cruel para quantos lhe ouvem as criminosas insinuações.

O caso de Judas demonstra irresponsabilidade e a perversidade de quantos cooperam na execução dos grandes delitos.

O espírito imprevidente, se considera os alvitres malévolos, em breve tempo se capacita da solidão em que se encontra nos círculos das consequências desastrosas.

Quem age corretamente encontrará, nos felizes resultados de suas iniciativas, aluviões de companheiros que lhe desejam partilhar as vitórias; entretanto, muito raramente sentirá a presença de alguém que lhe comungue as aflições nos dias da derrota temporária.

Semelhante realidade induz a criatura à precaução mais insistente.

A experiência amarga de Judas repete-se com a maioria dos homens, todos os dias, embora em outros setores.

Há quem ouça delituosas insinuações da malícia ou da indisciplina, no que concerne à tranquilidade interior, às questões de família e ao trabalho comum. Por vezes, o homem respira em paz, desenvolvendo as tarefas que lhe são necessárias; todavia, é alcançado pelo conselho da inveja ou da desesperação e perturba-se com falsas perspectivas, penetrando, inadvertidamente, em labirintos escuros e ingratos. Quando reconhece o equívoco do cérebro ou do coração, volta-se, ansioso, para os conselheiros da véspera, mas o mundo inferior, refazendo a observação a Judas, exclama em zombaria: "Que nos importa? Isso é contigo".

(*Pão nosso*. FEB Editora. Cap. 91)

> Por isso, aquele campo foi chamado "Campo de Sangue", até hoje.

Mateus
27:8

Campo de Sangue

Desorientado, em vista das terríveis consequências de sua irreflexão, Judas procurou os sacerdotes e restituiu-lhes as trinta moedas, atirando-as, a esmo, no recinto do Templo.

Os mentores do Judaísmo concluíram, então, que o dinheiro constituía preço de sangue e, buscando desfazer-se rapidamente de sua posse, adquiriram um campo destinado ao sepulcro dos estrangeiros, denominado, desde então, Campo de Sangue.

Profunda a expressão simbólica dessa recordação e, com a sua luz, cabe-nos reconhecer que a maioria dos homens continua a irrefletida ação de Judas, permutando o Mestre, inconscientemente, por esperanças injustas, por vantagens materiais, por privilégios passageiros. Quando podem examinar a extensão dos enganos a que se acolheram, procuram, desesperados, os comparsas de suas ilusões, tentando devolver-lhes quanto lhes coube nos criminosos movimentos em que se comprometeram na luta humana; todavia, com esses frutos amargos apenas conseguem adquirir o campo de sangue das expiações dolorosas e ásperas, para sepulcro dos cadáveres de seus pesadelos delituosos, estranhos ao ideal divino da perfeição em Jesus Cristo.

Irmão em Humanidade, que ainda não pudeste sair do campo milenário das reencarnações, em luta por enterrar os pretéritos crimes que não se coadunam com a Lei eterna, não troques o Cristo imperecível por um punhado de cinzas misérrimas, porque, do contrário, continuarás circunscrito à região escura da carne sangrenta.

(Caminho, verdade e vida. FEB Editora. Cap. 91)

[...] Que farei, então, de Jesus, chamado Cristo? [...]

Mateus
27:22

Que fazemos do Mestre?

Nos círculos do Cristianismo, a pergunta de Pilatos reveste-se de singular importância.

Que fazem os homens do Mestre divino, no campo das lições diárias?

Os ociosos tentam convertê-lo em oráculo que lhes satisfaça as aspirações de menor esforço.

Os vaidosos procuram transformá-lo em galeria de exibição, por meio da qual façam mostruário permanente de personalismo inferior.

Os insensatos chamam-no indebitamente à aprovação dos desvarios a que se entregam, a distância do trabalho digno.

Grandes fileiras seguem-lhe os passos, qual a multidão que o acompanhava, no monte, apenas interessada na multiplicação de pães para o estômago.

Outros se acercam d'Ele, buscando atormentá-lo, à maneira dos fariseus arguciosos, rogando "sinais do céu".

Numerosas pessoas visitam-no, imitando o gesto de Jairo, suplicando bênçãos, crendo e descrendo ao mesmo tempo.

Diversos aprendizes ouvem-lhe os ensinamentos, ao modo de Judas, examinando o melhor caminho de estabelecerem a própria dominação.

Vários corações observam-no, com simpatia, mas, na primeira oportunidade, indagam, como a esposa de Zebedeu, sobre a distribuição dos lugares celestes.

Outros muitos o acompanham, estrada afora, iguais a inúmeros admiradores de Galileia, que lhe estimavam os benefícios e as consolações, detestando-lhe as verdades cristalinas.

Alguns imitam os beneficiários da Judeia, a levantarem mãos-postas no instante das vantagens, e a fugirem, espavoridos, do sacrifício e do testemunho.

Grande maioria procede à moda de Pilatos que pergunta solenemente quanto ao que fará de Jesus e acaba crucificando-o, com despreocupação do dever e da responsabilidade.

Poucos imitam Simão Pedro que, após a iluminação no Pentecostes, segue-o sem condições até a morte.

Raros copiam Paulo de Tarso que se ergue, na estrada do erro, colocando-se a caminho da redenção, passando por impedimentos e pedradas, até o fim da luta.

Não basta fazer do Cristo Jesus o benfeitor que cura e protege. É indispensável transformá-lo em padrão permanente da vida, por exemplo e modelo de cada dia.

(*Vinha de luz*. FEB Editora. Cap. 100)

Ele disse: No entanto, que mal ele fez? Eles gritavam ainda mais, dizendo: Seja crucificado!

Mateus
27:23

Perante o divino Mestre[172]

Jesus Cristo!...
Condenado sem culpa, vencido e vencedor...
Profundamente amado, violentamente combatido!

De todos os títulos, preferiu o de Mestre, conquanto devesse, nas provas supremas, reconhecer-se abandonado pelos discípulos.

De todas as profissões praticou, um dia, a de carpinteiro, ciente de que não teria para a ministração de seus apelos e ensinamentos nem culminâncias de poder terrestre nem galerias de ouro, mas sim pobres barcos talhados com a enxó e a golpes de formão...

Soberano da eternidade, permitiu se lhe aplicassem a coroa de espinhos, deixando-se alçar num sólio constituído de dois lenhos justapostos, em dois traços distintos... Ele, que se declarou enfeixando o caminho, a verdade e a vida, deu-se na extrema renúncia, em penhor de semelhante revelação, suspenso nas horas derradeiras, sobre o traço vertical que simbolizava a fé, a erigir-se em caminho para o Céu, e sobre o traço horizontal, que exprimia o amor, alimentado a vida, na direção de todas as criaturas, como a dizer-nos que Ele era, na cruz, a verdade torturada e silenciosa, entre a fé e o amor, a sustentar-se claramente erguida para a Justiça divina, batida e supliciada pelos homens, mas de braços abertos.

(*Reformador*, dez. 1968, p. 267)

Solidão

À medida que te elevas, monte acima, no desempenho do próprio dever, experimentas a solidão dos cimos e incomensurável tristeza te constringe a alma sensível.

Onde se encontram os que sorriram contigo no parque primaveril da primeira mocidade? Onde pousam os corações que te buscavam o aconchego nas

---

[172] Nota da equipe organizadora: Texto publicado em *Perante Jesus*. Ed. IDEAL. Cap. 7, com pequenas alterações.

horas de fantasia? Onde se acolhem quantos te partilhavam o pão e o sonho, nas aventuras ridentes do início?

Certo, ficaram...

Ficaram no vale, voejando em círculo estreito, à maneira das borboletas douradas, que se esfacelam ao primeiro contato da menor chama de luz que se lhes descortine à frente.

Em torno de ti, a claridade, mas também o silêncio...

Dentro de ti, a felicidade de saber, mas igualmente a dor de não seres compreendido...

Tua voz grita sem eco e o teu anseio se alonga em vão.

Entretanto, se realmente sobes, que ouvidos te poderiam escutar a grande distância e que coração faminto de calor do vale se abalançaria a entender, de pronto, os teus ideais de altura?

Choras, indagas e sofres...

Contudo, que espécie de renascimento não será doloroso?

A ave, para libertar-se, destrói o berço da casca em que se formou, e a semente, para produzir, sofre a dilaceração na cova desconhecida.

A solidão com o serviço aos semelhantes gera a grandeza.

A rocha que sustenta a planície costuma viver isolada e o Sol que alimenta o mundo inteiro brilha sozinho.

Não te canses de aprender a ciência da elevação.

Lembra-te do Senhor, que escalou o Calvário, de cruz aos ombros feridos. Ninguém o seguiu na morte afrontosa, à exceção de dois malfeitores, constrangidos à punição, em obediência à justiça.

Recorda-te d'Ele e segue...

Não relaciones os bens que já espalhaste.

Confia no infinito Bem que te aguarda.

Não esperes pelos outros, na marcha de sacrifício e engrandecimento. E não olvides que, pelo ministério da redenção que exerceu para todas as criaturas, o divino Amigo dos Homens não somente viveu, lutou e sofreu sozinho, mas também foi perseguido e crucificado.

(*Fonte viva*. FEB Editora. Cap. 70)

Chegando ao lugar chamado Gólgota, que significa "Lugar da Caveira".

Mateus
27:33

Lugar da Caveira

(*Levantar e seguir*. Ed. GEEM. Cap. Lugar da Caveira)[173]

---
[173] N.E.: Vide nota 9.

Salvou outros, a si mesmo não pode salvar. [...]

Mateus
27:42

Na cruz

Sim, Ele redimira a muitos...

Estendera o amor e a verdade, a paz e a luz, levantara enfermos e ressuscitara mortos.

Entretanto, para Ele mesmo erguia-se a cruz entre ladrões.

Em verdade, para quem se exaltara tanto, para quem atingira o pináculo, sugerindo indiretamente a própria condição de Redentor e Rei, a queda era enorme...

Era o Príncipe da Paz e achava-se vencido pela guerra dos interesses inferiores.

Era o Salvador e não se salvava.

Era o Justo e padecia a suprema injustiça.

Jazia o Senhor flagelado e vencido.

Para o consenso humano era a extrema perda.

Caíra, todavia, na cruz.

Sangrando, mas de pé.

Supliciado, mas de braços abertos.

Relegado ao sofrimento, mas suspenso da Terra.

Rodeado de ódio e sarcasmo, mas de coração içado ao Amor.

Tombara, vilipendiado e esquecido, mas, no outro dia, transformava a própria dor em glória divina. Pendera-lhe a fronte, empastada de sangue, no madeiro, e ressurgia, à luz do Sol, ao hálito de um jardim.

Convertia-se a derrota escura em vitória resplandecente. Cobria-se o lenho afrontoso de claridades celestiais para a Terra inteira.

Assim também ocorre no círculo de nossas vidas.

Não tropeces no fácil triunfo ou na auréola barata dos crucificadores. Toda vez que as circunstâncias te compelirem a modificar o roteiro da própria vida, prefere o sacrifício de ti mesmo, transformando a tua dor em auxílio para muitos, porque todos aqueles que recebem a cruz, em favor dos semelhantes, descobrem o trilho da eterna ressurreição.

(*Fonte viva.* FEB Editora. Cap. 46)

E eis que Jesus veio ao encontro delas, dizendo: Alegrai-vos! Elas, aproximando-se, agarraram os pés dele, e o reverenciaram.

Mateus
28:9

Em saudação

Esbatera-se no horizonte a treva noturna.

Ao clarão do amanhecer, as mulheres de Jerusalém dirigem-se ao sepulcro do eterno Amigo para a exaltação da saudade.

Inquietas, porém, encontram-no vazio.

Guardas atônitos comunicam-lhes que a vida triunfara da morte...

E quando as irmãs fiéis se voltam, em regozijo, para anunciar aos companheiros a grande nova, eis que Jesus lhes surge, redivivo, ao encontro, exclamando, feliz: "Eu vos saúdo!".

Não é um fantasma que regressa.

Não é um morto entre panos do túmulo.

Não traz qualquer sinal de tristeza.

Não espalha terror e luto.

O Mestre irradia jubiloso amor e clama: "Salve!".

No limiar deste livro, formado com a palavra viva dos amigos desencarnados, recordamos o Benfeitor celeste, em sua gloriosa ressurreição, e desejamos sejam essas páginas uma saudação dos vivos da Espiritualidade que bradam para os vivos da Escola humana:

— Irmãos, aproveitai o tempo que vos é concedido na Terra para a construção da verdadeira felicidade!...

A morte é renovação, investindo a alma na posse do bem ou do mal que cultivou em si mesma durante a existência.

Vinde à esperança, vós que chorais na sombra da provação!

Suportai a dor como bênção do Céu e avançai para a luz sem desfalecer!...

Além da cinza que o túmulo espalha sobre os sonhos da carne, a alma que amou e elevou-se renasce plena de alegria na vida eterna, qual esplendoroso Sol, fulgurando além da noite.

Depois de curto estágio na Terra, estareis conosco na triunfante imortalidade!

Ajudai-vos uns aos outros.

Educai-vos, aprendendo e servindo!...

E, buscando a inspiração de Jesus para a nossa luta de cada dia, roguemos a Deus nos abençoe.

(*Instruções psicofônicas*. FEB Editora. Cap. "Em saudação")

Depois de se reunirem com os anciãos, elaborando um plano, deram grande quantidade de pratas aos soldados.

Mateus
28:12

Velho processo

(*Levantar e seguir. Ed. GEEM. Cap. "Velho processo"*)[174]

---

[174] N.E.: Vide nota 9.

Portanto, ide e tornai discípulos de todas as nações [...].

Mateus
28:19

Ir e ensinar

Estudando a recomendação do Senhor aos discípulos — ide e ensinai —, é justo não olvidar que Jesus veio e ensinou.

Veio da Altura celestial e ensinou o caminho de elevação aos que jaziam atolados na sombra terrestre.

Poderia o Cristo haver mandado a lição por emissários fiéis... Poderia ter falado brilhantemente, esclarecendo como fazer...

Preferiu, contudo, para ensinar com segurança e proveito, vir aos homens e viver com eles, para mostrar-lhes como viver no rumo da perfeição.

Para isso, antes de tudo, fez-se humilde e simples na manjedoura, honrou o trabalho e o estudo no lar e, em plena atividade pública, foi o irmão providencial de todos, amparando a cada um, conforme as suas necessidades.

Com indiscutível acerto, Jesus é chamado o divino Mestre.

Não porque possuísse uma cátedra de ouro...

Não porque fosse o dono da melhor biblioteca do mundo...

Não porque simplesmente exaltasse a palavra correta e irrepreensível...

Não porque subisse ao trono da superioridade cultural, ditando obrigações para os ouvintes...

Mas sim porque alçou o próprio coração ao amor fraterno e, ensinando, converteu-se em benfeitor de quantos lhe recolhiam os sublimes ensinamentos.

Falou-nos do eterno Pai e revelou-nos, com o seu sacrifício, a justa maneira de buscá-lo.

Se te propões, desse modo, cooperar com o Evangelho, recorda que não basta falar, aconselhar e informar.

"Ide e ensinai", na palavra do Cristo, quer dizer "ide e exemplificai para que os outros aprendam como é preciso fazer".

(*Fonte viva.* FEB Editora. Cap. 116)

Ensinando-os a guardar todas [as coisas] que vos ordenei. E eis que estou convosco todos os dias, até a consumação da era.

Mateus
28:20

Presença divina[175]

Pastores religiosos dos diversos templos cristãos declaram, todos os dias e por toda a parte, que Jesus está com os líderes mundiais, com os cientistas da Terra, com os orientadores da mente popular e com todas as linhas da Civilização; entretanto, vemos a maioria dos condutores e dos conduzidos no mundo, em franca discórdia, exibindo, aqui e ali, conflitos de sangue e ódio.

Tudo parece desmentir a boca otimista dos pregadores, tal a ventania de desavenças que sopra de todas as direções.

Os expositores do Evangelho, no entanto, conservam precisão matemática em semelhantes afirmativas.

Jesus não formulou promessas frustradas... Estará, sim, com todos os corações da Terra, sempre e sempre; contudo, a Doutrina Espírita, suplementando as anotações do Testamento do Cristo, vem explicar, sem sombra de dúvida, que o Mestre está e estará com toda a Humanidade, mas apenas conheceremos fruto visível e imediatamente aproveitável de sua presença sublime, na criatura terrestre, dessa ou daquela posição, que esteja também com Ele.

(*Reformador*, nov. 1960, p. 248)

Todos os dias[176]

Não te digas sem a inspiração de Jesus para adotar rumo certo.

A atualidade terrestre mostra cientificamente que a comunhão espiritual não depende do espaço ou do tempo.

Podes fitar um orientador da comunidade e colher-lhe a palavra, a longa distância, através da televisão...

Conversar com um amigo, de um continente a outro, com o auxílio do telefone...

---

[175] Nota da equipe organizadora: Texto publicado em *Palavras de vida eterna*. Ed. Comunhão Espírita Cristã. Cap. 83.
[176] Nota da equipe organizadora: Texto publicado em *Palavras de vida eterna*. Ed. Comunhão Espírita Cristã. Cap. 149.

Escutar o cantor predileto, que atua de longe, por intermédio do rádio...
Recolher a mensagem de alguém, na tira de um telegrama...
Acompanhar, nas colunas da imprensa, o cronista simpático que nunca viste em pessoa...
Assim também, nossas ligações com o Cristo de Deus.
Jesus não é Mestre ausente ou símbolo morto. Ainda e sempre, é para nós, os que declaramos aceitar-lhe a governança, o mentor vigilante e o exemplo vivo.
Basta recapitular-lhe as lições para refleti-lo. E, ao retratá-lo em nós, segundo as nossas acanhadas concepções, receberemos d'Ele a ideia ou o socorro de que careçamos, a fim de escolher com acerto e agir com justiça.
Prometeu-nos o Mestre, ao falar aos discípulos:
— "Eis que eu estou convosco, todos os dias, até à consumação dos séculos."
Como é fácil de perceber, o Senhor está conosco, esperando, porém, que estejamos com Ele.

(*Reformador*, dez. 1963, p. 266)

Companheiros de jornada

Talvez que um dos mais belos espetáculos ante a Espiritualidade superior, seja o de anotar a persistência dos companheiros enfaixados na vida física, sempre que se mostrem decididamente empenhados a lutar pela vitória do bem.

Companheiros que, em muitas ocasiões comparecem nas tarefas do bem, vergados ao peso do sofrimento; que se reconhecem constantemente visitados por forças contrárias aos compromissos que abraçam a lhes testarem a resistência; que, não raro, suportam tempestades ocultas na própria alma; que, às vezes, se sentem espancados por injúrias nascidas de muitos daqueles aos quais se afeiçoaram com os mais altos valores da própria vida e, que, no entanto, renovam as próprias forças na oração, através da qual confiam em Deus e em si mesmos, prosseguindo adiante nos encargos construtivos que lhes dizem respeito.

Em outras circunstâncias, eles próprios caem no erro, sempre natural naqueles que ainda caminham sob os véus da existência física, mas sabem reerguer-se, de imediato, com suficiente humildade para o recomeço da marcha.

E trabalham. E se esfalfam na própria melhoria, respeitando a estrada dos outros, da qual recolhem exemplos edificantes, sem procurarem qualquer motivação à censura, evitando congelar a seara alheia.

Se te propões a colaborar no levantamento do bem de todos, não desistas de agir e servir.

Momentos sobrevirão em que o teu campo de atividades parecerá coberto de sombras e sentirás talvez o coração transido de lágrimas.

Ainda assim, não te marginalizes.

Chora, mas prossegue lutando e trabalhando pelo bem comum.

Se tropeças, reajusta-te.

Se cais, levanta-te e continua em serviço.

Se desenganos te requisitam, torna ao replantio de esperanças maiores e segue adiante, amando e auxiliando no melhor a fazer.

Relacionando as dificuldades que todos trazemos, por enquanto, nos recessos do ser, é justo considerar que a vitória em nós e sobre nós ainda nos custará muito esforço de construção e reajuste, entretanto, para altear-nos ao ideal do bem, fixando energias para sustentá-lo, recordemos o Cristo de Deus; regressando, depois da morte, à convivência dos discípulos, Jesus nem de longe lhes assinala as deficiências e as fraquezas e sim lhes reafirma em plenitude de confiança: "Estarei convosco até o fim dos séculos."

(*Amigo*. Ed. Cultura Espírita União. Cap. 19)

Caridade em Jesus

(*Confia e segue*. Ed. GEEM . Cap. 17)[177]

Renúncia

Se teus pais não procuram a intimidade do Cristo, renuncia à felicidade de vê-los comungar contigo o divino banquete da Boa-Nova e ajuda teus pais.

Se teus filhos permanecem distantes do Evangelho, renuncia ao contentamento de sentir-lhes o coração com o teu coração na senda redentora e ajuda teus filhos.

Se teus amigos não conseguem, ainda, perceber o Amor de Jesus, renuncia à ventura de guardá-los no calor de tua alma, ante o sol da Verdade, e ajuda teus amigos.

Renúncia com Jesus não quer dizer deserção. Expressa devotamento maior.

---

[177] N.E.: Vide nota 9.

Nele mesmo, o Senhor, vamos encontrar o sublime exemplo.

Esquecido de muitos e por muitos relegado às agonias da negação, nem por isso se afastou dos companheiros que lhe deram as angústias do amor não amado.

Ressurgindo da cruz, ele, que atravessara sozinho os pesadelos da ingratidão e as torturas da morte, volta ao convívio deles e lhes diz confiante:

"Eis que estarei convosco até ao fim dos séculos".

(*O espírito da verdade*. FEB Editora. Cap. 59)

Jesus e paciência[178]

Recordemos a paciência do Cristo para exercer em nosso caminho a verdadeira serenidade.

Retornando, depois do túmulo, aos companheiros assustadiços, não perde tempo com qualquer observação aflitiva ou desnecessária.

Não rememora os sucessos tristes que lhe precederam a flagelação no madeiro afrontoso.

Não se reporta à leviandade do discípulo invigilante que o entregara à prisão, osculando-lhe a face.

Não comenta as vacilações de Pedro na extrema hora.

Não solicita os nomes de quantos acordaram em Judas a aflição da cobiça e a fome de poder.

Não faz qualquer alusão aos beneficiados sem memória, que lhe desconheceram o apostolado, ante a morte na cruz.

Não recorda os impropérios que lhe foram atirados em rosto.

Não se refere aos caluniadores que escarneceram do seu sacrifício.

Não reclama reconsiderações da justiça.

Não busca identificar quem lhe impusera às mãos uma cana à guisa de cetro.

Não se lembra da turba que lhe ofertara vinagre à boca sedenta e pancadas à fronte que os espinhos dilaceravam.

Ressurgindo da sombra, afirma apenas, valoroso e sem mágoa: "Eis que estarei convosco até ao fim dos séculos...".

E prosseguiu trabalhando...

---

[178] Nota da equipe organizadora: Texto publicado em *Abrigo*. Ed. IDE. Cap. 19, com pequenas alterações.

Esse foi o gesto do Cristo de Deus que transitou na Terra, sem dívidas e sem máculas.

Relembremos, assim, nosso próprio dever, à frente das pedradas que nos firam a rota, a fim de que a paciência nos ensine a esperar a passagem das horas, porquanto cada dia nos traz, a cada um, diferente lição.

(*Reformador*, out. 1958, p. 228)

Não te canses

Se houve alguém com suficientes obstáculos, no apostolado do Evangelho, para render-se irremediavelmente ao desânimo, esse alguém foi o próprio Jesus.

Descendo da Esfera superior, a benefício do mundo, não recebe no mundo senão uma estrebaria para acolher-se.

Criança de vida humilde e pobre, é obrigado a fugir para resguardar-se.

Portador da maior mensagem do Céu à Terra, não encontra cientistas e filósofos que o ouçam.

Iniciando o seu ministério, surpreende a desconfiança a seguir-lhe a rota, inclusive da parte do próprio João Batista que, das algemas do cárcere, manda saber se em verdade era Ele, o esperado Filho de Deus.

Distribuindo reconforto e consolação, não dispôs de uma pedra onde repousasse a cabeça.

Desdobrando o roteiro do bem, foi categorizado à conta de malfeitor.

Sem culpa, padeceu o insulto e a prisão.

Entre os discípulos que amara não conseguiu contar com demonstrações de imediato entendimento ou de pronta fidelidade.

Alguns deles dormiram no Horto, quando as lágrimas lhe calcinavam o espírito.

Judas, fascinado pela dominação política, não vacilou em acusá-lo injustamente.

Pedro, enfraquecido, negou-o três vezes.

Todos os beneficiários de suas mãos, totalizando cegos que voltaram à luz e leprosos que reconquistaram a limpeza, loucos que tornaram ao equilíbrio e paralíticos que recuperaram os movimentos, desapareceram na hora em que seus olhos doridos reclamavam amor.

Com exceção do carinho e da lealdade de algumas piedosas mulheres no grande testemunho, em torno do Senhor, não identificamos senão desprezo e indiferença, amargura e solidão.

Entretanto, depois da crucificação e da morte, vemo-lo de retorno aos amigos e seguidores com o mesmo sorriso de compreensão e bondade, confiando neles, convertendo-lhes a fragilidade em fortaleza e o pessimismo em renovada esperança, exclamando otimista:

— "Ide e exemplificai!"

"Estarei convosco, até ao fim dos séculos..."

Quando padeceres aflição e cansaço, lembra-te d'Ele...

Não admitas que o desalento te imobilize os braços e enregele o coração.

Recorda que hoje como ontem e amanhã como sempre, Jesus permanecerá conosco, orientando-nos o passo para a divina alegria e para a suprema vitória.

(*Reformador*, mar. 1958, p. 68)

Voltarás por amor

Ante a fome de paz que te atormenta os dias, decerto já sonhaste com a disposição de repousar, além da morte, recusando o cálice de angústia que a existência carnal te sugere...

Cultivas a virtude e aspiras, sem dúvida, ao prêmio natural que o trabalho irrepreensível te granjeou.

Sofres e reclamas consolo...

Choras e pretendes alívio...

Entretanto, para lá das fronteiras terrestres, o amor te fulgirá sublime, no coração, como estrela surpreendente, mas ouvirás os soluços daqueles que deixaste sob a névoa do adeus...

Escutarás as preces de tua mãe e os rogos de teus filhos, quais poemas de lágrimas a desfalecerem de dor sobre a tua cabeça invadida de novas aspirações e tocada de novos sonhos.

Compreenderás a renúncia com mais segurança e exercerás o perdão sem dificuldade...

A consciência tranquila ser-te-á uma bênção; contudo, o anseio de ajudar fremirá no teu peito inspirando-te a volta.

E reconhecendo que o céu verdadeiro não existe sem a alegria daqueles que mais amamos, regressarás por amor ao campo da luta para novamente experimentar e sofrer, esperar e redimir, adquirindo o poder para ascensões mais altas, porquanto, pela força do bem puro, descobrirás com o Cristo de Deus a luz da abnegação que nos impele sempre a horizontes mais vastos, repetindo também com Ele, aos companheiros de aprendizado, a divina promessa:

"Em verdade estarei convosco até ao fim dos séculos", porque não há felicidade para os filhos acordados de Deus, sem que todos os filhos de Deus entrem efetivamente na posse da felicidade real.

(*Reformador*, fev. 1960, p. 40)

Tabela de correspondência de versículos

Esta tabela contém a relação de todos os comentários cuja vinculação poderia ocorrer a mais de um versículo. Isso ocorre principalmente nas chamadas passagens paralelas dos evangelhos de Mateus, Marcos e Lucas.

Essa informação é particularmente útil quando o leitor não localizar um comentário sobre um versículo, como, por exemplo *Mateus*, 25:29 "pois a todo aquele que tem será dado, e terá em abundância; mas daquele que não tem, até o que tem lhe será tirado". Embora não haja comentário sobre esse versículo, existe sobre *Mateus*, 13:12 "Pois àquele que tem lhe será dado, e terá com abundância; mas àquele que não tem até o que tem será tirado dele." cujo conteúdo é o mesmo. O comentário *A quem mais tem* pode referir-se tanto a um quanto ao outro, e, para evitar repetições de textos, foi vinculado somente a *Mateus*, 13:12.

Os comentários cujas vinculações não apresentam dúvidas por se enquadrarem em um ou mais dos casos a seguir não constam dessa tabela: 1) o versículo foi destacado na fonte primária; 2) o versículo foi destacado em fonte secundária; 3) o texto do comentário remete a um versículo que ocorre somente uma vez no Novo Testamento.

Comentário	Vinculação adotada	Vinculação alternativa
Aflições	MT 5:4	LC 6:21
Aflitos	MT 5:4	LC 6:21
Aflitos bem... aventurados	MT 5:4	LC 6:21
Apressados	MT 5:4	LC 6:21
Não te aflijas	MT 5:4	LC 6:21
Nem todos os aflitos	MT 5:4	LC 6:21
No estudo da aflição	MT 5:4	LC 6:21
Ouvindo o sermão do monte	MT 5:4	LC 6:21; MT 5:3; MT 5:6; MT; 5:7
A candeia	MT 5:15	MC 4:21; LC 8:16
A candeia simbólica	MT 5:15	MC 4:21; LC 8:16
Exposição espírita	MT 5:15	MC 4:21; LC 8:16

Comentário	Vinculação adotada	Vinculação alternativa
No combate à ignorância	MT 5:15	MC 4:21; LC 8:16
De imediato	MT 5:25	LC 12:58
Pergunta 337 do livro *O consolador*	MT 5:25	LC 12:58
Reconcilia-te	MT 5:25	LC 12:58
Pergunta 345 do livro *O consolador*	MT 5:39	LC 6:29
Amigos e inimigos	MT 5:44	LC 6:27; LC 6:35
Ante nossos adversários	MT 5:44	LC 6:27; LC 6:35
Ante os adversários	MT 5:44	LC 6:27; LC 6:35
Companheiros difíceis	MT 5:44	LC 6:27; LC 6:35
Desafetos	MT 5:44	LC 6:27; LC 6:35
Inimigos que não devemos acalentar	MT 5:44	LC 6:27; LC 6:35
Necessitados difíceis	MT 5:44	LC 6:27; LC 6:35
Ofensas e ofensores	MT 5:44	LC 6:27; LC 6:35
Orai pelos que vos perseguem	MT 5:44	LC 6:27; LC 6:35
Orai pelos que vos perseguem	MT 5:44	LC 6:27; LC 6:35
Professores gratuitos	MT 5:44	LC 6:27; LC 6:35
Traços do inimigo	MT 5:44	LC 6:27; LC 6:35
Assistência espiritual	MT 6:10	LC 11:2 - por aproximação
Felicidade real	MT 6:10	LC 11:2 - por aproximação
Na lição de Jesus	MT 6:10	LC 11:2 - por aproximação
Seja feita a divina vontade	MT 6:10	LC 11:2 - por aproximação
Como perdoar	MT 6:12	LC 11:4 - por aproximação
Justiça e amor	MT 6:12	LC 11:4 - por aproximação
Perdão e vida	MT 6:12	LC 11:4 - por aproximação
Atendamos	MT 6:24	LC 16:13
Diante da posse	MT 6:24	LC 16:13
Autojulgamento	MT 7:1	LC 6:37 por aproximação
Na obra cristã	MT 7:1	LC 6:37 por aproximação
O olhar de Jesus	MT 7:3	LC 6:41

Comentário	Vinculação adotada	Vinculação alternativa
A chave	MT 7:7	LC 11:9
Batei e abrir-se-vos-á	MT 7:7	LC 11:9
Campeonatos	MT 7:7	LC 11:9
Esmola e oração	MT 7:7	LC 11:9
Examina o teu desejo	MT 7:7	LC 11:9
Imperfeitos, mas úteis	MT 7:7	LC 11:9
Na ação de pedir	MT 7:7	LC 11:9
Orar	MT 7:7	LC 11:9
Pedi e obtereis	MT 7:7	LC 11:9
Vibrações	MT 7:7	LC 11:9
Nossas obras	MT 7:16	MT 7:20
Autoaprimoramento	MT 7:20	MT 7:16
Tentações	MT 7:20	MT 17:16
Acidentados da alma	MT 9:12	LC 5:31; MC 2:17
Em plena marcha	MT 9:12	MC 2:17; LC 5:31
Nos quadros da luta	MT 9:12	MC 2:17; LC 5:31
Perante os caídos	MT 9:12	MC 2:17; LC 5:31
O pó das sandálias	MT 10:14	MC 6:11; LC 9:5; LC 10:10
Poeira	MT 10:14	MC 6:11; LC 9:5; LC 10:10
Pergunta 305 do livro *O consolador*	MT 10:35	LC 12:53
Cilício e vida	MT 12:7	MT 9:13 por aproximação
Pergunta 342 do livro *O consolador*	MT 12:48	MC 3:33
Ante o campo da vida	MT 13:3	LC 8:5
O semeador saiu	MT 13:3	LC 8:5
Palavra ao semeador	MT 13:3	LC 8:5
Semeia, semeia...	MT 13:3	LC 8:5
A quem mais tem	MT 13:12	MT 25:29; MC 4:25; LC 8:18; LC 19:26
Apelos e solicitações	MT 16:24	LC 9:23; MC 8:34
Em marcha	MT 16:24	LC 9:23; MC 8:34
Evangelização	MT 16:24	LC 9:23; MC 8:34
A semente de mostarda	MT 17:20	LC 17:6; MC 11:23

Comentário	Vinculação adotada	Vinculação alternativa
Na sementeira da fé	MT 17:20	MC 11:23
No domínio das provas	MT 18:7	LC 17:1
Pergunta 307 do livro *O consolador*	MT 18:7	LC 17:1
No exame do perdão	MT 18:15	LC 17:3
Pergunta 297 do livro *O consolador*	MT 18:18	MT 16:19
Mãe	MT 19:19	MT 15:4
Ante o Reino dos Céus	MT 19:23	MC 10:25; MT 18:24; LC 18:25 - por aproximação
Pergunta 306 do livro *O consolador*	MT 21:22	MC 11:24
Chamada e escolha	MT 22:14	MT 20:16
Chamados e escolhidos	MT 22:14	MT 20:16
Chamamentos	MT 22:14	MT 20:16
Entre chamados e escolhidos	MT 22:14	MT 20:16
Escolha	MT 22:14	MT 20:16
A César o que é de César	MT 22:21	MC 12:17; LC 20:25
Diante de Deus e de César	MT 22:21	MC 12:17; LC 20:25
Jesus e César	MT 22:21	LC 20:25; MC 12:17
Oração do dinheiro	MT 22:21	MC 12:17; LC 20:25
Na execução da divina Lei	MT 22:37	MC 12:30; LC 10:27
O próximo	MT 22:39	MC 12:31; LC 10:27
Tempo da regra áurea	MT 22:39	MC 12:31; LC 10:27

Índice geral

A

ABATIMENTO
  suplício moral e (MT 5:14)
ABNEGAÇÃO
  tempo de * aos familiares (MT 6:10)
ABORTO
  supercultura e aprimoramento das técnicas do (MT 11:25)
AÇÃO
  auxílio ao próximo e pequena (MT 5:42)
  caminho para Deus revelado pela (MT 5:16)
  colheita do fruto da * semeada (MT 26:56)
  correção na (MT 27:4)
  equívocos alheios e (MT 7:2)
  erros alheios e (MT 7:2)
  fé e (MT 9:35)
  importância da (MT 5:16), (MT 8:3)
  obsessor e (MT 24:28)
AÇÃO EQUIVOCADA
  consequência da (MT 5:25)
  dever de correção imediata da (MT 5:25)
ACEITAÇÃO
  convivência e (MT 18:22)
ADAPTAÇÃO
  submissão a constante * e readaptação (MT 7:13)
ADMINISTRADOR
  progresso da multidão e (MT 5:1)
ADMOESTAÇÃO
  motivos para (MT 5:37)
ADVERSÁRIO
  amor ao * e autoaperfeiçoamento (MT 5:44)
  apoio do (MT 5:44)
  aprendizado e (MT 5:44)
  aproveitamento da advertência e crítica do (MT 5:25)
  atitude diante do (MT 5:44)
  atrito físico e calma do (MT 5:39)
  benefício da crítica do (MT 5:44)
  calma do (MT 5:39)
  classes de (MT 5:44)
  como agir ante o (MT 6:12)
  conceito de (MT 5:25), (MT 5:44)
  conceituação em torno do (MT 5:44)
  conciliação com o (MT 5:25), (MT 5:25), (MT 5:25)
  delinquentes e (MT 5:25)
  desequilíbrio do (MT 5:44)
  dignidade no auxílio ao (MT 5:44)
  ensino gratuito proporcionado pelo (MT 5:44)
  esclarecimento ao (MT 5:44)
  existência do (MT 5:25)
  existência do * interno (MT 5:44)
  fiscal, examinador e (MT 5:25)
  harmonia com nosso (MT 5:44), (MT 5:44)
  ignorância, perversidade e (MT 5:25)
  importância do (MT 4:4)
  inacessibilidade à conciliação e (MT 5:25)
  irmão, instrutor e (MT 5:44), (MT 5:44)
  Jesus e (MT 5:44)
  mágoa diante do (MT 5:44)
  oração para (MT 5:44)
  participação do sofrimento de (MT 5:46)
  paz e conciliação com o (MT 5:25)
  postura diante do (MT 5:25)
  pronto socorro da oração e (MT 5:44)
  reconciliação com (MT 5:25)
  reconhecimento da dificuldade do (MT 7:3)
  renúncia à presunção de viver sem (MT 5:25)
  respeito ao (MT 5:25)
  sentimento do * sobre nós (MT 5:44)
  tolerância e respeito ao (MT 5:44)

ver também inimigo (MT 5:44)
ADVERSÁRIO OCULTO
presença do * em nós (MT 5:44)
ADVERSIDADE
atitudes equivocadas
diante da (MT 6:6)
pior atitude em qualquer (MT 6:6)
ADVERTÊNCIA
direito de (MT 10:42)
silêncio e (MT 5:10)
transformação da * em
ofensa (MT 10:42)
AFEIÇÃO
extinção da * na alma
alheia (MT 5:17)
perda da * e oportunidades
preciosas (MT 7:2)
AFIRMATIVA EVANGÉLICA
interpretação falsa da (MT 6:34)
AFLIÇÃO
aborrecimentos inúteis e (MT 5:4)
adoção de * e desespero (MT 6:31)
agravamento da (MT 5:4),
(MT 5:4), (MT 5:4)
atitudes equivocadas
diante da (MT 6:6)
burilamento e (MT 5:4)
caráter pedagógico da (MT 5:4)
como lidar com o fardo da (MT 5:4)
compreensão da * e
egoísmo (MT 6:9)
conquista oferecida pela (MT 5:4)
criação da própria (MT 5:4)
desencarnação prematura
e (MT 5:4)
desequilíbrio da emoção e (MT 5:4)
grande e pequena (MT 5:4), (MT 5:4)
inconformidade e (MT 5:4)
mágoa e (MT 5:4)
motivo equivocado para (MT 5:4)
orações diante da (MT 6:10)
paciência e (MT 5:4)
postura correta diante da (MT 5:4)
postura equivocada
diante da (MT 5:4)
presença de alguém na
comunhão da (MT 27:4)

prevenção contra a (MT 5:4)
prudência e (MT 5:4)
sofrimento imaginário e (MT 5:4)
tolerância e (MT 5:4)
tipos de (MT 5:4), (MT 5:4), (MT 5:4)
tranquilidade e (MT 5:4)
valorização da (MT 5:4)
AFLIÇÃO DO PRÓXIMO
compreensão da (MT 6:6)
AFLIÇÃO OCULTA
sucesso e (MT 5:48)
AFLITO
Jesus e (MT 11:29)
natureza do * bem
aventurado (MT 5:4)
característica do * bem
aventurado (MT 5:4)
AGRESSÃO
postura ante a (MT 5:39)
AGRESSÃO VIBRATÓRIA
observação malconduzida e (MT 7:2)
AGRESSOR
compaixão do (MT 5:20)
conduta ante o (MT 18:22),
(MT 18:22)
ensino de Jesus sobre o
(MT 18:22), (MT 18:22)
ÁGUA
condensação de linhas de força
magnética e (MT 10:42)
condensação de princípios
elétricos e (MT 10:42)
Jesus e bênção do copo
de * fria (MT 10:42)
magnetização da * com raios
de amor (MT 10:42)
magnetização da * doada em
nome de Jesus (MT 10:42)
receptividade da (MT 10:42)
ÁLCOOL
dinheiro de sobra e *
anestesiante (MT 6:24)
ALEGRIA
filhos do trabalho e
semeadura da (MT 24:16)
leviandade, insensatez e (MT 5:37)

partilha da * com amigos (MT 5:46)
plantação da verdadeira (MT 10:14)
semeadura da (MT 15:18)

ALÉM-TÚMULO
paisagens novas e (MT 26:56)

ALFABETO
conhecimento do (MT 24:5)

ALIMENTO
busca do * da vida eterna (MT 9:37)

ALIMENTO ESPIRITUAL
diversidade do (MT 5:16)
evangelho e (MT 5:16)

ALMA
acidentados da (MT 9:12)
apelos da (MT 16:24)
apoio do Alto para as enfermidades da (MT 9:12)
busca da parte melhor na (MT 6:24)
conceito de doente da (MT 9:12)
condução da * aos altiplanos da Criação (MT 20:27)
crescimento da (MT 7:7)
criação das frases no fundo da (MT 5:37)
culto espírita e caminho libertador da (MT 5:17)
destaque de Jesus à * equilibrada (MT 5:5)
doença da (MT 9:12)
doença e cura da (MT 9:12)
dores da (MT 5:9)
emancipação nos caminhos da (MT 5:44)
filhos convertidos em inquisidores da (MT 11:29)
fogo e fel nos escaninhos da (MT 9:12)
fortalecimento da (MT 4:4)
gatilho da boca e forças da (MT 5:5)
investimento da * na posse do bem ou do mal (MT 28:9)
Jesus, divino Médico da (MT 9:12)
leis de espaço e tempo e (MT 6:10)
mutilação física e defesa da (MT 6:6)
necessidade da (MT 5:14; 9:12)
ofensas na (MT 5:20)
pedido da * no limiar do berço (MT 5:4)
penúria da * do ofensor (MT 5:20)
remédio da fraqueza para doente da (MT 7:2)
remédio e (MT 5:4; 9:12)
renascimento da * na vida eterna (MT 28:9)
socorro ao doente da (MT 5:44)
socorro do espírito e moléstias da (MT 9:12)
sublimação das possibilidades de acústica e (MT 11:15)
tensão nas forças da (MT 5:5)
terapia da * e Jesus (MT 9:12)

ALTURA
entendimento dos ideais de (MT 27:23)

AMIGO
benefício prestado pelo (MT 5:44)
cobiça das condições de (MT 7:21)
complacência do (MT 5:44)
contemporização com o mal e (MT 5:44)
imprevidência do (MT 5:44)
infrator temível e * transviado (MT 26:23)
Judas e o título de (MT 26:50)
motivação do * para as obras da beneficência (MT 13:12)
valorização do (MT 4:4)

AMIGO E SERVO
dinheiro de sobra e (MT 6:21)

AMOR
acendimento da chama do * puro (MT 5:10)
admiração do * aos semelhantes (MT 7:14)
autoproteção e (MT 5:44)
dedicação por (MT 28:20)
dificuldades e brilho do (MT 5:4)
engrandecimento do homem na sabedoria e (MT 6:34)
escamas de trevas dos olhos e * puro (MT 7:3)
esforço e (MT 28:20)

essência fundamental do
Evangelho e (MT 5:39)
Evangelho e (MT 5:37)
expressão do (MT 27:23)
extensão das riquezas do (MT 6:21)
gentileza e (MT 5:5)
Jesus e (MT 10:34), (MT 22:39),
(MT 5:20), (MT 5:44)
julgamento e (MT 7:1)
justiça e (MT 6:12)
lançamento de um gesto de (MT 7:2)
liberdade e (MT 6:12)
lições do Evangelho e (MT 5:37)
natureza do * ao próximo (MT 7:12)
necessidade que temos
do (MT 18:22)
perdão e colaboração na
vitória do (MT 6:14)
perdão, compreensão e (MT 18:22)
plantação das migalhas de (MT 6:19)
povos antigos e (MT 22:39)
publicanos e exercício do (MT 5:46)
semeadura do (MT 5:9)
situações difíceis da vida
e (MT 5:44), (MT 5:44)
transformação do * em
grilhão (MT 5:37)

AMOR AO PRÓXIMO
benefícios para si
mesmo e (MT 7:12)
formas de (MT 7:12), (MT 22:39)
importância do (MT 7:12)
tempo e exercício do (MT 22:39)

AMPARO
busca do * do Alto (MT 6:9)
necessidade que temos do
* do Alto (MT 18:22)

ANESTÉSICO
instrumento do vício e (MT 25:14)
socorro à saúde humana
e (MT 25:14)

ANGELITUDE
alma inexperiente e (MT 10:22)
Espírito distanciado da (MT 5:48)

ANGÚSTIA
nevoeiro da (MT 5:14)

limitação da ciência perante
a * moral (MT 5:18)

ANIMALIDADE PRIMITIVA
conversão da * em Humanidade
real (MT 6:21)

ÂNIMO
reerguimento do * dos
companheiros (MT 5:10)

ANIMOSIDADE
implantação da * onde a
harmonia reinava (MT 7:12)

ANSEIO
ação e (MT 7:8)
atendimento ao nosso (MT 7:9)
realização do (MT 7:7)

ÂNSIA
recomendação de Jesus
e * nociva (MT 6:34)

ANSIEDADE
tristeza inútil e (MT 5:14)

APARÊNCIA
limitação da (MT 5:48)
risco de julgamento pela (MT 5:3)

APERFEIÇOAMENTO
busca do (MT 10:14)
esforço e (MT 24:13)
oportunidade de * e
elevação (MT 6:21)
tolerância dos obstáculos
e * moral (MT 6:34)

APOSTOLADO INDIVIDUAL
abnegação, entendimento
e (MT 7:21)

APOSTOLADO SANTIFICANTE
alicerce do (MT 5:10)

APÓSTOLO
papel do (MT 18:18)

APRENDIZ
fracasso e choro amargo
do (MT 26:58)
fuga do * da região lodacenta
da vida (MT 24:20)
recuo do * ante a extensão
da tarefa (MT 14:19)

APRIMORAMENTO
  equacionamento das
  exigências do (MT 7:21)
  ideais de * e progresso (MT 25:15)
AQUISIÇÃO RUINOSA
  destruição da * ou inútil (MT 13:30)
ARADO
  ferrugem do ócio e (MT 13:23)
ARGUEIRO
  incômodo ao olho do
  vizinho e (MT 7:3)
ARREPENDIMENTO
  horas gastas com * tardio (MT 7:2)
  ofensor e penosas
  condições de (MT 5:20)
ARTÍFICE
  transformação do curioso
  bisonho no (MT 10:22)
ARTISTA
  realização de obra-prima e (MT 7:7)
ÁRVORE
  aparências exteriores e (MT 7:16)
  cristão e aprendizado
  com a boa (MT 7:20)
  trabalho silencioso da (MT 19:26)
ASCENDÊNCIA MORAL
  conquista da (MT 5:10)
ATENÇÃO
  exigência de * especial (MT 7:14)
  recusa de * e cortesia (MT 7:12)
ATITUDE
  palavra e (MT 5:37)
  reflexo de nossa (MT 13:12)
ATITUDE CRISTÃ
  julgamento e (MT 7:1)
ATITUDE MENTAL
  renovação da (MT 6:31)
ATIVIDADE INFELIZ
  colheita dos frutos amargos
  da (MT 15:18)
ATLETA
  galarins da evidência e (MT 7:7)
ATO
  impacto do nosso (MT 7:16)

ATRITO FÍSICO
  calma do adversário e (MT 5:39)
  obliteração dos recursos
  espirituais e (MT 5:39)
AUTOAPERFEIÇOAMENTO
  Autoproteção (MT 7:2)
  lei do (MT 6:10)
AUTOCONHECIMENTO
  realização e (MT 7:20)
AUTOACEITAÇÃO
  progresso e (MT 7:21)
AUTOANÁLISE
  conveniência da (MT 7:20)
  esforço de (MT 7:20)
AUTOCONHECIMENTO
  autoanálise e (MT 9:13)
  falhas e (MT 9:13)
  momento do (MT 9:13)
AUTOCRÍTICA
  prática do regime salutar
  da (MT 5:44)
AUTODEFESA
  natureza da (MT 5:39)
AUTOESTIMA
  diferenças e (MT 7:24)
AUTOPROTEÇÃO
  reflexão nos temas da (MT 7:2)
AUTORIDADE
  começo laborioso e
  existência de (MT 7:21)
  encastelamento da * em
  zona superior (MT 5:2)
  encastelamento na (MT 5:2)
  instrumento de opressão e (MT 5:17)
  mandato de *, instrumento para
  benefício de todos (MT 9:37)
  manejo da * na administração
  da bondade (MT 13:12)
  monte da * e da fortuna (MT 5:1)
  ostentação do cetro da (MT 7:2)
  recepção do mandato de (MT 5:3)
AUXÍLIO
  auxílio a si mesmo e * ao
  próximo e (MT 5:42)
  benefícios do (MT 7:21)

busca do (MT 7:12)
convencimento e (MT 5:40)
Deus e (MT 7:8)
espontaneidade no (MT 7:7)
exemplo da Natureza e (MT 7:12)
fé e (MT 7:21)
formas de * ao próximo (MT 5:7)
formas de (MT 25:40), (MT 13:3), (MT 13:3), (MT, 5:48)
hábito de * ao próximo (MT 24:46)
importância do * a si próprio (MT 7:7), (MT 7:8)
lei do (MT 7:12)
luz e (MT 10:8)
natureza do (MT 7:12)
necessidade de * ao próximo (MT 5:42)
oportunidade de (MT 5:5)
paciência e * ao próximo (MT 5:7)
pessoa difícil e (MT 5:44)
reciprocidade e (MT 7:12)
responsabilidade de (MT 7:2)
solicitação de (MT 7:12)
tempo e (MT 13:3)

Auxílio fraterno
benefícios do (MT 15:18)

Avarento
afastamento do * da usura (MT 6:21)
despertamento do * para a caridade (MT 6:21)

Avareza
dinheiro de sobra e (MT 6:21)
fortuna e desastres da (MT 25:14)

B

Banquete
especial significado do * dos publicanos (MT 9:11)
Mestre e * dos publicanos (MT 9:11)
oferta do * dos pecadores (MT 9:11)

Beleza
culto à * verbalista nas alocuções (MT 12:37)

Bem
adversários do (MT 4:25)
anseio pela vitória do (MT 5:40)
aperfeiçoamento das qualidades no (MT 13:38)
atuação para que o * prevaleça (MT 5:4)
beijo da criatura, união do * com o mal (MT 15:8)
bem verdadeiro e * material (MT 6:20)
conceito da Doutrina Espírita sobre (MT 7:14)
condições para a prática do (MT 7:21)
construção para o * e para a verdade (MT 11:25)
contabilidade da vida e (MT 5:42)
derrame do perfume do * sobre os ingratos (MT 15:18)
desejo do (MT 7:12)
deserção do (MT 9:12)
desinteresse na prática do (MT 7:14)
dever no exercício do (MT 6:20)
dilatação dos valores do (MT 6:20)
dissolvente do mal e (MT 5:39)
dúvidas das possibilidades mínimas no (MT 14:19)
empenho na edificação do (MT 7:21)
escolhidos para o cultivo do (MT 22:14)
esforço de conservação e dilatação do (MT 24:42)
Espiritismo e prática desinteressada do (MT 7:14)
exaltação do (MT 5:37)
extensão do * eterno (MT 6:25)
favorecimento do (MT 5:42)
fixação da verdade no respeito ao (MT 6:10)
fortalecimento no (MT 5:42)
hábito da procura do (MT 24:46)
importância de nosso concurso no (MT 7:16)
improviso do (MT 5:46)
indulgência e vitória do (MT 5:40)
interesses e prática do (MT 7:14)
intérpretes do * perante o mal (MT 5:48)
luta do * contra o mal (MT 24:42)
mal e (MT 5:48)

merecimento e * material (MT 6:20)
necessidade dos obreiros
do (MT 5:9)
ocultação do (MT 5:48)
oferta de exercício no (MT 7:12)
oferta de portas abertas
ao (MT 26:50)
oferta do * ao mal (MT 6:21)
pedido de doação total do (MT 7:14)
plantio e resposta do (MT 13:23)
possibilidade de exercício
no (MT 6:10)
prática do (MT 20:28),
(MT 7:14), (MT 7:12)
prejuízo na retenção do
* material (MT 6:20)
prevalência do (MT 5:4)
reajustamento do conceito
do (MT 5:48)
realização parcial do (MT 7:14)
relacionamento do *
espalhado (MT 27:23)
renovação para o (MT 5:44)
renúncia ao * material (MT 19:29)
sentimento e (MT 9:12)
sugestão da prática do (MT 20:28)
tarefa na edificação do (MT 7:3)
trabalho diário na
prática do (MT 6:20)
trabalho e (MT 13:23)
transformação do mal em (MT 6:13)
violência e (MT 5:40)
virtude e prática do (MT 5:10)

Bem-aventurados
sofredores, mas não (MT 5:4)

Bem-aventuranças
explicação das (MT 5:4)

Bem-estar
amparo aos que asseguram (MT 7:2)
equívocos no conceito de (MT 5:48)

Bênção
concessão de (MT 6:10), (MT 7:20)
crença, descrença e
súplica de (MT 27:22)
extensão da * de Deus (MT 13:3)
recolhimento da (MT 5:44)

homens e * de Deus (MT 19:22)

Beneficência
extensão da * confortadora
(MT 9:37)
religiosos e trato com (MT 7:12)
tipo de * ao alcance de
todos (MT 5:9)

Benevolência
semeadura da (MT 5:10)

Benfeitor
apoio do (MT 7:12; 28:20)
esquecimento por parte
do * espiritual (MT 5:4)

Boa-Nova
brilho da * na senda de
redenção (MT 5:14)
ensinos da (MT 7:24)
primeira plataforma de
Jesus e (MT 1:21)
promessa da (MT 25:40)
testemunhos da (MT 5:44)

Boa obra
auxílio no aperfeiçoamento
da (MT 5:40)
convite ao exercício
constante da (MT 5:16)
cultura intelectual e (MT 5:16)
expectação, desconfiança
e (MT 5:16)

Boa vontade
aproveitamento do
irmão de (MT 7:3)
condição para auxílio ao
próximo e (MT 10:42)
fixação dos valores da * e
do perdão (MT 26:41)
revelação da * perseverante
(MT 5:25)
valor das migalhas de (MT 14:19)

Bom trabalhador
perseverança e (MT 24:13)

Bondade
ação possível na direção
da (MT 5:48)
aperfeiçoamento e (MT 5:48)
apoio da (MT 5:44)

aproveitamento do tempo
com vistas a (MT 5:48)
culto à * fraternal (MT 5:5)
exercício da (MT 5:48)
expressão aparente da (MT 5:48)
extensão das flores da (MT 22:14)
força benéfica do ato de (MT 15:18)
insistência na * e na
compreensão (MT 5:25)
Jesus e a * humana (MT 25:40)
plantio dos reflexos da (MT 7:2)
transformação das
energias em (MT 5:15)

BONDADE INFINITA
procedência dos recursos
utilizados e (MT 7:8)

BRILHE A VOSSA LUZ
cultura intelectual e (MT 5:16)
frase correta e (MT 5:16)
interpretação das Leis
Divinas e (MT 5:16)
Jesus e (MT 5:16)
palavras e votos brilhantes
e (MT 5:16)
prece labial e (MT 5:16)
verbo flamejante e (MT 5:16)

BURILAMENTO
atenção ao próprio (MT 5:16)
hábitos e (MT 24:46)
tempo determinado para (MT 6:10)
vida superior e (MT 24:46)
disciplinas precursoras da
formação do * íntimo (MT 24:46)

C

CADÁVER
aves impiedosas em
torno do (MT 24:28)
conceito de (MT 8:22)
imagem do * e das águias (MT 24:28)
sepultura e (MT 8:22)

CAÍDO
apoio ao (MT 9:12)
postura perante o (MT 9:12)

CALÚNIA
origem da * e do erro (MT 26:23)
paciência e (MT 28:20)
tolerância ante os golpes da (MT 5:9)

CALUNIADOR
alma do * e veneno
atormentador (MT 15:18)

CALVÁRIO
exortação dos vendilhões
no dia do (MT 23:23)
Jesus e (MT 5:44), (MT 26:23)
Mateus, apóstolo, e (MT 26:23)
provocação do * doloroso (MT 26:23)

CAMINHAR DUAS MILHAS
símbolo de (MT 5:40)

CAMINHO
excelência e * espiritual (MT 24:13)

CAMPEONATO
existência de * oculto (MT 7:7)

CAMPO DA VIDA
expressão dos terrenos
espirituais e (MT 13:8)
parábola do semeador, terra
comum e (MT 13:8)

CAMPO DAS CAUSAS
impossibilidade de
penetração no (MT 7:2)

CAMPO DE SANGUE
conclusão dos mentores do
Judaísmo e (MT 27:8)
expiações dolorosas e
ásperas e (MT 27:8)
Mateus, apóstolo, e (MT 27:8)
significado de (MT 27:8)

CAMPO DE SERVIÇO
charcos gigantescos no (MT 13:38)
Jesus e o * no mundo (MT 13:38)
simbologia de (MT 13:38)
vales de sombra indefinível
e (MT 13:38)

CANDEIA
símbolo da (MT 5:15), (MT 5:15),
(MT 5:15), (MT 5:15) (MT 5:16)

CAPA
culto ao desprendimento
e gentileza e (MT 6:26)
irresponsabilidade,
negligência e (MT 6:26)

CARACTERES
luz interior e diversidade
dos (MT 5:16)

CARÁTER
  fortalecimento do (MT 24:5)
CÁRCERE
  sonho de liberdade e (MT 18:14)
CARIDADE
  auxílio legítimo e (MT 5:40)
  benefícios da (MT 12:7)
  conhecimento e (MT 19:27)
  contabilidade da (MT 6:19)
  cortesia e (MT 5:5)
  desvirtuamento da (MT 7:14)
  diferentes formas de (MT 5:48)
  dificuldade no atendimento
  à (MT 6:21)
  dinheiro nas mãos da (MT 7:17)
  entendimento e (MT 18:22)
  escolhidos para extensão da
  * sem ruído (MT 22:14)
  exemplo de ação da (MT 7:12)
  exercício da (MT 5:7), (MT 25:40)
  formas de (MT 13:3)
  grandeza na solidão da (MT 27:23)
  humildade e (MT 5:48)
  matrícula do raciocínio na
  escola da (MT 11:28)
  mestra sublime do
  coração e (MT 11:28)
  não saiba a vossa mão
  esquerda o que dá a direita
  e (MT 5:48), (MT 5:48)
  natureza da (MT 5:48), (MT 5:7),
  (MT 5:48), (MT 7:12)
  orgulho e (MT 5:48)
  orgulho, egoísmo e (MT 10:34)
  paz e (MT 5:9)
  prática da (MT 5:48), (MT 5:48),
  (MT 5:48), (MT 28:20)
  prática da misericórdia
  e da (MT 7:12)
  prudência, ponderação e (MT 5:48)
  recursos da alma e (MT 5:7)
  recursos oferecidos
  através da (MT 5:7)
  semeadura da * no
  próximo (MT 5:16)
  silêncio e (MT 5:48)
  sistema contábil do
  Universo e (MT 6:19)
CARIDADE PÚBLICA
  acolhimento nos braços
  da (MT 18:14)
CASA
  Leis de Deus e proteção da (MT 7:8)
CASA DE ISOLAMENTO
  pensamento dos filhos e (MT 5:4)
CASA PLANETÁRIA
  fornecimento da * ao
  homem (MT 20:28)
CASAMENTO
  dificuldades no (MT 19:6)
CAUTELA
  importância da (MT 7:20)
CEIFEIRO
  transformação do bom
  consumidor em bom (MT 9:37)
CENSURA
  equívoco da (MT 18:22), (MT 18:22)
  erro na (MT 9:12)
  esquecimento da (MT 5:9)
  submissão à * e
  advertência (MT 7:3)
CÉREBRO
  inquietude pela dominação
  do (MT 5:16)
  instrução do * dos
  ouvintes (MT 12:37)
CÉSAR
  símbolo de (MT 22:21)
CÉU
  ação para a conquista do (MT 9:35)
  conquista do (MT 24:13),
  (MT 12:7), (MT 9:35)
  elevação do homem até às
  portas do (MT 24:13)
  interpretações das
  revelações do (MT 25:40)
  rogativa de auxílio do (MT 7:7)
CHAMA ESPIRITUAL
  nutrição da * em nós (MT 5:16)
CHAMADO
  escolhido e (MT 22:14)
CHEFE TIRÂNICO
  despotismo e orgulho de
  outras épocas e (MT 19:6)

CIÊNCIA
    artífices da inteligência e
    progresso da (MT 5:9)
    uso da * como apoio da
    autoridade (MT 20:27)
CIÊNCIA DO RECOMEÇO
    noite na Terra e (MT 18:22)
CIÊNCIA HUMANA
    limitação da (MT 5:3)
CIÊNCIA MÉDICA
    doentes candidatos ao
    auxílio da (MT 9:12)
CILÍCIO
    caridade e (MT 12:7)
    sofrimento autoimposto e (MT 12:7)
CIRCUNSTÂNCIA
    justiça e (MT 5:48)
CIRCUNSTÂNCIA DIFÍCIL
    aproveitamento da (MT 7:21)
COBIÇA
    mulheres desditosas e homens
    de negócios e (MT 21:31)
COISA SANTA
    malta de cães e (MT 7:6)
COLABORAÇÃO
    enriquecimento das
    qualidades de (MT 13:38)
CÓLERA
    ações verbais e (MT 5:5)
    arrastamento da alma a
    estados de (MT 6:22)
    bomba de gatilho curto e (MT 5:5)
    reações de (MT 5:5)
    silêncio ante as manifestações
    de (MT 5:5)
    tempestade magnética e (MT 5:22)
COLHEITA
    igualdade da * para todas
    as sementes (MT 13:30)
COLHEITA FARTA
    coroamento da tarefa e (MT 7:21)
COMODIDADE
    apego excessivo à (MT 13:3)
COMPAIXÃO
    atitudes de (MT 5:7)
    bênção e (MT 5:7)
    definição de (MT 5:7)
    erros alheios e (MT 7:2)
    exercício da (MT 5:7), (MT 7:7)
    libertação dos inimigos e (MT 5:44)
    libertação pela (MT 5:44)
    luz e (MT 5:7)
    necessidade da * para o
    equivocado (MT 5:7)
    necessidade que temos da (MT 5:7)
    orgulho e (MT 5:7)
    reclamos de * e concurso
    mútuo (MT 5:40)
    remédio para doente
    da alma e (MT 7:2)
    tolerância com os
    equivocados e (MT 5:7)
COMPANHEIRA INTRANSIGENTE
    falso juramente de
    outrora e (MT 19:6)
COMPANHEIRO
    ambiente distinto e (MT 7:2)
    atenção ao programa
    divino e (MT 18:33)
    bênção ao * de luta (MT 18:33)
    cessão dos bens em
    favor do (MT 7:2)
    compaixão do * menos
    desejável (MT 18:33)
    conhecimentos superiores
    e (MT 7:2)
    fraternidade diante do (MT 7:2)
    nosso comportamento
    na trilha do (MT 7:2)
    oportunidades de
    melhoria e (MT 7:2)
    possibilidade de elevação
    espiritual e (MT 7:2)
    procedimento impensado e (MT 7:2)
    queda em penúria
    dolorosa e (MT 7:2)
    sombra das atitudes
    negativas e (MT 7:2)
    vida em sociedade e (MT 7:3)
COMPANHEIRO DIFÍCIL
    natureza do (MT 5:44)
COMPANHEIRO OBSIDIADO
    oração pelo (MT 5:9)

COMPANHIAS MALFAZEJAS
  combate às (MT 24:28)
COMPLACÊNCIA
  nociva * para consigo
  mesmo (MT 6:14)
COMPLACÊNCIA CULPOSA
  leviandade e (MT 5:16)
COMPREENSÃO
  conquista da paz e (MT 7:1)
  convite à (MT 7:12)
  crítica à tardia (MT 10:14)
  direito de análise e (MT 10:42)
  imposição da obrigação de
  * e desculpa (MT 7:3)
  limitação da * humana (MT 6:14)
  perdão e (MT 18:22)
COMUNHÃO ESPIRITUAL
  independência do espaço ou
  do tempo e (MT 28:20)
  insuficiência da (MT 17:20)
COMUNICAÇÃO
  exposição espírita e (MT 5:15)
CONCESSÃO
  solicitação de (MT 7:14)
CONCILIAÇÃO
  adversário inacessível à (MT 5:25)
  consciência e (MT 5:25)
  inimigo e (MT 5:25)
  resistência a (MT 5:25)
CONDENAÇÃO
  conceito de (MT 6:14)
  cristalização nas trevas e (MT 6:14)
  equívoco na * alheia (MT 9:12)
CONFIANÇA
  benemerência de Jesus e (MT 7:3)
  condição para auxílio ao
  próximo e (MT 10:42)
  negação ao próximo da
  * no futuro (MT 7:3)
  sofrimento e manutenção
  da (MT 5:4)
CONFIANÇA EM SI MESMO
  soerguimento com a
  verdadeira (MT 6:21)
CONFLITO
  aparecimento de * e
  reprovação (MT 7:12)
  nossa participação no
  (MT 18:22), (MT 18:22)
CONFORMISMO
  paciência e (MT 5:16)
CONGESTÃO EMOCIONAL
  impedimento de (MT 6:22)
CONHECIMENTO
  aplicação do * no
  cotidiano (MT 9:12)
CONHECIMENTO SUPERIOR
  natureza do (MT 5:15)
  necessidades de (MT 6:10)
  refúgio do (MT 4:4)
  uso do (MT 5:15)
CONQUISTA INTELECTUAL
  burilamento do sentimento
  e (MT 5:16)
  importância relativa da (MT 5:16)
  obras e (MT 5:16)
CONSANGUINIDADE
  parentes adversários sob o
  disfarce da (MT 11:29)
CONSCIÊNCIA
  aflição da * e dívida
  permanente (MT 19:6)
  aptidão para discernimento
  e (MT 19:6)
  aquisição de fé e (MT 6:20)
  aquisição de virtude e (MT 6:20)
  cultivo da fidelidade à
  própria (MT 7:7)
  culto espírita e templo
  vivo na (MT 5:17)
  garantia da tranquilidade
  da (MT 5:25)
  importância da * sobre
  nós mesmos (MT 7:20)
  lealdade e (MT 7:7)
  obediência aos estímulos e
  avisos da (MT 20:27)
  obrigação, fuga e (MT 19:6)
  oração e câmara secreta da (MT 6:9)
  prece e (MT 6:9)
  problema de (MT 6:6)
  reflexão e * alheia (MT 6:14)
  responsabilidade na (MT 18:7)

sentinela vigilante do
Eterno e (MT 19:6)
serviço nos moldes da (MT 6:19)
sustentação da * tranquila (MT 6:10)
virtude e enriquecimento
da * eterna (MT 4:4)

Consolação
frase de * e esperança (MT 7:3)

Consolador
Espiritismo e (MT 16:24)

Consolo
possibilidade de * e
instrução (MT 5:42)

Constrangimento
transformação da rogativa
em (MT 6:10)

Contabilidade da vida
revelação do empréstimo
na (MT 5:42)

Contabilidade divina
créditos perante a (MT 6:20)

Contato humano
isolamento do (MT 18:7)

Contemplação
passibilidade e (MT 6:26)

Convenção
despojamento das
primazias de (MT 6:19)

Conveniência imediatista
laços da (MT 11:28)

Conversa
boa e má (MT 5:37)

Convite divino
contrassenso e (MT 19:29)
promessas de renovação
e (MT 11:28)

Convivência
importância da (MT 6:12)
necessidade da (MT 7:3)
reciprocidade e (MT 7:3)

Cooperação
importância da (MT 7:2), (MT 18:33)
interdependência e (MT 7:2)
lei que rege a vida e (MT 18:33)
necessidade de (MT 5:37)

oportunidade de * ao
próximo (MT 5:9)
valorização da lei da (MT 18:19)

Cooperador
importância do * oculto (MT 7:2)
improvisação do * para
Jesus (MT 13:38)

Coração
cântico da bem-aventurança
no (MT 5:5)
fonte emissora do verbo
e (MT 15:18)
impulsividade arrasadora
e (MT 9:35)
palavra e (MT 15:18)
terra como símbolo do (MT 13:3)
trancamento do * ao auxílio
do próximo (MT 7:7)
venda de Jesus no altar
do (MT 26:22)
verbo e (MT 15:18)

Coragem
destruição da * daqueles
que sonham (MT 5:17)

Corpo
acusação pela demência
do vício e (MT 13:16)
acusação pelo golpe da
criminalidade e (MT 13:16)
amparo às energias do (MT 5:13)
apoio à educação necessária
e (MT 13:16)
auscultação do (MT 10:26)
auxílio ao (MT 13:16)
bênção do (MT 5:13)
burilamento da matéria
concentrada e (MT 13:16)
concessões e (MT 5:42)
conduta diante do (MT 5:13)
cuidados e (MT 6:22)
culpa pelas calamidades
da cólera e (MT 13:16)
culpa pelos assaltos da
calúnia e (MT 13:16)
dias rápidos no (MT 26:40)
direção do * com serenidade
e bom senso (MT 6:22)
doença do (MT 5:13)

educação do (MT 13:16)
enfraquecimento e
flagelação do (MT 5:13)
engenho divino e empréstimo
da vida e (MT 6:22)
habitação real e (MT 6:22)
homem e (MT 7:20)
importância do (MT 6:22),
(MT 5:13), (MT 5:44)
instrumento indispensável
na Terra e (MT 6:22)
obras através do (MT 5:13)
patrimônios visíveis da
Humanidade e (MT 5:13)
percepção da grandeza
do (MT 13:16)
retrato da inteligência e (MT 13:16)
simbologia do (MT 13:16)
templo da emoção e (MT 13:16)
tentações e (MT 5:13)
toque das cordas do
sentimento e (MT 13:16)
valorização do (MT 6:22)

CORREÇÃO
erros passados e (MT 5:25)

CORRIGENDA
deficiências e (MT 6:34)

CORTESIA
caridade e (MT 5:5)

COTIDIANO
ocorrências desagradáveis
do (MT 10:32)
oportunidades do (MT 5:48)

COVARDIA
atrito físico e (MT 5:39)

CRENÇA
êxtase inoperante e (MT 25:40)
propaganda compulsória
da (MT 5:15)

CRENTE
casas de oração e (MT 20:22)
conservação do espírito
de serviço e (MT 5:46)
interesse do (MT 20:22)
tarefas peculiares do * e do
descrente (MT 5:46)

CRIAÇÃO
espírito de (MT 20:28)
nosso lugar na (MT 17:20)
seres inconfundíveis da (MT 5:48)

CRIANÇA
abrigo moral e (MT 18:10)
alimento espiritual e (MT 18:10)
conforto material e (MT 18:10)
desamparo moral à (MT 18:10)
desarvoramento de * e
de jovem (MT 18:14)
desprezo à * e recomendação
de Jesus (MT 18:10)
impulsos da natureza
animalizada e (MT 18:10)
Jesus e (MT 18:10)
nutrição espiritual da (MT 18:10)

CRIATURA
projeção da * no cenário
humano (MT 20:27)
transformação da (MT 20:4)

CRIME
atitude ante o (MT 5:39)
atitude requisitada pelo (MT 5:39)
preferência pelo brilho
infernal do (MT 20:27)
treva e (MT 18:22)

CRIMINOSO
tentações de existências
passadas e (MT 5:44)

CRISE
hora de (MT 6:6)
paz e * externa (MT 6:34)

CRISTÃO
armas para a luta do (MT 10:34)
construção da paz e (MT 5:39)
exemplo da figueira e (MT 7:20)
formação do (MT 19:27)
gênero de morte e (MT 18:8)
missão do * na Terra (MT 5:20)
obras do verdadeiro (MT 7:1)
tolerância com o mal e (MT 23:23)

CRISTÃO SEM CRISTO
agradecimento pela presa
fácil e (MT 11:28)

inspiração para o melhor modo
de oprimir e (MT 11:28)
patrocínio aos excessos
do furto e (MT 11:28)
solicitação de maior número
de escravos e (MT 11:28)

CRISTIANISMO
atitude requisitada pelo (MT 10:14)
banquete dos publicanos e (MT 9:11)
característica do *
primitivo (MT 11:28)
Espiritismo e (MT 22:21)
fé e (MT 5:14)
mártires do * e semeadura
da fé (MT 5:14)
negação de Pedro nas
comunidades do (MT 26:58)
organizações do mundo
e (MT 22:21)
papel do (MT 11:28)
sabedoria do (MT 6:13)
sabedoria do * e insulamento
do aprendiz (MT 6:13)
sublimidade do (MT 22:21)
vinculação com os poderes
temporais e (MT 22:21)

CRISTO
banquete do (MT 7:6)
conselho do (MT 5:39)
interpretação do (MT 1:21)
Judas e (MT 26:50)
maldade e (MT 5:39)
misericórdia do (MT 18:33)
ressurreição do (MT 19:29)
trabalhadores do (MT 13:38)

CRÍTICA
complacência e (MT 6:14)
isenção de (MT 6:14)
pensamentos de * e
rebeldia (MT 6:20)
postura diante da (MT 6:13)
prejuízo da (MT 5:44), (MT 5:44)

CRUELDADE
empreiteiro inconsciente
da (MT 5:3)
ignorância e (MT 18:22)
patologia da mente e (MT 5:44)

CULPA
admissão dos pensamentos
de (MT 6:34)
dor da (MT 5:44)
enfermidade, perturbação
e (MT 18:21)
impressão dos estigmas da
* na alma (MT 18:21)
improdutividade da (MT 9:13)
mal e (MT 27:4)
marginalização nos
despenhadeiros da (MT 6:14)
noite da (MT 5:14)
origem do fio tenebroso
da (MT 6:14)
tempo e isenção de (MT 5:10)
vibrações em desequilíbrio
e (MT 6:34)

CULTO ESPÍRITA
apelo para o íntimo de
cada um e (MT 5:17)
caminho libertador da
alma e (MT 5:17)
libertação da alma e (MT 5:17)
médiuns e (MT 5:17)
prática do (MT 5:17)
reverência e (MT 5:17)
templo e (MT 5:17)
templo vivo na consciência
e (MT 5:17)

CULTURA
cumprimento das obrigações
e * da paz (MT 5:9)
exclusão da * espiritual (MT 5:16)
insensatez na exclusão da
* espiritual (MT 5:16)
insuficiência da *
intelectual (MT 4:4)
patrimônio incorrutível (MT 24:4)
reconhecimento das dores e
provações e * da paz (MT 5:9)
respeito às opiniões alheias
e * da paz (MT 5:9)
Sabedoria divina e (MT 5:3)
sublimação do Espírito e
* intelectual (MT 4:4)
trabalho, estudo e * da paz (MT 5:9)

utilização da possibilidade
de (MT 13:12)

CURA
corpo físico, alma e (MT 9:35)
enfermidade e (MT 9:35)
mente e (MT 9:35)
remédio indispensável à
própria (MT 11:29)
significado das teorias da
* espiritual (MT 9:12)

D

DAR A CÉSAR O QUE É DE CÉSAR
Evangelho e símbolo de (MT 22:21)

DECÁLOGO
interpretação do (MT 22:37)

DEFESA
vozes inarticuladas da
própria (MT 5:9)

DEFICIÊNCIA
correção da nossa (MT 6:34)
resignação ante a própria (MT 6:13)

DELICADEZA
cultivo da * e da
cordialidade (MT 5:37)

DELINQUÊNCIA
inteligências partidárias
da (MT 20:27)
trevas da (MT 5:14)

DELINQUENTE
apoio ao (MT 5:25)
indiferença e (MT 5:25)

DELITO
acusação (MT 19:26)

DEMAGOGIA
manifestação de * de palavras
ou atitudes (MT 7:12)

DEMÔNIO SOCIAL
relaxamento espiritual e
geração de (MT 18:10)

DERROTISTA
aflição, angústia e (MT 6:31)
inabilidade para colaboração
produtiva e (MT 6:31)
inquietação e (MT 6:31)
sombra interior do (MT 6:31)
trevas e * intransigente (MT 6:31)
conduta do * intransigente
(MT 6:31)

DESAJUSTE
compaixão e * alheios (MT 5:7)

DESÂNIMO
inferioridade e (MT 24:13)
perseverança de Jesus e (MT 28:20)

DESAPONTAMENTO
anotação de * e amargura
(MT 22:14)

DESASSOMBRO
cultivo de * e serenidade
constantes (MT 9:12)

DESASTRE MORAL
desenvolvimento de (MT 7:12)
origem do (MT 7:12)

DESCANSO
consciência e (MT 13:23)
descrédito na ilusão do (MT 13:23)

DISCIPLINA
sexo e (MT 15:11)

DESCOMPROMISSO
Jesus e (MT 25:40)

DESCULPA
bem e * incondicional (MT 18:22)
exigência de * de alguém (MT 7:12)
faltas e * incondicional (MT 18:22)
importância da (MT 5:44)
necessidade da (MT 5:44)
vitória do bem e (MT 18:22)

DESEJO
ação e (MT 7:8)
característica de nosso (MT 6:10)
Deus e o atendimento
do nosso (MT 6:10)
oportunidade e (MT 7:7)
realização do (MT 7:7)
sintonia e (MT 7:7)

DESENCANTO
veneno da imprevidência
e (MT 20:22)

DESENCARNAÇÃO
   aflição desnecessária e *
   prematura (MT 5:4)
   palavra cassada pela (MT 5:42)
   socorro providencial e (MT 6:6)
DESESPERO
   consequência do (MT 5:4)
   inutilidade do (MT 6:34)
   produção de * e revolta (MT 18:22)
   sofrimento e (MT 5:4)
   teste de resistência e (MT 5:4)
DESTINO
   oportunidades para
   renovação do (MT 7:21)
DEUS
   ação de * na Terra (MT 17:20)
   amor a (MT 22:37)
   atitude de * perante nossos
   anseios (MT 7:9)
   auxílio de (MT 7:8)
   bondade de (MT 7:8)
   cabeça insondável da
   sabedoria e (MT 16:27)
   capacidade de sentir o
   amor de (MT 6:9)
   concessões de (MT 5:42)
   confiança em * e ódio
   disfarçado (MT 6:20)
   convite de * para a Obra
   divina (MT 19:26)
   criação da criatura e (MT 5:37)
   criação do dinheiro e (MT 6:25)
   desígnios de (MT 6:10)
   dinheiro, bênção de (MT 7:17)
   discípulos favoritos de (MT 6:33)
   equilíbrio das tempestades
   e (MT 5:9)
   esquecidos por (MT 6:6)
   essência do campo e (MT 16:27)
   falsas noções de favores
   gratuitos de (MT 24:13)
   fixação das dádivas de * nos
   seres da Criação (MT 25:15)
   forma como * atende aos
   nossos desejos (MT 6:10)
   fulcro gerador de toda
   energia e (MT 16:27)
   fundamento divino do
   mundo e (MT 16:27)
   Humanidade, prece e (MT 6:9)
   igualdade na condição de
   criatura de (MT 7:24)
   indagação sobre a
   natureza de (MT 6:9)
   infinita misericórdia de (MT 7:9)
   inspiração do trabalho e (MT 16:27)
   Jesus e existência de (MT 6:9)
   Jesus, padrão que nos
   cabe perante (MT 6:9)
   meditação na grandeza de (MT 6:21)
   moléstias estranhas e (MT 5:9)
   necessidade de começar e
   continuar em (MT 6:9)
   paciência e (MT 12:20)
   padrão de Jesus e (MT 6:9)
   perturbação da obra de (MT 19:6)
   prece dominical e (MT 6:9)
   prece e amor a (MT 6:9)
   princípio e finalidade de
   nossas tarefas e (MT 6:9)
   proprietário absoluto do
   solo e (MT 16:27)
   raiz da justiça e (MT 16:27)
   rebeldia suprema nas
   relações com (MT 20:22)
   recepção dos talentos de (MT 25:15)
   reflexo da grandeza de (MT 6:9)
   reparação das obras de (MT 19:6)
   resposta de (MT 6:9)
   restauração das paisagens
   dilaceradas e (MT 5:9)
   revelação da justa maneira
   pela busca de (MT 28:19)
   senhor supremo das
   águas e (MT 16:27)
   sentimento de (MT 6:9)
   servir a * e a Mamon (MT 6:21)
   supremacia de * sobre
   César (MT 22:21)
   tempo e (MT 6:10)
DEVER
   cumprimento do
   (MT 6:10), (MT 22:21)
   desculpas para fugir ao (MT 6:20)
   ensino da prática do (MT 5:10)

espírita e (MT 6:20)
Vontade do Senhor e (MT 19:6)
DEVER CUMPRIDO
certificado dos mais
nobres e (MT 7:21)
raiz do direito conquistado
e (MT 10:42)
DIFERENÇA
igualdade e (MT 7:24)
importância da (MT 7:24)
inimigos e (MT 5:44), (MT 5:44)
utilidade da (MT 7:24)
DIFICULDADE
avaliação da * alheia (MT 6:14)
evolução e (MT 5:44)
lar e (MT 20:28)
natureza da (MT 5:44)
paciência e (MT 5:14)
prática do bem e (MT 7:13)
progresso e (MT 5:44)
remoção da (MT 13:23)
renovação interior e (MT 11:29)
superação da (MT 7:21)
superação da * dos próprios
limites (MT 7:21)
DINHEIRO
agente do progresso e (MT 25:23)
álcool anestesiante e (MT 6:21)
alegria e (MT 7:17)
amigo prestimoso e (MT 25:23)
análise da história do *
de sobra (MT 6:21)
aplicação do (MT 6:24)
azinhavre da sovinice e (MT 25:23)
bênção de Deus e (MT 7:17)
benefícios do (MT 7:17), (MT 25:14)
causa dos males da
Terra e (MT 6:25)
clarão espiritual que varre
as trevas e (MT 25:14)
construção da casa e (MT 6:25)
conversão do * em cântico
fraterno (MT 25:14)
corações petrificados na
Terra e (MT 25:14)
crítica ao (MT 7:17)

desejo de crianças
infelizes e (MT 6:21)
Deus e criação do (MT 6:25)
diante dos que possuem
a posse do (MT 6:26)
disciplinamento e condução
do * no bem geral (MT 9:37)
embriaguez do transeunte
e (MT 25:23)
emprego útil do (MT 6:25)
estimulante do erro e (MT 25:23)
euforia e (MT 7:17)
expansão do livro e (MT 6:25)
fé e (MT 7:17)
harmonia e (MT 7:17)
importância do (MT 6:25)
infeliz anestesiado na
cocaína e (MT 25:23)
inimigo da evolução e (MT 25:23)
Jesus e (MT 6:26)
lidador fiel e (MT 25:23)
luz espiritual e (MT 7:17)
mães desvalidas e posse
do (MT 6:21)
males e (MT 6:25)
manejo do * para o bem ou
para o mal (MT 25:23)
manifestações da
caridade e (MT 6:25)
obreiro da renovação e (MT 25:23)
ócio de pessoas inexperientes
e (MT 6:21)
orientação e * de sobra (MT 6:21)
origem do (MT 6:25)
pão que extingue a
fome e (MT 25:14)
possibilidades da
avareza e (MT 6:21)
precipícios dourados da vida
moderna e (MT 25:14)
preparo do remédio e (MT 6:25)
responsabilidade do (MT 25:14)
responsável pelo delinquente
da noite e (MT 25:23)
saúde e (MT 7:17)
secura do sentimento e (MT 25:23)
seiva da atividade e (MT 6:25)
sovinice, crueldade e (MT 7:17)

suplícios de um homem
doente e (MT 6:21)
trabalho honesto e (MT 6:25)
trabalho, honestidade e (MT 7:17)
uso adequado do (MT 7:17)
uso do (MT 6:24), (MT 6:25)
utilidade do (MT 7:17)
visão da Doutrina Espírita
sobre (MT 6:25), (MT 6:26)
utilidade do (MT 6:19)

DIREITO
detenção do * de
correção (MT 10:42)
posse do * de solicitação (MT 10:42)
privilégio de servir e *
maior (MT 10:42)
reconciliação com adversários
e * de opinião (MT 5:25)
usufruto do * de
advertência (MT 10:42)

DISCERNIMENTO
bem, mal e (MT 5:48)

DISCIPLINA
bênção da * e da prova (MT 18:7)
libertação da vítima sem (MT 24:20)
salvação e (MT 24:20)
valorização da (MT 19:22)

DISCÍPULO
caprichos e (MT 6:33)
comodidades diárias e (MT 6:33)
condições do discipulado
e (MT 6:33)
convite ao * consciente (MT 26:40)
exigências ao (MT 9:9)
favoritos de Deus e (MT 6:33)
imediatismo vulgar e (MT 6:33)
imposição de autoridade e (MT 6:33)
luz do mundo e (MT 5:14)
objetivo da permanência do
* na Terra (MT 10:25)
predomínio de opiniões e (MT 6:33)
submissão dos demais e (MT 6:33)
subordinação do ponto
de vista e (MT 6:33)

DISCÓRDIA
catástrofe da * e
separação (MT 5:39)

condutores e conduzidos no
mundo em franca (MT 28:20)
estímulo à (MT 4:4)
motivo de * e luta (MT 26:41)
origem da (MT 7:12)
postura diante da (MT 7:2)

DISCURSO
natureza do (MT 7:6)

DIVINO GOVERNADOR DO PLANETA
Jesus e (MT 1:21)

DIVÓRCIO
medida justificável na convenção
humana e (MT 19:6)
moratória de resgate
difícil e (MT 19:6)

DOAÇÃO
formas de (MT 5:7)

DOADOR DE PAZ
bálsamo vivificante em favor
alheio e (MT 10:34)

DOENÇA
desespero como (MT 5:4)
natureza da (MT 9:12)

DOENTE
auxílio ao * do corpo e
da alma (MT 9:12)
corpo, alma e (MT 9:12)
possibilidade de socorro
ao (MT 7:21)

DOR
bênção do Céu e (MT 28:9)
condição de (MT 18:22)
convite de Jesus para o alívio
da (MT 11:28), (MT 11:28)
desespero, revolta e (MT 18:22)
empatia e * do vizinho (MT 6:9)
estímulo às mais altas
realizações e (MT 5:47)
formação e passagem da (MT 19:26)
natureza da (MT 11:28)
plantio e colheita de (MT 6:12)
respeito à * e plantio da
alegria (MT 18:14)
transformação da (MT 27:42)

DOUTRINA ESPÍRITA
conceito de bem e (MT 7:14)

contribuições da (MT 5:15)
divulgação da (MT 5:15)
exposição da (MT 5:15)
ver também Espiritismo (MT 5:15)

DOUTRINA REDENTORA
simplicidade e (MT 5:3)

DOUTRINADOR
repetição do apelo de
Jesus e (MT 11:28)

E

EDIFICAÇÃO
colaboração e (MT 20:28)

EDUCAÇÃO
aperfeiçoamento das
maneiras e (MT 4:4)
bem-estar e esquecimento
da (MT 5:37)
empenho das forças a
serviço da (MT 5:1)
essência da (MT 24:46)
iluminação e (MT 5:16)
inteligência, sentimento e (MT 5:16)
necessidade de (MT 7:3)
repreensão e (MT 13:30)
sexo e (MT 15:11)
símbolo da luz e (MT 5:16)
tesouro da * pessoal (MT 6:20)

EGOÍSMO
animalidade e (MT 10:34)
cárcere do (MT 5:14)
cirurgia das lesões
psíquicas e (MT 19:6)
compreensão da aflição e (MT 6:9)
concha obscura da
vaidade e do (MT 5:4)
cristalização no * e na
vaidade (MT 8:22)
entrega ao * desvairado (MT 7:14)
exaltação ao (MT 21:31)
formas do (MT 7:14)
interesse geral e (MT 13:3)
ponto de vista e (MT 13:3)
prece dominical e (MT 6:9)
prejuízos do (MT 5:48)
segregação no *
primitivista (MT 6:9)
sutileza da ação do (MT 7:14)

ELEMENTO PSÍQUICO
exteriorização do * pela
boca (MT 15:18)

ELEVAÇÃO
aprendizado da ciência
da (MT 27:23)
desprezo às oportunidades
de (MT 6:13)
incompreensão ante a *
espiritual (MT 27:23)
renovação nos impulsos
de (MT 6:10)
solidão e * espiritual (MT 27:23)

ELOGIO EVANGÉLICO
fuga dos deveres da vida e (MT 5:5)

EMOÇÃO
domínio da (MT 5:5)
equilíbrio da (MT 5:5)
equilíbrio, discernimento e (MT 5:5)
reajuste da * e tendências (MT 9:35)

EMPECILHO
superação do (MT 7:21)

ENCARGO
desprezo e (MT 13:23)
singeleza do (MT 13:23)

ENCARNAÇÃO
necessidade da * e da
reencarnação (MT 18:7)

ENCORAJAMENTO
inspiração do * e da
esperança (MT 5:37)

ENFERMIDADE
cura da (MT 9:35)
empenho incessante na
fuga da (MT 9:12)

ENGANO
esquecimento do (MT 9:16)

ENGENHO DIVINO
corpo físico, empréstimo
da vida e (MT 6:22)

ENSINAMENTO
aquisição do * divino (MT 11:29)
busca por Jesus e aquisição
do * divino (MT 11:29)

profundidade e sublimidade
do * de Jesus (MT 13:3)

ENTE AMADO
bênção do verbo nobre e (MT 7:2)
censura e (MT 7:2)
deserção da estrada justa e (MT 7:2)
socorro através do bem e (MT 7:2)
testemunho de apreço e (MT 7:2)
vibrações de entendimento
e carinho e (MT 7:2)

ENTE QUERIDO
abandono e (MT 19:26)
morte de (MT 19:26)
superproteção e (MT 6:34)

ENTENDIMENTO
caridade e (MT 18:22)
conservação do * e da
esperança (MT 10:14)
pais incompreensíveis e (MT 11:29)

ENTRAVES
superação dos * da própria
liberação (MT 5:44)

EQUILÍBRIO
aquisição de * e
entendimento (MT 7:7)
fórmula ideal do (MT 5:44)
garantia do próprio (MT 6:34)
mal e * próprio (MT 6:14)
paz e * próprio (MT 6:34)
perdão e (MT 18:22), (MT 18:22)

EQUIPE ESPÍRITA
ação e serviço e (MT 18:19)
associação ao esforço
geral da (MT 18:19)
entendimento mútuo e (MT 18:19)
esquecimento pelo rendimento
da obra e (MT 18:19)
humildade, paciência e (MT 18:19)
lavoura do bem comum e (MT 18:19)
responsabilidades e (MT 18:19)

ERRO
ajuda aos mergulhados no (MT 7:2)
arrependimento e (MT 27:4)
auxílio no * do vizinho (MT 5:9)
compaixão e * alheio (MT 7:2)
compreensão do (MT 5:5)

dificuldade de entender a
origem do * alheio (MT 7:2)
Espírito inferior e (MT 27:4)
indignação e (MT 5:5)
Jesus e * alheio (MT 7:3)
males sem remédio e (MT 19:26)
marcação da presença e *
impensado (MT 5:5)
mecanismo de prevenção
do (MT 6:9)
nossos erros e * alheio (MT 7:3)
postura diante do * alheio
(MT 5:5), (MT 7:2), (MT, 18:22)
suscetibilidade de cair em (MT 5:44)
suscetibilidade de queda no (MT 5:7)

ESCÂNDALO
Espiritismo e esclarecimento
sobre o (MT 18:7)
Evangelho e símbolo do (MT 18:7)
Jesus e o ensino a respeito
do (MT 18:7), (MT 18:7)
Mateus, apóstolo, e (MT 18:8)

ESCLARECIMENTO
formas de exercer o (MT 7:6)
Jesus e (MT 7:1)
trabalho e (MT 7:6)

ESCOLA
consagração ao ministério
do ensino e (MT 7:13)
obra divina e (MT 5:16)
opção pela * literária (MT 4:4)

ESCOLHA
natureza e consequências
da (MT 7:13)

ESCOLHIDO
chamado e (MT 22:14)

ESCRIBA
cumprimento dos
deveres e (MT 5:20)
exploração do povo e (MT 5:20)
fraternidade e (MT 5:20)
humilhação ao irmão
infeliz e (MT 5:20)
mordomos do conforto
familiar e (MT 5:20)
oração do coração e (MT 5:20)

orgulho falso e (MT 5:20)
pagamentos de impostos e (MT 5:20)
postura do (MT 5:20)
preceitos da fé e (MT 5:20)
respeito às leis e (MT 5:20)
reverência à Revelação
divina e (MT 5:20)

ESCRITURA INDIVIDUAL
parágrafos da morte e (MT 26:56)

ESCRÚPULO MORAL
despojamento de (MT 6:20)

ESFORÇO
aperfeiçoamento e (MT 24:13)
céu e (MT 24:13)
elevação e (MT 28:20)
exemplo de Jesus e (MT 28:20)
obstáculos a serem
vencidos e (MT 7:7)
usufrutuários do * e do
sacrifício (MT 8:22)
anulação do defeito íntimo
e * próprio (MT 4:4)
impositivo do * humano (MT 7:8)

ESMOLA
importância da (MT 7:7)
oração e (MT 7:7)

ESPADA
conhecimento interior e *
simbólica (MT 10:34)
Evangelho e símbolo da
(MT 10:34), (MT 10:34)

ESPÍRITA
abraço ao trabalho
construtivo e (MT 20:16)
abstenção do profissionalismo
religioso e (MT 20:16)
aceitação das dificuldades e
provações e (MT 20:16)
aceitação dos preconceitos
alheios e (MT 20:16)
amor sem escravização e (MT 20:16)
aprendizado infatigável do
progresso e (MT 20:16)
aprimoramento individual
e (MT 20:16)
atenção aos deveres de
cidadão e (MT 20:16)

características essenciais
do (MT 20:16)
comportamento do * ante
o bem (MT 6:20)
compreensão da vida
futura e (MT 18:20)
conduta do (MT 22:21)
Espírito em evolução e (MT 20:16)
espontaneidade no
trabalho e (MT 20:16)
estudo constante e (MT 20:16)
exaltação ao bem e (MT 20:16)
exercício da tolerância
fraterna e (MT 20:16)
fuga da crítica pessoal e (MT 20:16)
importância do corpo
carnal e (MT 5:47)
iniciados na luz da Revelação
Nova e (MT 5:47)
justiça e (MT 5:47)
missão de aperfeiçoamento
e (MT 5:47)
necessidade de iluminação
espiritual e (MT 5:47)
papel do (MT 18:20)
patrimônio de entendimento
do (MT 5:47)
preito de amor a Deus e (MT 20:16)
princípios da reencarnação
e (MT 20:16)
realizações da dor e (MT 5:47)
respeito ao corpo físico e (MT 20:16)
simplicidade e (MT 20:16)
utilização das posses do
mundo e (MT 20:16)
vida além da morte e (MT 5:47)

ESPIRITISMO
alívio, consolo e (MT 6:26)
anotações do Testamento
de Jesus e (MT 28:20)
colaboração no apostolado
libertador do (MT 9:37)
Cristianismo e (MT 22:21)
dinheiro e ensinamentos
do (MT 6:25)
divulgação do (MT 5:15)
exemplo e divulgação do (MT 5:15)

instrução, esclarecimento
e (MT 6:26)
Jesus e (MT 5:17)
Jesus, mentor da alma, e (MT 11:28)
libertação da alma e (MT 5:17)
médiuns e (MT 5:17)
missão do (MT 5:17), (MT 16:24)
outras religiões e (MT 5:17)
papel do (MT 5:17)
papel do * perante as outras
religiões (MT 5:17)
prática desinteressado
do bem e (MT 7:14)
prática do (MT 5:17)
renovação moral e (MT 24:4)
ressurreição do Evangelho
no (MT 5:44)
templo e (MT 5:17)
ver também Doutrina
Espírita (MT 5:15)

Espiritista
entendimento do (MT 5:47)

Espírito
abrigo moral ao *
renascente (MT 18:10)
aparências exteriores e (MT 7:16)
aplicação de misericórdia
ao (MT 18:33)
captação de potências da
natureza superior e (MT 10:42)
compreensão do * de quem
ara a Terra (MT 5:5)
condição certa para
aquisições de (MT 6:10)
crescimento do (MT 7:7)
débitos no livro do (MT 6:6)
educação e boas obras,
tesouros do (MT 6:25)
fotografia das telas do (MT 5:48)
fuga dos charcos do (MT 24:20)
grande escola do *
encarnado (MT 6:13)
moléstias da alma e
socorro do (MT 9:12)
percepção de horizontes
mais vastos e (MT 10:26)
prerrogativas do *
encarnado (MT 5:15)

situações embaraçosas e
opressão do (MT 19:26)

Espírito benfeitor
atitude moral do (MT 5:4)
atuação do (MT 5:4)
presenção do (MT 5:4)
problemas e atuação do (MT 5:4)

Espírito em serviço na Terra
alma enferma de muitos
séculos e (MT 9:12)
instrutores e benfeitores da
Vida Maior e (MT 9:12)

Espírito encarnado
perseverança e (MT 24:13)

Espírito guardião
presença do (MT 5:4)
prevenção do (MT 5:4)
segurança, conforto e (MT 5:4)

Espírito imortal
dever de aprimoramento
e (MT 5:48)

Espírito imprevidente
convites malévolos e (MT 27:4)

Espírito inexperiente
esquecimento do mandato
e (MT 26:40)
tarefas de importância
fundamental e (MT 26:40)

Espírito mau
auxílio, consideração e (MT 5:44)

Espírito pacificado
dever cumprido e (MT 5:20)

Espiritualidade
saudação dos vivos da (MT 28:9)

Espólio
recepção do * dos
vencidos (MT 19:27)

Esposo arbitrário
acentuação da agressividade
e crueldade e (MT 19:6)
lealdade escarnecida e (MT 19:6)

Esquecimento
atitude desagradável e (MT 6:14)
escolhidos para o * das faltas
alheias (MT 22:14)

mal e (MT 6:14)

ESTADOS MENTAIS
    tipos de (MT 10:14)

ESTRADA
    busca dos espinhos da (MT 22:14)
    enriquecimento da * com a luz do esforço (MT 25:25)

ESTUDO
    esforço por * e aprendizado (MT 22:14)
    importância do (MT 4:4)

ETERNA SABEDORIA
    entendimento para a assimilação da (MT 11:15)

ETERNIDADE
    pretensão da divina união para (MT 26:40)
    valores íntimos e (MT 6:20)

EUNUCO
    Evangelho e símbolo do (MT 19:12)

EVANGELHO
    alimento espiritual e (MT 5:16)
    amigos do (MT 26:58)
    amor e (MT 5:37)
    amor e lições do (MT 5:37)
    amor, essência fundamental do (MT 5:39)
    aprendiz do (MT 5:1)
    atualidade do (MT 16:24)
    benefício aos corações alheios e servidor do (MT 13:3)
    brilho da luz do (MT 5:16)
    comportamento do servidor do (MT 13:3)
    conclamação aos servidores do (MT 24:28)
    contradições aparentes e (MT 24:15)
    convite de Jesus e (MT 11:28)
    convites amorosos e (MT 5:14)
    convites do (MT 5:14)
    convocação à obra do (MT 9:12)
    destaque da humilde viúva do (MT 7:14)
    destinação do (MT 9:37)
    dificuldades do (MT 6:33)
    dinamismo e (MT 9:35)
    discípulo do (MT 24:15)
    discípulos do * e justiça (MT 5:20)
    discípulos do * e raios de luz espiritual (MT 6:13)
    discípulos e esclarecimentos do (MT 6:33)
    egoísmo e aprendiz do (MT 6:33)
    enriquecimento do Espírito humano e (MT 9:37)
    estudo e vivência do (MT 28:19)
    extensão do * nos corações (MT 5:1)
    grandes pregadores do (MT 7:24)
    homem culto e (MT 5:1)
    imprevidentes, levianos e (MT 24:15)
    interpretação falsa do (MT 6:34)
    Jesus e (MT 14:19), (MT 24:15)
    lições do (MT 5:37)
    luz espiritual e (MT 6:13)
    materialização do * na Terra (MT 24:42)
    objetivo de vida e (MT 24:13)
    observações do (MT 24:15)
    padrão de Jesus e (MT 5:1)
    paz e (MT 25:40)
    perdão e (MT 6:14)
    predileções e pontos de vista do discípulo do (MT 10:25)
    pregação do * a todas as criaturas (MT 7:6)
    pregação do * aos povos (MT 24:13)
    pregadores do (MT 7:24)
    problema do discípulo do (MT 24:15)
    propagação do sensacionalismo e (MT 24:15)
    proteção do mundo e (MT 22:21)
    receitas de Jesus e (MT 9:12)
    recomendação do (MT 5:37)
    recompensa pela adesão ao (MT 19:27)
    renúncia e (MT 28:20)
    roteiro de vida e (MT 16:24)
    seara de consolações e (MT 9:37)
    sensacionalismo, perturbação e (MT 24:15)
    sentido profundo das expressões do (MT 6:26)

Simão Pedro, veiculador do (MT 7:3)
símbolo da luz e (MT 5:16)
simbologia de cão no (MT 7:6)
símbolos do (MT 10:34),
(MT 10:34), (MT 10:35)
terapia da alma e (MT 9:12)
tesouro de dádivas da
Vida eterna e (MT 7:6)
testemunho e (MT 7:24)

EVANGELHO DE MATEUS
significado do capítulo
7 vs 7 do (MT 7:7)

EVANGELIZAÇÃO
necessidade da (MT 16:24)
papel do Espiritismo na (MT 16:24)

EVOLUÇÃO
ação para (MT 5:48)
busca da * e aprimoramento
(MT 7:21)
criaturas terrestres e (MT 17:20)
intercâmbio e (MT 7:7)
perseverança e (MT 24:13)
simplicidade e (MT 5:3)
trânsfugas da (MT 8:22)

EXEMPLO
divulgação do Espiritismo
e (MT 5:15)
escolhido e (MT 22:14)
esforço e (MT 7:7)
fala e (MT 7:16)
impacto do (MT 7:16)

EXISTÊNCIA TERRESTRE
característica da (MT 6:12)
grande escola e (MT 6:10)

EXPERIÊNCIA
conquista da sublimação e (MT 6:10)
fé e (MT 17:20)
recusa da * e resgate (MT 7:21)
valor da (MT 7:21)

EXPERIÊNCIA DIFÍCIL
referência de Jesus ao
pó da (MT 10:14)

EXPERIÊNCIA ESPIRITUAL
utilização da (MT 17:9)

EXPERIÊNCIA HUMANA
vicissitudes lógicas da (MT 26:41)

EXPERIÊNCIA MATERIAL
concessões e (MT 5:42)
reajustamento e (MT 5:44)

EXPERIÊNCIA TERRESTRE
discípulos do Evangelho e
inimigos da (MT 6:13)

EXPOSIÇÃO ESPÍRITA
símbolo da candeia e (MT 5:15)

EXTERIOR
distinção entre * e
conteúdo (MT 24:4)

F

FACULDADE HUMANA
ilimitado valor da (MT 6:21)

FALA
ação e (MT 5:37)
atitude e (MT 5:37)
boa e má (MT 5:37)
construção e (MT 5:37)
contenção da (MT 5:37)
criação e (MT 5:37)
efeito da (MT 5:37)
formas de (MT 5:37)
fúria e (MT 5:37)
pensamento e (MT 5:37)
resultado da * para quem
a produz (MT 5:37)
sentimento e (MT 5:22)

FALHA
reconhecimento da própria (MT 7:3)
suscetibilidade de cair em (MT 5:44)

FAMÍLIA
apoio a * humana (MT 25:40)
concepção de Jesus da (MT 12:48)
conflitos na (MT 10:35)
dificuldades e oportunidades
na (MT 7:21)
extensão da (MT 25:40)
Humanidade e (MT 6:9)
paternidade divina e (MT 6:9)

FARDO
alívio do * que te pesa nos
ombros (MT 6:10)

FARINHA
    transformação da * em
    fermento (MT 19:27)
FARISEU
    cumprimento dos
    deveres e (MT 5:20)
    exploração do povo e (MT 5:20)
    fraternidade e (MT 5:20)
    humilhação ao irmão
    infeliz e (MT 5:20)
    mordomos do conforto
    familiar e (MT 5:20)
    oração do coração e (MT 5:20)
    orgulho falso e (MT 5:20)
    pagamentos de impostos e (MT 5:20)
    postura do (MT 5:20)
    preceitos da fé e (MT 5:20)
    respeito às leis e (MT 5:20)
    reverência à Revelação
    divina e (MT 5:20)
FATALIDADE
    queda moral de Pedro e (MT 26:58)
FAVOR
    requisição de * e
    privilégio (MT 7:14)
FÉ
    abandono à * inoperante (MT 5:5)
    abrigo na fortaleza da
    * viva (MT 10:22)
    ação e (MT 7:21), (MT 9:35)
    benefícios da * e a
    verdade (MT 5:15)
    benefícios divinos da (MT 5:15)
    característica da
    (MT 17:20), (MT 17:20)
    chamamento da * viva (MT 22:14)
    complementos necessários
    à (MT 7:21)
    confissão de * e aperfeiçoamento
    espiritual (MT 9:37)
    criaturas em serviço
    evangélico e (MT 7:24)
    Cristianismo e (MT 5:14)
    exaltação da * pura (MT 22:14)
    exemplo de Jesus e (MT 7:21)
    experiência e (MT 17:20)
    exterminação da * do
    próximo (MT 5:17)
    falsa (MT 7:21)
    garantia da * ao redor
    de nós (MT 5:16)
    gritos da alma vazia e (MT 25:40)
    homens de (MT 7:24)
    humildade e (MT 17:20)
    indiferença e (MT 17:20)
    insatisfação e (MT 7:21)
    Jesus e (MT 13:23)
    maravilhas da (MT 7:24)
    mártires do Cristianismo e
    semeadura da (MT 5:14)
    paz espiritual e (MT 6:33)
    portadores de (MT 7:24)
    prevalência dos testemunhos
    da (MT 10:32)
    recorrendo à (MT 6:33)
    semente de mostarda como
    símbolo da (MT 17:20)
    simbologia da (MT 27:23)
    sustentação da própria (MT 22:14)
    testemunhos de (MT 6:6)
    viúva pobre e testemunho
    de (MT 6:26)
FÉ RACIOCINADA
    benefícios da (MT 6:13)
    cegueira do fanatismo e (MT 6:13)
FELICIDADE
    aparência de (MT 5:44)
    casa pequena e humilde e (MT 5:16)
    construção da * real (MT 5:1)
    construção da própria (MT 5:42)
    construção da verdadeira (MT 28:9)
    dinheiro, instrumento à (MT 5:40)
    educação e * real (MT 5:37)
    irmãos necessitados e (MT 28:20)
    Jesus e a * de servir
    santamente (MT 20:28)
    proclamação da * dos mansos
    de coração (MT 5:5)
    provas indispensáveis à (MT 18:8)
FERTILIDADE
    aproveitamento da * da lama
    do pântano (MT 12:20)
    lama do pântano e (MT 12:20)

FESTIVIDADE GRATULATÓRIA
    triunfos passageiros da
    experiência física e (MT 26:27)
FIDELIDADE
    adoração perpétua e (MT 6:13)
    espírito de serviço e (MT 6:13)
    hábito de * ao desempenho
    dos deveres (MT 24:46)
    proteção contra influências
    negativas e * a Deus (MT 7:20)
FIGUEIRA CONDENADA
    palavras sonoras e (MT 7:20)
FILEIRA CRISTÃ
    ambiciosos de recompensa
    na (MT 6:20)
FILHO
    controle dos sentimentos
    paternos e (MT 19:19)
    credor do passado e (MT 19:19)
    inspetor intransigente
    dos pais e (MT 19:19)
    joia de luz e (MT 19:19)
    nova fase de entendimento
    e (MT 19:19)
    palavra de apaziguamento
    e brandura e (MT 19:19)
    resgate de velhas contas
    e (MT 19:19)
FILHO DOENTE
    alma confiante e ingênua
    do passado e (MT 19:6)
FILHO-COMPANHEIRO
    apoio à alma e (MT 19:19)
FILHO-CREDOR
    instrutor diferente e (MT 19:19)
FIM
    significado do termo (MT 24:13)
FOGO ETERNO
    imagem do (MT 18:8)
FORÇA FÍSICA
    aproveitamento do
    verão da (MT 24:20)
FORJA DA VIDA
    trabalho, esforço e (MT 7:13)
FORMAÇÃO ESPIRITUAL
    insegurança na própria (MT 6:6)

FRACASSO
    advertências recebidas e *
    de Pedro (MT 26:58)
    causas positivas do (MT 26:58)
FRAQUEZA
    exagero da provável * do
    próximo (MT 7:3)
    importância de conhecer
    a nossa (MT 7:20)
    provas e (MT 20:4)
FRASE
    composição da (MT 5:37)
    palavras e (MT 5:37)
    sentimentos e (MT 5:37)
FRATERNIDADE
    boa vontade, cooperação
    e * humana (MT 4:25)
    concretização da * no
    mundo (MT 5:15)
    distribuição dos talentos
    da justa (MT 5:3)
    escolhidos para a *
    verdadeira (MT 22:14)
    irradiação do entendimento
    e da (MT 5:1)
    pensamento e ação com (MT 7:2)
FRUTO
    autoconhecimento e (MT 7:20)
    Evangelho e símbolo do
    (MT 7:20), (MT 7:20), (MT 7:16)
    exame das sementes dos
    princípios e (MT 7:20)
FUTURO
    estímulo as iniciativas edificantes
    na direção (MT 12:37)

G

GÊNIO
    exaltação ao * e a
    sensibilidade (MT 5:17)
GENTILEZA
    autoproteção e (MT 7:2)
    exame da (MT 7:2)
    função protetora da (MT 7:2)
    proteção, tolerância,
    respeito e (MT 7:2)
    relações humanas e (MT 7:2)

GLÓRIA
reflexo da * imperecível (MT 22:14)
GOVERNO
nossa responsabilidade ante o * do mundo (MT 22:21)
GRANDE VIDA
conservação dos valores da (MT 6:25)
GRÃO
triturador e purificação do * maduro (MT 19:27)
GRUPO ESPÍRITA
tarefa específica do obreiro no (MT 18:20), (MT 18:20)
GRUPO RELIGIOSO
preconização de * e serviço da oração (MT 14:23)
GUERRA
movimento inicial da (MT 15:18)
ódio, ignorância e (MT 10:34)
origem da (MT 15:18)
procedência das maiores calamidades da (MT 11:25)

H

HABITAÇÃO REAL
corpo e (MT 6:22)
HARMONIA
edificação silenciosa da (MT 5:9)
perdão e (MT 18:15)
retorno dos desesperados à (MT 19:26)
HARMONIZAÇÃO
perseguidor, caluniador e (MT 5:25)
trabalho no capítulo da (MT 5:25)
HERMETISMO
comunicação com os outros e (MT 4:4)
HOMEM
abusos do (MT 19:6)
atenção, boa vontade e * de fé (MT 7:24)
bens materiais e (MT 19:22)
brilhe a vossa luz diante do (MT 5:16)
comportamento do * vulgar (MT 5:46)
consagração do * ao círculo da fé (MT 19:27)
conversão de Jesus em oráculo e * ocioso (MT 27:22)
corpo físico e (MT 7:20)
crescimento e santificação do (MT 13:30)
desorganização da própria existência e (MT 19:6)
destruição do campo terrestre e (MT 5:9)
dinheiro de sobra e * doente (MT 6:21)
engrandecimento na sabedoria e no amor e (MT 6:34)
ensino da arte de servir ao (MT 20:28)
fé e (MT 7:24)
força física e (MT 5:39)
fuga, realizações e (MT 5:4)
identificação da ação renovadora e (MT 13:30)
inimigo, afeiçoado e (MT 5:44)
Jesus, aprovação dos desvarios e * insensato (MT 27:22)
Jesus e * vaidoso (MT 27:22)
Jesus e libertação do (MT 1:21)
Lei de Deus e (MT 26:56)
livre-arbítrio e (MT 26:56)
necessidade básica do (MT 5:16)
necessidade de prudência e (MT 17:9)
palavra e contaminação do (MT 15:18)
palavra, criação do (MT 15:8)
perturbação e (MT 24:16)
patrimônio intelectual do (MT 10:26)
peso do fardo de inquietações e (MT 18:14)
posse verdadeira e (MT 19:22)
procedimento do * culto (MT 5:1)
realização mais difícil do * na esfera carnal (MT 7:20)
reclamos do (MT 20:22)
recurso para contenção do * desvairado (MT 5:39) (MT 5:39)
retificação do mundo e pretensão do (MT 6:34)

serviço reparador e (MT 19:6)
significativo valor do *
moderado (MT 7:24)
suplícios ocultos de um
* doente (MT 6:21)
transformação de Jesus em
galeria de exibição (MT 27:22)
triunfo e prosperidade do
* impiedoso (MT 6:20)
Universo e (MT 10:26)

Homens-seara
produção das colheitas
do bem e (MT 13:8)

Hostilidade
evitando a (MT 10:14)

Humanidade
autoridade e humilhação
da (MT 5:1)
chagas crônicas da (MT 17:20)
corpo e patrimônios
visíveis da (MT 5:13)
enriquecimento da cultura dos
companheiros e (MT 12:37)
escribas, fariseus e (MT 5:20)
família e (MT 6:9)
Pai-nosso e (MT 5:1)
personalidades e
tratamento da (MT 5:1)
políticos e exploração da (MT 5:1)
prece dominical e (MT 6:9)
sacerdotes e subjugação da (MT 5:1)
tema fundamental de
nossas vidas e (MT 6:9)
vida mental da (MT 4:25)

Humildade
autoridade e (MT 5:3)
base do equilíbrio da vida e (MT 5:3)
ensinamento da verdadeira
ascensão e (MT 5:4)
equilíbrio da Natureza e (MT 5:3)
equívocos na prática da (MT 5:5)
fé e (MT 17:20)
pão da vida e (MT 5:3)
serviço e (MT 5:3)

Humilde
bem-aventurado o * de
Espírito (MT 5:3)

I

Ide e ensinai
significado da expressão (MT 28:19)

Ideal superior
concretização do (MT 7:13)
flama do (MT 7:13)

Ignorância
candura inviolável e *
completa (MT 18:7)
lançamento de lenha à
fogueira da (MT 10:14)
sabedoria e (MT 7:6)
socorro à * e ao infortúnio
(MT 18:22)
tocas da (MT 5:14)

Igualdade
diferença e (MT 7:24)

Iluminação
candeia viva da *
espiritual (MT 5:15)
consagração à obra viva
da própria (MT 7:21)
evangelho e (MT 5:16)
imperativo da * própria (MT 5:14)
objetivo da (MT 9:12)
requisitos para a (MT 7:21)

Ilusão
acalentamento de * a nosso
respeito (MT 7:21)
despojamento da * nas
fronteiras da morte (MT 6:19)

Ilustração acadêmica
instrumento para benefício
de todos e (MT 9:37)

Imagem
criação de * no pensamento
(MT 5:37)
frases e criação de (MT 5:37)

Impaciência
conturbação e destruição da
resistência e (MT 6:34)

Imperfeição
dimensão da nossa (MT 20:4)
identificação da * alheia (MT 7:3)
serviço e (MT 7:7)
trabalho e (MT 20:4)

trabalho no Evangelho e
*moral (MT 9:13)

IMPÉRIO DO EU
incorporação do * à vida
santificante (MT 6:9)

IMPRENSA
princípios de controle da (MT 24:5)

IMPREVIDÊNCIA
queda em penúria
dolorosa e (MT 7:2)

IMPULSO INFERIOR
vencimento do (MT 7:7)

IMUNIZAÇÃO ESPIRITUAL
inimigos e (MT 5:44)
Jesus e (MT 5:44)

INCOMPREENSÃO
esforço para vencer a (MT 28:20)
esquecimento da * alheia (MT 13:23)
postura diante da (MT 6:13)
tristeza e (MT 5:14)

INCONSEQUÊNCIA
insultos, provocações e (MT 5:20)

INDECISÃO
permanência na sombra da (MT 9:9)

INDEPENDÊNCIA
impassibilidade à frente
da vida e (MT 13:12)

INDIFERENÇA
fé e (MT 17:20)
problema da * perante os
delinquentes (MT 5:25)
recomendação de * e
irresponsabilidade (MT 6:31)

INDIGNAÇÃO
reposição do equilíbrio
e * justa (MT 5:37)

INDISCIPLINA
imersão do coração nas
correntes da (MT 22:14)

INDIVIDUALIDADE
procedência das tentações
na (MT 26:41)

INDIVÍDUO(S)
características do (MT 5:48)
diferenças entre os (MT 7:24)

INDULGÊNCIA
acendimento da luz da (MT 5:40)
atitude de Deus e (MT 5:40)
erros alheios e (MT 7:1)
inconsciência da necessidade
de (MT 5:40)
inimigo e (MT 5:25)
situações de aplicação da (MT 5:40)
uso da (MT 5:40)
vitória do bem e (MT 5:40)

INFERIORIDADE
desânimo e (MT 24:13)

INFLUÊNCIA
mobilização da *
disponível (MT 9:37)

INFLUÊNCIA DOS ESPÍRITOS
conduta pessoal e (MT 7:20)

INFLUENCIAÇÃO
obsessão e (MT 24:28)

INGENUIDADE
predicado encantador na
personalidade e (MT 18:7)

INGRATO
espertamento do (MT 19:26)

INIBIÇÃO
fixação da * alheia (MT 7:3)

INIMIGO
amor ao (MT 5:44), (MT 5:44),
(MT 5:44), (MT 5:44), (MT 5:44)
amor ao * e exemplo
de Jesus (MT 5:44)
amor ao * e imunização (MT 5:44)
apoio à nossa renovação
pelo (MT 5:44)
aproveitamento do auxílio
prestado pelo (MT 5:44)
atitude diante do (MT 5:44), (MT
5:44), (MT 5:44), (MT 5:44), (MT 5:25)
conceito de (MT 5:44),
(MT 5:44), (MT 5:44)
conciliação e (MT 5:25)
conselho de Jesus para
com o (MT 5:44)
débito para com o (MT 5:44)
estudo do problema do (MT 5:44)
existência de * em nós (MT 5:44)

existência do * interno (MT 5:44)
familiar como (MT 5:44)
forma de se evitar problema amando o (MT 5:44)
formas de amor ao (MT 5:44)
harmonização e (MT 5:25)
imunização perante o (MT 5:44)
indicação das fraquezas e deficiências e (MT 5:44)
indulgência e (MT 5:25)
instrumento de renovação e (MT 5:44)
Jesus e amor ao (MT 5:44)
libertação do (MT 5:44)
manutenção da paz perante o (MT 5:44)
natureza do (MT 5:44)
oração para o (MT 5:44)
perdão e impedimento na formação de (MT 6:14)
postura perante o (MT 5:44)
rudeza do (MT 5:44)
ver também adversário (MT 5:44)

INIMIZADE
cultivo da (MT 5:44)

INJUSTIÇA
comportamento diante da (MT 6:13)

INQUIETAÇÃO
abolição da (MT 6:34)
inutilidade da (MT 6:28)
paciência e (MT 6:28)
paciência, meditação, autoanálise e (MT 6:13)

INQUIETUDE
recomendação de Jesus referente à (MT 6:34)

INSPIRAÇÃO
assimilação da * das Esferas superiores (MT 13:16)
atração da * de ordem superior (MT 12:37)
fonte de luz e (MT 5:17)

INSTITUIÇÃO
Cristianismo e (MT 22:21)

INSTRUÇÃO
reconhecimento do impositivo da (MT 24:5)

consequência da * sem sentimento (MT 5:37)

INSTRUMENTAÇÃO ASTRONÔMICA
pesquisa do cosmo infinito e (MT 10:26)

INTELECTUALISMO ARTIFICIOSO
fogos-fátuos e (MT 5:16)

INTELIGÊNCIA
aprimoramento da (MT 5:2)
característica da * no campo da vida (MT 7:24)
cientista e degradação da (MT 5:17)
cultivo mais amplo da (MT 17:20)
educação da (MT 5:16)
escravização do dinheiro e * humana (MT 25:23)
menosprezo pela educação da (MT 5:16)

INTERDEPENDÊNCIA
valorização do princípio da (MT 18:19)
cooperação e (MT 7:2)

INTERROGAÇÃO CONDENATÓRIA
discrição, bondade e (MT 5:9)

INVEJA
consequência negativa da (MT 5:44)
desperdício de tempo e (MT 7:21)
insinuações e (MT 27:4)
intranquilidade e (MT 27:4)
perseguição e (MT 5:44)
posses alheias e (MT 6:21)

INVERNO
interpretação espiritual de (MT 24:20)
velhice, sofrimento e (MT 24:20)

IRRACIONAL
característicos do (MT 5:46)

IRRITAÇÃO
corações envenenados e (MT 19:26)
palavras e (MT 5:22)
pensamentos de (MT 6:21)

J

JESUS
abandono, insulto e (MT 26:27)
ação do tempo e da bênção de (MT 13:30)

aceitação da morte na
cruz e (MT 5:16)
acompanhamento de * a
distância (MT 26:58)
aconselhamento de paz com o
inimigo e (MT 5:44), (MT 5:44)
adversários e (MT 5:25)
advertência de (MT 5:25)
agradecimento e (MT 26:27)
amor a * e conversão do cansaço
em fortaleza (MT 11:28)
amor ao inimigo e (MT 5:44)
amor e (MT 10:34), (MT 22:39),
(MT 5:20), (MT 5:44)
aplicação de processo
defensivo e (MT 13:30)
apostolado de amor e (MT 5:3)
apresentação dos verdadeiros
servidores e (MT 13:38)
assimilação da inspiração
de (MT 6:10)
atenção às palavras de (MT 6:33)
atenção de * para a bondade
humana (MT 25:40)
atividade espiritual dos
contemporâneos de (MT 18:8)
ato de ação de graças e (MT 26:27)
atribuição dos sãos e (MT 5:20)
atuação de (MT 8:3)
bálsamo vitalizante das
palavras de (MT 11:28)
banquete de * entre publicanos
e pecadores (MT 9:11)
bem-aventuranças e (MT 5:4),
(MT 5:9), (MT 5:9)
bênçãos de * nos páramos
celestiais (MT 6:20)
bom senso, lógica e (MT 5:39)
calvário de (MT 5:44), (MT 26:23)
caminhada do servidor
fiel para (MT 14:19)
caminho de (MT 5:44)
Caminho, Verdade e
Vida e (MT 27:23)
campo de serviço e (MT 13:38)
cânticos de fidelidade e
louvor e (MT 11:28)
caridade e ensinamentos
de (MT 5:46)

chamamento dos sãos
perante (MT 5:20)
colaboração de sentinelas
e (MT 24:42)
comandante revolucionário
e (MT 1:21)
combate de salvação para a
Humanidade e (MT 10:34)
compreensão das palavras
de (MT 10:35)
compromisso de (MT 25:40)
comunhão feliz com (MT 22:14)
concessão de * aos
cooperadores (MT 20:4)
concessão material e (MT 20:4)
conclusão do apostolado
na Terra e (MT 26:27)
condenação e (MT 26:27)
condições para seguir (MT 9:9)
confiança e (MT 6:31)
conhecimento visível da presença
sublime de (MT 28:20)
conivência com o mal e (MT 5:44)
consolação dos tristes e (MT 11:28)
convite de (MT 11:29), (MT 11:28),
(MT 16:24), (MT 11:28)
convite de * aos discípulos
conscientes (MT 26:40)
corações desalentados e errantes
em torno de (MT 9:37)
coroa de espinhos e (MT 26:27)
crente e (MT 11:28)
crescimento do joio e do trigo na
Terra e (MT 5:44), (MT 5:44)
criança e (MT 18:10)
cultivo da prece e (MT 14:23)
de (MT 14:23)
depoimento de confiança
em (MT 10:32)
descompromisso de (MT 25:40)
desconfiança dos mais
amados e (MT 5:44)
destaque para o discípulo
de (MT 7:24)
desvio de Judas e (MT 26:50)
devotamento e (MT 6:31)
dia de amanhã e (MT 6:34)
disciplina e humildade
de (MT 10:34)

distribuição de alegria e fortaleza
de ânimo e (MT 11:28)
Divino Governador do
Planeta e (MT 1:21)
edificação do Evangelho e (MT 5:37)
edificação no exemplo de (MT 5:14)
educação e (MT 24:46)
educação e reeducação
diante de (MT 18:10)
enriquecimento da vida
com (MT 11:28)
ensinamento do caminho de
elevação e (MT 28:19)
ensinamentos de (MT 5:4),
(MT 20:28), (MT 11:28), (MT 28:19)
ensino da caridade e (MT 7:12)
ensino de * através da
conversa (MT 5:37)
ensinos de Moisés e (MT 5:17)
entendimento da fala de (MT 12:48)
entendimento do apelo de (MT 5:44)
escárnio público e (MT 26:27)
espada simbólica e (MT 10:34)
esperança na vitória final
do bem e (MT 13:30)
espetáculo de abnegação e
grandeza e (MT 5:44)
Espiritismo e (MT 5:17)
esposa de Zebedeu e (MT 27:22)
esquecimento das
ofensas e (MT 5:44)
estabelecimento de condições
ao discípulo e (MT 9:9)
estatutária e (MT 11:28)
Evangelho e (MT 14:19), (MT 24:15)
exaltação da saudade no
sepulcro de (MT 28:9)
exame da natureza da cooperação
sacrifical de (MT 20:28)
exame do mal e
(MT 13:30), (MT 6:13)
exemplo como bússola e (MT 7:12)
exemplo de (MT 7:21), (MT 8:3),
(MT 7:3), (MT 7:12), (MT 9:35),
(MT 22:21), (MT 28:20), (MT 9:12),
(MT 28:20), (MT 28:20)
exemplo de * perante os
erros alheios (MT 7:3)
exemplo de amor ao
inimigo e (MT 5:44)

exemplo de caridade de (MT 28:20)
exemplo do amor de
(MT 5:44), (MT 5:44)
exercício da caridade
real e (MT 25:40)
existência de Deus e (MT 6:9)
êxito da renúncia por amor
ao nome de (MT 19:29)
exortação ao amor pelos
inimigos e (MT 5:25)
exortação ao perdão e (MT 6:14)
exortação de (MT 5:48)
experiência e (MT 6:31)
expressão simbólica na
missão de (MT 26:23)
expulsão de * pela crucificação
dolorosa (MT 6:13)
família de (MT 12:48)
fariseus e (MT 27:22)
fazer o bem e (MT 25:40)
felicidade dos mansos de
coração e (MT 5:5)
floração da esperança, messe
do triunfo e (MT 13:23)
forma de olhar de (MT 7:3)
fuga dos discípulos no extremo
testemunho de (MT 6:13)
fuga e (MT 24:20)
guerra dos interesses
inferiores e (MT 27:42)
habilitação para o
banquete de (MT 7:6)
hálito divino e (MT 12:20)
herança da vida eterna e (MT 19:29)
homens indisciplinados e
interpretação de (MT 1:21)
humildade e (MT 13:3)
humildade e simplicidade na
manjedoura e (MT 28:19)
ignorância e ódio à
época de (MT 10:34)
imitação do exemplo de (MT 5:2)
incompreensão de sua
época e (MT 5:44)
indagação de (MT 5:46)
indiferença, irresponsabilidade
e (MT 6:31)
início da celeste missão
do auxílio e (MT 13:3)

inimigos e (MT 5:20)
insistência das palavras de (MT 11:28)
inspiração de * para a luta diária (MT 28:9)
interpretação das palavras de (MT 5:15)
interrogação de (MT 5:47)
Jairo e (MT 27:22)
Judas e (MT 27:22)
julgamento e (MT 7:2)
justiça dos escribas e dos fariseus e (MT 5:20)
justiça e (MT 5:20), (MT 5:20)
justiça e padrão de (MT 5:20)
lágrimas e (MT 11:28)
lei de ouro da magnanimidade de (MT 22:39)
libertação do homem e (MT 1:21)
lição da espada e (MT 10:34)
lições diárias e ação dos homens de (MT 27:22)
luz do mundo e (MT 5:14), (MT 5:14)
luz do mundo e discípulos de (MT 5:14)
mal e (MT 5:39)
mãos de * no lenho do sacrifício (MT 8:3)
mãos no serviço aos menos felizes e (MT 8:3)
Maria de Magdala, coração atribulado, e (MT 7:3)
materialização do ensino de (MT 10:14)
médico das almas e (MT 9:12)
memórias de * entre flores de carinho (MT 11:28)
mentor vigilante e (MT 28:20)
mercadores do Templo e (MT 23:23)
Mestre de confiança e otimismo e (MT 11:28)
milagre da multiplicação e (MT 14:19)
missão de (MT 13:3)
missão de * na Terra (MT 26:40)
morte na cruz e (MT 26:27)
multidão e encontro com (MT 4:25)
necessidade para o auxílio de (MT 7:21)

negação de Simão Pedro e (MT 26:27)
novo padrão de vida e (MT 5:20)
obreiros chamados por (MT 18:19)
obstáculos enfrentados por (MT 5:44)
operários abnegados de (MT 9:37)
oração dominical e (MT 6:10)
otimismo de (MT 26:50)
outra face e (MT 5:39)
ouvidos de ouvir e (MT 11:15)
paciência e (MT 5:16)
pacificadores abençoados por (MT 5:9)
padrão de (MT 5:1), (MT 6:9), (MT 28:19)
padrão de justiça e (MT 5:20)
padrão de vida e (MT 27:22)
padrão permanente da vida e (MT 27:22)
Pai-nosso e (MT 6:9)
palavra de (MT 6:26), (MT 10:34), (MT 11:28)
palavra divina e (MT 4:4)
palavras justificadas e (MT 12:37)
papel de * na nossa evolução (MT 5:16)
parábola do semeador e (MT 13:23), (MT 13:3)
pausa necessária para meditação e (MT 14:23)
paz e (MT 10:34), (MT 10:34), (MT 5:25)
pensamento religioso e (MT 25:40)
percalços de (MT 5:25)
perdão aos verdugos e (MT 5:44)
perdão e (MT 10:34), (MT 6:14), (MT 6:14), (MT 5:39)
perigos da imprevidência e (MT 7:6)
perseguição e crucificação de (MT 27:23)
poder da bondade de (MT 14:19)
Pôncio Pilatos e (MT 27:22)
porta estreita e renovação em (MT 7:13)
postura de * perante os caídos (MT 9:12)
prática do bem e (MT 7:12)

prece dominical e (MT 6:9)
prece e (MT 14:23)
presença de (MT 5:18), (MT 28:20)
presença de * com os líderes mundiais (MT 28:20)
presença de * no culto da prece (MT 11:28)
preterição por Barrabás e (MT 26:27)
prisão de (MT 26:27), (MT 26:50)
proclamação da glória imperecedoura e (MT 11:28)
programa traçado por (MT 5:2)
propósito de alívio dos aflitos e (MT 11:29)
publicanos e (MT 5:46)
recomendação de (MT 5:20), (MT 5:44), (MT 5:44), (MT 24:15)
recomendação de * aos discípulos (MT 5:16)
recomendações de (MT 5:20)
recordação da advertência de (MT 5:44)
recordação da conduta de (MT 7:3)
recordação de * ao aprendiz (MT 8:22)
recordação de * em sua ressurreição (MT 28:9)
reencarnação e (MT 18:8)
referência de * a porta (MT 7:13)
referência de * aos olhos bons (MT 6:22)
registro do apelo consolador e (MT 11:28)
Reino de Deus e (MT 5:20), (MT 6:33)
reminiscência de * nas obras--primas (MT 11:28)
renúncia por amor de (MT 19:29)
repetição do apelo de (MT 11:28)
requisição do máximo de proteção e (MT 6:6)
resplandecência de abençoada luz na Terra e (MT 5:46)
ressurgimento de * ao hálito de um jardim (MT 27:42)
reverência a * com as forças da alma (MT 11:28)
revogação da lei e (MT 5:17)

sacrifício e morte de (MT 10:34)
santificação dos laços que * promoveu (MT 18:33)
Saulo de Tarso às portas de Damasco, e (MT 7:3)
semeador e (MT 13:3)
serviço liberatório de (MT 1:21)
Simão Pedro, veiculador do Evangelho, e (MT 7:3)
símbolo que transparece da lição de (MT 10:14)
simbologia das palavras de (MT 18:8)
situação difícil e presença de (MT 5:15)
sobrecarga dos abnegados operários de (MT 9:37)
sofrimento de (MT 5:44)
sofrimento e (MT 5:44)
solidão no Jardim das Oliveiras e (MT 26:27)
solidariedade e (MT 7:12)
tarefeiros candidatos à obra de (MT 13:38)
tesouros e (MT 6:20)
título de Mestre e (MT 27:23)
tolerância e (MT 7:3)
trabalhador e (MT 20:28)
trabalhadores devotados na gleba de (MT 13:38)
trabalho e prece, características da atividade de (MT 14:23)
trabalho no aperfeiçoamento com (MT 19:29)
transfiguração de (MT 17:9)
transformação da dor em glória divina e (MT 27:42)
trigo, joio e a recomendação de (MT 5:44), (MT 5:44)
troca de * por um punhado de cinzas (MT 27:8)
troca do cativeiro das paixões pelo jugo de (MT 11:29)
última ceia e (MT 9:11)
uso da repreensão e (MT 13:30)
venda de * na caça da fortuna material (MT 26:22)
venda de * na crueldade confessa (MT 26:22)

venda de * na rebeldia
destruidora (MT 26:22)
venda de * na tirania da
opinião (MT 26:22)
venda de * nas exigências do
prazer egoísta (MT 26:22)
venda de * no aviltamento
do trabalho (MT 26:22)
venda de * no esquecimento
dos deveres (MT 26:22)
venda de * nos prélios da
vaidade (MT 26:22)
verdades cristalinas e (MT 27:22)
vibração do apelo amoroso
de (MT 11:29)
vida interior e (MT 4:4)
vigilância e (MT 24:42)
virtude da justiça e (MT 5:20)
vitória na companhia de (MT 19:27)
Zaqueu, amigo de
trabalho, e (MT 7:3)

JOGUETE
transformação de amigo em
* e escravo (MT 7:14)

JOIO
crescimento simultâneo do
* e do trigo (MT 13:30)
eliminação do (MT 13:30)
Jesus, * e trigo (MT 13:30)
motivo de crescimento
do (MT 13:30)
necessidade da eliminação do
* em molhos (MT 13:30)
surgimento do * ameaçando
o serviço (MT 13:30)
tempo justo e eliminação
do (MT 13:30)

JORNADA EVOLUTIVA
escolhidos para compreensão
da * do próximo (MT 22:14)

JUDAS
análise do gesto de (MT 26:22)
assimilação de toda a
verdade e (MT 26:22)
avocação de Jesus no
Sinédrio e (MT 26:22)
continuação da irrefletida
ação de (MT 27:8)
demonstração de
irresponsabilidade e (MT 27:4)
experiência amarga de (MT 27:4)
identificação de Jesus diante
dos verdugos e (MT 26:50)
imprudência de (MT 5:20)
Jesus e (MT 26:50)
Mateus, apóstolo, e (MT 26:23)
recordação da lição de (MT 26:23)
renúncia de * à paixão
política (MT 26:22)
repetição da experiência
amarga de (MT 27:4)
restituição das trinta
moedas e (MT 27:8)
solidão e (MT 27:4)
trinta moedas e (MT 27:8)

JUDEIA
significado do termo (MT 24:16)
simbolismo de (MT 24:16)

JUIZ
confusão no raciocínio da
multidão e (MT 5:1)
ensinos de (MT 5:1)

JULGAMENTO
atitude cristã e (MT 7:1)
atitude de * dos outros
(MT 7:3), (MT 5:25)
condenação e (MT 7:1)
cuidados na ação de (MT 7:1)
dificuldade no * das decisões
alheias (MT 6:14)
discernimento e (MT 7:1)
divergência de opinião e (MT 6:14)
equívocos alheios e (MT 7:2),
(MT 7:3), (MT 7:2)
erros alheios e (MT 7:2),
(MT 7:3), (MT 7:2)
exemplo de Jesus e (MT 7:3)
frutos e (MT 7:20)
indiferença e (MT 7:1)
leviandade e (MT 7:1)
limitação do nosso
(MT 7:2), (MT 7:3)
natureza do (MT 7:1)
observação, amor e (MT 7:3)

paternidade divina e *
do próximo (MT 6:9)
realização e (MT 7:20)

Justiça
amor e (MT 6:12)
aplicação da (MT 6:12)
compreensão da * divina (MT 5:25)
discípulos do Evangelho e (MT 5:20)
escribas, fariseus e (MT 5:20)
fariseus e (MT 5:20)
impunidade à frente da *
terrestre (MT 18:10)
Jesus e (MT 5:20)
Jesus e a aplicação da (MT 5:20)
Jesus, virtude e (MT 5:20)
padrão de Jesus e (MT 5:20)

Justiça Divina
edificação da cruz para a (MT 27:23)

L

Lábios
apóstolos do trabalho, * e
verbo criador (MT 15:8)
beijo das mães da Terra e (MT 15:8)
delicadas e importantes
potências do corpo e (MT 15:8)
distanciamento de sentinelas
da disciplina e (MT 15:8)
maldade dos mentirosos e
perversos e (MT 15:8)
obediência de Judas às vozes
inferiores e (MT 15:8)
papel dos * na própria
existência (MT 15:8)
sinceridade construtiva do
amor cristão e (MT 15:8)
transmissão do beijo e (MT 15:8)

Laço(s) afetivo(s)
alicerce sagrado e (MT 19:6)
características dos (MT 19:6)

Lado bom
busca do * das situações e
das pessoas (MT 12:37)

Lágrima(s)
características das (MT 11:28)
fabricação de * nos olhos
alheios (MT 21:31)

filtro de redenção e
vida e (MT 11:28)
fraqueza espiritual e (MT 11:28)
Jesus e (MT 11:28)
Maria no Calvário e (MT 11:28)
neblina da (MT 5:14)
negação de Pedro e (MT 11:28)
Paulo às portas de
Damasco e (MT 11:28)
primeiros cristãos nos circos
de martírio e (MT 11:28)
sintoma de fraqueza
espiritual e (MT 11:28)
veneno mortal e (MT 11:28)

Lamentação
improdutividade da (MT 9:13)
perda de tempo em *
improfícua (MT 9:12)

Lar
alfabetização do filho no (MT 18:7)
argamassa do (MT 7:13)
bênçãos dos conflitos e (MT 11:29)
caídos no (MT 25:40)
compreensão dos antagonismos
no (MT 19:19)
cubículo de desespero e
desilusão e (MT 5:4)
defesa das intempéries e
edificação do (MT 24:42)
discussão e conflito no (MT 10:34)
fuga do trabalho e do
sacrifício e (MT 5:4)
instrumentação do sofrimento
reparador e (MT 11:29)
mãe e encargo e sacrifícios
do (MT 5:17)
ponto de vista no (MT 10:34)
relaxamento espiritual e (MT 18:10)
transformação do * em clausura
flagelante (MT 18:14)
vítimas da obsessão e do
erro no (MT 25:40)
vítimas da tristeza e da
provação no (MT 25:40)

Laurel terreno
mobilização do * em auxílio
dos semelhantes (MT 13:12)

LAVRA DO TALHÃO
  significado da expressão (MT 13:23)
LAVRADOR
  colheita sem plantio e (MT 7:8)
  prodígios da colheita e (MT 7:7)
LEI
  operações matemáticas no mecanismo da (MT 7:14)
  restituição da tranquilidade e da libertação e (MT 6:6)
LEI ANTIGA
  escribas, fariseus e (MT 5:20)
LEI DE CAUSA E EFEITO
  atuação da (MT 7:8)
LEI DE CONSERVAÇÃO
  vigência da (MT 24:42)
LEI DE DEUS
  bênção do recomeço e (MT 9:16)
LEI DIVINA
  nossa parte diante da (MT 7:8)
LEI DO TRABALHO
  natureza e (MT 20:28)
  preponderância da (MT 20:28)
LEI DO USO
  discípulo e a sublime (MT 19:22)
LEI ETERNA
  critério imparcial da (MT 7:24)
LEIS DA DIVINA SABEDORIA
  engano das (MT 6:10)
LEIS DE ESPAÇO E TEMPO
  condicionamento da alma e (MT 6:10)
LEIS DIVINAS
  obediência às (MT 5:17)
LEITOR
  busca pela realidade da vida e (MT 24:15)
LEMBRANÇA AMARGA
  esquecimento da (MT 9:16)
LEVIANDADE
  espírito de * e pergunta dos discípulos (MT 26:22)
LIBERDADE
  avanço na trilhas da evolução e (MT 5:44)
  perdão e (MT 18:22)
LIBERTAÇÃO
  aspiração à * da impulsividade (MT 7:7)
  caminho da (MT 5:16)
  certificado da própria (MT 19:19)
LIÇÃO
  recusa da * e aprendiz (MT 5:4)
LIDERANÇA
  alicerces da * real (MT 20:27)
LÍRIO
  cumprimento da vontade de Deus e (MT 6:34)
  exemplo do (MT 6:28)
  homem e padrão do (MT 6:34)
  Jesus e o exemplo do (MT 6:28)
  simbologia do * no Evangelho (MT 6:28)
LÍRIOS DO CAMPO
  aflição, ceifa e (MT 6:28)
  crítica às outras plantas e (MT 6:28)
  desabrochamento, serviço e (MT 6:28)
  enriquecimento do esforço humano e (MT 6:28)
  germinação e (MT 6:28)
  lição de advertência e (MT 6:28)
  paz, trabalho e (MT 6:28)
  reportação de Jesus e (MT 6:34)
  serenidade, aceitação e (MT 6:28)
  suprimento da vida e (MT 6:28)
LITERATO ESPÍRITA
  ensinamentos de Jesus e (MT 4:4)
  estudo e (MT 4:4)
  hábito da prece e (MT 4:4)
  pontos de vista e (MT 4:4)
  verdade e (MT 4:4)
LIVRE-ARBÍTRIO
  execução do mapa da ordem divina e (MT 26:56)
  homem e (MT 26:56)
LIVRO
  clarão das ideias nobres e (MT 7:13)
  reportagem sanguinolenta e * enfermiço (MT 24:5)

LIXO MORAL
  eliminação do (MT 6:22)
LOUCO
  cura do (MT 19:26)
LOUCURA
  introdução à (MT 5:3)
  violência com violência e (MT 5:9)
LUTA
  afastamento da (MT 6:13)
  cristão e (MT 10:34)
  novas intimações à * e ao sacrifício (MT 6:10)
LUZ
  ação e (MT 5:16)
  acendimento da * ensinada por Jesus (MT 5:16)
  chamados para a (MT 22:14)
  discípulos de Jesus e (MT 5:14)
  discípulos e (MT 5:14)
  divina missão da (MT 10:8)
  educação e símbolo da (MT 5:16)
  entendimento imperecível e (MT 4:4)
  impossibilidade de avanço sem (MT 5:16)
  Jesus e (MT 5:14)
  missão da (MT 5:14)
  natureza da * em nós (MT 5:16)
  símbolo da (MT 5:14), (MT 5:16)
  valor do mínimo bem e (MT 7:14)
  vitória da (MT 5:44)

M

MÃE
  deveres para com a (MT 19:19)
  filho desvairado no vício e sentimento de (MT 5:4)
MÁ-FÉ
  expoentes da (MT 5:39)
MAGDALA, MARIA
  coração atribulado por angústias e (MT 7:3)
  mulher obsidiada e inconveniente e (MT 7:3)
MÁGOA
  aflição e (MT 5:4)
  contágio da (MT 5:9)
  desespero e fagulha da (MT 5:5)
  exibição da figura da (MT 5:9)
  extinção da (MT 10:14)
  imunização ao contato da (MT 5:44)
  prejuízos causados pela (MT 5:44), (MT 5:44), (MT 18:22)
  prevenção contra o surgimento da (MT 5:44)
  tóxico e (MT 5:9)
  vínculos e (MT 6:12)
MAL
  amigo e contemporização com o (MT 5:44)
  bem e (MT 5:48)
  bem e prática do (MT 5:10)
  caridade e o esquecimento do (MT 5:48)
  causas atuais do (MT 7:8)
  coibição do (MT 5:25)
  colaboração do bem na eliminação do (MT 5:44)
  combate e aniquilamento do (MT 5:48)
  comentários sobre o (MT 5:37)
  comodismo e (MT 6:20)
  conivência com o * e Jesus (MT 5:44)
  consequência da retribuição do * com o mal (MT 5:44)
  consequência da alimentação do (MT 6:12)
  contabilidade da vida e (MT 5:42)
  criação do (MT 7:8)
  culpa e (MT 27:4)
  dissolvente do (MT 5:39)
  doença e (MT 9:12)
  espada renovadora da guerra contra o (MT 10:34)
  esquecimento do (MT 22:14)
  esquecimento do * e perdão ao adversário (MT 18:21)
  extinção dos empreiteiros do (MT 18:22)
  fatalidade na criação do (MT 7:8)
  fogo do remorso e (MT 5:20)
  fruto da ignorância e (MT 6:14)
  Jesus e (MT 5:39)
  Jesus e exame paciente do (MT 13:30)

manifestação de enfermidade
da mente e (MT 6:14)
olvido do (MT 5:44), (MT 5:44)
palavras de Jesus e
resistência ao (MT 5:39)
pedido a Jesus pela
libertação do (MT 6:13)
pensamento diante do (MT 5:44)
perdão e extinção do (MT 6:14)
prática do (MT 27:4)
retribuição do (MT 5:44),
(MT 9:12)
sistema do meio-bem e
insinuação do (MT 7:14)
transformação do bem
em * maior (MT 5:40)

Maldade
aprisionamento de si na
(MT 5:44)
origem da (MT 5:44)
palavra da * humana (MT 27:4)
repressão à (MT 5:39)
vítimas da (MT 6:14)

Maldição
azedume e (MT 5:9)

Maledicência
consequência negativa da (MT 5:44)
escolhidos para apagar as
fogueiras da (MT 22:14)
perseguição e (MT 5:44)

Malfeitor
compreensão, apoio
fraterno e (MT 5:44)

Malícia
corrosivo da (MT 5:37)
insinuações delituosas da * e
da indisciplina (MT 27:4)

Mamon
servir a Deus e a (MT 6:24)

Mandamento
primeiro (MT 22:37)

Manjedoura
humildade da (MT 5:4)

Manso de coração
responsabilidade do (MT 5:5)
significado de (MT 5:5)

Mão esquerda
não saiba a sua * o que dá a
direita (MT 5:48), (MT 5:48),
(MT 5:48), (MT 5:48)

Mãos
abuso da multidão e (MT 8:3)
acionamento de apetrechos
de morte e (MT 8:3)
aprisionamento das (MT 8:3)
bênção das (MT 8:3)
coagulação do fel da
calúnia e (MT 8:3)
construção de lares e
escolas e (MT 8:3)
cura na medicina e (MT 8:3)
exemplo de Jesus e (MT 8:3)
extensão das * de Jesus
ao próximo (MT 8:3)
extensão das * no amparo
aos enfermos (MT 8:3)
extensão das * no trabalho
da escrita (MT 8:3)
extensão das * para as
sombras do mal (MT 8:3)
garantia pelo esforço das (MT 8:3)
geração de aperfeiçoamento
e (MT 8:3)
grandeza e sublimação das (MT 8:3)
importância das (MT 8:3)
lavramento da terra e (MT 8:3)
morte de Jesus na cruz de
* estendidas (MT 8:3)
sofrimento e (MT 8:3)
transformação das * em
garras de usura (MT 8:3)
uso das (MT 8:3), (MT 8:3)

Máquina moderna
eficiência da * sem o concurso
das mãos (MT 6:22)
facilidades da (MT 6:22)

Máscara humana
atributos da (MT 6:20)

Material
atenção ao * e instrumento
imprescindíveis (MT 7:21)

Maternidade
santidade da (MT 19:19)

MATEUS, APÓSTOLO
    campo de sangue e (MT 27:8)
    crucificação de Jesus e (MT 27:23)
    escritura dos profetas e (MT 26:56)
    esforço, oração e (MT 14:23)
    Jesus e (MT 5:1)
    Judas, apóstolo, e (MT 26:23)
    multidão e (MT 5:2), (MT 14:19)
    perdão e (MT 18:22)
    publicanos, pecadores e (MT 9:11)
    recompensa e (MT 19:27)
    salvação e (MT 27:42)
    vida mental e (MT 4:25)
MAU
    atitude diante do (MT 5:44)
MÉDICO
    dignidade da profissão e (MT 5:17)
MEDITAÇÃO
    reconhecimento do
    terreno e (MT 13:8)
MÉDIUM
    alavanca de apoio e (MT 5:13)
    brilho dos talentos
    mediúnicos e (MT 5:13)
    colaborador das boas
    horas e (MT 5:13)
    desígnios dos mensageiros
    de Jesus e (MT 5:13)
    fonte de paciência e (MT 5:13)
    instrumento do bem e (MT 5:13)
    operário fiel e (MT 5:13)
    profissionalismo religioso
    e (MT 5:17)
    representação do * na
    equipe de ação (MT 5:13)
    tronco para esteio firme e (MT 5:13)
MEDIUNIDADE
    bênção do auxílio e (MT 10:8)
    brilho nas mãos e (MT 10:8)
    exercício da (MT 7:7)
    luz em louvor do bem e (MT 10:8)
    natureza da (MT 7:7)
    necessidade e (MT 5:13)
    recurso e oportunidade da (MT 5:13)
    responsabilidade diante da (MT 7:7)
    responsabilidade e (MT 5:13)
    talentos e (MT 5:13)
    utilização da (MT 17:9)
MEDO
    alegação de * e recolhimento
    à ociosidade (MT 25:25)
    imobilização no * e no
    tédio (MT 6:25)
    justificativa inaceitável e (MT 25:25)
MEIO-BEM
    afeiçoamento às atividades
    do (MT 7:14)
    insinuação do mal e (MT 7:14)
    prevenção contra o
    sistema do (MT 7:14)
MENTE
    alívio da * fatigada (MT 6:8)
    crueldade, patologia da (MT 5:44)
    cura da (MT 9:35)
    estados negativos da (MT 5:9)
    mal, enfermidade da (MT 6:14)
    manutenção da * no idealismo
    superior (MT 9:35)
MENTE DIVINA
    programa de sintonia
    com a (MT 4:25)
MENTE HUMANA
    natureza da (MT 5:16)
MENTE TERRESTRE
    sintonia da * com a mente
    divina (MT 4:25)
MENTIRA
    desentranhamento da
    verdade da (MT 6:14)
MERECIMENTO
    circunstâncias e (MT 5:48)
MESTRE
    banquete dos publicanos e (MT 9:11)
    monte Tabor e transfiguração
    do (MT 17:9)
    trabalho, prece e (MT 14:23)
MÍDIA
    ilusões geradas pela (MT 6:12)
MILAGRE
    Jesus e * da multiplicação
    (MT 14:19)

MILAGRE DA MULTIPLICAÇÃO
  simbologia do ensinamento
  de Jesus e (MT 14:19)
MIOPIA ESPIRITUAL
  desfiguração das palavras e
  * das criaturas (MT 5:39)
MISERICÓRDIA
  formas de (MT 5:7)
  Jesus e (MT 18:33)
  paciência e (MT 5:7)
  sacrifício e (MT 12:7)
  uso e benefícios da (MT 5:7)
  utilização da * na dificuldade
  e percalços (MT 18:33)
  divina atuação da (MT 7:9)
MISSIONÁRIO DO BEM
  prejuízo do trabalho do (MT 5:1)
MOCIDADE
  aproveitamento da
  primavera da (MT 24:20)
MOISÉS
  cumprimento das leis de
  * por Jesus (MT 5:17)
  interpretação da lei de (MT 22:37)
MOLÉSTIA
  Deus e (MT 5:9)
  erros do passado e (MT 5:4)
  súplica da sustentação da (MT 6:6)
MONTE(S)
  retirada para os * das ideias
  superiores (MT 24:16)
  simbologia de (MT 14:23),
  (MT 24:16)
MONTURO
  transformação do * em
  fertilizante (MT 18:22)
MORAL
  edificação * dos irmãos (MT 20:28)
  remédio para os enfermos
  de ordem (MT 9:12)
MORTE
  aniquilação da (MT 10:8)
  bagagem confiscada nas
  alfândegas da (MT 6:19)
  confissão do medo da
  vida na (MT 25:25)
  espírita e vida além da (MT 5:47)
  gênero de * e consciência
  culpada (MT 18:8)
  ilusões e fronteiras da (MT 6:19)
  Lei de Deus e * do
  homem (MT 26:56)
  medo da vida e (MT 25:25)
  primazias de convenção e
  fronteiras da (MT 6:19)
  visita pela mão niveladora
  da (MT 6:20)
MORTO
  aflições do (MT 6:8)
  ausência de vida e (MT 8:22)
  auxílio ao (MT 6:8)
  benefícios da oração pelo (MT 6:8)
  caridade para com o
  (MT 6:8), (MT 6:8)
  conceito de (MT 8:22)
  dívidas e aflições do (MT 6:8)
  Evangelho e símbolo do (MT 10:8)
  lembrança do (MT 6:8)
  meditação no agradecimento
  do (MT 6:8)
  pensamento de gratidão e (MT 6:8)
  ponderação na felicidade do (MT 6:8)
  renovação e progresso do (MT 6:8)
  rogativa de mais decisiva
  cooperação e (MT 6:8)
  trabalho em favor do (MT 6:8)
MULHER
  sacrifício da (MT 19:19)
MULTIDÃO
  ajuda na vida mental da (MT 4:25)
  ajuda no crescimento e
  aprimoramento da (MT 5:1)
  busca e esperança da (MT 4:25)
  comércio desleal e (MT 5:2)
  crescente * de desesperados
  e desiludidos (MT 9:37)
  desvio da obra educativa
  da (MT 5:2)
  educação da (MT 5:2)
  encontro com Jesus e (MT 4:25)
  engrandecimento da (MT 4:25)
  escalada do monte
  iluminativo e (MT 5:2)

homem distanciado da (MT 5:2)
humilhação e esquecimento
da (MT 5:1)
intelectualismo vaidoso e (MT 5:2)
interesse na multiplicação
dos pães e (MT 27:22)
Mateus, apóstolo, e
(MT 5:2), (MT 14:19)
necessidades espirituais da (MT 5:2)
pensamento no bem e (MT 4:25)
poder de influenciação e (MT 5:42)
política inferior e (MT 5:2)
tratamento justo e (MT 5:1)

Mundo
convites do (MT 16:24)
relação com os revezes do (MT 18:7)
transformação do * em
radioso paraíso (MT 17:20)

Mundo íntimo
fé e (MT 17:20)

Muralha do tempo
porta estreita, porta
larga e (MT 7:13)

Música
avaliação da (MT 24:4)
importância da * sem os
ouvidos (MT 6:22)

Mutilação física
defesa da própria alma e (MT 6:6)

N

Não
importância da construção
do (MT 5:37)
uso de aspereza e (MT 5:37)

Não julgueis
desastres da intolerância e (MT 6:26)
viciação, má fé e (MT 6:26)

Não matarás
significado da expressão (MT 5:17)

Não vos inquieteis pelo dia de amanhã
deserção, preguiça e (MT 6:26)
eficiência tranquila e (MT 6:26)

Natureza
exemplo da (MT 7:12)
permanência nos círculos
mais baixos da (MT 24:20)

Nave
construção de * sustentada
sobre as ondas (MT 17:20)

Necessidade
compreensão da * e da
aflição (MT 6:9)
identificação da * alheia (MT 7:2)
natureza da real (MT 6:10)
reconhecimento da real (MT 4:4)

Necessidade do próximo
competência para
resolução da (MT 5:42)

Necessitado
apoio ao (MT 5:44)
carga nos ombros do (MT 7:14)

Negativa salutar
possibilidade de perturbação
e (MT 5:37)

Nem só de pão vive o homem
relaxamento, desprezo e (MT 6:26)
volúpia da posse e (MT 6:26)

Nódulo de madeira
impedimento da obra do
artífice e (MT 7:3)

Notoriedade
esforço e (MT 7:7)
responsabilidade e (MT 5:48)

Novidade
exame da * antes de
veiculá-la (MT 12:37)

Nutrição espiritual
elementos diversos da (MT 5:16)

O

Obra
conquista intelectual e (MT 5:16)
discordância da * divina (MT 19:6)
impacto de nossa (MT 7:16)
importância da (MT 5:16)
natureza da * cristã (MT 7:1)
preparação para recomposição
e * divina (MT 19:6)

transitoriedade da *
humana (MT 6:9)
zelo pela (MT 5:25)

OBREIRO
choro do * distraído (MT 26:40)
convite ao * da boa
vontade (MT 13:3)

OBREIRO DO BEM
cultivo da paz e (MT 5:9)
cura do erro e (MT 5:9)
esquecimento da ofensa e (MT 5:9)
exemplos de tolerância e (MT 5:9)
palavras de consolo e
esperança e (MT 5:9)
socorro aos vencidos da
existência e (MT 5:9)
solução dos problemas e (MT 5:9)

OBRIGAÇÃO
atendimento da nossa (MT 7:7)
cumprimento da própria (MT 22:14)
esquecimento da * superior
e inadiável (MT 19:29)

OBSERVAÇÃO
impraticabilidade da
* justa (MT 6:14)

OBSESSÃO
influenciação e (MT 24:28)
início dos processos de (MT 6:13)
ócio demasiado e (MT 11:25)
prevenção da (MT 6:13)
recursos infalíveis na
prevenção da (MT 6:13)
sombra da (MT 5:14)

OBSESSOR
ação de (MT 24:28)

OBSTÁCULO
criação de (MT 7:12)

ÓCIO
dinheiro de sobra e (MT 6:21)

OCIOSIDADE
consequência da (MT 24:28)
desgosto pela vida e (MT 24:28)
luta contra a (MT 24:28)
manutenção nas trevas da *
e da ignorância (MT 25:15)
progresso e (MT 24:28)

ÓDIO
apagamento de incêndios
de (MT 6:14)
confiança em Deus e * aos
semelhantes (MT 6:20)
extinção da cultura do (MT 7:12)
perpetuação do (MT 5:39)

OFENDIDO
auxílio ao ofensor e (MT 18:21)
construção incessante do
bem e (MT 18:21)
defesa íntima do amigo e (MT 18:21)
imunização do próprio
coração e (MT 18:21)
preservação da coesão e harmonia
do grupo e (MT 18:21)
privilégio do (MT 18:21)
sustentação da harmonia
e (MT 18:21)
vantagens potenciais do (MT 18:21)

OFENSA
esquecimento da (MT 7:3)
paciência e (MT 28:20)
perdão e (MT 18:15)
postura diante da
(MT 6:9), (MT 6:13)
processo de (MT 18:21)
reação diante da (MT 5:44)
retrato dos ofensores e (MT 6:34)

OFENSOR
acomodação na insensatez
e (MT 5:44)
agravo do desequilíbrio
do (MT 5:20)
ambição desregrada e (MT 5:20)
análise da situação do (MT 5:44)
ante o (MT 5:20)
arrependimento e (MT 5:20)
características do (MT 5:20)
conduta ante o (MT 18:22)
dificuldades, perturbação
e (MT 5:20)
doente da alma e (MT 18:21)
enfermidade e (MT 5:44)
loucura, autocrítica e (MT 5:20)
moléstias ocultas e (MT 5:20)
obsessão e (MT 5:20)

penúria da alma do (MT 5:20)
perdão, luz no caminho do (MT 6:14)
postura ante o (MT 6:9)
prejuízos que dilapidam a existência do (MT 6:13)
processo obsessivo e (MT 5:44)
reprovação do desajuste do (MT 5:44)
sofrimento do (MT 6:14)
teste de aprimoramento moral e (MT 5:44)

OFICINA
concurso dos seareiros do bem e (MT 7:13)

OLHOS
patrimônio de todos (MT 6:22)
significação do telescópio sem os (MT 6:22)
uso dos (MT 6:22)

OPERÁRIO
envilecimento da tarefa e (MT 5:17)

OPINIÃO
condução da * para o bem de todos (MT 12:37)
invulnerabilidade à * e conduta (MT 7:3)

OPORTUNIDADE
cotidiano e (MT 5:48)

ORAÇÃO
adversário e pronto socorro da (MT 5:44)
adversários e (MT 5:44)
amor ao inimigo e (MT 5:44)
apoio do Cristo e (MT 6:10)
aquietação e (MT 5:9)
assalto da calúnia e (MT 5:10)
atenção e (MT 6:9)
auxílio através da (MT 5:44)
auxílio da (MT 14:23)
auxílio indispensável à santificação e (MT 14:23)
benefício da * pelo inimigo (MT 5:44)
benefícios da (MT 6:6), (MT 6:6)
câmara secreta da consciência e (MT 6:9)
campo do pensamento puro e (MT 6:6)
choro, sofrimento e (MT 7:9)
confiança em Deus e (MT 6:6)
cooperação e (MT 6:6)
crentes e casa de (MT 20:22)
cura de doentes amados e (MT 6:6)
desconfiança, inquietação e (MT 7:9)
discernimento e (MT 6:10)
eficácia da (MT 6:6), (MT 21:22)
erros e (MT 6:6)
escribas e fariseus e * do coração (MT 5:20)
esmola e (MT 7:7)
fio luminoso e (MT 6:10)
fortalecimento e (MT 6:6)
funcionamento da (MT 7:7)
grandeza da * dominical (MT 6:9)
hábito da (MT 4:4)
iluminação do trabalho e (MT 14:23)
inspiração e (MT 6:10)
lâmpada acesa e (MT 6:6)
pedidos na (MT 6:10)
perseverança na (MT 6:6)
prática da (MT 6:9)
princípios regentes das leis da (MT 7:7)
recomendações para a (MT 7:7)
repetição do eu quero e (MT 6:9)
resposta à (MT 6:6), (MT 6:6)
resposta de Deus à (MT 6:9)
resposta esperada da (MT 6:6)
segurança na (MT 6:9)
serviço e (MT 7:7), (MT 14:23)
trabalho e (MT 14:23), (MT 21:22)

ORAÇÃO PELO ADVERSÁRIO
benefícios da (MT 5:44)
tranquilidade e (MT 5:44)

ORGANIZAÇÃO
Cristianismo e (MT 22:21)

ORGANIZAÇÃO RELIGIOSA
Cristianismo e (MT 22:21)

ORGULHO
escribas, fariseus e (MT 5:20)
intemperança e (MT 10:34)

OTIMISMO
    contágio do (MT 5:9)
    mensagem de * e
    renovação (MT 5:9)
    paz e (MT 5:9)
OURO
    acúmulo de * sem
    proveito (MT 6:25)
    facilidade que o *
    proporciona (MT 6:19)
    prisioneiro do (MT 5:3)
OUTRO
    colocar-se na posição do (MT 7:1)
OUVIDOS
    boatos perturbadores e (MT 11:15)
    noticiários escandalosos
    e (MT 11:15)
    propostas inferiores e (MT 11:15)

P

PACIÊNCIA
    ação ativa e (MT 5:16)
    adestramento infatigável
    da (MT 9:12)
    amigos transfigurados e (MT 11:29)
    atitudes de (MT 6:28)
    benefícios da (MT 6:13)
    características da
    verdadeira (MT 6:34)
    conceitos de (MT 5:16)
    conformismo e (MT 5:16)
    conquista da * e da
    serenidade (MT 6:6)
    Deus e (MT 12:20)
    edificação da * alheia (MT 5:16)
    emoções negativas e * real
    (MT 6:34)
    exemplo da natureza e (MT 5:16)
    exemplo de Jesus e (MT 28:20)
    exercício de (MT 5:46)
    forças básicas da (MT 6:13)
    Jesus e * sem lindes (MT 5:16)
    passividade e (MT 5:16)
    perseverança e (MT 5:16)
    pessoa indicada à * e a
    tolerância (MT 6:6)
    placidez externa e (MT 6:34)
    primeiro grau da (MT 6:34)
    remoção dos entraves e
    provações e (MT 5:16)
    resignação e (MT 5:16)
    serenidade, tolerância e
    (MT 6:13)
PACIFICA SEMPRE
    calúnia e (MT 5:9)
PACIFICAÇÃO
    ferimento e (MT 5:9)
    irritação e (MT 5:9)
    menosprezo e (MT 5:9)
PACIFICADORES
    consideração de (MT 5:9)
    cultura da paz e (MT 5:9)
PADRÃO MORAL
    levantamento do (MT 7:21)
PAI
    papel do (MT 19:19)
PAI-NOSSO
    família cristã e (MT 5:1)
    Jesus e (MT 6:9)
    oração do (MT 6:9), (MT 6:10),
    (MT 6:12), (MT 6:9), (MT 6:12),
    (MT 6:9), (MT 6:9), (MT 6:9),
    (MT 6:12), (MT 6:10), (MT 7:7)
    paráfrase do (MT 6:9)
PAI-NOSSO, SAGRADA PALAVRA
    Paternidade de Deus e (MT 5:1)
PAI TERRESTRE
    consulta à conveniência e
    segurança e (MT 7:9)
    deficiências compreensíveis
    do (MT 7:9)
    enternecedores
    requerimentos e (MT 7:9)
    oferta de pedra ao filho e (MT 7:9)
    petitórios comoventes e (MT 7:9)
    rogativa de filho e (MT 7:9)
    súplicas e (MT 7:9)
PAIS
    gemido de amargura dos
    * amorosos (MT 5:4)
PAIXÃO(ÕES)
    abuso da * popular (MT 5:2)
    vaivém das (MT 5:14)

PALAVRA
  agentes de construção e (MT 5:22)
  cólera e (MT 5:22)
  concurso da (MT 7:24)
  conhecimento das (MT 5:22)
  construção da vida e (MT 5:22)
  desconsideração, ironia e (MT 5:22)
  equilíbrio, tolerância e (MT 5:22)
  hábito de aperfeiçoamento da (MT 24:46)
  iluminação e (MT 5:37)
  irritação e (MT 5:22)
  raio da morte e (MT 5:5)
  responsabilidade da (MT 4:4)
  sarcasmo e (MT 5:22)
  sentimento e (MT 5:22)
  tipos de (MT 5:37)

PALAVRAS DE JESUS
  Andai enquanto tendes luz (MT 6:26)
  Ao que vos pedir a túnica, cedei também a (MT 6:26)
  Dai a César o que é de César (MT 6:26)
  interpretação das (MT 6:26)
  Não julgueis (MT 6:26)
  Não vos inquieteis pelo dia de amanhã (MT 6:26)
  Nem só de pão vive o homem (MT 6:26)
  Orai e vigiai para não cairdes em tentação (MT 6:26)
  Realmente há céus (MT 6:26)
  sentido profundo das (MT 6:26)

PÂNTANO
  odor miasmático do (MT 18:22)

PÃO
  cultivo do solo e (MT 7:13)

PARÁBOLA
  Jesus e o semeador da (MT 13:3)
  solo beneficiado e * do semeador (MT 13:3)

PARÁBOLA DO BOM SAMARITANO
  conclusões da (MT 25:40)
  efeitos admiráveis da (MT 25:40)

PARÁBOLA DO SEMEADOR
  ensinamentos da (MT 13:3)
  entendimento da (MT 13:3)
  imagem da (MT 13:3)

PARÁBOLA DOS SERVIDORES
  conceitos profundos e (MT 20:4)

PARÁBOLA DOS TALENTOS
  ociosidade e (MT 25:25)
  servo negligente e (MT 25:25)
  servo negligente, medo e (MT 25:25)

PARAÍSO
  instalação do * na Terra (MT 11:28)

PARENTE
  dívidas do passado e (MT 6:10)
  frustração perante o (MT 5:44)
  renovação e (MT 6:10)

PASSADO
  revisão dos débitos do (MT 19:6)

PASSE
  atuação do Alto e (MT 8:17)
  benefícios do (MT 8:17)
  definição de (MT 8:17)
  reforma íntima e (MT 8:17)
  responsabilidade diante do (MT 8:17)
  uso consciente do (MT 8:17)

PATERNIDADE DIVINA
  parentela e (MT 6:9)

PATRIMÔNIO ESPIRITUAL
  frases santificantes incorporadas no (MT 6:19)

PATRIMÔNIO FINANCEIRO
  divisórias humilhantes e * elevado (MT 5:2)

PAULO DE TARSO
  caminho da redenção e (MT 27:22)
  vida interior e (MT 11:28)

PAULO, APÓSTOLO
  Jesus e (MT 27:22)

PAZ
  agradecimento da * da noite (MT 6:25)
  ajuda na construção da * alheia (MT 5:16)
  atuação de Deus e (MT 5:9)

benefícios da (MT 5:9)
busca da mentirosa * da ociosidade (MT 10:34)
caridade e (MT 5:9)
catástrofes e (MT 5:9)
chegada da * pelas mãos de Deus (MT 5:9)
compreensão e (MT 7:2)
conceito de * entre os homens (MT 10:34)
conceitos de (MT 10:34)
construção coletiva da (MT 5:9)
construção da (MT 10:34), (MT 5:9)
construção da * em nosso interior (MT 5:9)
cultivo da (MT 5:9), (MT 5:9)
diretrizes para cultura da (MT 5:9), (MT 5:9)
dom de Deus e (MT 5:9), (MT 5:9)
erguimento da (MT 5:9)
esforço e (MT 5:9)
esperança e (MT 5:9)
esquecimento do mal e (MT 5:9)
fé e (MT 5:9)
felicidade humana e obreiros da (MT 10:34)
fórmula da beneficência da (MT 5:9)
frustração e conquista da (MT 5:44)
fundamento da Lei de Deus e (MT 5:9)
garantia da * no mundo (MT 5:9)
história e (MT 5:9)
indicações de (MT 6:34)
inimigos de nossa (MT 10:34)
Jesus e (MT 10:34)
manutenção da * interior (MT 5:9)
obreiros do bem e (MT 5:9)
ociosidade e (MT 10:34)
oração e (MT 5:9)
penitência e promessa de (MT 25:40)
perdão e (MT 18:22), (MT 18:22)
pessimismo e (MT 5:9)
preservação da ordem e (MT 5:25)
recordação do donativo da (MT 5:9)
responsabilidade e (MT 5:25)
Segunda Guerra Mundial e (MT 5:9)
surgimento da * verdadeira (MT 5:9)
tempo e (MT 5:9)
tolerância e (MT 18:22)
trabalho e conquista da (MT 5:9)

PEDIDO
atendimento de nosso (MT 21:22)
Deus e o atendimento de nosso (MT 7:9)
esforço e (MT 21:22)
responsabilidade e (MT 7:7)
responsabilidade no atendimento ao (MT 7:9)
resposta ao (MT 7:7)
serviço e (MT 7:7)

PEDIR
dever e (MT 7:7)
esforço e (MT 7:7), (MT 7:7)
natureza do (MT 7:7)
requisitos para (MT 7:7)
tarefa cotidiana e (MT 7:7)
trabalho e (MT 7:7)

PEDRA
invigilância e (MT 26:58)
negação de (MT 26:58)

PEDRO, APÓSTOLO
prescrições de (MT 6:34)
respeito e (MT 7:2)
tolerância e (MT 7:2)

PEDRO, SIMÃO
constrangimento à caridade e (MT 19:27)
fraco e inconstante (MT 7:3)
recompensa de * pela adesão à Boa-Nova (MT 19:27)
testemunhos de amor à Humanidade e (MT 19:27)
veiculação do Evangelho e (MT 7:3)

PENAS ETERNAS
dogma das (MT 6:9)

PENITÊNCIA
promessa de paz e (MT 25:40)

PENSAMENTO
atração pelo (MT 24:28)
azedamento do (MT 5:14)
construção da realidade e (MT 5:16)

conversão dos frutos do (MT 24:15)
crítica e (MT 6:20)
energia do (MT 7:7)
energia edificante e (MT 15:18)
exteriorização do (MT 7:7)
força criadora do (MT 5:16)
honra ao trabalho dos escritores
de * limpo (MT 24:5)
imagens na câmara
oculta do (MT 5:37)
manutenção da chama
do bom (MT 15:18)
multidão e * no bem (MT 4:25)
oração e campo do * puro (MT 6:6)
orientação, esclarecimento e
sublimação do (MT 4:25)
redenção do mundo e (MT 4:25)

Pensamento de bondade
irradiação de energias e (MT 10:42)

Pensamento espírita
abnegação e (MT 9:37)
auxílio na divulgação do (MT 9:37)
independência digna
oferecida pelo (MT 9:37)
produção de frutos de alegria
e concórdia e (MT 9:37)
sugestões oferecidas pelo (MT 9:37)
tolerância inspirada pelo (MT 9:37)
transmissão do calor do (MT 9:37)
verdades ensinadas pelo (MT 9:37)

Pensamento religioso
forma do (MT 25:40)

Pentecostes
Simão Pedro após a
iluminação no (MT 27:22)
Simão Pedro e (MT 27:22)

Percepção
ajuste da nossa (MT 7:3)

Perda de ente querido
tristeza e (MT 5:14)

Perdão
alvará de libertação e (MT 6:14)
amparo e (MT 6:14)
aquisição de simpatia do
próximo e (MT 6:14)
bênção para os ofensores
e (MT 6:14)
benefícios do (MT 6:12),
(MT 6:14), (MT 18:15)
carência de * e socorro (MT 7:12)
colaboração na vitória
do amor e (MT 6:14)
compreensão e (MT 18:22)
consequências do (MT 6:12)
construção da própria
felicidade e (MT 6:14)
defesa do * em cada
ofensa (MT 5:39)
dever do (MT 18:22)
ensino de Jesus sobre o
(MT 18:15), (MT 18:22), (MT 18:22),
(MT 18:22), (MT 18:22)
equilíbrio e (MT 6:14)
equilíbrio íntimo e
(MT 18:22), (MT 18:22)
escolhidos para o *
incondicional (MT 22:14)
Evangelho e (MT 6:14)
exercício do (MT 6:12)
exortação de Jesus ao (MT 6:14)
extinção do mal e
(MT 18:22), (MT 6:14)
formação de inimigos e (MT 6:14)
formas de (MT 6:12)
hábito de * incondicional (MT 24:46)
importância do (MT 18:22)
imunização de entes
queridos e (MT 6:14)
incêndio de ódio e (MT 6:14)
injúria e (MT 6:14)
Jesus e (MT 5:39)
liberação de ressentimentos
e (MT 6:14)
liberdade e (MT 18:22)
libertação e (MT 6:14)
luz e (MT 6:14)
luz no caminho do
ofensor e (MT 6:14)
natureza do (MT 18:15)
necessidade que temos do
(MT 18:22), (MT 18:22)
obtenção do reino do eterno
bem e (MT 18:22)

ofensores e (MT 6:14)
paz e (MT 18:22), (MT 18:22)
progresso e (MT 6:12)
reconforto íntimo e (MT 6:14)
reconhecimento de nossos erros e (MT 18:22)
reflexão do agressor e (MT 6:14)
sofrimento gerado pela ausência do (MT 18:22)
súplica de * das próprias faltas (MT 6:6)
valor do * incondicional (MT 18:22)

PERFEIÇÃO
ação possível na direção da (MT 5:48), (MT 5:48)
aperfeiçoamento e (MT 5:48)
aproveitamento do tempo com vistas à (MT 5:48)
bondade e (MT 5:48)
distância que estamos da (MT 5:48)
transformação na direção da (MT 5:48)

PERSEGUIDOR
ajuda ao (MT 9:12)
atitude perante o (MT 9:12)
condição do (MT 9:12)
invigilância e (MT 5:44)
lucidez e conturbação do (MT 6:14)
promoção da renovação do (MT 5:10)
queixa da ação do (MT 24:28)
sintonia com o (MT 5:44)

PERSEGUIDOR DA LUZ
enormidade do (MT 5:7)

PERSEVERANÇA
educação sem a chama da (MT 10:22)
evolução e (MT 24:13)
necessidade imperiosa da (MT 10:22)
objetivo e (MT 24:13)
paciência e (MT 5:16)
vitória da criatura e (MT 10:22)

PERSISTÊNCIA
escolhidos para * nas boas obras (MT 22:14)

Jesus e o esforço da (MT 28:20)

PERTURBAÇÃO
comportamento diante da (MT 5:9)

PERVERSIDADE
reconhecimento da (MT 5:39)

PESSIMISMO
combate ao * crônico (MT 6:31)
instalação do (MT 7:12)

PESSOA AMADA
postura ante o equívoco da (MT 5:44)

PESSOA VULGAR
apelo à superioridade e (MT 5:39)

PIEDADE
sustento da vida e (MT 5:7)

PILATOS
importância da pergunta de (MT 27:22)
procedimento à moda de (MT 27:22)

PINTOR
coloridos da Natureza e (MT 7:7)

PLANO ESPIRITUAL
leis do plano físico e do (MT 5:42)

PLANO FÍSICO
experiências no (MT 5:4)
recapitulação das próprias experiências no (MT 5:4)

PLANO INFERIOR
padrões de resistência do (MT 5:39)

PÓ
símbolo de sacudir o (MT 10:14)

PÓ DAS SANDÁLIAS
símbolo do (MT 10:14)

POBRE DE ESPÍRITO
aparência e (MT 5:3)
características de (MT 5:3), (MT 5:3)
definição de (MT 5:3), (MT 5:3)
homens de espírito e (MT 5:3)
paciência e (MT 5:3)
simplicidade e (MT 5:3)
sobriedade e (MT 5:3)

POBREZA
inexistência da * na Obra divina (MT 5:3)

razão da existência da (MT 25:14)

PODER
amontoado de títulos de (MT 6:19)

PODER HUMANO
masmorras de pranto e
envilecimento e (MT 5:4)

POETA
transformação em esteta e (MT 7:7)

POLÍTICA
inoculação de venenos pela
* inconsciente (MT 24:16)
responsabilidade em
relação a (MT 22:21)

POLÍTICO
exploração das paixões do (MT 5:1)

PÔNCIO PILATOS
Jesus e (MT 27:22)
pergunta de (MT 27:22)

PONTO DE VISTA
abstenção de segregação e (MT 4:4)
respeito ao * alheio (MT 6:34)

PORTA
ação compulsória da
travessia da (MT 7:13)
Jesus e referência à (MT 7:13)
significado da * larga (MT 7:13)
simbologia da * no
Evangelho (MT 7:13)
significado da * estreita (MT 7:13)
utilidade da (MT 7:13)

PORTA ESTREITA
renovação em Jesus e (MT 7:13)
revelação do acerto
espiritual e (MT 7:13)
saída do erro e (MT 7:13)

PORTA LARGA
entrada na ilusão e (MT 7:13)
expressão do desequilíbrio
interior e (MT 7:13)
viajores do tempo e (MT 7:13)

POSSE
asas frágeis da * efêmera (MT 20:27)
concessão divina da (MT 6:21)
desequilíbrio na busca
pela (MT 6:25)
doação e (MT 6:19)
equívoco da (MT 5:5)
inveja e (MT 6:21)
natureza da * real (MT 5:5)
perda da (MT 6:19)
precariedade da *
efêmera (MT 19:22)
respeito à * e ao dinheiro (MT 5:17)
supérfluo e (MT 6:21)
temporalidade da (MT 6:25)
uso da (MT 6:25)
valores espirituais e (MT 6:19)
vida e empréstimo da (MT 6:25)

POSSE EXTERIOR
amontoado de (MT 6:25)

POSSE MATERIAL
auxílio e (MT 6:19)
função da (MT 6:19)

POSSUIR A TERRA
significado de (MT 5:5)

POVOS ANTIGOS
amor e (MT 22:39)

PRAZER INFERIOR
sobrecarga com resíduos
de (MT 9:35)

PRECE
amor a Deus e (MT 6:9)
atendimento de pedidos e (MT 7:9)
auxílio do Alto e (MT 7:7)
caridade e (MT 7:12)
consciência e (MT 6:9)
esforço e (MT 7:7)
fundamento da * dominical (MT 6:9)
Humanidade e * a Deus (MT 6:9)
Jesus e (MT 14:23)
mal, luta e * dominical (MT 6:13)
prática do egoísmo na (MT 6:9)
propósito de Deus na (MT 6:9)
rogativa, concessão e (MT 7:12)
serviço e (MT 7:7)

PRECE INTERCESSÓRIA
irradiação de energias e (MT 10:42)

PREGAÇÃO SISTEMÁTICA
interpretação das palavras
de Jesus e (MT 5:15)

PREGUIÇA
    abandono à (MT 5:5)
    campeões da * e da
    inutilidade (MT 25:25)
PREJUÍZO
    aniquilamento de possibilidades
    preciosas e (MT 5:44)
    enumeração de *
    angariado (MT 5:44)
    redução de eficiência e (MT 5:44)
PRESUNÇÃO
    renúncia à * de viver sem
    adversário (MT 5:25)
PRINCÍPIO EDIFICANTE
    casa invisível do (MT 4:4)
PRINCÍPIO EVANGÉLICO
    imposição do (MT 7:6)
PROBLEMA
    equação harmoniosa do (MT 5:5)
    solução de (MT 6:10)
PROCESSO OBSESSIVO
    princípio do (MT 6:13)
    tomadas de invigilância e (MT 6:13)
PROCESSO PURIFICADOR
    rebeldia e (MT 18:8)
PRODUÇÃO
    rendimento da * para benefício
    de todos (MT 13:23)
PRODUÇÃO SAGRADA
    conversão da * da Terra (MT 24:15)
PROFESSOR
    estudante incipiente e
    erudito (MT 10:22)
PROFETA
    Evangelho e símbolo do (MT 7:20)
PROFISSIONALISMO RELIGIOSO
    direitos a privilégios e (MT 9:37)
PROGRESSO
    necessidade que temos do (MT 20:4)
    perseverança na edificação
    do (MT 10:22)
    reclamação como
    empecilho ao (MT 7:12)
    repreensão e (MT 13:30)
    segurança e êxito de * e
    elevação (MT 7:12)
    significativa extensão do
    * humano (MT 10:26)
    substância de nossa
    colaboração no (MT 7:16)
    tarefa e caminho de (MT 25:25)
PROGRESSO ESPIRITUAL
    papel individual perante o (MT 5:17)
PROJETO VALIOSO
    concretização da obra e (MT 7:21)
PROPRIEDADE
    dons da infinita Bondade
    e (MT 6:21)
    inquietações, tristeza e (MT 19:22)
    instinto de (MT 19:22)
    inveja da * alheia (MT 6:21)
PROTEÇÃO DO ALTO
    requisitos para a (MT 7:21)
PROVA
    labirinto da (MT 5:14)
    necessidade da (MT 20:4)
    renascimentos dolorosos e (MT 18:8)
    solicitação do afastamento
    da (MT 6:6)
PROVA SUPREMA
    abandonado pelos discípulos
    na (MT 27:23)
PROVAÇÃO
    auxílio na (MT 5:7)
PROVIDÊNCIA DIVINA
    hipoteca à confiança na (MT 6:6)
PRÓXIMO
    colocar-se na posição do (MT 7:1)
PRUDÊNCIA
    aconselhamento com (MT 6:25)
    importância da (MT 5:4)
PSICOLOGIA DA CARIDADE
    figura do samaritano
    generoso e (MT 7:12)
PUBLICANOS
    caridade e (MT 5:46)
    exercício do amor e (MT 5:46)
    Jesus e (MT 5:46)

PUREZA
  Jesus e a (MT 5:8)
  natureza da (MT 5:8), (MT 5:8)
  olhar da (MT 5:8)
  presença divina relevada
    através da (MT 5:8)
  simplicidade e (MT 5:8)
  trabalho transformador da (MT 5:8)

Q

QUALIDADE
  aprimoramento da (MT 18:7)
  enriquecimento e (MT 13:38)

QUEDA
  auxílio diante da (MT 9:12)
  razões da (MT 9:12)
  surgimento dos primórdios
    da (MT 15:18)

QUEDA MORAL
  atitudes do corpo e (MT 5:13)
  homenagens aos que
    resvalam na (MT 5:37)

QUEIXA
  azinhavre da (MT 5:37)
  trabalho sincero por desfazer
    a * amarga (MT 5:9)

R

RAZÃO
  chamamento à (MT 5:39)
  chamamento à *
    enobrecida (MT 5:39)
  murro da cólera e
    afastamento da (MT 5:39)

REAÇÃO
  risco da * impensada (MT 7:7)

REAJUSTAMENTO
  experiência material e (MT 5:44)

REAJUSTE
  garantia de * e atitude
    condenatória (MT 5:40)
  renascimento na Terra para
    tarefa do (MT 26:41)

REALIDADE
  pensamento e (MT 5:16)

REALIDADE ESPIRITUAL
  despertando na (MT 26:40)

REALIZAÇÃO
  esforço e (MT 7:7)

REALIZAÇÃO EXTERNA
  realização interna e (MT 7:20)

REBELDIA
  eliminação da poeira da * e
    do escândalo (MT 10:14)
  permanência dos processos
    purificadores e (MT 18:8)
  processos purificadores e (MT 18:8)

RECLAMAÇÃO
  direito de (MT 10:42)
  problemas da (MT 7:12)

RECOMEÇO
  abandono do passado e (MT 9:16)
  necessidade de (MT 9:16)
  oportunidade de (MT 9:16)

RECOMPENSA
  desencarnação e (MT 28:20)
  escolhidos para servir
    sem (MT 22:14)

RECONCILIA-TE
  significado da expressão (MT 5:25)

RECUPERAÇÃO
  princípio de nossa (MT 7:21)

RECURSO
  tipo de (MT 25:14)
  uso do (MT 25:14)

REDENÇÃO
  ação para a (MT 7:21)
  ensino do caminho de (MT 5:16)
  instalação do combate da *
    sobre a Terra (MT 10:34)
  problema da (MT 5:16)
  problema fundamental da (MT 5:16)
  simplicidade e (MT 5:3)

REDENÇÃO DO MUNDO
  garantia para (MT 4:25)
  pensamento e (MT 4:25)

REENCARNAÇÃO
  campo milenário da (MT 27:8)
  esclarecimento das questões
    do ser e (MT 18:8)
  Jesus e (MT 18:8)
  Jesus e princípios da (MT 18:8)

justiça divina e funcionamento da (MT 19:19)
tarefa de reajustamento e (MT 26:41)

REFLEXÃO
aproveitamento do outono da (MT 24:20)
cultivo da (MT 8:3)

REFORMA ÍNTIMA
ações e (MT 5:16)
busca da verdade e (MT 5:15)
obras e (MT 5:16)
trabalho e (MT 9:13)

REGENERAÇÃO
escolhidos para a (MT 22:14)

REGRA ÁUREA
afirmação dos persas e (MT 22:39)
aplicação necessária e (MT 7:12)
citações da (MT 7:12)
declaração dos chineses e (MT 22:39)
doutrina dos hebreus e (MT 22:39)
ensinamento dos gregos e (MT 22:39)
ensino da * no mundo (MT 22:39)
formas de exercício da (MT 22:39)
importância da (MT 7:12)
insistência dos romanos e (MT 22:39)
Jesus, ensino e exemplificação da (MT 22:39)
natureza da (MT 7:12)
primeiro passo e (MT 7:12)
recomendação dos egípcios e (MT 22:39)
veneração à (MT 7:12)

REINO DE DEUS
aparência exterior e (MT 10:25)
começo do (MT 5:20)
destaque dos filhos do (MT 10:25)
Jesus e (MT 5:20), (MT 6:33)
liberdade para assimilação e difusão da luz do (MT 13:12)
natureza do (MT 7:21)
obstáculos ao surgimento do (MT 5:44)
prática espírita e (MT 5:17)

REINO DO AMOR
edificação do * entre as criaturas (MT 10:34)

REINO DO CÉU
acesso ao (MT 5:3)
luz do * na Terra (MT 5:44)

RELIGIÃO
caminho da própria felicidade e (MT 21:31)
deveres da solidariedade e avisos da (MT 21:31)

RELIGIOSIDADE
leitura séria e espírito de (MT 24:15)

REMÉDIO
doente e abominação do (MT 5:4)
doente em fuga do (MT 9:12)
inutilidade do (MT 9:35)
purificação do pensamento e utilidade do (MT 9:35)
sofrimento, * justo da vida (MT 5:4)

REMENDO NOVO
aproveitamento do * em pano velho (MT 9:16)

REMORSO
extirpação das chagas do (MT 6:21)
improdutividade do (MT 9:13)

REMUNERAÇÃO
disputa de * desnecessária (MT 6:25)

RENASCIMENTO DOLOROSO
provas e (MT 18:8)

RENOVAÇÃO
auxílio na * do próximo (MT 5:40)
caminho de (MT 24:28)
Evangelho e (MT 11:29)
lei divina e (MT 7:21)

RENÚNCIA
companheira ingrata e (MT 19:29)
Evangelho e natureza da (MT 28:20)
exercício de * e vida eterna (MT 19:29)
irmão cruel e (MT 19:29)
motivação para a (MT 19:12)
pai incompreensível e (MT 19:29)
significado de (MT 19:29)
vida eterna e (MT 19:29)

REPARAÇÃO
    oportunidade de (MT 19:26)
    reconhecimento no
    dever de (MT 5:9)
REPOUSO
    desencarnação e (MT 28:20)
REPREENSÃO
    exemplo de Jesus e (MT 13:30)
    formas de (MT 13:30)
    progresso e (MT 13:30)
REPRIMENDA
    deveres a cumprir e
    impulso de (MT 5:9)
REPROVAÇÃO
    detenção na (MT 6:14)
RESERVA AMOEDADA
    colocação da * a serviço da
    comunidade (MT 13:12)
RESIGNAÇÃO
    estrada bendita da (MT 5:10)
    paciência e (MT 5:16)
RESISTÊNCIA
    desespero e (MT 5:4)
RESPONSABILIDADE
    ação e (MT 7:7)
    crescimento da (MT 7:8)
    discípulos de Jesus e (MT 5:14)
    extensão da falta e (MT 21:31)
    noção de * pessoal (MT 16:27)
    paz e (MT 5:25)
    recursos e (MT 7:8)
RESPOSTA
    necessidade e utilidade da (MT 5:37)
RESSENTIMENTO
    impropriedade do (MT 5:44)
    perdão e liberação de (MT 6:14)
    prejuízos do (MT 5:44)
RESSURREIÇÃO
    aparecimento glorioso de
    Jesus na (MT 19:29)
    Evangelho e símbolo da (MT 10:8)
    Jesus e (MT 19:29)
REVELAÇÃO
    postura de Jesus diante da
    primeira (MT 5:17)

RIO
    recolhimento das águas do *
    dos dons divinos (MT 25:15)
RIQUEZA
    auxílio aos detentores de (MT 6:24)
    característica da *
    espiritual (MT 5:3)
    característica da * material (MT 5:3)
    distinção em função da (MT 6:24)
    edificação do conforto
    alheio e (MT 5:3)
    identificação da * real (MT 5:3)
    incorporação da * da
    experiência (MT 6:25)
RIQUEZA MATERIAL
    insignificância da (MT 5:3)
    tormentos e (MT 6:10)
RIQUEZA SAGRADA
    aplicação da (MT 7:6)
    irresponsabilidade na
    aplicação da (MT 7:6)
RISPIDEZ
    prejulgamento com * e
    severidade (MT 7:3)
ROGATIVA
    emissão de * estranha (MT 11:29)
    renovação e (MT 6:10)

S

SABEDORIA
    ação da (MT 5:5)
    características da (MT 5:5)
    exercício da (MT 7:6)
    incorporação da
    verdadeira (MT 6:20)
    valorização da (MT 7:6)
SÁBIO
    começo laborioso e
    existência de (MT 7:21)
SACERDÓCIO
    apóstolos e (MT 18:18)
    papel do Espiritismo e (MT 18:18)
    presença de Jesus e (MT 18:18)
SACERDOTE
    subjugação da multidão e (MT 5:1)
SACRIFÍCIO
    Cristão sem espírito de (MT 5:14)

fuga no momento do * e do testemunho (MT 27:22)
misericórdia e (MT 12:7)
preferência do * das aspirações (MT 5:10)
preferência pelo * próprio (MT 27:42)
recompensa e (MT 5:10)
roteiro da elevação pelo (MT 5:44)
suporte ao * no amparo ao próximo (MT 22:14)

SACUDIR O PÓ
significado da expressão (MT 10:14)

SALVAÇÃO
disciplina e (MT 24:20)
Jesus e * dos pecados (MT 1:21)
sublime roteiro de (MT 19:29)

SAMARITANO
abono da vítima e (MT 7:12)
caridade e o exemplo do (MT 7:12)
conforto das feridas e (MT 7:12)
demagogia de palavras ou atitudes e (MT 7:12)
despedida sem qualquer recomendação e (MT 7:12)
dispensa de cuidados especiais e (MT 7:12)
empenho no resgate dos compromissos e (MT 7:12)
psicologia da caridade e (MT 7:12)
sentimento de compaixão e (MT 7:12)

SANGUE
adubação do chão com * e lágrimas (MT 24:16)

SANTIFICAÇÃO
recuo do esforço de (MT 6:13)

SANTUÁRIO INTERIOR
iluminação do (MT 5:16)
organização e iluminação do (MT 5:16)

SARCASMO
tiro a esmo e (MT 5:22)

SAÚDE
recuperação dos doentes à (MT 19:26)
ruína da * física (MT 19:26)

SAÚDE CORPÓREA
preservação da (MT 5:16)

SAULO DE TARSO
companheiro mal conduzido e (MT 7:3)
rijo doutor da lei mosaica (MT 7:3)

SEARA
ceifeiros e (MT 9:37)
consolação e (MT 9:37)

SECTARISMO
hegemonia do * pernicioso (MT 5:39)

SEIVA DO ALTO
transformação da * em frutos de natureza (MT 7:20)

SEMEADOR
ação do (MT 13:3)
Evangelho e símbolo do (MT 13:3)
parábola do (MT 13:3), (MT 13:3), (MT 13:3)

SEMEADURA
colheita e (MT 10:14)

SEMENTE
aproveitamento da * de amor e luz (MT 13:3)
esforço do lavrador na produção da (MT 7:3)
frutificação da (MT 13:23)
garantia da bênção da mesa e (MT 5:3)
sustentação da * escolhida (MT 7:21)

SEMENTE DE MOSTARDA
Evangelho e símbolo da (MT 17:20)

SEMENTEIRA
significado do termo (MT 13:23)

SENHA DA EVOLUÇÃO
melhorar para progredir e (MT 25:15)

SENSITIVA HUMANA
enriquecimento da existência e (MT 25:25)

SENTENÇA ACUSATÓRIA
perda de tempo em (MT 10:14)

SENTENÇA DEFINITIVA
  abstenção da (MT 12:20)
SENTIMENTO
  aperfeiçoamento do (MT 5:16)
  consequência do (MT 18:22)
  Deus e (MT 6:9)
  formosura e nobreza do (MT 4:4)
  radiografia do * e escravo
  da inquietação (MT 5:48)
  reflexo do (MT 13:12)
  resistência do * aos aguilhões
  do desejo (MT 7:7)
  sexo e (MT 15:11)
  simbologia de monte e (MT 14:23)
SEPULCRO
  cópias de traças e ladrões
  além do (MT 6:20)
  paisagens novas além do (MT 26:56)
SERENIDADE
  exercício de (MT 18:14)
  preservação da própria (MT 5:25)
  silêncio e (MT 5:5)
SERVIÇO
  convite ao (MT 13:3), (MT 13:3)
  criaturas em (MT 7:24)
  cultivo do (MT 18:14)
  devotamento ao * do
  próximo (MT 13:3)
  Espírito de (MT 20:28)
  incentivo ao * alheio (MT 7:24)
  natureza do * no bem (MT 7:7)
  recompensa pelo (MT 13:12)
  requisitos para o (MT 7:7)
SERVIÇO AO PRÓXIMO
  formas de (MT 22:39)
SERVIDÃO
  jugo da * no abrigo
  familiar (MT 7:14)
SERVIDOR INFIEL
  multiplicação de bem e (MT 14:19)
SERVIR
  dever e (MT 22:21)
  trabalhar e (MT 21:28)
SEXO
  disciplina e (MT 15:11)
  educação e (MT 15:11)
  função do (MT 15:11)
  responsabilidade e (MT 15:11)
  sentimento e (MT 15:11)
SILÊNCIO
  guardião da serenidade e (MT 5:5)
  sublime valor do (MT 7:24)
SIM
  agradabilidade do (MT 5:37)
  incenso bajulatório e (MT 5:37)
SIMÃO PEDRO
  Pentecostes e (MT 27:22)
SIMBOLISMO
  Evangelho e (MT 10:34),
  (MT 10:34), (MT 10:35)
SIMPATIA
  irradiação da * e da
  compreensão (MT 5:44)
  plantio das respostas da (MT 7:2)
SINTONIA
  lei de (MT 7:7)
  tendências humanas e (MT 6:20)
SOCIEDADE
  lei de (MT 7:3)
SOCORRO
  doente da alma e (MT 5:44)
  suprimento de * eficiente
  ao discípulo (MT 9:9)
SOCORRO DO ESPÍRITO
  extremistas da corrigenda
  e (MT 9:12)
  extremistas da gentileza e (MT 9:12)
  extremistas da independência
  e (MT 9:12)
  extremistas da poupança
  e (MT 9:12)
  extremistas da superioridade
  e (MT 9:12)
SOCORRO MATERIAL
  necessidade do (MT 5:20)
SOFREDOR
  apoio ao (MT 9:12)
  fuga das oportunidades e (MT 5:4)
  rebeldia e (MT 5:4)

SOFRIMENTO
    autoimposição do (MT 12:7)
    avanços da Ciência e
    diminuição do (MT 5:18)
    característica do (MT 5:18)
    causas atuais do (MT 7:8)
    conversa com Deus e (MT 6:9)
    convite de Jesus para o fim
    do (MT 11:28), (MT 11:28)
    corrigenda e (MT 7:8)
    desespero e (MT 5:4)
    Espíritos benfeitores e (MT 5:4)
    esquecimento do (MT 6:14)
    manutenção da confiança
    ante o (MT 5:4)
    natureza do (MT 11:28)
    nuvens do (MT 5:14)
    papel do (MT 6:10)
    razões para (MT 6:6)
    reconhecimento do *
    em nós (MT 6:9)
    remédio justo da vida e (MT 5:4)
    trabalho e (MT 21:28)
    sofrimento limitação da
    Ciência perante o (MT 5:18)
SOL
    penetração do divino * da
    espiritualidade (MT 24:28)
SOLICITAÇÃO
    retificação do modo de
    registro da (MT 9:35)
SOLIDÃO
    experimentação da * dos
    cimos (MT 27:23)
    Judas e (MT 27:4)
SOLIDARIEDADE
    apelo à (MT 5:44), (MT 5:44)
SOLIDEZ
    pedra áspera e (MT 12:20)
SOMBRA
    esquecimento da (MT 5:48)
    estabelecimento de * e
    dificuldade em nós (MT 10:14)
SONHO
    indulgência e reprovação
    de (MT 5:40)

    renúncia à concretização
    de * pessoal (MT 20:27)
SUBLIMAÇÃO
    conquista da (MT 6:10)
    cultivo da (MT 6:21)
SUCESSO
    aparência de (MT 5:48)
SUCESSO CALAMITOSO
    referência ao (MT 5:37)
SUPERCULTURA
    albores da Astronáutica e (MT 11:25)
    aprimoramento das técnicas
    do aborto e (MT 11:25)
    arrasamento das cidades e (MT 11:25)
    criação dos torpedos e (MT 11:25)
    organização de hospitais
    eficientes e (MT 11:25)
SUPÉRFLUO
    ausência do (MT 6:21)
    doação do * no socorro aos
    que sofrem (MT 13:12)
SUPERPROTEÇÃO
    entes queridos e (MT 6:34)
SUPLÍCIO DO CÁRCERE
    esposas abnegadas e (MT 5:4)
SUPRIMENTO MATERIAL
    solicitação de (MT 6:6)
SUSTENTAÇÃO
    alavanca de * dos hábitos
    enobrecedores (MT 24:46)

T

TALENTO
    beneficiários das concessões
    divinas e (MT 5:42)
    concessão de (MT 5:42)
    criadores do pensamento
    e (MT 5:42)
    distribuição do (MT 25:14),
    (MT 25:14)
    líderes do povo e (MT 5:42)
    magnatas da fortuna e (MT 5:42)
    Mateus, apóstolo, e (MT 25:25)
    missionários religiosos e (MT 5:42)
    natureza do (MT 25:14), (MT 25:14)
    valorização do (MT 6:21), (MT 25:14)

TAREFA
    caminho de progresso e
    renovação e (MT 25:25)
    frustração da * do
    próximo (MT 5:17)
    individualidade e (MT 7:24)
    realização da * adequada (MT 7:24)
TAREFEIRO
    medo do * diante dos terrenos
    agressivos (MT 13:38)
TÉDIO
    filho da incompreensão dos
    deveres e (MT 20:22)
    representação do (MT 20:22)
TEMPESTADE
    Deus e equilíbrio da (MT 5:9)
TEMPLO
    aprendizado da fraternidade
    e (MT 20:22)
    finalidade do (MT 20:22)
    lugar sagrado do Altíssimo
    e (MT 20:22)
TEMPO
    amor ao próximo e (MT 22:39)
    aniquilação do * alheio (MT 5:17)
    aproveitamento do (MT 7:13)
    atuação de Deus e (MT 6:10)
    consolo do reencontro e (MT 5:14)
    emprego do * trabalhado (MT 6:13)
    equilíbrio e (MT 5:5)
    escolhas e (MT 7:13)
    esperança e (MT 6:10)
    prática do bem e (MT 6:10)
    proveito do (MT 28:9)
    renovação na escola da
    experiência e (MT 5:14)
    sazonamento do fruto e (MT 5:9)
    solução de problema e (MT 5:14)
    uso adequado do (MT 21:28)
    uso do (MT 5:42), (MT 25:14)
    valor do (MT 5:5),
    (MT 25:14), (MT 25:14)
    valorização do (MT 5:3)
TENDÊNCIAS
    sugestões inferiores e (MT 26:41)

TENTAÇÃO
    caminhada do berço ao
    túmulo e (MT 26:41)
    colecionamento das
    labaredas da (MT 22:14)
    combate à (MT 26:41)
    limitação e (MT 7:20)
    natureza da (MT 7:20)
    origem da (MT 26:41)
    procedência da (MT 26:41)
TERAPIA DA ALMA
    convulsões da cólera e (MT 9:12)
    crises de incerteza e (MT 9:12)
    delírios da ignorância e (MT 9:12)
    paralisia do Espírito e (MT 9:12)
    paranoia da vaidade e (MT 9:12)
    perturbações do egoísmo
    e (MT 9:12)
    quistos mentais do ódio e (MT 9:12)
    violência alheia e (MT 9:12)
TERRA
    compreensão do Espírito de
    quem ara a (MT 5:5)
    esquecimento e recomeço
    na (MT 18:22)
    estágio evolutivo da (MT 24:16)
    harmonia e destino da (MT 20:4)
    Jesus e (MT 20:4)
    leis de espaço e tempo na (MT 6:10)
    leis que presidem aos
    destinos da (MT 20:4)
    luz do Reino do Céu e (MT 5:44)
    materialização do Evangelho
    na (MT 24:42)
    missão de aperfeiçoamento
    na (MT 5:47)
    permanência na
    (MT 14:23), (MT 10:25)
    perversão dos sentidos
    na (MT 24:15)
    posse da (MT 5:5)
    possibilidades na (MT 6:20)
    recursos apropriados na (MT 5:42)
    tablado de hegemonias raciais
    ou políticas e (MT 20:4)
    vinha de Jesus e (MT 20:4)

Terreno
    simbologia do termo (MT 13:23)
Tesouro
    céu e (MT 6:20)
    posição de Jesus sobre o
    * cultural (MT 5:3)
Testemunho
    chamamento ao *
    importante (MT 26:58)
Tirania
    eleição da * risonha (MT 20:27)
    realeza humana e (MT 10:34)
Tirano
    destruição da multidão e (MT 5:1)
    envenenamento da alma
    da multidão e (MT 5:1)
Título
    possibilidade de acesso aos
    abusos e (MT 25:40)
Tolerância
    amor ao inimigo e (MT 5:44)
    aperfeiçoamento moral e (MT 6:34)
    coerência e (MT 5:44)
    compreensão e (MT 6:34)
    exercício da (MT 5:44)
    importância da (MT 6:12)
    Jesus e demonstração da
    * celeste (MT 13:30)
    paz e (MT 18:22)
Trabalhador
    esforço e * devotado (MT 9:37)
Trabalhar
    servir e (MT 21:28)
Trabalho
    abençoada oficina de (MT 5:47)
    ação e perseverança no (MT 13:23)
    aprendizado e (MT 7:7)
    atitude perante o
    inimigo e (MT 5:44)
    bem e (MT 13:23)
    bênção do (MT 5:47)
    conquistas e (MT 7:13)
    consagração ao * diário (MT 7:21)
    consequências do desprezo
    do (MT 6:26)
    criação de * respeitável (MT 9:37)
    dificuldade e (MT 13:23)
    edificação pelo * sadio (MT 5:2)
    esclarecimento e (MT 7:6)
    escolhidos para o (MT 22:14)
    esforço e (MT 5:10)
    exemplo de (MT 7:3)
    exemplos de * na
    Natureza (MT 6:28)
    extensão dos tesouros do (MT 6:21)
    extinção do vício pelo (MT 7:3)
    faculdades, instrumentos
    de (MT 6:10)
    imperfeição e motivo
    para o (MT 20:4)
    importância do (MT 6:26)
    importância do * humilde (MT 7:2)
    inveja do * e progresso
    alheio (MT 7:21)
    libertação do sofrimento
    pelo (MT 21:28)
    mãos calejadas no (MT 7:3)
    necessidade do (MT 20:4)
    obtenção da verdade e (MT 5:15)
    oração e (MT 14:23), (MT 21:22)
    perseverança no (MT 7:3)
    prece dominical e *
    para Deus (MT 6:9)
    prece e (MT 12:37)
    prejuízo no * dos missionários
    do bem (MT 5:1)
    reajustamento e (MT 6:34)
    reconforto e (MT 21:28)
    responsabilidade individual
    do (MT 7:24)
    semeando o bem no (MT 13:23)
    servidor descuidado e *
    no sábado (MT 24:20)
    substituição no (MT 5:48)
    transformação da
    ingenuidade e (MT 18:7)
    utilidade do * para Deus (MT 6:9)
    valor do (MT 7:24)
    valorização do (MT 7:24)
Trabalho cristão
    grandes lutas e grandes
    provas no (MT 26:23)

TRABALHO DA CEIFA
   percentagens de criaturas
   disposta ao (MT 9:37)
TRABALHO DIUTURNO
   impositivos do (MT 5:46)
TRAGÉDIA
   afetação da * e da falha
   dos outros (MT 6:9)
TRANQUILIDADE
   aflição e (MT 5:4)
   perda da (MT 6:13)
TRANSFIGURAÇÃO
   monte Tabor e * do Mestre (MT 17:9)
TRANSFORMAÇÃO
   Sol do novo dia e (MT 5:37)
TRÂNSFUGA DA EVOLUÇÃO
   hábitos perniciosos e (MT 8:22)
   prostração no desalento e (MT 8:22)
   sepulcros de ouro e vício e (MT 8:22)
   tormento das mentiras e (MT 8:22)
TREVA
   escolha da * ou da luz (MT 22:14)
TREVAS
   envolvimento de povos e
   instituições e (MT 5:16)
   intelectualidade e poder
   das (MT 11:25)
TRIBUNO
   aprimoramento da dicção e (MT 7:7)
TRIBUNO ESPÍRITA
   aprimoramento geral e (MT 12:37)
   entendimento alheio e (MT 12:37)
   estudo e (MT 12:37)
   lições de Jesus e (MT 12:37)
TRIBUTO
   cobrança de * de gratidão (MT 7:14)
TRIGO E JOIO
   Jesus e o crescimento do
   (MT 5:44), (MT 5:44)
   parábola do * e os adversários
   (MT 5:44), (MT 5:44)
TRINCHEIRA DE OURO
   abismos de insânia e
   flagelação e (MT 5:4)

TRISTEZA
   afastamento das aves
   escuras da (MT 24:28)
   atitudes perante os
   causadores da (MT 5:14)
   esperança e (MT 5:14)
   inutilidade da (MT 5:14)
   ocorrências de (MT 5:14)
   perda de entes queridos e (MT 5:14)
   praga fluídica e *
   destrutiva (MT 18:14)
   trabalho e (MT 5:14)
TRIUNFO
   constância no aprendizado
   e * evolutivo (MT 10:22)
TÚMULO VAZIO
   símbolo do (MT 28:9)

U

ÚLTIMA CEIA
   Cristo e (MT 9:11)
   importância da * com os
   discípulos (MT 9:11)
UNIÕES CONJUGAIS
   respeitos às (MT 5:10)
UNIVERSO
   caridade, sistema contábil
   do (MT 6:19)

V

VADIAGEM
   fábrica de delinquentes e (MT 18:10)
VAIDADE
   embriaguez da (MT 5:3)
   escolhidos para negação
   da * antiga (MT 22:14)
VALOR ÍNTIMO
   despertamento do * e
   pessoal (MT 4:25)
VANTAGEM
   mãos-postas no instante
   da (MT 27:22)
   petitórios de protecionismo
   e (MT 5:44)
VEGETAL
   regeneração dos próprios
   tecidos e (MT 5:16)

VEÍCULO
  fabricação de * a motor (MT 17:20)
VELHICE
  ensejo de trabalho e inverno da (MT 24:20)
VERBO
  nossos princípios e conjugação de (MT 5:44)
  sentimento e (MT 5:22)
  utilização do (MT 5:5)
VERBO NOSSO
  articulação do (MT 5:22)
  naturalidade do (MT 5:22)
  referência ao (MT 5:22)
  transporte do (MT 5:22)
  uso do (MT 5:22)
VERDADE
  amor e (MT 5:5)
  busca da paz e (MT 5:15)
  condição para obtenção da (MT 5:15)
  consagração real à (MT 7:16)
  cultivo da (MT 5:17)
  divulgação da (MT 5:15)
  egoísmo e divulgação da (MT 5:15)
  fé e conhecimento da (MT 5:15)
  fixação da * no respeito ao bem (MT 6:10)
  formas de falar sobre (MT 5:5)
  preservação da * para ocasião oportuna (MT 17:9)
  reforma íntima e (MT 5:15)
  sacrifício na conquista da (MT 5:15)
  trabalho e obtenção da (MT 5:15)
  transformação da (MT 5:5)
  valorização da (MT 17:9)
VESTIMENTA
  preparo do fio e (MT 7:13)
VÉU DA LETRA
  ensinamento de Jesus e (MT 15:18)
VIAJANTE COMPASSIVO
  auxílio do * ao ferido anônimo (MT 25:40)
  condução ao albergue e (MT 25:40)
  recolhimento do ferido anônimo e (MT 25:40)
VIBRAÇÃO
  exteriorização da (MT 7:7)
  natureza da (MT 7:7)
VÍCIO
  boa vontade e esquecimento do (MT 7:3)
  criação de * e perturbação (MT 5:37)
  frequência disfarçada do * e da criminalidade (MT 24:5)
  julgamento, malícia e (MT 7:3)
  valorização do trabalho e (MT 7:3)
VIDA
  aproveitamento da (MT 28:9)
  comparação da * com trato do solo (MT 13:23)
  crescimento e aperfeiçoamento da (MT 5:44)
  crises externas e burilamento da (MT 6:34)
  desequilíbrio na * espiritual (MT 5:4)
  dignificação da (MT 5:2)
  entrada na corrente da * comum (MT 18:7)
  escola e (MT 6:34)
  eternidade da (MT 26:40)
  Evangelho e roteiro de (MT 16:24)
  exigência da contabilidade da (MT 11:29)
  fé inoperante e vitória na (MT 7:21)
  fidelidade ao programa que a * estabelece (MT 7:12)
  medo da morte e (MT 25:25)
  medo da morte em (MT 25:25)
  necessidade da * social (MT 7:3)
  peça consciente na estrutura da (MT 5:48)
  pedido da (MT 5:48)
  perdão e cuidado com a nossa (MT 18:22)
  princípios desequilibrantes da (MT 19:6)
  prosseguimento da * além da morte (MT 5:47)
  respeito à (MT 5:17)

responsabilidades e débitos
para com a (MT 26:22)
restituição do empréstimo
da (MT 6:25)
sementeira da (MT 13:23)
surgimento do pão da
terra e (MT 5:14)

VIDA CELESTE
convívio com os eleitos
da (MT 22:14)

VIDA ESPIRITUAL
enterro de morto e (MT 8:22)

VIDA ESPIRITUALIZADA
ação como livro de luz
na (MT 14:23)

VIDA ETERNA
herança e (MT 19:29)
renúncia e (MT 19:29)
vitória da (MT 4:25)

VIDA HUMANA
males que atormentam a (MT 17:20)

VIDA INTERIOR
recursos sublimes da (MT 4:4)

VIDA ÍNTIMA
fé e (MT 17:20)

VIDA MAIOR
desejo de paz na
(MT 5:44), (MT 5:44)

VIDA MENTAL
ajuda na * da multidão (MT 4:25)

VIDA MICROSCÓPICA
vislumbre dos pormenores
da (MT 10:26)

VIDA NOVA
desculpa dos erros e (MT 6:8)

VIDA ORGÂNICA
base da (MT 6:22)

VIDA SOCIAL
vínculo das uniões menos
agradáveis e (MT 19:6)

VIDA SUPERIOR
marcha para a * e amor (MT 5:37)

VIDA TERRESTRE
oportunidade da (MT 7:20)

oportunidades para a
eterna luz e (MT 7:20)

VIGILÂNCIA
Jesus e (MT 24:42)
patrimônio e (MT 24:42)

VINGANÇA
consequência da (MT 18:22)

VIOLÊNCIA
crueldade e (MT 10:34)
exigência do bem pela
força da (MT 5:40)
impropriedade da (MT 6:14)
retribuição da * por
violência (MT 5:39)

VIRTUDE
crescimento e (MT 6:20)
enriquecimento da consciência
eterna e (MT 4:4)
prática da (MT 5:10)
prática do bem e (MT 5:10)
reconhecimento público
da (MT 10:25)
satisfação dos imperativos
da (MT 6:21)
trabalho e (MT 7:3)

VISÃO
aperfeiçoamento da * na
procura do melhor (MT 7:3)
enobrecimento da (MT 6:22)
enobrecimento dos
recursos da (MT 6:22)
narrativa prematura da
sublime (MT 17:9)

VISÃO ESPIRITUAL
correção da * dos olhos (MT 9:35)

VITÓRIA
desejo de partilha na (MT 27:4)
natureza da (MT 7:7)
sabor da * sobre ti mesmo (MT 6:10)

VIVER MELHOR
perdão como condição
para (MT 18:22)

VONTADE
desvios da * e criação
do mal (MT 14:19)

Z

Zaqueu
  amigo de trabalho e (MT 7:3)
  usurário de mãos azinhavradas (MT 7:3)

Zebedeu
  esposa de * e distribuição dos lugares celestes (MT 27:22)

Zelo
  apoio do Alto e (MT 7:8)

Zona inferior
  rompimento dos laços e (MT 19:27)

Relação de comentários por ordem alfabética*

* N.E.: Os números indicam o capítulo e versículo do *Evangelho de Mateus* onde as mensagens estão inseridas.

A César o que é de César – MT 22:21
Abençoa – MT 18:22
Acalma-te – MT 19:26
Ação de graças – MT 26:27
Ação e prece – MT 7:7
Acendamos a luz da vida – MT 10:8
Acidentados da alma – MT 9:12
Acorda e ajuda – MT 8:22
Adversários e delinquentes – MT 5:25
Aflição e tranquilidade – MT 5:4
Aflições – MT 5:4
Aflições excedentes – MT 5:4
Aflitos – MT 5:4
Aflitos bem... aventurados – MT 5:4
Agressores e nós – MT 18:22
Água fluida, a – MT 10:42
Ajudemos a vida mental – MT 4:25
Além dos outros – MT 5:46
Alivia – MT 11:28
Amando os inimigos – MT 5:44
Amenidade – MT 5:5
Amigo e servo – MT 6:24
Amigos e inimigos – MT 5:44
Ante a família maior – MT 25:40
Ante a lição do Senhor – MT 5:3
Ante a mediunidade – MT 10:8
Ante a vida maior – MT 6:9
Ante nossos adversários – MT 5:44

Ante o apelo do Cristo – MT 5:48
Ante o campo da vida – MT 13:3
Ante o Divino Médico – MT 9:12
Ante o ofensor – MT 18:22
Ante o Reino dos Céus – MT 19:23
Ante ofensas – MT 5:20
Ante os adversários – MT 5:44
Antes de servir – MT 20:28
Apelos e solicitações – MT 16:24
Apressados – MT 5:4
Assistência espiritual – MT 6:10
Assunto de perfeição – MT 5:48
Até ao fim – MT 24:13
Atendamos – MT 6:24
Atendamos ao bem – MT 25:40
Atritos físicos – MT 5:39
Autoaprimoramento – MT 7:20
Autoauxílio – MT 5:42
Autojulgamento – MT 7:1
Autoproteção – MT 7:2
Auxiliar – MT 13:3
Auxílio do Alto – MT 7:8
Auxílio eficiente – MT 5:2
Banquete dos publicanos, o – MT 9:11
Batei e abrir-se-vos-á – MT 7:7
Bem-aventurados os pobres de espírito – MT 5:3

Bem-aventurados os misericordiosos – MT 5:7
Bênção de Deus – MT 7:17
Bênção maior – MT 13:16
Benefício oculto – MT 6:3
Boas obras – MT 5:16
Bondade – MT 5:48
Brilhar – MT 5:16
Brilhe vossa luz – MT 5:16
Busquemos o melhor – MT 7:3
Cada servidor em sua tarefa – MT 7:24
Cadáveres – MT 24:28
Cães e coisas santas – MT 7:6
Campeonatos – MT 7:7
Campo de Sangue – MT 27:8
Candeia simbólica, a – MT 5:15
Candeia viva, a – MT 5:15
Candeia, a – MT 5:15
Caridade da paz – MT 5:9
Caridade em Jesus – MT 28:20
Ceifeiros – MT 9:37
Céu com céu – MT 6:20
Chamada e escolha – MT 22:14
Chamados e escolhidos – MT 22:14
Chamamentos – MT 22:14
Chave, a – MT 7:7
Cilício e vida – MT 12:7
Com o auxílio de Deus – MT 17:20
Como perdoar – MT 6:12
Compaixão e nós – MT 5:7
Companheiro, o – MT 18:33
Companheiros de jornada – MT 28:20
Companheiros difíceis – MT 5:44

Comunidade – MT 7:2
Conceito do bem – MT 5:48
Concessões – MT 5:42
Conciliação – MT 5:25
Consegues ir? – MT 11:28
Credores diferentes – MT 5:44
Credores no lar – MT 19:19
Criação verbal – MT 5:37
Crianças – MT 18:10
Cristãos – MT 5:20
Cristãos sem Cristo – MT 11:28
Cuidados – MT 6:34
Culto espírita – MT 5:17
Cumprimento da lei – MT 5:17
Da oração dominical – MT 6:9
Dádivas espirituais – MT 17:9
De imediato – MT 5:25
Desafetos – MT 5:44
Descoberto, a – MT 10:26
Desculpa sempre – MT 6:14
Desculpar – MT 18:22
Desespero – MT 5:4
Diante da Justiça – MT 5:20
Diante da multidão – MT 5:1
Diante da perfeição – MT 5:48
Diante da posse – MT 6:24
Diante de Deus – MT 6:9
Diante de Deus e de César – MT 22:21
Dinheiro e serviço – MT 6:25
Dinheiro, o servidor – MT 25:23
Direito – MT 10:42
Discernir e corrigir – MT 7:2
Doadores de paz – MT 10:34

Donativo da alma – MT 5:7
Edificação cristã – os primeiros cristãos, a – MT 11:28
Edificações – MT 5:14
Educação – MT 5:16
Em busca de Cristo – MT 11:28
Em equipe espírita – MT 18:19
Em família espiritual – MT 7:3
Em favor da alegria – MT 18:14
Em louvor da prece – MT 6:6
Em louvor do silêncio – MT 6:3
Em marcha – MT 16:24
Em nossas mãos – MT 6:10
Em plena marcha – MT 9:12
Em saudação – MT 28:9
Embaraços – MT 19:26
Enfermos da alma – MT 9:12
Engenho divino – MT 6:22
Ensejo ao bem – MT 26:50
Entre chamados e escolhidos – MT 22:14
Escolha – MT 22:14
Escritura individual – MT 26:56
Esforço e oração – MT 14:23
Esmola e oração – MT 7:7
Espada simbólica, a – MT 10:34
Esperemos – MT 12:20
Espírita, o – MT 20:16
Estima do mundo – MT 10:25
Estudando a paz – MT 5:9
Estudando o bem e o mal – MT 6:3
Estudo íntimo – MT 9:13
Evangelho e dinamismo – MT 9:35
Evangelização – MT 16:24

Examina a própria aflição – MT 5:4
Examina o teu desejo – MT 7:7
Exercício do bem – MT 6:20
Explicação – MT 21:31
Exposição espírita – MT 5:15
Exterior e conteúdo – MT 24:4
Façamos nossa luz – MT 5:16
Falar – MT 5:37
Fatalidade – MT 7:8
Fé e ação – MT 7:21
Felicidade real – MT 6:10
Fracasso de Pedro, o – MT 26:58
Fruto e exemplo – MT 7:20
Frutos – MT 7:20
Fuga, a – MT 24:20
Grupos – MT 18:20
Homens de fé – MT 7:24
Humildade de espírito – MT 5:3
Humildade do coração – MT 5:3
Ilumina onde estejas – MT 5:14
Imperfeitos, mas úteis – MT 7:7
Imunização espiritual – MT 5:44
Indignação – MT 23:23
Inimigos que não devemos acalentar – MT 5:44
Ir e ensinar – MT 28:19
Isso é contigo – MT 27:4
Jesus e César – MT 22:21
Jesus e paciência – MT 28:20
Joio – MT 13:30
José da Galileia – MT 1:20
Justiça e amor – MT 6:12
Lábios – MT 15:8

Lágrimas – MT 11:28
Legendas do literato espírita – MT 4:4
Legendas do tribuno espírita – MT 12:37
Lei do auxílio – MT 7:12
Lei e vida – MT 5:17
Lembra-te, auxiliando – MT 6:8
Ler e estudar – MT 24:5
Lição da espada, a – MT 10:34
Lugar da Caveira – MT 27:33
Luz e silêncio – MT 5:16
Mãe – MT 19:19
Mais tempo – MT 12:7
Mansos de coração – MT 5:5
Mãos em serviço – MT 8:3
Meio-bem – MT 7:14
Melhor para nós, o – MT 6:14
Melhorar para progredir – MT 25:15
Migalha e multidão – MT 14:19
Moeda e trabalho – MT 25:14
Motivos para desculpar – MT 5:44
Motivos para socorro aos maus – MT 5:44
Muralha do tempo – MT 7:13
Na ação de pedir – MT 7:7
Na construção da virtude – MT 5:10
Na contabilidade divina – MT 6:20
Na cruz – MT 27:42
Na cultura da paz – MT 5:9
Na escola diária – MT 6:34
Na execução da divina Lei – MT 22:37
Na forja da vida – MT 7:13
Na gleba do mundo – MT 13:23
Na grande transição – MT 5:9
Na guerra cristã – MT 10:34

Na hora da tristeza – MT 5:14
Na intimidade doméstica – MT 25:40
Na lição de Jesus – MT 6:10
Na luz da compaixão – MT 5:7
Na luz da indulgência – MT 5:40
Na obra cristã – MT 7:1
Na presença do Cristo – MT 5:18
Na seara mediúnica – MT 5:13
Na sementeira da fé – MT 17:20
Na senda de todos – MT 13:12
Na senda do Cristo – MT 5:44
Na senda renovadora – MT 5:17
Na trilha do Mestre – MT 9:9
Não bastará dizer – MT 7:21
Não cesses de ajudar – MT 7:6
Não e a luta, o – MT 5:37
Não perturbeis – MT 19:6
Não somente – MT 4:4
Não te afastes – MT 6:13
Não te aflijas – MT 5:4
Não te canses – MT 28:20
Nas diretrizes do Evangelho – MT 7:20
Nas sendas do mundo – MT 6:19
Necessitados difíceis – MT 5:44
Nem todos os aflitos – MT 5:4
No ato de orar – MT 7:9
No burilamento íntimo – MT 24:46
No caminho da elevação – MT 11:29
No campo – MT 13:38
No campo da vida – MT 7:20
No combate à ignorância – MT 5:15
No culto da caridade – MT 6:3
No domínio das provas – MT 18:7

No erguimento da paz – MT 5:9
No estudo da aflição – MT 5:4
No exame do perdão – MT 18:15
No grupo espírita – MT 18:20
No plano dos inimigos – MT 5:44
No serviço da luz – MT 5:7
No solo do espírito – MT 13:8
Nos caminhos da fé – MT 10:32
Nos domínios da paciência – MT 5:16
Nos mesmos pratos – MT 26:23
Nos quadros da luta – MT 9:12
Nossas obras – MT 7:16
Observemos amando – MT 7:3
Obsessões – MT 6:13
Ofendido, o – MT 18:21
Ofensas e ofensores – MT 5:44
Olhai os lírios – MT 6:28
Olhar de Jesus, o – MT 7:3
Olhos – MT 6:22
Onde estão? – MT 11:29
Oposições – MT 5:44
Ora e segue – MT 6:10
Oração do dinheiro – MT 22:21
Oração e atenção – MT 6:9
Oração e cooperação – MT 6:6
Orai pelos que vos perseguem – MT 5:44
Orai pelos que vos perseguem – MT 5:44
Orar – MT 7:7
Os que não esperaram – MT 5:4
Ouçamos atentos – MT 6:33
Ouvidos – MT 11:15
Ouvindo o sermão do monte – MT 5:4
Pacifica sempre – MT 5:9

Pacificação – MT 5:9
Pacifiquemos – MT 5:9
Pai – MT 6:9
Pai-nosso – MT 6:9
Palavra ao semeador – MT 13:3
Palavras de Jesus – MT 6:26
Para os montes – MT 24:16
Para viver melhor – MT 18:22
Passe, o – MT 8:17
Pedi e obtereis – MT 7:7
Pedir – MT 20:22
Pelos frutos – MT 7:16
Penas depois da morte – MT 6:9
Pensamento espírita – MT 9:37
Perante Jesus – MT 11:28
Perante Jesus – MT 26:22
Perante o corpo – MT 5:13
Perante o divino Mestre – MT 27:23
Perante os caídos – MT 9:12
Perante os inimigos – MT 5:25
Perdão e vida – MT 18:22
Perdão e vida – MT 6:12
Perdoa e viverás – MT 18:22
Perdoar e compreender – MT 18:22
Perfeição e aperfeiçoamento – MT 5:48
Pergunta 297 do livro *O consolador* – MT 18:18
Pergunta 304 do livro *O consolador* – MT 10:34
Pergunta 305 do livro *O consolador* – MT 10:35
Pergunta 306 do livro *O consolador* – MT 21:22

Pergunta 307 do livro *O consolador* – MT 18:7
Pergunta 313 do livro *O consolador* – MT 5:3
Pergunta 331 do livro *O consolador* – MT 19:12
Pergunta 337 do livro *O consolador* – MT 5:25
Pergunta 338 do livro *O consolador* – MT 18:22
Pergunta 342 do livro *O consolador* – MT 12:48
Pergunta 345 do livro *O consolador* – MT 5:39
Pergunta 353 do livro *O consolador* – MT 5:17
Perseverar – MT 10:22
Plataforma do Mestre – MT 1:21
Pó das sandálias, o – MT 10:14
Poeira – MT 10:14
Possuir – MT 5:5
Prescrições de paz – MT 6:34
Presença divina – MT 28:20
Primeiro passo, o – MT 7:12
Primeiro, o – MT 20:27
Professores gratuitos – MT 5:44
Propriedade – MT 19:22
Propriedades – MT 6:21
Próximo, o – MT 22:39
Psicologia da caridade – MT 7:12
Pureza – MT 5:8
Quando a pureza estiver conosco – MT 5:8
Que fazeis de especial? – MT 5:47
Que fazemos do Mestre? – MT 27:22
Quem lê, atenda – MT 24:15
Quem mais tem, a – MT 13:12
Questões do cotidiano – MT 6:13
Raiou a luz – MT 4:16
Razões para o amor aos inimigos – MT 5:44
Razões para trabalhar mais – MT 20:4
Reclamar menos – MT 7:12
Recomecemos – MT 9:16
Reconcilia-te – MT 5:25
Reencarnação – MT 18:8
Regra áurea, a – MT 22:39
Remédio justo, o – MT 5:4
Renúncia – MT 28:20
Renunciar – MT 19:29
Reparemos nossas mãos – MT 8:3
Repreensão – MT 13:30
Resistência ao mal – MT 5:39
Resposta, a – MT 5:16
Retribuição, a – MT 19:27
Riqueza para o céu – MT 6:20
Sacudir o pó – MT 10:14
Saibamos confiar – MT 6:31
Segunda milha, a – MT 5:41
Seja feita a divina vontade – MT 6:10
Sejamos ricos em Jesus – MT 5:3
Semeador saiu, o – MT 13:3
Semeadores – MT 13:3
Semeia, semeia... – MT 13:3
Semente de mostarda, a – MT 17:20
Setor pessoal – MT 16:27
Sexo e disciplina – MT 15:11

Socorramos – MT 7:2
Socorre a ti mesmo – MT 9:35
Sois a luz – MT 5:14
Solidão – MT 27:23
Sombra e luz – MT 6:3
Supercultura – MT 11:25
Tais quais somos – MT 7:21
Talento celeste, o – MT 25:14
Talento esquecido, o – MT 25:14
Talentos – MT 25:14
Temas da prece – MT 7:12
Tempo da regra áurea – MT 22:39
Tendo medo – MT 25:25
Tentações – MT 7:20
Teus encargos – MT 5:48
Todos os dias – MT 28:20
Tolerância e coerência – MT 5:44

Trabalha e serve – MT 21:28
Traços do inimigo – MT 5:44
Um dia surgirá – MT 16:26
Uniões de prova – MT 19:6
Vantagens do perdão – MT 6:14
Velar com Jesus – MT 26:40
Velho processo – MT 28:12
Verbo e atitude – MT 5:37
Verbo é criador, o – MT 15:18
Verbo nosso – MT 5:22
Vibrações – MT 7:7
Vida e posse – MT 6:25
Vigiemos e oremos – MT 26:41
Vigilância – MT 24:42
Vinha, a – MT 20:4
Voltarás por amor – MT 28:20

O que é Espiritismo?

O Espiritismo é um conjunto de princípios e leis revelados por Espíritos Superiores ao educador francês Allan Kardec, que compilou o material em cinco obras que ficariam conhecidas posteriormente como a Codificação: *O livro dos espíritos*, *O livro dos médiuns*, *O evangelho segundo o espiritismo*, *O céu e o inferno* e *A gênese*.

Como uma nova ciência, o Espiritismo veio apresentar à Humanidade, com provas indiscutíveis, a existência e a natureza do Mundo Espiritual, além de suas relações com o mundo físico. A partir dessas evidências, o Mundo Espiritual deixa de ser algo sobrenatural e passa a ser considerado como inesgotável força da Natureza, fonte viva de inúmeros fenômenos até hoje incompreendidos e, por esse motivo, são tidos como fantasiosos e extraordinários.

Jesus Cristo ressaltou a relação entre homem e Espírito por várias vezes durante sua jornada na Terra, e talvez alguns de seus ensinamentos pareçam incompreensíveis ou sejam erroneamente interpretados por não se perceber essa associação. O Espiritismo surge então como uma chave, que esclarece e explica as palavras do Mestre.

A Doutrina Espírita revela novos e profundos conceitos sobre Deus, o Universo, a Humanidade, os Espíritos e as leis que regem a vida. Ela merece ser estudada, analisada e praticada todos os dias de nossa existência, pois o seu valioso conteúdo servirá de grande impulso à nossa evolução.

FEB editora
Livro espírita para um novo mundo
www.febeditora.com.br
@febeditoraoficial
@febeditora

Conselho Editorial:
Carlos Roberto Campetti
Cirne Ferreira de Araújo
Evandro Noleto Bezerra
Geraldo Campetti Sobrinho – Coord. Editorial
Jorge Godinho Barreto Nery – Presidente
Maria de Lourdes Pereira de Oliveira
Miriam Lúcia Herrera Masotti Dusi

Produção Editorial:
Elizabete de Jesus Moreira

Preparação de conteúdo e indexação:
Cyntia Larissa Ninomia
Daniel Meirelles
Erealdo Rocelhou de Oliveira
Geraldo Campetti Sobrinho
Larissa Meirelles Barbalho Silva
Saulo Cesar Ribeiro da Silva

Revisão:
Elizabete de Jesus Moreira

Capa e Projeto Gráfico:
Luisa Jannuzzi Fonseca
Miguel Cunha

Diagramação:
Luisa Jannuzzi Fonseca

Normalização Técnica:
Biblioteca de Obras Raras e Documentos Patrimoniais do Livro

Esta edição foi impressa pela A. S. Pereira Gráfica e Editora Ltda., Presidente Prudente, SP, com tiragem de 1 mil exemplares, todos em formato fechado de 155x230 mm e com mancha de 118x196 mm. Os papéis utilizados foram o Off White Bulk 58 g/m² para o miolo e o Cartão 250 g/m² para a capa. O texto principal foi composto em fonte Noto Serif 10/15 e os títulos em Ottawa 18/30. Impresso no Brasil. *Presita en Brazilo.*